MYTHOS WEIMAR

PETER MERSEBURGER

MYTHOS WEIMAR

Zwischen Geist und Macht

Deutsche Verlags-Anstalt
Stuttgart

Frontispiz:
Das Goethe-Schiller-Denkmal 1991 –
ein Jahr nach der deutschen Einheit.

Die Deutsche Bibliothek – CIP-Einheitsaufnahme

Merseburger, Peter:
Mythos Weimar : Zwischen Geist und Macht /
Peter Merseburger. – 2. Aufl.
Stuttgart : Deutsche Verlags-Anstalt, 1999
ISBN 3-421-05134-8

2. Auflage
© 1998 Deutsche Verlags-Anstalt GmbH, Stuttgart
Alle Rechte vorbehalten
Reproarbeiten: Typomedia Satztechnik, Ostfildern
Druck und Bindearbeiten: Friedrich Pustet, Regensburg
Printed in Germany
ISBN 3-421-05134-8

Für Sabine

Inhalt

Im Zwiespalt zwischen Geist und Macht — 9

Im Anfang war die Obrigkeit — 13
Luther, Weimar und die Ehe von Thron und Altar

»Widerstehe doch der Sünde« — 32
Hofmusicus Bach in der Himmelsburg

Täglich sechzehn Mäuler und Mägen — 47
Papa Wieland, Anna Amalia und der Eintritt Weimars in die Literatur

Kriegsminister Goethe rüstet ab — 64
Aber Freiheit bleibt ein unerreichbar fernes Ziel

Napoleon als Göttersohn — 112
Weimars Schaukelpolitik zwischen Ost und West

Schutzpatron der Nationalen — 151
Carl August, Kotzebue und der Wartburg garstiger Feuerstank

Nicht länger die Stadt der Toten — 182
Franz Liszt, Maria Paulowna und die »Silberne Zeit«

Deutschlands heimliche Kolonialhauptstadt — 213
Carl Alexanders Wandlung vom Liberalen zum Nationalkonservativen

Inhalt

Ästhetisches Bollwerk gegen den Kaiser *Kesslers und van de Veldes Kampf gegen Reichsbeseeler und Heimatkunst*	242
... und man kann kein Quadrat mehr sehen *Geburtsort der Republik und des modernen Bauens*	285
Die erste Aktion »Entartete Kunst« *Weimar als nationalsozialistisches Experimentier- und Paradefeld*	310
Hier fühlt man sich groß und frei ... *Das KZ auf dem Ettersberg als Weimars Zwillingsort*	342
Russischer Salut an Goethes Grab *Klassik als Waffe und Faust als Nationalepos der DDR*	360
Blutspuren zweier Diktaturen *Mahnmal der deutschen Katastrophe und zwiespältiger Schicksalsort*	390
Bibliographie	407
Dank	420
Register	421
Bildnachweis	432

Im Zwiespalt zwischen Geist und Macht

Wie ist doch Weimar dem Deutschen eine geweihte Stätte! So sehr, daß der Name schon wie Glockenklang unser Ohr berührt! Heiliger Boden, Wirkungsstätte unserer Klassiker! So jubelt 1924 ein Weimarer Lokalpatriot. Ernstzunehmende Kritiker nennen den Ort ein geistiges Zentrum, eine Art Delphi der Deutschen. Schon in grauer Vorzeit, als die träge Ilm noch eine vermoorte, nicht urbar gemachte Senke durchfloß, müssen an dem Ort, wo sich heute Weimar befindet, heidnische Riten praktiziert worden sein. Das wi im altsächsischen Namen Wimar heißt soviel wie geweiht, das mar bedeutet Wasser. Heilige Wasser also in Weimar, an denen sich die Deutschen noch heute laben. Wer kennt die berühmten Verse nicht:

O Weimar! dir fiel ein besonder Loos!
Wie Bethlehem in Juda, klein und groß.

Kein geringerer als Goethe beschreibt mit diesen Worten das Wunder von Weimar: daß nämlich ein winziges Duodezfürstentum einige Jahrzehnte zur kulturellen Kapitale der Nation aufsteigen, die größten Geister versammeln und zur Geburtsstätte der deutschen Klassik werden konnte. Zur Kultstätte wurde Weimar dann nach Goethes Tod, zum Gral der deutschen Bildungsbürger, die hier nationale Identität und ein Gefühl der Zusammengehörigkeit fanden, lange ehe ein deutscher Nationalstaat entstand.

Und war das Deutschland der Weimarer Klassik im Rückblick nicht die beste Zeit der Deutschen? 1879 schreibt Ernest Renan in seinem Brief an einen deutschen Freund bewundernd von dem Deutschland vor fünfzig und sechzig Jahren, das er im Genie Goethes personifiziert sah, »dem großen, klugen, tiefgründigen Deutschland, das uns durch Fichte den Idealismus lehrte, durch Herder den Glauben an die Humanität, durch Schiller die Poesie der moralischen Empfindung, durch Kant die abstrakte Pflicht«. Aber im gleichen Atemzug beklagt er, diese große Zeit habe im Bismarckreich keine Fortsetzung gefunden – im Gegenteil.

Auf Weimars Goldene Zeit folgt eine matt leuchtende silberne – und auf sie dann die schreckliche, die finstere Zeit, in der Weimar nicht ohne seinen Zwilling zu denken ist: das Konzentrationslager auf dem Ettersberg. Weimar ist eben nicht nur Geburtsstätte der deutschen Klassik, sondern ein sehr ambivalenter deutscher Schicksalsort, der für deutsche Größe und deutsche Schande steht, für den deutschen Parnaß wie für den Rückfall in die Barbarei. So kann die politische Kulturgeschichte Weimars, die mit diesem Buch versucht wird, auch nicht mit der Begründung des Musenhofs durch Anna Amalia beginnen und erst recht nicht mit Goethe enden.

Seit der Volksbeauftragte Friedrich Ebert im Februar 1919 vor der Nationalversammlung in Weimar davon sprach, jetzt endlich müsse der Geist der großen Philosophen und Dichter wiederum unser Leben erfüllen, spukt der Geist von Weimar durch die Geschichte. Aber was ist darunter zu verstehen?

Der Begriff Weimar ist ohne die Wartburg nicht zu denken, wo Luther die Bibel übersetzte und die Burschenschafter die nationale Einheit forderten. Beides geschah unter dem Patronat der Ernestiner, der Schutzherren des Protestantismus. Sie erkoren Weimar zu ihrer Residenz, durch sie wurde die Stadt an der Ilm zur Geburtsstätte jener Ehe von Thron und Altar, die den Deutschen wahrlich keinen Segen brachte. Sicher ist Weimar die Stadt Goethes und Schillers, der silbernen Zeit Franz Liszts und des Aufbruchs zur Moderne, für die Namen wie Henry van de Velde und Harry Graf Kessler, aber auch Walter Gropius mit den Anfängen des Staatlichen Bauhauses stehen. Aber gerade die hochgerühmte Klassik siedelt das Ideale in unerreichbaren Höhen an, trennt es von der Wirklichkeit und begründet damit die gefährlich unpolitische Tradition des deutschen Bildungsbürgertums.

Und die Moderne, die den Anlauf zum Dritten Weimar versucht? Sie wird von den Weimaranern, unter Berufung gerade auf die große Tradition der Klassik, aus Weimar vertrieben, lange ehe die Nationalsozialisten mit ihrer Ausstellung »Entartete Kunst« durch die

Lande ziehen. Weimar ist Sitz des Nietzsche-Archivs, in dem Elisabeth Förster den »Willen zur Macht« ediert, die Philosophie ihres Bruders verfälscht und Zarathustra zum Propheten Mussolinis und des Dritten Reichs ernennt. Es ist Sitz der ersten rein nationalsozialistischen Landesregierung, die in Deutschland vor der Machtübertragung an Hitler durch Hindenburg regiert, und es gibt kaum eine andere Stadt in Deutschland, in der sich der »Führer« so gern und so oft aufhält.

Seit der Jahrhundertwende immer wieder als Hort deutscher Tiefe, deutscher Innerlichkeit und deutscher Kultur mißbraucht, ja als Kampfbegriff gegen westliches Denken ins Feld geführt, werden Weimar, die Klassik, Goethe und Schiller instrumentalisiert für Reaktion wie für Revolution, gegen die Moderne und für die Vertreibung des Bauhauses; für den Nationalsozialismus und für den Kommunismus, der auf ihn folgt. »Zwischen uns und Weimar liegt Buchenwald«, sagte der Germanist Richard Alewyn nach der Rückkehr aus dem Exil. Gerade Buchenwald aber, das nach der Niederwerfung des SS-Staates vom sowjetischen NKWD fortgeführt wird, steht für die Erfahrung zweier Totalitarismen auf deutschem Boden.

Mit ihren Dichtertreffen und der Woche des deutschen Buches nutzt die erste deutsche Diktatur Weimar für ihre Kulturpropaganda, der zweiten deutschen Diktatur dient der Begriff Weimar gleich doppelt zur Legitimation von Macht: Sie behauptet, die angeblichen Visionen Goethes mit ihrer Politik in die Tat umzusetzen und zugleich das Vermächtnis der Widerstandskämpfer vom Ettersberg zu erfüllen. Die pseudosakrale Weihestätte, die sie ihnen unweit des alten Lagers in stalinistischem Monumentalstil errichten läßt, die Massengräber, in denen man die Opfer des NKWD verscharrt und über denen Büsche und Bäume angepflanzt werden, um sie unsichtbar zu machen, stehen für unsere doppelte Vergangenheit. Sie wirft lange Schatten auf ein Weimar im Zwiespalt zwischen Geist und Macht.

Im Juli 1998   P. M.

Im Anfang war die Obrigkeit

Luther, Weimar und die Ehe von Thron und Altar

In Stiefel und Sporn, sagt die Fama, hat der Pfarrherr auf der Kanzel gestanden. Das war zu Weimars lustiger Zeit, als mit dem jungen Frankfurter Advokaten Goethe Sturm und Drang in die abgelegene, idyllische Residenz einbrach und höfische Etikette plötzlich nichts mehr zu gelten schien. Da überbot man sich an Tollheiten, ritt die wildesten Jagden über Stock und Stein, zechte, vagabundierte und tanzte mit den Mägden auf den Dörfern. Selbst der Pastor Primarius, Kirchenrat und Oberhofprediger Johann Gottfried Herder soll gelegentlich mit von der Partie gewesen sein. Als Superintendent der höchste Beamte des geistlichen Standes, war er eine Art Landesbischof von Sachsen-Weimar und damit Herr über ein Juwel der Reformation: die Stadtkirche St. Peter und Paul, in der schon Martin Luther mehrfach gepredigt hatte. Zwei mächtige Bronzeplatten unter dem Triumphbogen in der Mittelachse künden davon, daß hier, neben seiner Frau Sybille, Johann Friedrich begraben liegt, der die Protestanten gegen Karl V. führte und unterlag. Cranach der Ältere hat ihn auf einem Seitenflügel seines berühmten Triptychons für St. Peter und Paul festgehalten, auf jenem Altarbild, das Goethe, kaum in Weimar eingetroffen, bewundert und davon Herder berichtet hat, der damals noch in Bückeburg tätig war.

Da kniet Johann Friedrich, den man den Großmütigen nennt, die Hände zum Gebet gefaltet; ungemein breitgesichtig schaut er aus, hat dunkle, kurzgeschorene Haare, dunkelbraune Augen, den gekräuselten Bart trägt er lang, aber wohlgeschnitten, mit einem Schnauzer darüber, ein Typ von unverkennbar slawischem Einschlag. Ein wenig aufgeschwemmt hat ihn der treue Cranach festgehalten, sichtlich scheint sein Herzog mit der Trunksucht, dem Laster der Deutschen, geschlagen, das freilich auch seinem theologischen und politischen Berater

*Der sächsische Kurfürst Johann Friedrich der Großmütige (1503-1554)
auf dem linken Seitenflügel des Triptychons von Lucas Cranach
in der Stadtkirche St. Peter und Paul zu Weimar.*

Luther nicht fremd gewesen. Sagt der doch einmal von sich, er fresse wie der Böhm und saufe wie ein Deutscher. Ein Politiker klugen Kalküls ist dieser Johann Friedrich nicht, auch fehlt ihm zum Feldherrn die nötige Fortüne. Ein Jahr nach Luthers Tod vom Kaiser 1547 vernichtend bei Mühlberg an der Elbe geschlagen und gefangengenommen, geht er der Kurwürde samt der Hälfte seines Landes verlustig. Wohl oder übel macht er Weimar mit dem wenigen Land, das ihm bleibt, zur alleinigen Residenz des ernestinischen Herzogtums, das nun Sachsen-Weimar heißt.

Cranach der Ältere entwirft diese Altarbilder als Achtzigjähriger in Weimar, nachdem er zwei Jahre die Gefangenschaft mit seinem Herrn geteilt hat, ja selbst die Kutsche, die ihn nach dessen Freilassung von Innsbruck Ende September 1552 in die Residenz an der Ilm bringen sollte. Der Einzug des Fürsten und seines Malers nach den Jahren kaiserlicher Haft kommt der Triumphfahrt eines evangelischen Märtyrers gleich. Ganz Weimar ist auf den Beinen und des Jubelns kein Ende, vermeldet ein Zeitgenosse.

Aber die Begeisterung der Untertanen gilt nicht nur dem Schutzherrn und Sachwalter der Reformation, als deren Kernland Thüringen gelten muß, auch handfeste materielle Erwartungen schwingen mit. Mit dem Hof kommen fürstliche Verwalter und Angehörige des umfangreichen Hofstaats in die Stadt, zahlungskräftige neue Bürger, welche die Geschäfte beleben und dem Ort wachsende Bedeutung verleihen. Um 1500 noch zählte Weimar tausendachthundert Einwohner in dreihundert Häusern, meist mit leicht brennbaren Schindeln statt mit Ziegeln gedeckt. Gute fünfzig Jahre später leben hier knapp dreitausend Menschen, aber die Stadt hat noch immer ländlichen Charakter, die Einwohner sind Handwerker und Ackerbürger, deren Schweine und Gänse zum Kummer der Ratsherren die ungepflasterten Gassen bevölkern.

Auch der Hof kann die Nachteile der geographischen Lage nicht ausgleichen. Weimar liegt abseits der großen Handelsstraßen, sein Markt ist unbedeutend, Geschäfte, die in diesem toten Winkel an der Ilm abgewickelt werden, reichen nicht über die weitere Umgebung hinaus. Eine wohlhabende Kaufmannschaft oder ein Patriziat, das anderswo zu Trägern stadtrepublikanischer Ideen wird, kann sich unter solchen Bedingungen nicht heranbilden. Die Stadt entwickelt kein Eigengewicht, ihre Bürgerschaft wird nicht zum Gegenpol des

Hofs, sondern bleibt abhängig und geprägt von der feudalen Macht, die über ihr Wohl und Wehe entscheidet, auch über Zeiten des Glanzes und des Niedergangs. Diese politisch-soziale Struktur verändert sich bis zur Zeit Goethes und Schillers, Wielands und Herders nicht und wird von nicht zu unterschätzendem Einfluß auf die deutsche Klassik sein.

Lucas Cranach der Ältere, der mit dem Fürsten gekommen ist, wohnt bei seiner Tochter Barbara, der Ehefrau des herzoglichen Kanzlers Christian Brück, in jenem stattlichen Renaissancehaus am Markt, das heute seinen Namen trägt. Weimar ist ihm nicht unbekannt, er hat hier schon 1521 die Orgel in der Schloßkirche bemalt. Jetzt richtet er sich eine kleine Werkstatt ein und bekommt Hilfe von seinem Sohn Lucas, der des Vaters große Malmanufaktur weiter betreibt, aber vor der Pest, die in Wittenberg ausgebrochen ist, für einige Monate Zuflucht in Weimar sucht. Das Triptychon für St. Peter und Paul gilt als des älteren Cranach letztes, eindrucksvollstes und berühmtestes Werk, als Epitaph und Glaubenszeugnis des nach Dürer bedeutendsten deutschen Malers seiner Zeit, auch wenn es von ihm nur begonnen wird und nach seinem Tod 1553 von dem Jüngeren vollendet werden muß.

Sein Weimarer Altar ist ein Symbol für den Erfolg der neuen Lehre, der ohne die reformatorische Dreieinigkeit von Luther, dem Theologen und Prediger, Cranach, dem Illustrator und Agitator, und den ernestinischen Territorialherren, die sie politisch durchsetzen und schützen, nicht denkbar gewesen wäre. Geradezu demonstrativ und voller Stolz steht er als eine der wichtigsten Mitväter dieser reformatorischen Erfolgsgeschichte im Mittelbild des Klappaltars neben Martin Luther, sein Gesicht strahlt Aufrichtigkeit, Festigkeit, ja Glaubensgewißheit aus. Blut aus Christi Seitenwunde spritzt auf Cranachs Kopf und wird von allen Sünden reinigen. So in winzigen Lettern nachzulesen in der aufgeschlagenen Bibel, welche der Reformator in der Linken hält, indes er mit der Rechten auf die Heilige Schrift weist – das Evangelium soll lauter und rein, ohne Zusatz menschlicher Lehre oder Interpretationen der verderbten römischen Kurie gepredigt werden.

Auf dem linken Seitenbild der Fürst und Schutzherr der Reformation, rechts dessen Söhne, die sein Werk einmal fortsetzen sollen. Aber näher dem Herrn Christus und dem Reformator eben er selbst, der

Luther, Weimar und die Ehe von Thron und Altar

*Lucas Cranach der Ältere
auf der Mitteltafel des Klappaltars der Weimarer Stadtkirche
neben Martin Luther (rechts).*

große Agitpropkünstler der Reformation, der Hofmaler, Drucker und Unternehmer, der in Wittenberg eine große Werkstatt mit Malern, Holzschneidern, Vergoldern und Tischlern unterhielt. Cranach entwarf die Titelbilder für die Brandschriften und Traktate, die der Reformator unter das Volk schleuderte, er illustrierte sie mit Holzschnitten und druckte sie auf mehreren Pressen, die er eigens dafür angeschafft hatte; der große Maler war zugleich Chef der ersten evangelischen Werbeagentur. Wenn bald nach dem Thesenanschlag allerorten in Deutschland das Feldgeschrei »Luther« und »Tod dem römischen Hof« erschallt, ist dies nicht nur lutherischer, dem Maul des Volks abgeschauter Wortgewalt, sondern auch Luthers eifrigstem Propagandisten zu danken, der für die werbewirksame Aufmachung der Flugschriften gesorgt hat. Übrigens wurde aus der zunächst eher geschäftlichen Beziehung zwischen dem Reformator und seinem Verleger bald eine echte Freundschaft. Luther nannte ihn seinen lieben Gevatter Lucas und stand Pate bei der Taufe von Cranachs Tochter Anna, Cranach wiederum war Luthers Brautwerber und Pate seines Sohnes Hans.

Die kulturhistorische Bedeutung Weimars beginnt wahrlich nicht erst mit dem Musenhof der Regentin Anna Amalia, ihrem Prinzenerzieher Wieland und dessen »Teutschem Merkur«. Für die Ernestiner, Vorkämpfer des deutschen Protestantismus, ist die Stadt nach Wittenberg, später Torgau, ihre wichtigste Residenz. Weimar spielt eine entscheidende Rolle bei der Entwicklung eines neuen evangelischen Lehrgebäudes und dem Aufbau einer neuen kirchlichen Hierarchie, die alsbald in ein modernes Landeskirchentum mündet und sich für die Geschichte der Deutschen als äußerst problematisch erweisen wird. Die Reformation entwickelt sich um eine Achse Wittenberg-Weimar, wobei Thüringen mit dem Bilderstürmer Karlstadt in Orlamünde und dem Schwärmer Müntzer in Allstedt (später Mühlhausen) zum Schnittpunkt der verschiedensten reformatorischen Bewegungen wird, und zwar solcher »von unten« wie auch derjenigen, welche die Obrigkeit zusammen mit Luther schließlich als gültige Norm beschließt.

Jener Johann Friedrich der Großmütige, der auf dem Altarbild Cranachs so fromm und andächtig darniederkniet, wächst bei seinem Vater Herzog Johann im Weimarer Schloß auf und schmuggelt schon als Sechzehnjähriger lutherische Schriften ins Franziskaner-Kloster, das damals als Hochburg der Anhänger des alten Glaubens in Weimar gilt. Gedacht sind die Traktate für jene Dissidenten, die sich ernsthaft mit den Thesen des früheren Augustinerbruders Martin auseinandersetzen wollen und bald evangelische Geistliche werden: Bruder Friedrich Myconius aus Annaberg, später erster Superintendent von Gotha, und Johann Voit, dann erster evangelischer Pfarrer in Ronneburg. In einem Winkel versteckt, lesen beide als junge Franziskanermönche die Gedanken Luthers, stimmen ihnen innerlich jubelnd zu und haben schwer dafür zu büßen: Als verdächtige Ketzer, berichtet Myconius, müssen sie während des Essens am Boden liegen, die Brocken auflesen, die von den Tischen fallen, und den anderen Mönchen die Füße küssen.

In Weimar nimmt man früher und offener für die evangelische Sache Partei als Kurfürst Friedrich der Weise in Wittenberg. Friedrich ist von Natur aus ein eher zögerlicher Herr, als Territorialfürst in das Reichsrecht eingebunden und dem Kaiser zu Loyalität verpflichtet, er scheut die offene Konfrontation. Ihm geht es vor allem darum, Luther Recht und Gehör zu verschaffen, ihm ein faires Verfahren auf einem »Konzil deutscher Nation« zu gewinnen, das nicht von vornherein von den Päpstlichen beherrscht sein würde – eine Versammlung übrigens, die nie zustande kommt.

Der weise Friedrich, wie man ihn nennt, das heißt vor allem: der vorsichtige. Politische Klugheit gebietet ihm, jede Parteinahme für Luther geheimzuhalten. Er taktiert und manövriert, weicht jedem offenen Konflikt mit dem Kaiser aus und kommt damit bis an sein Lebensende auch durch, weil Karl V. die Hilfe der Fürsten entweder gegen Türken oder Franzosen oder gegen beide braucht. Nach Luthers »Ich kann nicht anders« von Worms hat der Kaiser zwar die Reichsacht gegen den Mönch aus Wittenberg verhängt und die Vernichtung seiner Schriften angeordnet. Aber zur Exekution seines Edikts ist er vorerst zu schwach, weil an anderen Fronten gebunden. Sorgsam vermeidet Friedrich jede direkte Begegnung mit dem Reformator. »... ich hab meyn leben lang mit dem selben Fürsten«, schreibt Luther und meint den Fürsten, der ihn schützt, »nie keyn wort geredt noch hören reden, dazu auch seyn angesicht nie gesehen denn eynmal zu Worms für dem Keyser.« Luther hat auch nie vor Friedrich gepredigt.

Ganz anders das Verhältnis zu Johann und dessen Sohn Johann Friedrich, wenn der Reformator nach Weimar kommt: Da spricht man unter Vertrauten und Freunden von Angesicht zu Angesicht. Er sei gewiß, »Gott wirds nicht leiden«, hatte Johann schon vor dem Reichstag von Worms über Versuche gesagt, die lutherische Lehre zu unterdrücken. Mit seinem Sohn hört er Luthers Predigten in der St. Martin geweihten Schloßkirche, wo übrigens schon 1520 der protestantische Wolfgang Stein aus Zwickau Hofprediger wird. Gemeinsam erleben sie den Reformator auch in St. Peter und Paul. Als Mitregent Friedrichs des Weisen, mit eigener Kanzlei, eigenen Räten und separater Finanzverwaltung in dem Anfang des Jahrhunderts im Renaissancestil umgebauten Schloß Hornstein zu Weimar ist Herzog Johann seit 1513 für die ernestinischen Lande in Franken, dem Vogtland und Thüringen verantwortlich – damit auch für den Schutz, den Luther auf der Wartburg genießt.

Um unbequemen Fragen des Kaisers vorzubeugen, hat Friedrich der Weise ja eine Entführung durch Strauchdiebe vorgetäuscht, als sein Wittenberger Theologieprofessor vom Reichstag zu Worms zurück nach Wittenberg reiste, und ihn im ursprünglichen Sinne des Wortes in Schutzhaft genommen. Den »Weimar-Wartburg-Lebensbegriff« wird Friedrich Lienhard am Anfang unseres Jahrhunderts einmal schwärmerisch-rückwärtsgewandt und betont deutschvölkisch propagieren. Richtig daran ist bestenfalls, daß die drei Orte Wartburg, Weimar und Jena kulturhistorisch als eine Trias zu betrachten sind, die für Protestantismus, deutsche Philosophie und den Gipfel der deutschen Literatur steht, einer Literatur, die historisch mit Luthers Bibelübersetzung auf der Wartburg beginnt. Cranach der Ältere, Freund und Gevatter, ist einer der wenigen, die ihn dort besuchen dürfen. Er schneidet jenes berühmte Bild in Holz, das Luther mit vollem Haar und dem damals modischen Kinn- und Backenbart der Ritter zeigt – eben als Junker Jörg, ein Motiv, das der Herold der Reformation im Druck von Wittenberg aus verbreitet und das in den meisten deutschen Landen reißend Absatz findet. An den Junker Jörg auf der Wartburg wendet sich auch der Weimarer Herzog mit der Bitte um Rat, wie er mit den aufsässigsten Altgläubigen in seiner Residenz, den Franziskanermönchen in Weimar, umgehen solle, und erhält ihn prompt.

In Weimar nämlich stehen einige Jahre lang sowohl Altgläubige als auch Anhänger der Reformation auf der Kanzel, von der später einmal Herder predigen wird. Die herzogliche Obrigkeit ist um ein geordnetes Nebeneinander besorgt, das indes nicht als Zeichen konfessionellen Desinteresses, sondern als Versuch einer, wenn auch befristeten, Toleranz zu werten ist. Luther, der die Gewissen nicht vergewaltigen will, warnt davor, den noch nicht für die Reformation gewonnenen Teil der Bevölkerung zum neuen Glauben zu zwingen. So trachten die protestantisch eingestellten Weimarer Herzöge, radikale Pfaffen- oder Klosterstürme zu vermeiden, und suchen erst einmal die Städte und Landstände für die Abstützung der reformatorischen Sache zu gewinnen.

Zunächst also gibt es in Weimar, was man heute einen Wettbewerb der Systeme nennen würde. Über wenige Jahre tritt dann schließlich ein, was die evangelischen Fürsten und Luther sich von solch offener Konkurrenz von Anfang an versprochen haben: Die alte kirchliche Ordnung löst sich auf, sie implodiert, weil mehr und mehr Gläubige die Teilnahme an den alten Formen des Gottesdienstes verweigern. Deutliches Zeichen dafür in Weimar ist, daß hier seit 1523 keine Prozessionen mehr stattfinden. Die innerstädtische Partei der Altgläubigen bröckelt, weder die Franziskaner noch die Nonnen des Beginen-Ordens erfreuen sich wegen ihres losen Lebenswandels eines guten Rufs.

Als die Parteinahme der großen Bevölkerungsmehrheit für die Protestantischen nicht mehr zu bezweifeln ist, gibt Herzog Johann seine formelle Neutralität auf und erläßt 1525 ein Predigtverbot für die Altgläubigen. Zugleich stellt er die Weichen für eine neue, rein protestantische Landeskirche, die sich bald zu einer Staatsanstalt entwickeln wird. Das beginnt damit, daß er den von Luther empfohlenen Prediger an der Stadtkirche, Johannes Grau, zum Oberpfarrer ernennt und mit der Aufsicht über achtzig benachbarte Landgemeinden rund um Weimar betraut. Geistlichen, denen die Gabe der Keuschheit nicht gegeben sei, empfiehlt Grau, umgehend eine Ehe einzugehen. Auf das Schloß beordert, wird den versammelten Pfarrern befohlen, ab sofort das Evangelium lauter, rein und klar zu predigen – »on [= ohn] alle menschliche zusatzunge und einmischung«. Wer die evangelische Lehre im Sinne Luthers nicht beherrsche, solle umgehend von denen lernen, die in Weimar oder Erfurt das geistliche Amt richtig ausübten.

Als Nachfolger Friedrichs ist Johann auf dem Sprung, seinen Hof nach Torgau zu verlegen. Demjenigen aber, der glauben sollte, nach seinem Weggang wieder Gottesdienst auf altgläubige, also katholische Weise halten zu können, droht der Fürst mit schweren Strafen – »nit allein mit entsetzung und beraubnüß seins lehns oder pfarr, sunder auch villeicht an der narung oder sunst auf andere weyse und wege, wie sich des ire fürstlichen gnaden des besten noch bedenken werden ...« Zudem wird eine von den Wittenberger Reformatoren erst noch auszuarbeitende Handreichung in Aussicht gestellt, die jedermann aufs genaueste lehren werde, wie man es nach Gottes Wort mit Singen, Lesen, Gottesdiensten und Zeremonien zu halten habe – »darnach ihr euch zu richten wissen werdet«. Gemeint ist Luthers mit Hilfe von Melanchthon erstellte »Deutsche Messe und Ordnung des Gottesdiensts«, die schon Weihnachten 1525 im ganzen Kurfürstentum eingeführt wird.

Und noch vor der Übersiedlung nach Torgau schafft Johann die finanzielle Grundlage für ein rein evangelisches Kirchen- und Schulwesen in Weimar: Sämtliches Kirchengut wird dem Rat der Stadt unterstellt, der davon künftig Pfarrer und Kirchenhäuser, Lehrer und Schulen zu unterhalten hat, so wie Luther es in seinem Aufruf an die christlichen Ratsherren aller Stände des deutschen Landes zur Gründung christlicher Schulen empfohlen hat. Ein evangelisches Schulwesen und eine evangelische Pfarrgeistlichkeit, die sich auf landesfürstliche Gewalt stützen – damit sind in Weimar erstmals die wichtigsten Elemente der typisch evangelischen Obrigkeitskirche geschaffen. Mit der Versammlung der thüringischen Pfarrer im Weimarer Schloß, so der Kirchengeschichtler Rudolf Hermann, sei damit begonnen worden, die evangelische Predigt und schriftgemäße Zeremonien im Sinne Luthers »bei Strafe der Amtsentsetzung« vorzuschreiben.

Wenn die ursprüngliche Toleranzphase so abrupt durch entschlossene Parteinahme beendet wird, hat dies auch mit jenen radikalen reformatorischen Strömungen in Thüringen zu tun, welche schließlich zum Bauernkrieg und zur Schlacht bei Frankenhausen führen. Schon früh kämpfen der kurfürstliche Ratgeber Luther und der ihm ergebene Erbprinz Johann Friedrich in Weimar, der ohnehin als Scharfmacher und Ketzermeister der neuen Lehre gilt, gegen fundamentalistische protestantische Versuchungen an, für die sogar der Weimarer Hofprediger Stein vorübergehend anfällig ist. Es ist eine Zeit, in der die Reformation chaotische Züge annimmt. Um das

Durcheinander zu beenden, in dem die Reformation in Thüringen zu versinken droht, stellt Luther die Weichen zu einer neuen Orthodoxie schon ein Jahr vor der Versammlung im Weimarer Schloß. Das Schlüsseljahr dafür ist 1524, der Ort wiederum Weimar. Im Juli dieses Jahres hören die Herzöge von Weimar die berühmte Fürstenpredigt Thomas Müntzers in der Schloßkapelle in Allstedt, einer in der goldenen Aue gelegenen kursächsischen Enklave, welche den Mitregenten an der Ilm untersteht. Der Allstedter Pfarrer nennt Luther spöttisch das »Geißtlose Sanftlebende fleysch zu Wittenberg«. Er dagegen hat den Eifer eines Joachim von Fiore und den sozialrevolutionären Elan der böhmischen Taboriten; als Gottesknecht sieht er sich, ja als Racheprophet in der Tradition des Alten Testaments. Mit seiner berühmten Fürstenpredigt appelliert er an die Ernestiner, sie sollten als christliche Obrigkeit endlich das Schwert ergreifen, es in den Dienst Gottes stellen und den Endkampf gegen das Böse aufnehmen. In Kirche und Staat herrsche der Antichrist, geistliche wie weltliche Fürsten beraubten, bedrückten und verdummten den gemeinen Mann. Und dann droht er mit Aufstand und Rebellion: Weigerten sich die großen »Hansen« nämlich, und er meint damit natürlich die Ernestiner als die Schutzherren der Reformation, hätten sie also taube Ohren und folgten diesem Aufruf nicht, müsse das Volk ihnen das Schwert entwinden, es selbst in die Hand nehmen und den apokalyptischen Endkampf beginnen.

Beinahe zeitgleich zu dieser Allstedter Predigt veröffentlicht Luther seinen Brief »an die Fürsten zu Sachsen von dem aufrührerischen Geist«, in dem er Müntzer den Kampf ansagt und die Ernestiner auffordert, dem Treiben in Allstedt Einhalt zu gebieten. Zwar hat er Müntzer ursprünglich einmal als Prediger empfohlen, doch nun erkennt er in ihm die führende Figur eines radikalen reformatorischen Flügels, die sein ganzes Werk in Frage stellt. Einem Mann wie Luther, der Theologie und Politik säuberlich auseinanderhält, der einen ausgeprägten Sinn für Ordnung hat, die sich stets auf eine weltliche Obrigkeit stützt, ist die chiliastische Schwärmerei Müntzers, dieses Ineins- und Durcheinanderwerfen von geistlicher und äußerer, weltlicher Ordnung, ein Graus und ein theologisches Unding obendrein.

Es sind Proteste des reformationsfeindlichen albertinischen Vetters Herzog Georg in Dresden, es sind vor allem aber Luthers beschwörende Worte, die Herzog Johann dazu bewegen, Müntzer zum

1. August zu einem Verhör nach Weimar zu bestellen. Weil der Allstedter Fürstenprediger sich dabei als störrisch und uneinsichtig erweist, wird er mit einem ernsten fürstlichen Tadel entlassen und aus Allstedt ausgewiesen. Zugleich befiehlt der Weimarer Hof dem Allstedter Rat, die Druckerei des aufrührerischen Predigers zu schließen. Weil die Unruhe in Thüringen bedrohlich wächst, rufen Johann und sein Sohn Johann Friedrich den Reformator im August 1524 zu einem Consilium über kirchenpolitische Fragen nach Weimar. Dabei wird entschieden, reformatorische Überspitzungen zurückzuschneiden und Abweichungen von den Lehren Luthers energischer als bisher zu bekämpfen. Luther solle durch Thüringen ziehen, regt Johann Friedrich an, um alle Pfarrer auf den rechten Glauben einzuschwören – »welche Prediger denn nicht tüglich, hättet ihr mit Hilfe der Obrigkeit zu ersetzen«. Nicht das ganze Land bereist der Reformator, doch bricht er nach Jena, Kahla, Neustadt und Orlamünde auf, um von der Kanzel herab gegen die evangelische »Ketzerei« Karlstadts und seiner Anhänger zu poltern, die er schlicht »Schwarm- und Schwimelgeister« nennt.

Andreas Bodenstein, nach seinem fränkischen Heimatort Karlstadt oder Carolostadius genannt, hat die Pfarrei in Orlamünde übernommen; viel gestrenger als Luther geht er gegen Bräuche vor, in denen er päpstliche Mißstände sieht: Sämtliche Bilder, sogar die Orgeln werden aus den Kirchen entfernt, mancherorts auch die Altäre umgestürzt. Karlstadt, der Kirchengemälde einmal eine »Mausefalle oder des Teufels Bockspfeifen« für die Schwachen im Glauben nennt, sieht in geschnitzten Figuren teuflische, betrügerische Ölgötzen, die den Gläubigen weggenommen werden müßten wie den Kindern die Messer. Als Rechtfertigung dient ihm das 5. Buch Mose: »Ihre Altäre sollt ihr umstürzen und umkehren, ihre Bilder sollt ihr zerbrechen, ihre Linden sollt ihr abhauen und ihre geschnitzten Bilder sollt ihr verbrennen.« Luther dagegen duldet Gemälde wie Statuen in Kirchen, solange sie nicht abgöttisch verehrt werden: »Die Bilder sollen abgestellt sein, wenn sie angebetet werden, sonst nicht.«

In manchem scheint der Orlamünder dem reformierten Heidelberger Katechismus näherzustehen als Luther, er verwirft auch die guten Werke nicht so total wie der Wittenberger Reformator. Karlstadt meint, daß der gute Glaube Früchte tragen werde, an denen die Glaubenstreue eines Christen zu erkennen sei, und ist mit dieser Einstellung nicht so weit vom Calvinismus entfernt, wie er sich schließlich nach dem Genfer Reformator herausbilden wird. Wie sehr er es vermocht hat, die Mehrheit der Gemeinde auf sich einzuschwören, erweist sich spätestens, als Luther den Rat von Orlamünde auffordert, auf seinen Pfarrer zu verzichten. Bürger wie Rat zeigen sich trotzig und fragen den Reformator, ob es etwa nicht stimme, daß er selbst für das Recht jeder Gemeinde eingetreten sei, sich ihren Pfarrer frei zu wählen? Ihre Bittschrift an den Weimarer Hof zugunsten Karlstadts bleibt jedoch vergebens, auch ihr Hinweis auf »sein sehr schwanger Weib, sein klein unmündig Kind und den herdringenden Winter« fruchtet nichts. Luther erstattet dem Erbprinzen Johann Friedrich in Weimar Bericht über die »tragoedia Orlamundensis« und betont das Recht der Obrigkeit, den unbequemen Prediger zu entfernen. So wird Karlstadt aus Kursachsen ausgewiesen. Im Deutsch der Nachwendezeit würde man sagen: Martin Luther, der erste evangelische Visitator in Thüringen, hat den Pfarrer Andreas Bodenstein evaluiert und für nicht tauglich befunden. Die Weimarer Obrigkeit ist seinem Rat gefolgt und hat den Pfarrer von Orlamünde als Ketzer abgewickelt. Besonders christlich-gnädiglich ist Luther dabei nicht zu Werke gegangen. Duldsamkeit gegen reformatorische Abweichler, gegen »Rottengeister«, war seine Sache nie.

Den entscheidenden Einschnitt bringt schließlich der Bauernkrieg: Statt die reformatorische Vielfalt wie bisher zu dulden oder gar zu fördern, sind die Ernestiner nun bestrebt, die Wittenberger Linie durchzusetzen, die sie seit der Müntzer-Rebellion als die bestimmende und alleinige Norm betrachten. Von Luther fühlen sie sich ermuntert, seit dieser, ein echter Grobian vor dem Herrn, in seiner Streitschrift »Wider die räuberischen und mörderischen Rotten der Bauern« geschrieben hat: »Liebe Herren, steche, schlage, würge wer da kann.« Entschlossen baut der Kurfürst seine neue Landeskirche auf, umfassende Visitationen sollen von Gemeinde zu Gemeinde klären, welche Geistlichen sich noch der Papisterei verschreiben oder gar den »Schwärmern und Sektierern« anhängen. Im Grunde handelt es sich um die systematische Fortsetzung der kirchenpolitischen Säuberungsaktion, die mit Luthers Predigten gegen Karlstadt begannen, und typisch für sie ist, daß die Visitatoren oder Abwickler mit den Abweichlern unter den Protestanten weit härter umspringen als mit Altgläubigen: Die päpstlich Gesonnenen werden mit Abfindungen aus dem Amt gedrängt, reformatorischen Häretikern hingegen droht man, wohl aus Furcht vor neuen Unruhen, harte Strafen an, Wiedertäufer werden sogar hingerichtet. Das Amt des Superintendenten wird geschaffen, der als eine Art territorialstaatlicher Beamter dem Kurfürsten regelmäßig Bericht aus seinem Sprengel über Predigten und Lebenswandel der ihm unterstehenden Geistlichen zu berichten hat. »Der entscheidende Sprung auf dem Wege zur Landeskirche«, schreibt Joachim Bauer in seiner Untersuchung »Reformation und ernestinischer Territorialstaat in Thüringen«, »wurde mit der Abfassung des ›Unterricht der Visitatoren an die Pfarrherren im Kurfürstentum Sachsen‹ 1528 vollzogen«. Die lutherische Reformation hatte mit einer großen Befreiungstat begonnen: mit der Lossagung von der theologischen Bevormundung durch die päpstliche Hierarchie, mit der These, daß jedermann sein eigener Priester sei und es keiner Mittler brauche, um mit Gott Zwiesprache zu halten und seine Gnade zu erfahren. Am Ende mündet sie in eine hierarchische Kirchenstruktur, in der Fürst und Geistlichkeit, Kirche und Staat miteinander verschmelzen und der Altar zur Stütze des Thrones, der Pastor zum Propagandisten der Herrschaft wird.

Den Grundstein zu dieser Entwicklung hat kein anderer als Luther selbst mit vier Predigten gelegt, die er am 24. bis 26. Oktober 1522 in der Schloß- und in der Stadtkirche von Weimar hielt und die vom geistlichen und weltlichen Regiment handelten – dem Reich Gottes und dem Reich der Welt. Auf Wunsch Herzog Johanns, der geradezu begierig erfahren will, wie Christ- und Fürstsein sich miteinander vereinbaren ließen und wie er die weltliche Schwertgewalt handhaben dürfe, faßt er die Predigten dann in der Schrift »Von weltlicher Obrigkeit, wie weit man ihr Gehorsam schuldig sei« zusammen und widmet sie dem Weimarer Herzog. Es ist hier nicht der Ort, ausführlich darzulegen, wie Luther die beiden Reiche trennt, zumal es an Widersprüchen in seinen Darlegungen nicht mangelt. Sie sind von Luther als Ratgeber an Fürsten und Gläubige gedacht und stellen keine klare Doktrin und schon gar kein Dogma dar. Im Gegensatz zu Calvin, dem Savonarola von Genf, einem eher ordnend und lehrend veranlagten Geist, ist der eruptive, vulkanische Luther eben kein Systematiker, dem Wittenberger fehlt jene *clarté*, die dem Genfer angeboren ist. Entscheidend kommt es auf die historische Wirkung an, die von Luthers erstmals in Weimar dargelegter Auffassung von Obrigkeit, ihren Rechten und Pflichten ausgegangen ist, auf ihre Deutung und Handhabung durch Geistliche wie Mächtige.

So nimmt Uwe Siemon-Netto den Reformator und dessen Obrigkeitsschriften ausdrücklich gegen den Vorwurf in Schutz, widerspruchslosen Gehorsam gepredigt zu haben. Schon gar nicht sei er gewesen, was Thomas Mann, der freilich Luther als Berserker, Wüterich und riesenhafte Inkarnation deutschen Wesens innerlich ablehnte, in dem Reformator gesehen habe – den »Erzieher seines Volkes zur Untertänigkeit«. Mit ihrem »Wer schweigt, macht sich mitschuldig« hätten die norwegischen Pfarrer, Lutheraner auch sie, die deutsche Besatzungsherrschaft kritisiert und sich dabei ausdrücklich auf den deutschen Reformator berufen: Gott verlange von jedem Christen, dies habe Luther gelehrt, sein Gewissen zu erforschen und für Gerechtigkeit, Wahrheit und Überzeugungen mutig einzutreten. Daran stimmt, daß Luther die Fürsten keineswegs kritiklos sieht: Er nennt sie einmal »die wuetigen, rasenden, unsinnigen tyrannen, die auch nach der schlacht nicht muegen bluts sat werden ...«, ein andermal »rares Wildbret im Himmel«; ohnehin hält er die Welt für ein trunken Wirtshaus und die Mächtigen auf den Fürstenthronen meist für Toren und Schurken.

Es ergeht Luther eben nicht anders als Goethe, Nietzsche oder der Bibel: Wer suchet, der wird finden und zitieren, was er braucht. Aber entscheidend ist, was über die Jahrhunderte prägend wurde – und das ist dann doch der Luther des »jedermann sei untertan der Obrigkeit, die Gewalt über ihn hat«, der Luther also der nationalprotestantischen Tradition. Besonders greifbar wird diese lutherische Obrigkeitsfrömmigkeit in der »Heerpredigt wider die Türken« aus dem Jahr 1529. In ihr versichert Luther einerseits, daß die Türken Gottes Feind und Christi Lästerer seien, wer wider sie streite, kämpfe also »wider den Teufel selbst«. Andererseits sollte ein mannhafter christlicher Krieger, der bei den Gotteslästerern und teuflischen Feinden Christi in Gefangenschaft geraten sei, sein Los willig annehmen, denn es sei von Gott gewollt. »Und beileibe laufe nicht weg ...«, predigt Luther dem lieben Bruder. Sei er beim Türken einmal in Knechtschaft gefallen, könne er sich ohne Sünde und Ungehorsam nicht befreien. Wenn er fliehe, begründet Luther, dann raube und stehle er seinem Herrn damit seinen »Leib, welchen er [der türkische Herr] gekauft hat oder sonst zu sich gebracht, daß er forthin nicht dein, sondern sein Gut ist, wie ein

Vieh oder ander sein Habe«. Selbst gegenüber einer verbrecherischen Obrigkeit, so Alexander Rüstow, kennt Luther nur Leiden und Gehorsam, es gibt für ihn eben nichts »giftigeres, schädlicheres, teuflischeres« als einen aufrührerischen Menschen, den man wie »einen tollen Hund totschlagen muß«.

Auf der Höhe von Hitlers Erfolgen, im Dezember 1939, schreibt der Theologe Karl Barth in einem Brief nach Frankreich, das deutsche Volk leide »an der Erbschaft des größten christlichen Deutschen: an dem Irrtum Martin Luthers hinsichtlich des Verhältnisses von Gesetz und Evangelium, von weltlicher und geistlicher Macht«, durch welchen der Deutschen natürliches Heidentum nicht begrenzt und beschränkt werde, sondern »ideologisch verklärt, bestätigt und bestärkt worden ist«. Franz Borkenau, Helmut Plessner wie auch Alexander Rüstow haben, ganz unabhängig voneinander, aber alle von den Ansätzen Ernst Troeltschs und Max Webers ausgehend, auf jene entscheidende Trennlinie verwiesen, die Lutheraner zu frommen Untertanen, Calvinisten jedoch zu aufbegehrenden Demokraten werden ließ. Luther unterwirft seine Kirche der irdischen Gewalt, sie wird vom Staat abhängig, Calvin und jene, die nach ihm den eigentlichen Calvinismus schufen – also die Puritaner, die holländischen Reformierten und auch die Hugenotten –, stellen ihre Gemeinden über den Staat, wahren Distanz, betonen den Gegensatz und kämpfen um Unabhängigkeit. Was dem Protestantismus letztlich gemäß ist, die Förderung eines freien Spiels religiöser Kräfte, wird durch die Staatskirche blockiert. Sie verweigert dem Gemeindeglied die Rolle, die es in der Freikirche spielen kann, und schwächt das Bewußtsein für Opposition und Mitverantwortung. Das freie Eigenleben der einzelnen Gemeinde, ursprünglich wahrscheinlich Luthers Ideal, ehe er den unauflöslichen Bund mit seinen Schirmherren schloß, hat sich im Calvinismus erhalten und für dessen militant-demokratischen Charakter gesorgt. Für einen Lutheraner dagegen ist es geradezu ein »paralleles Anliegen« (Rüstow), einen gnädigen Gott und einen gnädigen Fürsten zu haben. Hier das »Pathos der Freiheit« (Ernst Troeltsch), von der reformiert-calvinistischen Spielart des Protestantismus hochgehalten, dort das »Pathos des Gehorsams«, dem deutschen Bürger gepredigt vom Luthertum.

In einer Schrift, Herzog Johann von Weimar gewidmet, erteilt

Luther jenen guten Werken eine absolute Absage, an deren Früchten der Calvinist gerade göttliche Auserwähltheit erkennen will. Der deutsche Reformator lehrt Rechtfertigung allein aus dem Glauben und liefert den einzelnen damit der göttlichen Gnade aus, deren Erweis dieser nicht aktiv beeinflussen, sondern ausschließlich passiv erfahren kann. Borkenau geht soweit, hierin Züge des Ostkirchentums zu erkennen: Es handele sich bei der »Freiheit eines Christenmenschen«, von Luther wie auch von Dostojewski gepredigt, ausschließlich um innere Freiheit, wesensfremd dem Calvinismus des Westens, der nach der »Einheit von Freiheit und Gebundenheit in der Disziplin der freien Korporation« strebt. In der Tat vertieft Luthers Trennung von Geistlichem und Weltlichem den Bruch zwischen Innerlichkeit und Öffentlichkeit, der sich schließlich zu der für Deutschland so typischen Kluft zwischen Macht und Geist weiten wird. Der Künstler und der Machtmensch, sagt Borkenau, sind die beiden Persönlichkeitsideale, die der deutschen protestantischen Kultur voranleuchten. Plessner ergänzt: Selbstvervollkommnung nur in ästhetischer Hinsicht, der Kult der Persönlichkeit, ja das besondere Pathos des Wortes Kultur sind das Ergebnis lutherischer, über die Jahrhunderte entkonfessionalisierter Weltfrömmigkeit. Und doch wagt keiner der genannten Kritiker, das Luthertum in toto zu verwerfen, auch wenn es partiell für die historische Misere der Deutschen verantwortlich sein mag. In einer calvinistisch bestimmten Kultur, so Borkenau, hätten weder die deutsche Musik noch die deutsche Metaphysik eine Chance gehabt: »Der deutsche Geist konnte seine Schwingen entfalten, indem er praktische Erwägungen hinter sich ließ, die dort niemals beiseite gesetzt werden können, wo jede Leistung sich innerhalb der Welt rechtfertigen muß.« Nicht nur als Stadt, die engstens mit Luthers Reformation verbunden ist, sondern als historischer Begriff steht Weimar mit seiner Klassik für eine typisch protestantisch geprägte deutsche Kultur.

Freilich geht es nicht an, von Weimar, der Reformation und Luther zu sprechen, ohne ein wahrlich fatales Erbe zu erwähnen, das der Reformator hinterlassen hat und das treffend mit einem Adjektiv aus dem Wörterbuch des Unmenschen umschrieben ist: Weimar blieb, wie das ganze Großherzogtum Sachsen zur Zeit Luthers und lange nach ihm, »judenrein«. Das hat mit einer seiner Schriften zu tun, die sein Mitstreiter Melanchthon, als er sie dem Landgrafen von Hessen übersandte, uns heute völlig unverständlich im Begleitbrief auch noch ein

Im Anfang war die Obrigkeit

Büchlein nannte, »das wahrlich viel nützlich Lehr hat«. »Von den Juden und ihren Lügen« überschrieb Luther 1543 sein maßloses, ja mordbrennerisches Traktat gegen das Gottesvolk. Man solle ihre Synagogen mit Feuer anstecken, empfiehlt der wütende Antijudaist, Schwefel und Pech dazu werfen, und was nicht brennen wolle, mit Erde überschütten, »damit kein Stein mehr zu sehen sei ewiglich«. Er schafft dafür den Begriff »scharfe Barmherzigkeit«, der uns heute wie Hohn vorkommt, denn was er anrät, entspricht eher der Unbarmherzigkeit des Scharfrichters. Und doch trennen ihn Welten vom späteren Rasseantisemitismus. Theologen deuten seine Haltung gern als Symptom einer enttäuschten Liebe, weil er zwanzig Jahre vor seinem Aufruf zu einer reformatorischen Kristallnacht in seiner Missionsschrift »Daß Jesus Christus ein geborener Jude sei« die Juden noch als ideale Zielgruppe für den eigenen Bekehrungseifer ausgemacht hatte. Für ihre hartnäckige Verweigerung der Taufe zeigte er sogar Verständnis, weil papistische »Tölpel und Knebel« den Christenglauben regiert hätten. Um so empörter reagiert er, als sie sich auch nicht durch ihn, der das Christentum von papistischer Abgötterei gereinigt hat, gewinnen lassen.

Nicht zufällig gelten Sachsen und die thüringischen Kleinstaaten »bis 1806 und wieder nach 1813 als Zentren antijüdischer Haltung«, schreibt Werner Grossert in seiner Studie zur Judenemanzipation im Thüringischen. Ein Mandat Johann Friedrichs führt 1536 zur rigorosen Verfolgung und Austreibung der Juden; nicht nur Aufenthalt und Ausübung eines Gewerbes, selbst den Durchzug verbietet der Kurfürst und untersagt ausdrücklich, Juden »Geleit oder Sicherung« zu geben. Zwar ist Luthers direkte Mitwirkung bei diesem ersten »Judenbefehl« nicht eindeutig bewiesen, aber er traf wenige Tage vor seiner Verkündung den Kurfürsten und scheint das Mandat wegen der »Unbußfertigkeit« und des Wuchers der Juden gebilligt zu haben. Als der Kurfürst es nach vorübergehender Milderung, die wenigstens den Durchzug wieder gestattete, im Mai 1543 erneut in vollem Umfang in Kraft setzt, beruft er sich ausdrücklich auf Luther, seinen ehrwürdigen, hochgelehrten, andächtigen und lieben Doktor der Heiligen Schrift, der mit guten Gründen gegen das verstockte Judentum zu Feld gezogen sei. Ein nebeneinander von Christen und Juden ist für den späten Reformator nicht denkbar, er zielt auf ihre Vertreibung, nicht auf ihre Vernichtung, und will ihre Habe konfiszieren, um sie getauften Juden zur Verfügung zu stellen. Auch wenn mit den Jahrzehnten das Feuer des Zorns bei Luther wächst, bleibt seine Judenfeindschaft stets theologisch bedingt. Für die neue Landeskirche indes wird sie zum Dogma, das direkte politische Auswirkungen hat. Erst ab Mitte des 18. Jahrhunderts, unter der Regentschaft der Herzogin Anna Amalia, werden in Weimar einige wenige jüdische Familien ansässig. Bis 1807 müssen Juden aus anderen deutschen Staaten im Großherzogtum Weimar Leibzoll entrichten, eine Praxis, die sie nach Grossert »moralisch dem Vieh gleichstellt«. In dem Weimar benachbarten Jena, wohin die Ernestiner nach dem Verlust Wittenbergs ihre Universitätsbibliothek überführten und damit den Grundstein für eine neue Hochschule legten, in dieser aufgeklärten Saalestadt, in der um 1800 Fichte und Schiller als Professoren lehren, bleibt jegliche jüdische Ansiedlung bis 1848 scharf angefeindet.

Auf den Reformator der Deutschen beruft sich, dieser historische Vorgriff sei gewagt, auch die thüringische Landeskirche, als sie mit sechs anderen evangelischen Kirchen am 17. Dezember 1941 die Einführung des Judensterns durch die Nationalsozialisten begrüßt: Schon Dr. Martin Luther habe nach bitteren Erfahrungen die Forderung erhoben, »schärfste Maßnahmen gegen die Juden zu ergreifen und sie aus deutschen Landen auszuweisen«. Weimar steht eben nicht nur für den Gipfel deutscher Kultur, nicht nur für Glanz und Größe, sondern auch für Niedergang. Weimar ist voll der Ambivalenz und des Zwiespalts – ein echter deutscher Schicksalsort.

»Widerstehe doch der Sünde«

Hofmusicus Bach in der Himmelsburg

*S**mall is beautiful* – das galt vor allem für das kleinstaatlich zerrissene Thüringen mit seinen Duodezfürstentümern, obwohl Churchill sie einmal verächtlich die »pumpernickel principalities« nannte. Aus einer Großmachtperspektive betrachtet, konnte sich die deutsche Kleinstaatenwirtschaft vor der Bismarckschen Reichsgründung nicht anders denn anachronistisch ausnehmen, und in der Tat haftet ihr bei allen kulturellen Verdiensten stets etwas Armseliges und Lächerliches an, wie es Büchner in »Leonce und Lena« so treffend für die Bühne dargestellt hat. Daß Heinrich von Treitschke, der sächsische Verherrlicher Preußens und Prediger des neuen deutschen Nationalismus, die Kleinstaaterei als deutschen Fluch bezeichnet, nimmt nicht Wunder. Aber auch die Arbeiterbewegung macht in einer Kampfschrift 1906 Front gegen den »Thüringischen Kleinstaatenjammer« der verschiedenen ernestinischen, schwarzburgischen und reußischen Lande.

Und doch trifft gerade auf Thüringen zu, was der britische Nationalökonom E. F. Schumacher 1973 in seinem vielbeachteten Plädoyer für eine auf den Menschen bezogene Politik empfohlen hat: möglichst viele kleine, autonome, überschaubare Einheiten zu schaffen, die sich in einen umfassenden Ordnungsrahmen einfügen sollten. Der Mensch könne Bruder zu einigen Brüdern sein, nicht aber zu allen auf einmal und schon gar nicht zu einem Abstraktum wie der Menschheit. Nur im Überschaubaren, so Schumacher in seiner Absage an alle Gigantomanie, gehe das Menschliche nicht verloren. So etwa versteht knapp zweihundert Jahre vor Schumacher auch der Wirkliche Geheime Rat Goethe sein Weimar – als bescheidene Residenz eines kleinen Fürstentums, das sich mit anderen Kleinstaaten in einem Fürstenbund zusammentun muß, um sich gegen die Großen in Berlin oder München zu behaupten. Das Reich, auch wenn es sich in marodem Zustand befindet, betrachtet der Reichsbürger aus Frankfurt als gegeben. Es garantiert Ordnung in der Vielfalt und läßt den kleineren Staaten damit den nötigen Spielraum für eine eigenständige Entwicklung. In Weimar erlaubt dies eine großzügige Kulturpolitik, die um so erstaunlicher ist, als sie die finanziellen Mittel eines Zwergstaates eigentlich übersteigt. Goethe selbst, lange Kultusminister seines Freundes und Herzogs Carl August, spricht einmal von der »gegen unsere Kräfte disproportionierten Beförderung der Künste und der Wissenschaften«.

Die thüringische Duodezwirtschaft ist weitgehend das Resultat der immerwährenden, zwar sehr brüderlich gedachten, aber die eigene Bedeutung verringernden Erbteilung des Hauses Wettin, das durch den Erz- und Silberbergbau im Erzgebirge und in Thüringen einst zu den reichsten und mächtigsten deutschen Herrscherhäusern gehörte. Nach Bruderkrieg, Erbauseinandersetzungen und dem Zerfall in die albertinische und die ernestinische Linie wird das Territorium, welches den in Weimar herrschenden Ernestinern verbleibt, wegen des Verzichts auf das Erstgeburtsrecht immer weiter zersplittert, bis schließlich das Herzogtum Sachsen-Weimar-Eisenach zur Zeit Goethes so »überschaubar« geworden ist, daß es nur mehr 36 Quadratmeilen umfaßt und ganze 106398 Einwohner zählt. Da versteht sich beinahe von selbst, daß Goethe in seinen ersten Jahren als Weimarer Minister nicht nach der Aktenlage entscheiden will, sondern sich aufs Pferd oder in den Zweispänner setzt, um die Probleme vor Ort zu studieren. Der Verzicht auf Großmachtpolitik erlaubt den mitteldeutschen Kleinstaaten die Konzentration auf die innere Landespflege und läßt auf engem Raum verschiedene kulturelle Zentren entstehen, die einander gegenseitig befruchten. »Die Fähigkeit, aus Krisen, Niederlagen und Kriegsfolgen neue Kraft zu gewinnen und diese vor allem auf die Kultur, Bildungs- und Wirtschaftspflege anstatt auf zweifelhafte Abenteuer zu richten«, so der Jenaer Historiker Jürgen John, »gehört wohl eher zu den Stärken als zu den Schwächen kleinstaatlicher Politik.«

Mit der Gründung der »Fruchtbringenden Gesellschaft« im August 1617 im Weimarer Schloß Hornstein setzen der ernestinische Hof an der Ilm und der anhaltinische in Köthen das Beispiel für einen Kulturverbund, der über die engen Grenzen der Kleinstaaterei hinausgreift. Schon der Titel der neuen Sozietät will sagen, daß sie sich dem

Nutzen und Wohl der Allgemeinheit verschrieben hat. Angeregt von dem Weimarer Hofmarschall Caspar von Teutleben, der jahrelang Italien bereiste und in Florenz Mitglied der italienischen Sprachakademie »Academia della Crusca« geworden ist, hat die neue Vereinigung patriotisch-sittliche Ziele, beschränkt sich aber bald auf die Förderung und Reinhaltung der deutschen Muttersprache und kämpft gegen Sprachverwilderung und -überfremdung. Die ehrenwerten Mitglieder, zu denen später auch Dichter und Gelehrte zählen – Martin Opitz, Andreas Gryphius und Friedrich von Logau –, erhalten jeweils einen Pflanzennamen. Wahrzeichen der Sozietät ist der Indianische Palmen- oder Nußbaum, über dem in großen Lettern zu lesen steht: »Alles zu Nutzen.« Bald heißt der neue Verein, dessen Sitz Fürst Ludwig von Anhalt an seinen Hof nach Köthen holt, nur noch der »Palmorden«, obschon er nicht als geschlossener Ritterorden, sondern als offene Gesellschaft konzipiert ist. Fruchtbringer sind zunächst die Regenten und die wichtigsten Mitglieder ihres Hofstaates, doch stoßen bald Bürgerliche hinzu, die sonst bei Hofe nicht geduldet würden, sich jedoch einen literarischen oder philosophischen Namen gemacht haben. Für heutige Begriffe mag das Wort Akademie für die Fruchtbringer viel zu hoch gegriffen, das schlichtere Wort Sprachverein – der erste europäische nördlich der Alpen übrigens – scheint den Sachverhalt besser zu treffen. Doch damals schmückten sich die verschiedensten Sozietäten mit diesem Namen, und mit fast neunhundert Mitgliedern war sie eine der größten »Akademien« Europas. Nach dem Tod ihres Spiritus rector Ludwig von Anhalt wandert die Zentrale dann wieder an ihren Gründungsort Weimar, wo Wilhelm der IV. von Sachsen-Weimar, ein Neffe des Köthener Fürsten, 1651 neues Oberhaupt wird. In Weimar schreibt dann Georg Neumark, Dichter, fürstlicher Bibliothekar und »Erzschreinhalter«, also Geschäftsführer der Gesellschaft, die Geschichte dieses ersten deutschen Sprachvereins: »Der Neu-Sprossende Teutsche Palmbaum oder Ausführlicher Bericht von der Hochlöblichen Fruchtbringenden Gesellschaft«, deren Eigenschaften und »derselben Fortpflanzung«.

Nicht nur das Beispiel des Palmordens zeigt, wie eng die Beziehungen zwischen den ernestinischen und den anhaltinischen Höfen sind. Hartmut Ross hat darauf hingewiesen, daß die kulturellen Zentren Weimar, Köthen und Dessau über Jahrhunderte aufeinander einwirken und miteinander im geistigen Austausch stehen. »Kulturphänomene der gewichtigsten Art« beginnen in Weimar und enden im Anhaltinischen oder auch umgekehrt. Johann Sebastian Bach, Weimarer Hoforganist und Konzertmeister, wechselt von der ernestinischen Residenz an der Ilm an den anhaltinischen Hof in Köthen, nachdem er sich mit Herzog Wilhelm Ernst überworfen hat. Empfohlen vom Neffen des Herzogs, der mit einer Anhaltinerin verheiratet ist, komponiert er in Köthen dann die »Brandenburgischen Konzerte«. Der Wörlitzer Park, den Franz von Anhalt-Dessau anlegt, dient der Herzogin Anna Amalia als Vorbild für Tiefurt und hinterläßt auch bei Goethes Gestaltung des Ilmparks Spuren. Last not least: Als das Bauhaus 1925 aus Weimar vertrieben wird, findet es seine neue Heimstatt in – Dessau.

Wenn in Anhalt die Konzentration der Landesherren auf die innere Entwicklung früher zur Geltung kommt als in Weimar, dann hat dies nicht nur mit der Größe der Fürstentümer, sondern auch mit dem Verzicht auf große Politik zu tun. Mit dreißig-, später vierzigtausend Einwohnern zählt Anhalt zu den Winzigstaaten, die auf der buntgescheckten Karte des Deutschen Reiches kaum zu finden sind. Diese Tatsache führt dazu, daß Dessau »einen Vorrang bei den Kulturinnovationen in Deutschland bis circa 1780 wahren kann« und erst danach von Weimar überholt wird. Folgt man Ross, dann entstand das Dessau-Wörlitzer Reformwerk nur, weil Franz von Anhalt-Dessau mit seinem Ländchen »wie mit einem großen Gut« umgehen konnte. Dagegen widerstehen die Herrscher des nur dreimal größeren Weimar, Sprossen eines Geschlechts, das einst eines der größten und bedeutendsten deutschen Territorien regiert hat, militärischen Versuchungen nicht und trachten im Dreißigjährigen Krieg danach, ihr kleines Fürstentum zu vergrößern, um als Dynastie an Bedeutung zu gewinnen – eine Tendenz, die später bei Herzog Carl August wieder durchbrechen wird. Herzog Wilhelm, der von 1626 bis 1662 über Sachsen-Weimar herrscht, widmet seinen Degen der Sache der Protestanten in der geheimen Hoffnung, die Kurwürde wieder zu erstreiten. Als Kriegsherr fehlt ihm freilich Fortüne wie seinem Vorfahr Johann Friedrich: 1623 wird er von den Kaiserlichen unter Tilly geschlagen und gefangengenommen. Erst siebzehn Monate später kommt er wieder frei – nach getanem Fußfall vor Kaiser Ferdinand II. in Wien, dem er danach bei gemeinsamer Tafel sogar die Serviette reichen darf. Auch Herzog Bernhard von Weimar, Wilhelms jüngerer Bruder, kann das politische Gewicht Sachsen-Weimars nicht vergrößern. Zwar gehört er zu den bedeutendsten protestantischen Heerführern des Dreißigjährigen Krieges und ist der einzige hervorragende Militär, den die ernestinische Dynastie je hervorgebracht hat. Aber als er mitten im Kriege, nach der Eroberung des Elsaß, vergiftet wird, ist der Traum des Hauses Weimar von mehr Einfluß, Macht und Größe endgültig ausgeträumt. Nach dem Frieden von Münster besitzt das Herzogtum keinen Fußbreit mehr Boden als dreißig Jahre zuvor, und als 1672/73 Wilhelms Söhne, weil das Erstgeburtsrecht noch nicht eingeführt ist, nach alter ernestinischer Teilungstradition aus der ohnehin schon kleinen Masse auch noch die Fürstentümer Jena und Eisenach für sich herausschneiden, schrumpft das Herzogtum Sachsen-Weimar, wenn auch nur vorübergehend, auf ganze fünfzigtausend Seelen. Als Johann Sebastian Bach 1708 nach Weimar kommt, findet er in dem kleinen Fürstentum gleich zwei Herzöge vor, Wilhelm Ernst und seinen Neffen Ernst August. Weil beide große Musikliebhaber sind und sich über die Verwendung ihrer Hofmusici nicht einigen können, wird Bach vor seinem Weggang nach Köthen einen Monat im Weimarer Kerker darben.

Bachs Schaffen in seiner Weimarer Periode bezeugt die enge Nähe, die gegenseitige Anregung und Förderung von Luthertum und Musik, welche die Musikkultur Thüringens auszeichnet und zu der sich der Organist und Komponist immer wieder ausdrücklich bekennt. Auf musikalische Art legt er die Bibel aus, vergleichbar Lucas Cranach, der sie hundert Jahre vor ihm illustriert hat. In Eisenach geboren, Thüringer wie Martin Luther und Heinrich Schütz, ist Bach in Mühlhausen tätig, ehe er als Hoforganist nach Weimar wechselt. In dem Entlassungsgesuch, das er an die Mühlhäuser Stadträte richtet, beschreibt er sein tiefreligiöses Verständnis von Musik: »Endzweck« seines Wirkens sei eine »regulirte kirchenmusic zu Gottes Ehren«. Bach schätzt das musikalische Kirchenritual, wie es bei den Lutherischen mit Orgelspiel und Chorälen, Kantaten und Chorgesang entstanden ist. Als »Laquey«, also als fürstlich Bediensteter, hatte er schon 1703 ein kurzes Zwischenspiel in Weimar bei Herzog Johann Ernst III. gegeben, ehe er nach sechs Monaten als Organist nach Arnstadt ging. Für einen musikalischen Genius wie Bach mutet diese Tätigkeitsbeschreibung befremdlich an, in Wahrheit hat er ja auch in Johann Ernsts privater Kapelle in Heiduckenuniform als Violinist gespielt. Aber die beschei-

*Herzog Wilhelm Ernst von Sachsen-Weimar (1662-1728).
Der gestrenge und überaus fromme Landesherr
legt den Grundstock zur späteren Anna Amalia Bibliothek
(anonymes Gemälde von 1691).*

denen Mittel des kleinen Herzogtums zwingen dazu, daß viele Musici bei Hofe zugleich andere Tätigkeiten verrichten, einige tauchen aus Haushaltsgründen in den Rechnungen der Gesamtkammer, also des Budgets des Herzogtums, nicht als Cembalisten, Harfespieler oder Trompetenbläser auf, sondern als Kammerherren, Jagdbedienstete und Küchenmeister.

Streng geht es zu am Hof Wilhelm Ernsts, bei dem Bach im September 1708 gegen ein Gehalt von jährlich 150 Gulden als Hoforganist antritt. Zusätzlich zu diesem Einkommen erhält der neue Musikus ein Deputat von vier Klafter Floßholz im Wert von sechs Gulden und fünfzehn Groschen sowie jährlich zwei Gulden aus einer Stiftung. Der Herzog hält täglich mehrere Betstunden und wacht persönlich über Zucht und Sitte an seinem Hofe, der im Rufe steht, einer der frömmsten in Deutschland zu sein. Diener, die in Wilhelm Ernsts Gemach aufwarten, so berichtet Carl Eduard Vehse, müssen ihm laut aus der Bibel vorlesen, nach dem gemeinsamen Besuch des Gottesdiensts examiniert der Herzog sie höchstpersönlich auf den Inhalt der Predigten. Feste und weltliche Vergnügungen gibt es kaum, früh gehen die Lichter aus. Im Sommer schließen Küche und Keller bei Hofe abends um neun, im Winter bereits um acht Uhr. Zwar ging die christliche Zucht unter Wilhelm Ernst nicht ganz soweit wie bei seinem Oheim, dem »Beternst« von Coburg, der in seinem lutherischen Orwell-Staat über die gebotene Frömmigkeit seiner Untertanenseelen Buch führen ließ, doch sind Parallelen im Charakter beider durchaus zu erkennen. Durch das Verbot, sonntags die Stadt vor dem Mittagsgottesdienst zu verlassen, sucht Wilhelm Ernst seine Untertanen zum Kirchgang zu nötigen.

Nicht minder autoritär ist sein Verhalten gegenüber dem Rat der Stadt. Gleich zweimal zwingt er den Ratsherren herzogliche Domestiken als Bürgermeister auf: 1683 seinen Kammerdiener und Leibschneider Johann Tietz, 1688 seinen Kammerdiener Johann Caspar Eichelmann, den er wohl wegbefördert, weil er mit dessen Frau ein Verhältnis hat. Sein Stil wird Schule machen. Am 3. Februar 1730 läßt Wilhelm Ernsts Nachfolger Ernst August die Ratsherren wissen, »daß wir aus besonderer Gnade bewogen worden, Unseren Fürstlichen Kammerdiener, Gottlieb Dehnen, vor seine Uns treugeleisteten Dienste zum Bürgermeister unserer Fürstlichen Residenzstadt zu ernennen«.

Die kulturellen Meriten, die sich der absolut herrschende Wilhelm Ernst erwarb, sind indes unumstritten. Durch Ankauf der Bücher des Wittenberger Professors Schurzfleisch und Friedrich Logaus, des durch seine Epigramme berühmten schlesischen Dichters und Regierungsrats, wird der herzogliche Buchbestand erheblich erweitert und so der Grundstock zur späteren Anna-Amalien-Bibliothek gelegt. Wilhelm Ernst begründet die Weimarer Kunst- und Münzsammlungen und läßt Schloß Ettersburg erbauen, das Herzogin Anna Amalia viele Jahre als Sommersitz nutzt. Daß er ausschließlich Kirchenmusik liebt, ist für die musikalische Entwicklung in Weimar allerdings hinderlich. Ein Opernhaus, das 1669 im Schloß eröffnet wird, bringt zu des Herzogs Geburtstag »die erste Opera, von der, denen lasterhaften Begierden entgegengesetzten tugendlichen Liebe gespielet«. Wahrscheinlich handelte es sich um ein einfaches Singspiel, dessen Titel die Vermutung nahelegt, daß es sehr frommen Inhalts war und den religiösen Neigungen des Herzogs entgegenkam. Doch den Herrscher in Weimar dünkt selbst die frömmste Unterhaltung noch zu weltlich. Um 1700 werden die Opernaufführungen eingestellt, so daß Weimar bis zu Liszts Zeit nie eine ernsthafte Konkurrenz zu den Opernbühnen anderer Duodezresidenzen werden kann, ganz zu schweigen von Dresden oder Braunschweig-Wolfenbüttel.

Himmelsburg nennen die Weimaraner damals ihre Schloßkapelle, weil sie mit drei Stockwerken in einer Höhe von jeweils sieben, siebeneinhalb und fünf Metern nach oben strebt. Durch Öffnung der Decke ist eine Kuppel als zusätzlicher Raum für die Unterbringung der Orgel gewonnen worden. Der Hoforganist Johann Sebastian Bach ist also den Himmlischen näher als der Prediger oder gar der Fürst. Ob solch himmlische Höhe einem optimalen Wohlklang für die Gläubigen weiter unten dienlich gewesen ist, bleibt zu bezweifeln, überprüfen läßt es sich nicht. Das Schloß samt Himmelsburg brannte 1774 ab, ein Jahr vor dem Eintreffen Goethes in Weimar. Sonntags, an Feiertagen, aber auch werktags zu Proben spielte Bach droben in seiner Kuppel. Im Winter hält ein Ofen mit glühenden Kohlen die Finger des Organisten gelenkig. Sein Herzog findet zunehmend Gefallen an dem strenggläubigen Musicus, denn er spürt: Die Frömmigkeit, die Bachs Kunst beseelt, ist nicht erzwungen, sondern Herzensbedürfnis (Luc-André Marcel). Bach gilt schon damals als umwälzender Neuerer, denn wo vordem nur mit den vier Fingern einer jeden Hand gespielt

»Widerstehe doch der Sünde«

Johann Sebastian Bach (1685-1750) tritt im Jahr 1708 seine Stelle als Hoforganist in Weimar an (Druck nach einem unbekannten und undatierten Ölgemälde).

wurde, hat er durch Gebrauch der Daumen das Zehnfingerspiel eingeführt. Auch weiß er durch seine Pedaltechnik zu beeindrucken. »Seine Füße flogen über die Pedale, als ob sie Schwingen hätten«, so der Bericht des Mindener Rektors Constantin Bellermann über das Spiel Bachs vor dem Kasseler Hof; geradezu donnergleich seien die mächtigen Klänge durch die Kirche gerauscht. Sein Ruf als Orgelspezialist reicht inzwischen weit über Weimar hinaus, oft wird er als Gutachter für neu installierte Orgeln in fremde Städte gerufen, etwa nach Halle oder Erfurt, und er prüft ebenso scharf und unerbittlich wie sachverständig. Doch spielt er in Weimar von Anfang an auch andere Instrumente: Mit Fellmütze und in Uniform, die der Herzog seinen Musici verpaßt hat, streicht er in der Hofkapelle die Violine oder Bratsche und sitzt gelegentlich vor dem Cembalo – für einen Organisten damals nicht ungewöhnlich, denn noch gibt es keine Trennung von Orgel- und Klavierwerken bei Tasteninstrumenten, die Bach übrigens alle beherrscht: neben dem Cembalo das Spinett ebenso wie das Klavichord. Die fürstliche Hofkapelle besteht aus vierzehn Mann, den Kapellmeister Dresen und den Hoforganisten Bach eingerechnet. Bei wichtigen Anlässen wie herzoglichen Geburtstagen oder dem Empfang wichtiger Gäste wird sie durch Pauker und Trompeter verstärkt, die nicht bei Hofe angestellt sind, sondern im Auftrag von Rat und Bürgerschaft aufspielen.

Weimar stellt die erste wichtige Etappe in Bachs Karriere dar, und alles deutet darauf hin, daß er sich in der Residenz an der Ilm wohlfühlt. Mit seiner ihm angetrauten Base Maria Barbara wohnt er im Haus des Falsettisten und Pagenhofmeisters Adam Immanuel Weldig am Markt. Sechs Kinder aus dieser ersten Ehe Bachs erblicken in neun Jahren Weimar das Licht der Welt, vier davon überleben, zwei bringen es zu Ruhm: Wilhelm Friedemann und Carl Philipp Emanuel. Natürlich ist Bachs Schaffen in dieser Zeit von der streng lutherischen Atmosphäre des Hofes unter Wilhelm Ernst nicht zu trennen, der Schwerpunkt liegt eindeutig auf religiöser Musik, wie schon die Titel vieler Kantaten beweisen: »Himmelskönig, sei willkommen«, »Alles was von Gott geboren«, »Nun komm der Heiden Heiland« oder »Widerstehe doch der Sünde« mögen als Beispiele für viele stehen. Choräle und Kantaten machen die Mehrzahl seiner Kompositionen aus, und sie sind vornehmlich für die Orgel, einige auch für das Klavier gedacht. Wenn er in Weimar eine Vorliebe für die dreiteilige Fuge zeigt, dann nicht nur, weil er Freude an Methodik und Logik hat, sondern weil dies den tiefreligiösen Überzeugungen des Hofmusikus entspricht: Er sieht »in dieser dreigeteilten, aus einem einzelnen Thema abgeleiteten Welt offenbar ein Abbild der Dreieinigkeit, die die Welt beherrscht«, so Luc-André Marcel, der von den Orgelwerken des jungen Bach der Weimarer Zeit meint, sie dürften nicht methodischstreng, sondern müßten fesselnd und mitreißend gespielt werden, weil der Bach von Weimar eben noch nicht der strenge Kantor ist und »der Drang nach beinahe aggressiver Demonstration speziell für die Jugend [Bachs] charakteristisch sind. Bachs Kräfte schäumten über in diesen Jahren.«

Die Mehrzahl der Textvorlagen für die zahllosen Kantaten und Choräle steuert Salomo Franck bei, ein Weimarer Konsistorialrat und Dichter Hunderter von Kirchenliedern, von denen Bach etliche vertont – teils aus eigener Initiative, teils auf Befehl des Herzogs, der Franck ob seiner Gelehrsamkeit und Frömmigkeit besonders schätzt. Mindestens einmal, für die Osterkantate »Christ ist erstanden«, greift er auf Luther zurück. Andere Texte stammen von Georg Neumark, dem Dichter, herzoglichen Bibliothekar und »Erzschreinhalter« der Fruchtbringenden Gesellschaft im Weimar des vorausgegangenen Jahrhunderts, darunter jener Choral, der zum Paradebeispiel der vielzitierten lutherisch-christlichen Fröhlichkeit werden soll: »Wer nur den lieben Gott läßt walten ...«

Nicht zuletzt dank eines Abwerbungsversuchs aus Halle gelingt es Bach, sein Gehalt in den Weimarer Jahren zu verdoppeln. Als Treueprämie stockt Wilhelm Ernst die Bezüge seines Hoforganisten 1714 noch einmal auf und erhebt ihn zum Konzertmeister »mit angezeigtem Range nach dem Vizekapellmeister«. Bach wird verpflichtet, einmal monatlich eine neue Kantate aufzuführen, und erhält genügend Zeit, sich künftig mehr der Instrumentalmusik zu widmen. Besonders enge Beziehungen zu Ernst August, dem Neffen des regierenden Fürsten Ernst Wilhelm, sollen ihm freilich bald zum Verhängnis werden. Der Neffe ist ein begabter Klavierspieler und Musikliebhaber, der im reifen Alter noch das Trompetenblasen erlernt. Musizierend oder im Gespräch sitzen beide so oft im Roten Schloß zusammen, dem Sitz Ernst Augusts, daß den Oheim die Eifersucht packt. Wilhelm Ernst übergeht Bach, als die Stelle des Hofkapellmeisters frei wird. Und weil er nicht wünscht, daß die Hofmusici zur Privatkapelle Ernst Augusts werden, verbietet er ihnen bei einer Strafe von zehn Talern, vor seinem Neffen im Roten Schloß zu spielen. Nun hat Bach, der als Vater einer großen Familie stets in Geldnöten ist, sich berechtigte Hoffnungen gemacht, auf die erste Stelle der Hofkapelle aufzurücken und einige Taler mehr zu bekommen. Auch ist er sich inzwischen seiner Bedeutung gewiß. Zwar steht er noch im Schatten Philipp Telemanns, des meistgeschätzten Musikers seiner Zeit, doch ist sein Ruf weit über Weimar hinaus beständig gewachsen. Stolz und seiner enormen Begabung bewußt, übergeht er das Verbot und schaut sich an anderen Höfen nach neuer Beschäftigung um. Durch Vermittlung Ernst Augusts, der mit einer Schwester des Fürsten Leopold von Anhalt-Köthen verheiratet ist, kann er mit dem Hof in Köthen schließlich einen Vertrag aushandeln. Mit einem Jahresgehalt von vierhundert Reichstalern bringt der Wechsel nicht nur erfreulich höhere Bezüge, die neue Position eines Kapellmeisters kommt der eines Ersten Musicus bei Hofe gleich und genießt höheres Ansehen als die eines Konzertmeisters in Weimar. Allerdings schließt Bach diesen Vertrag ohne Wissen seines Weimarer Herrn, der im Verhalten seines unbotmäßigen Konzertmeisters denn auch einen Verstoß gegen Treu und Glauben sieht. Denn trotz des Torts, den er Bach angetan, schätzt Wilhelm Ernst seinen Hofmusicus über die Maßen und will ihn unbedingt in Weimar halten. Absoluter Herr, der er nun einmal ist, befiehlt er, Bach zu verhaften. Um ihn gefügig zu machen, wird am 6. November 1717 der »bisherige Concertmeister u(nd) HofOrganist Bach wegen seiner halßstarrigen Bezeügung u(nd) zu erzwingender Demission auf der Landrichterstube arretiret«, wie der Hofsekretär Theodor Benedikt Bormann in seinen »Nachrichten Bey dem Fürstl(ich) Sächß(ischen) Hoff-Marschall-Amt Weimar zur Wilhelmsburg de anno 1697. bis 1728.« notiert. Knapp einen Monat muß der Meister im Gefängnis sitzen, doch er denkt nicht daran zu kapitulieren. Weder Einschüchterungen noch Drohungen können ihn beugen: Er besteht auf seiner Entlassung, die ihm schließlich am 2. Dezember gewährt wird – »mit angezeigter Ungnade« zwar, aber immerhin. Weimar habe Bach diese Affäre niemals verziehen, urteilt Marcel: »Die meisten seiner Freunde wandten ihm den Rücken, selbst sein intimster Freund [Johann Gottfried] Walther, der später, als er ein Musiklexikon herausgab, Bach seltsam flüchtig behandelte und es nicht einmal der Mühe wert hielt, die Partituren anzuführen, die er von ihm erhalten hatte.« Dies entspricht dem Stil der Zeit, der eben auch in Weimar gilt: Künstler und Gelehrte, auch solche von Rang, leben in der Furcht ihrer absoluten Herren. Walther, der in Weimar seßhaft ist und es auch bleiben will, kann die Gunst Wilhelm Ernsts nicht aufs Spiel setzen.

Bedeutet sein Weggang für Weimar einen schweren Verlust, ist der Wechsel zum Hof in Köthen für Bach persönlich ein unermeßlicher Gewinn. Wer will, mag hier erneut die Vorzüge jener Vielfalt entdecken, welche die mitteldeutsche Kleinstaaterei zu bieten hat. Aus der Wärme lutherischer Kirchenmusik, wie sie Weimar pflegt, taucht Bach in die Kühle und Strenge eines calvinistischen Hofes, wo religiöse Musik, ausgenommen einfache Choräle, im Gottesdienst keine Rolle spielt. Leopold von Anhalt liebt die Instrumentalmusik, und so versteht sich, daß in Bachs Köthener Zeit seine »Brandenburgischen Konzerte« entstehen. Der neue Fürst spielt Gambe, Klavier und Violine. Darin gleicht er den Herren von Weimar, doch nimmt er, anders als diese, in religiösen Fragen eine liberale Haltung ein. Obschon als Summo episcopus selbst Oberhaupt seiner calvinistischen Landeskirche, läßt er Gewissensfreiheit zu und die lutherische Minderheit gewähren. So muß der lutherische »Hochfürstlich-Anhalt-Cöthenische Capellmeister« Bach seine Überzeugungen nicht ändern, sondern nimmt regelmäßig mit seiner Familie am lutherischen Gottesdienst teil.

Anders als im liberalen Köthen, wird das stockkonservative Weimar seine despotischste Phase ausgerechnet unter Bachs Schüler, Freund und Beschützer Ernst August erleben, als dieser 1728 als Alleinherrscher an die Regierung kommt. Als einen kleinen, ungemein hageren und reizbaren, heftigen und wunderlichen Herrn charakterisiert ihn Carl Eduard Vehse. Regelmäßig vor dem Schlafengehen spielt der Fürst die Violine, nach dem Zeugnis der Dienerschaft bisweilen selbst im Bett, auch wenn dies nur schwer vorstellbar scheint. Liebe zur Musik schließt eben weder Macht- noch Größenwahn, noch Brutalitäten aus. Kaum kann er allein regieren, da legt Ernst August sich erst einmal ein kleines Heer zu, das die finanziellen Möglichkeiten seines Winzigstaates gewaltig übersteigt. Potsdam hat es dem Herrn von Weimar angetan, dem Soldatenkönig Friedrich Wilhelm I. will er partout gleichen, auch wenn er als Oberkommandierender nur über ein Bataillon Infanterie, zwei Reiterschwadronen und eine Kompanie

Garde verfügt, welche aus jungen Edelleuten zu Pferde besteht. Höchstpersönlich nimmt diese kuriose Durchlaucht morgens die Wachparade ab, läßt die 33 Mann starke Einheit paradieren, kommandiert sie beim Exerzieren und korrigiert unnachsichtig ihre Fehler. Auch die Stadt und ihre Bürger bleiben von seiner Militärwut nicht verschont: Die Befestigungen werden verstärkt, der Stadtrat hat ein neues Schießhaus zu bauen und die Bürgerkompanie mit modischen Monturen zu versehen. Bürger, die daran Anstoß nehmen, müssen ihren Ärger verbergen, denn »das vielfältige Räsonnieren der Untertanen wird hiermit bei halbjähriger Zuchthausstrafe verboten«, wie es in einer Verordnung vom 3. November 1736 heißt. Diebstahl von Wäsche oder Obst werden nach dem Willen des Landesherrn mit Tod durch den Strang geahndet. Wer die allerhöchsten Kundmachungen aus dieser absolutistischen Zeit in Weimar liest, versteht sehr gut, warum Hofchronist Vehse schrieb, daß es mit Ernst August »nicht ganz richtig im Kopfe stand«. Anno 1743 befiehlt er als »untrügliches Mittel zum Löschen der Feuerbrände« allen Städten und Dörfern, »hölzerne Teller mit einem Feuerpfeile, nach beigesetzter Zeichnung versehen, anzuschaffen und diese Teller freitags bei abnehmendem Monde zwischen 11 und 12 Uhr nachts mit frischer dinte und neuer Feder und mit den Worten beschrieben: ›An Gottes Allmacht liegt's. Consummatum est [Es ist vollbracht]‹, bei jeder vorfallenden Feuersbrunst ins Feuer zu legen«. Abergläubisch ist er und geht geheimen Naturstudien nach, legt sich ein großes Laboratorium zu und pflegt die Alchemie, von der er sich die Gewinnung von Silber aus Quecksilber erhofft. Über hundert Rutengänger werden für den Ilmenauer Bergbau engagiert, die freilich weder Gold- noch Silberadern finden und deshalb, wie er selbst einmal schreibt, »lauter Betrüger und Windmacher gewesen« sind.

Doch hat selbst Weimars größter Despot seine Verdienste. Mit seiner Bauwut setzt er sich Denkmäler, die aus dem klassischen Weimar nicht wegzudenken sind – Schloß Belvedere etwa, das er als Jagd- und Lustschloß im Stil einer italienischen Sommervilla mit Fasanerie, Orangerie und Stallungen errichten läßt. Die nach französischem Vorbild angelegten Gärten des Rokoko-Ensembles werden dann zur Goethezeit in englische Landschaftsgärten umgestaltet. An einem steilen Hang hoch über der Saale, in Dornburg, errichtete Ernst August ein weiteres Schloß, einen feingliedrig-luftigen Bau mit festlicher Terrasse.

Hier sei ihm sehr wohl, schreibt Goethe, der in Dornburg oft Erholung sucht, an seine Charlotte, so habe er »recht dem alten Ernst August gedankt, daß durch seine Veranstaltung an dem schönsten Platz auf dem warmen Felsen eine warme Stätte zubereitet ist«. Durch Gartenanlagen, Weinpflanzungen und Blumenterrassen ergänzt der Enkel des Erbauers, Goethes Herzog und Freund Carl August, das Ensemble und gestaltet es zu einem herrlichen Sommersitz.

Mit Zustimmung seines Oheims führt Ernst August 1727 die Primogenitur wieder ein, jenes Erstgeburtsrecht also, das weitere Landesteilungen verhindert; nach dem Aussterben der weimarisch-ernestinischen Linien in Jena und Eisenach erhält Sachsen unter Ernst August damit wieder seinen früheren Umfang. Doch hinterläßt er ein Land am Rande des Bankrotts: Der Hof ist schon zehn Jahre vor seinem Tod mit 360000 Reichstalern verschuldet, den Beamten wird nur ein Teil ihres Gehalts ausgezahlt. Bauwut und Militärwahn haben Unsummen verschlungen. Die Erben müssen erst einmal ihren Zwergstaat sanieren, ehe der Musenhof Anna Amalias entstehen kann.

Täglich sechzehn Mäuler und Mägen

Papa Wieland, Anna Amalia und der Eintritt Weimars in die Literatur

Weimar verdankt es dem Kulturaustausch mit anderen Höfen, Anregungen aus Gotha, vor allem aber dem Einfluß Braunschweigs, wenn nach Ernst August jener kulturelle Aufstieg beginnt, der schließlich in der klassischen, der goldenen Zeit gipfeln wird. Bei seinem Tod 1748 hat der Despot und große Verschwender nur einen schwächlichen, kränkelnden Sohn von elf Jahren hinterlassen, dem Kenner des Weimarer Hofes kein langes Leben geben. Ernst August Constantin wächst bei seinem Vormund und Oheim Herzog Friedrich III. in Gotha auf, dessen Gemahlin Luise Dorothee, eine Freundin Friedrichs des Großen, regelmäßig Briefe mit Voltaire wechselt. Der junge Erbprinz atmet die Luft eines hochgebildeten, kunstsinnigen Hofes, an dem Literatur, Philosophie und vor allem Musik gepflegt werden. Mehr auf die Künste denn auf die Staatsgeschäfte versteht er sich, als er, endlich volljährig, das Regiment über sein ererbtes Land antritt. Er ist von der Auszehrung gezeichnet, wie man damals die Schwindsucht oder Tuberkulose nennt. So drängt man den Herzog, schnell auf Brautschau zu gehen, damit er baldmöglichst legitime Erben zeugt. Die Herren der anrainenden Duodezfürstentümer sind nämlich eifersüchtig auf jene unter ihnen, die nach Aussterben des Hauses Weimar durch Aufteilung des Landes ein paar zusätzliche Quadratkilometer mitsamt einigen tausend Untertanen gewinnen und an Bedeutung wachsen könnten.

So wandelt Ernst August II. Constantin, kaum achtzehn Jahre alt, auf Freiersfüßen nach Braunschweig, um sich mit der sechzehnjährigen Anna Amalia, der Tochter Herzog Carls I., zu vermählen – bei Trommelschall, Trompetenklang und 150 Schuß Salut, die vor der Schloßkirche ertönen. Als Anna Amalia, Husarencorps und Postillione vorweg, die gepuderten Haare aufgetürmt und in ein golddurchwirktes blaues Seidengewand gekleidet, in offener Kutsche mit ihrem Gemahl in Weimar Einzug hält, kommt ein Stück aufgeklärtes Preußen in die Stadt an der Ilm. Ihre Mutter ist eine Schwester Friedrichs des Großen, ihr Bruder jener General und Feldmarschall, der sich in den Kriegen des Preußenkönigs Feldherrnruhm erwirbt. Er kommandiert das preußische Expeditionsheer im Interventionskrieg gegen das revolutionäre Frankreich, an dem sein Großneffe Carl August und Goethe teilnehmen – der Dichter als Beobachter, der Herzog als eifriger preußischer General. Unweit von Weimar, in der Schlacht von Jena und Auerstädt, in der das alte Preußen kläglich untergeht, wird der inzwischen hochbetagte preußische Marschall Carl Wilhelm Ferdinand von Braunschweig dann tödlich verwundet werden.

Mit geradezu preußischem Pflichtgefühl, pünktlich und fast nach Plan erfüllt die Nichte Friedrichs des Großen jene Hoffnungen, die man in Weimar in sie setzt: Am 3. September 1757 bringt die blutjunge Herzogin den ersehnten Stammhalter mit Namen Carl August zur Welt. Damit scheint die Fortexistenz der Weimarer Dynastie gesichert und die Aufteilung des Ländchens auf die ernestinischen Linien von Gotha und Coburg verhindert. Der Hof feiert mit Trompetengeschmetter und Böllerschüssen, doch auch die Weimarer Bürger jubilieren, denn der Rang des Ortes als hauptstädtische Residenz bleibt gewahrt. Als die Achtzehnjährige ein Jahr später, am 8. September 1758, den zweiten Sohn Friedrich Ferdinand Constantin gebiert, ist sie bereits sei drei Monaten Witwe: Ihr schwindsüchtiger Gemahl starb Ende Mai desselben Jahres.

Anna Amalia sieht dem Onkel in Sanssouci recht ähnlich, vor allem um die spitz geformte Nase herum. Eine »spirituelle Physiognomie« und einen majestätischen Gang bescheinigt ihr ein Weimar-Tourist und Hofkavalier jener Tage. Und doch wäre es mehr als ungerecht, in ihr vor allem die Nichte des großen Preußenkönigs zu sehen. Schließlich wurde sie vom Hof der Braunschweiger in Wolfenbüttel geprägt, der dem Weimarer damals in nahezu allem überlegen ist – an politischer Macht und Bedeutung ohnehin, denn das Herzogtum Braunschweig ist fast dreimal größer als das von Weimar; vor allem aber in der Pflege von Kunst, Wissenschaften und Musik. Seit 1529 gibt es in Wolfenbüttel ein ständiges Theater, an dem die verschiedensten Schauspielertruppen gastieren. Neben dem obligaten Französisch lernt Amalia Griechisch und Latein, sie wächst mit italienischen

*Herzogin Anna Amalia von Sachsen-Weimar-Eisenach
(1739-1807) begründet mit ihren literarischen
und musischen Neigungen den Weimarer Musenhof
(Gemälde von Johann Georg Ziesenis, um 1770).*

Opern und französischen Dramen auf und sieht auch die berühmte Neuberin. Die »Herzog August Bibliothek« in Wolfenbüttel, an der schon Leibniz Ende des 17. Jahrhunderts tätig war, gilt als die größte Europas. Anna Amalias Vater Carl I. von Braunschweig sucht bedeutende Männer der Aufklärung für den Hof und das Collegium Carolinum zu gewinnen. Für Knaben aus besseren Häusern gedacht, unterrichtet diese Schule neuer Art nicht nur Latein oder Griechisch, die Erziehung ist aufs Praktische gerichtet und vermittelt Wissen, das angehenden Beamten oder Diplomaten später im Beruf von Nutzen ist. Der Braunschweiger Herzog bittet den Dichter des »Messias«, den berühmten Klopstock, vergebens, nach Wolfenbüttel zu kommen, erst bei Lessing hat er Erfolg. Doch als er diesen als Bibliothekar gewinnen kann, lebt seine Tochter längst in Weimar. Martin Sherlock, ein Engländer, der damals die kleinen Höfe in Deutschland bereist, nennt den Braunschweiger Hof einen der angenehmsten: »Die regierende Herzogin, Schwester des Königs von Preußen, ist unter allen Damen jene, die den ausgeschmücktesten und gründlichsten Verstand hat.«

Kommt der Umzug nach Weimar für Anna Amalia einem kulturellen Abstieg gleich, kann sie sich doch damit trösten, daß ihr Gemahl viele ihrer musischen Interessen teilt. Wie sein Vater zeichnet Ernst August Constantin gern, spielt wie dieser Violine und sammelt Gemälde. Überhaupt scheint ihr das Leben in Weimar zu gefallen. In Wolfenbüttel und Braunschweig hatte sie sich als Aschenputtel der fürstlichen Familie gefühlt, weil sie stets im Schatten ihrer größeren und schöneren Schwester Sophie Caroline stand. Sie fühlte sich unterdrückt und verkannt, zog sich ganz in sich selbst zurück, bekam aber gerade dadurch, wie sie später bekennt, »eine gewisse Standhaftigkeit, die bis zum Starrsinn ausbrach. Ich ließ mich mit Geduld schimpfen und schlagen, und tat doch soviel wie möglich nach meinem Sinn.« Durch die Ehe mit dem Herzog von Weimar fühlt sich die psychisch Malträtierte »aus den harten Banden erlöset«: Endlich kann sie aufatmen und eigene Wege gehen. Zu den ersten Taten des kunstsinnigen Paares zählt die Einrichtung eines Hoftheaters für Schauspiele und das Engagement der Döbbelinschen Wandertruppe. Dreimal wöchentlich wird am Hof oder im Naturtheater Belvedere vor den fürstlichen Hoheiten, ihrem Hofstaat und geladenen Gästen gespielt, gelegentlich gastiert die Truppe im Weimarer Stadthaus. Auch die Hofkapelle, vom Despoten Ernst August 1734 aufgelöst, wird wiederbelebt – freilich darf dies, schon wegen des Schuldenberges, den er hinterließ, seinen Erben nicht viel kosten. Die Qualität des neuen Orchesters bleibt deshalb unbefriedigend, auch wenn Ernst August Constantin als »Capellmeister bey der Hof Music« einen Johann Ernst Bach aus Gotha beruft, der den dortigen Herzog das Violinspielen lehrte. Johann Ernst ist einer der vielen Bachs des weitverzweigten Thüringer Musikerklans und damit ein, wenn auch sehr entfernter, Verwandter Johann Sebastian Bachs, der unter Wilhelm Ernst ein halbes Jahrhundert zuvor in Weimar die Hoforgel spielte. Aus Sparsamkeit werden nicht Virtuosen oder Spezialisten engagiert, die Musici der neu gegründeten Kapelle müssen auf vielen Instrumenten sattelfest sein – der Violinspieler hat auch das Horn oder die Oboe zu blasen, der Fagottist das Flötenspiel zu beherrschen. Wie an deutschen Miniaturhöfen üblich, werden etliche Mitglieder des Ensembles aus der Hofdienerschaft rekrutiert und sind damit Musiker im Nebenberuf. Es sind also Multifunktionäre, die in Weimar musizieren; nach heutigen Maßstäben kann es sich nur um einen höchst bescheidenen Klangkörper handeln, der da bei Hofbällen oder kleineren Opern in der fürstlichen Residenz aufspielt. Daß Militärmusiker ihn mit Trompeten, Trommeln und Pauken verstärken, wenn es besondere festliche Anlässe zu feiern gibt, etwa den Geburtstag der Herzogin, dürfte den musikalischen Wohlklang kaum verbessert haben. Doch der frühe Tod des Herzogs und der Siebenjährige Krieg setzen diesen zaghaften Ansätzen für einen kulturellen Aufschwung erst einmal ein Ende. Noch im Juni 1758 werden der »Capellmeister bey der Hof Music« und die Weimarischen »Hof-Comoedianten« wegen Budgetschwierigkeiten entlassen.

Anna Amalias neunzehntes Lebensjahr ist voll dramatischer Veränderungen. Sie kommen Schlag auf Schlag und verursachen einen »Tumult« in ihrer Seele; und doch wird dieses Schicksalsjahr zur »größte(n) Epoche« ihres Lebens«, wie sie in ihrer Autobiographie schreibt: »Ich wurde zum zweytenmahl Mutter, wurde Wittib, Obervormünderin und Regentin.« Zäh übersteht sie die Zeit »des Nebels und der Finsternis«, wie sie die ersten Monate nach dem Tod des Herzogs nennt. Resolut wehrt sie alle Versuche ab, einen fremden Fürsten zum Vormund ihres Sohnes zu bestellen, Bestrebungen, die ja auf ihre dauernde Entmachtung hinausgelaufen wären. All die Standhaftigkeit und Ausdauer, mit der sie die Zurücksetzungen in Kindheit und

Jugend überstand, machen sich jetzt bezahlt. Nach monatelangem Kampf, mit Hilfe ihres Vaters in Braunschweig und dessen vielen Verbindungen, trotzt sie dem Kaiser in Wien schließlich ab, daß er sie als Regentin und alleinigen Vormund für Carl August anerkennt. Und das war gewiß nicht einfach. Wer hätte nicht Zweifel an den politischen Fähigkeiten dieser jungen, launischen, in Staatsgeschäften unerfahrenen verwittibten Durchlaucht gehabt, die im Juli 1759 unter »anhoffendem Göttlichen Beystand und Segen die Obervormundschaftliche Regierung« antritt – »zum Nutzen und Bestand Meiner unmündigen Prinzen und deren Lande«? Als erste Amtshandlung ordnet die absolut herrschende Herzogin von Sachsen an, daß »sämmtliche einkommenden Schreiben, Berichte und Suppliquen« ihr zur »Eröfnung und ersten Einsicht zuzustellen seyn«. Für die ersten Jahre schickt der Vater Räte, die ihr zur Hand gehen sollen – darunter auch Levin Christian Kotzebue, der als geheimer Kabinettssekretär in ihren Diensten bleiben und sich in Weimar niederlassen wird. Sein Sohn August Friedrich, in Weimar geboren, wird der meistgespielte deutsche Bühnenautor seiner Zeit, beim Publikum weitaus beliebter als Schiller oder Goethe.

Wichtigster Mitarbeiter aber wird bald Jakob Friedrich Freiherr von Fritsch, zunächst als Geheimer Legationsrat, ab 1768 als Leiter des Geheimen Consiliums, wie sich die Regierung damals nennt. Was immer Wichtiges in dem armen Ländchen geschieht oder auch nur für wichtig gehalten wird, ob es sich nun um die Beziehungen zu anderen Höfen, vor allem dem in Wien, oder um innenpolitische Verordnungen handelt, geht über seinen Schreibtisch. Er wird Amalias unersetzlicher Helfer; bis tief in Goethes Zeit, noch unter Carl August, leitet er als erster Minister die Weimarer Politik. Mit seiner Hilfe laviert Anna Amalia im Siebenjährigen Krieg zwischen dem Kaiserhof in Wien, dem sie als Reichsfürstin ein Kontingent Soldaten für die Reichsarmee stellen muß, und ihrem Onkel, dem Preußenkönig, dessen Werber ihr Territorium unsicher machen, weil seine vom Krieg dezimierten Armeen nach immer neuen Rekruten schreien. Kühl und sehr diplomatisch verhält sich die Fürstin, stets ihre und des Landes Interessen wahrend, obschon sie innerlich Partei für Preußen nimmt, für das der älteste Bruder kämpft und dem Braunschweig, woher sie ja kommt, seit Generationen verbunden ist. Zwar bleibt das Herzogtum von kriegerischen Auseinandersetzungen und größeren Zerstörungen verschont, aber der Durchzug der hin- und herwogenden Truppen beider Seite mit den obligaten Requirierungen und vielen Einquartierungen hinterlassen deutliche Spuren. Erst nach Kriegsende gelingt es Fritsch, das finanziell ausgeblutete Land durch ein Jahre währendes eisernes Sparprogramm zu sanieren, das übrigens mit der Entlassung der meisten Soldaten beginnt, die vom preußischen König übernommen werden. Kein Zweifel, unter der Obervormundin Anna Amalia wird gut gewirtschaftet: Bei Amtsantritt Carl Augusts übergibt sie dem Sohn das Herzogtum, das sie sechzehn Jahre für ihn geleitet hat, nahezu schuldenfrei.

Im Herrensitz – der Damensattel war noch nicht erfunden – reitet die grazile, kleine Person auf einem dicken Schimmel, der temperamentsfaul ist und sie nicht abwerfen wird. Sie schnupft Tabak und hält, ganz à la mode, einen Mops. Man rühmt ihre schönen Hände und die zierlichen Füße, die täglich ein neues Paar Schuhe bekleiden – die alten verschenkt sie an Hofdamen und Kammerfrauen, die einen blühenden Handel damit treiben. Nach außen scheint sie ganz und gar Staatsräson, ändert nicht das strenge Zeremoniell am Hofe, selbst jene Verordnungen der absolutistischen Vorgänger bleiben in Kraft, welche den Bürgern je nach Rang und Einkommen vorschreiben, wie viele Gäste sie bei Hochzeiten oder Taufen maximal einladen dürfen. Nein, es geht unter ihrer Herrschaft in der Innenpolitik keineswegs so liberal zu, wie Verklärer ihres Musenhofes später vorgeben werden. Zwar müht sie sich um die Verbesserung des Gesundheitswesens: Wenn sie in Jena eine Hebammenschule einrichtet, will sie vor allem der Kindersterblichkeit vorbeugen, die damals wie eine Seuche grassiert. Doch bleibt sie stets gestrenge Herrscherin, verbietet den Tanz an Sonn- und Feiertagen und schützt damit angeblich ihre Untertanen nur vor sich selbst – vor dem Hang zum Lasterhaften, wie er den Angehörigen der unteren Stände angeboren ist, vor Sittenverfall und exzessiver Vergnügungssucht, damit sie auch ja nicht »sich und die Ihrigen in Armut stürzen«. Sie ist aufgeklärte Despotin im Stil ihrer Zeit: Außerehelicher Geschlechtsverkehr bei Bürgern steht unter Strafe, Soldaten, die Mädchen geschwängert haben, müssen mit entblößtem Oberkörper durch zwei Reihen ihrer Kameraden rennen, die mit Knüppeln und Ruten auf sie einschlagen – Gassen- oder Spießrutenlaufen nennt man diese beim Militär damals weitverbreitete Strafe. Einheimische Huren werden an den Pranger gestellt und »ausgepaukt«, was soviel wie Prügeln heißt; danach landen sie für etliche Wochen im Zuchthaus. Mit »ausländischen« Huren, seien sie aus Gotha, Leipzig oder Coburg gekommen, verfährt man nicht anders, jagt sie aber nach diesem *traitement* einfach über die Landesgrenzen.

Anna Amalia selbst gibt sich mit Lust allen Vergnügungen bei Hofe hin, liebt das Glücksspiel am Pharotisch und genießt vor allem die Maskenbälle. Sie tanzt gern und leicht und mit jeder Maske, die auffordernd auf sie zukommt; oft geht sie erst früh um drei, wenn fast schon alles aus ist. Als Obervormundin verbirgt sie ihr Temperament, das gelegentlich überbordet. Glaubt man Carl Eduard Vehse, dann tut sie alles, was sie tut, enthusiastisch; ihr Griechisch vervollkommnet sie so gründlich, daß sie in kurzer Zeit Aristophanes im Original lesen kann. Doch in kleinem Kreis, so unser Hofchronist, vergißt sie alle Förmlichkeit. Bei Mondschein werden in Belvedere fröhlich-derbe Studentenlieder gesungen. Auch gegenüber Wieland, ihrem Liebling und Intimus, gibt sie sich frei und verzichtet auf jegliche Etikette. Als die Regentin einmal »zu acht Personen« auf einem Heuwagen von Tiefurt nach Tennstädt fährt, zieht ein Gewitter auf und bringt einen heftigen Regenguß ; »die Herzogin, die wie alle anderen Damen in ganz leichtem Kleide war, zog Wielands Ueberrock an«. Auf ihrem Sommersitz Tiefurt hat man sie und Wieland nach langem Gespräch einmal eingeschlafen aufgefunden – wie gute Freunde auf einem Sofa sitzend, züchtig aneinandergelehnt. »Papa« Wieland, Vater von vierzehn Kindern (von denen neun die Kindheit überleben), Autor des aufklärerischen Bildungsromans »Agathon« und des Staatstraktats »Der goldene Spiegel«, bezeichnet sie als »eines der liebenswürdigsten und herrlichsten Gemische von Menschheit, Weiblichkeit und Fürstlichkeit«. Doch auch Anna Amalias Bild schwankt in der Geschichte. Als Schiller zum erstenmal nach Weimar kommt, macht sie einen durch und durch oberflächlichen Eindruck auf ihn, ja er findet ihren Geist borniert und schreibt seinem Freund Körner: »... nichts interessiert sie, als was mit Sinnlichkeit zusammenhängt: Diese gibt ihr den Geschmack, den sie für Musik und Malerei und dergleichen haben will.« Wenn der große Dramatiker aus Schwaben damit gemeint haben sollte, sie hätte keinen Sinn für Literatur gehabt, urteilt er zu hart und ungerecht.

Sicher ist Anna Amalia jenen großen, für alles und jedes interessierten, außerordentlich begabten, aber durch und durch unsystemati-

Papa Wieland, Anna Amalia und der Eintritt Weimars in die Literatur

Der Rokoko-Saal der Herzogin Anna Amalia Bibliothek,
deren langjähriger Direktor Goethe war.
Der Saal gilt als Herz- und Prunkstück der Weimarer Klassik.

schen Dilettanten zuzurechnen, die zur Zeit der Aufklärung häufig zu finden sind. Weil die umfassend gebildete fürstliche Dilettantin jedoch über Macht und Einfluß verfügt, gehört sie zu den bedeutenden Bewegern ihrer Zeit. Auf dem Weg zur geistigen Capitale der Deutschen, die Weimar für einige Jahrzehnte werden soll, bringt Anna Amalia die kleine Residenz entscheidend voran. In ihrer Kindheit hatte die berühmte Wolfenbütteler Herzog-August-Bibliothek sie stark beeindruckt – nun gibt sie den Auftrag, das Weimarer Grüne Schloß, den ehemaligen Sommersitz am Lustgarten, in eine Bibliothek umzugestalten, die mit ihrem prächtigen Rokokosaal noch heute ein Prunkstück Weimars ist. Bislang fast ausschließlich bei Hofe genutzt, wird die kostbare und umfangreiche Büchersammlung der Weimarer Herzöge damit öffentlich zugänglich. Der Weimarer Multifunktionär und »Geheimbde Rath« Goethe führt von 1797 bis zu seinem Tode die Oberaufsicht; als Bibliotheksdirektor verdoppelt er den Bestand. Anna Amalia ruft Gelehrte aus Jena zu Vorträgen an ihren Hof und baut ab 1770 die Hofkapelle wieder auf. Sie pflegt das Liebhabertheater und steht dort nicht selten selbst auf der Bühne. Theaterbegeistert war sie schon in ihrer Jugend in Braunschweig, als Fürstin holt sie die verschiedensten Schauspieltruppen nach Weimar, die teils im Schloß, teils im Reithaus in der Stadt gastieren und gelegentlich – und das ist revolutionär für die kleinen Höfe dieser Zeit – auch deutsche Schauspiele aufführen, etwa Lessings »Minna von Barnhelm«.

Ihr größtes Verdienst jedoch ist die Mühe, Umsicht und Sorgfalt, die sie auf die Erziehung ihrer beiden Söhne verwendet, damit musterhafte Fürsten aus ihnen würden. Dem Rat des Vaters folgend, engagiert sie zunächst Pädagogen des berühmten Braunschweiger Collegium Carolinum, danach den humorlosen, etwas steifen und pädagogisch wenig begabten Grafen Johann Eustach von Schlitz, der sich selbst Graf Görtz nennt. Willfährig und dienstfertig sei dieser Graf, schreibt sie dem Geheimen Consilium, weder ränkevoll noch anmaßend, stets bemühe er sich, seine Kenntnisse mit Fleiß, Lektüre und dem Studium der Wissenschaften zu vermehren. Als einzigen Fehler benennt sie seine »satirische Ader, einen großen Hang zur Schalkheit doch ohne Bosheit«. Görtz müht sich redlich, aus Carl August einen beispielhaften Fürsten zu machen: Sieben Stunden beträgt das tägliche Unterrichtspensum in Religion und Latein, Mathematik, Geschichte und vor allem Französisch; dazu kommen Fechten, Reiten und Musik. Als die Herzogin erwägt, den Dichter und Schriftsteller Christoph Martin Wieland aus dem benachbarten Erfurt zusätzlich für die Erziehung in Literatur und Philosophie zu engagieren, stimmt Görtz erleichtert zu. Er fühlt sich durch Amalia, die sich ständig in seine Erziehung einmischt und auch das letzte Detail kontrolliert, überfordert und ist's zufrieden, künftig die Verantwortung mit einem Literaten von Rang zu teilen.

Nur zu froh folgt Wieland dem Ruf, hat er doch Erfurt, die »Hauptstadt des edlen Thüringerlandes«, einmal als ein freudeleeres Chaos von »alten Steinhauffen, wincklichten Gassen, verfallenen Kirchen, großen Gemüßgärten und kleinen Leimhäussern« beschrieben. Er lehrt hier seit 1769 als Philosophieprofessor und Regierungsrat an der Universität. Aber der professorale Vortrag ist seine Sache nicht, mit ihrem Mangel an Herz und Geschmack, mit ihren derben Sitten und ihrer Roheit stoßen ihn die Studenten ab, wenn sie ihm nicht zutiefst zuwider sind. Nach Erfurt gekommen war dieser evangelische Kanzleiverwalter aus der Freien Reichsstadt Biberach, weil die Universität ein Jahresgehalt von sechshundert Reichstalern samt »Zwey Malter Korn, Zwey Malter Gerst und Vier Clafften Holtz« bot – womit er sich erheblich verbessern konnte. Wieland hatte durch seine freche, geistreiche Versdichtung »Musarion« Aufsehen erregt, in der die Liebe einer antiken Schönheit zu einem wirren Schwärmer geschildert wird, der zum Happy-End vergnügt genießt, »was Natur und Schicksal uns gewährt«; darüber entbehrt er dann gern den Rest: die »reitzende Filosofie«. Goethe nannte »Musarion« begeistert »ein kleines niedliches Ganze(s) ...« und rühmte die Munterkeit der Einfälle sowie das Fließende und Ungezwungene des Versbaus. Durch die Berufung eines weithin bekannten Schriftstellers hat sich die Universität ein besseres Renommee erhofft. Schon nach einem Jahr deucht Wieland jedoch, er werde an dem langweiligen Lehrinstitut »nach und nach zu Grunde« gehen. So sagt er freudig zu, als ihn Anna Amalia als Prinzenerzieher nach Weimar bittet, ihm eine lebenslange Pension von neunhundert Talern jährlich und den Titel eines Hofrats in Aussicht stellt. Als Aufklärer besitzt Wieland politischen Ehrgeiz, den er in die ihm angetragene Aufgabe einbringen kann. Ist in dieser Welt der Monarchen, die von Gott vermeintlich ewig zur Herrschaft über die vielen berufen sind, Fürstenerziehung nicht der einzige Weg, das Los der Menschen zu verbessern? Je verständiger und einsichtiger ein Fürst,

Täglich sechzehn Mäuler und Mägen

Christoph Martin Wieland (1733-1813) wird von
Herzogin Anna Amalia für die Erziehung des Erbprinzen Carl August
in Literatur und Philosophie engagiert
(Kupferstich von F. Lortzing nach Kügelgen, 1815).

desto eher wird er Gerechtigkeit setzen an die Stelle von Tyrannei, wird er Produktion und Handel fördern und auf allgemeinen Wohlstand bedacht sein, der das Steuersäckel füllt, aus dem er seine Lustbarkeiten finanzieren kann. Wieland handelt die Herzogin auf ein Jahresgehalt von tausend Talern plus Umzugskosten hoch und trifft im September 1772 in Weimar ein – ein Datum, auf das nicht wenige Historiker und Germanisten den Beginn des klassischen Weimar datieren. Denn was nun folgt, kommt einer Kettenreaktion gleich: Ein Jahr nach dem Umzug gründet Wieland nach dem Vorbild des »Mercure de France« seine Monatsschrift »Der Teutsche Merkur«, *das* geschmacksprägende, literatur- und kulturkritische Blatt der Goethezeit. Wieland ist es auch, der Knebel als Erzieher des Prinzen Constantin an den Hof in Weimar bringt. Knebel stellt den Kontakt zwischen Goethe und Carl August her, der nun Goethe an die Ilm ruft; Goethe wiederum zieht Herder nach: Damit ist jene geistige Trias geboren, welche zunächst das klassische Weimar bestimmt. Ohne sie hätte Schiller schwerlich seinen Fuß nach Weimar gesetzt. Und erst jene enge, freundschaftliche Zusammenarbeit zwischen Schiller und Goethe, die Mitte der neunziger Jahre beginnt und mit Schillers Tod 1805 endet, bringt dann das Herzstück dessen hervor, was man die Weimarer oder die deutsche Klassik nennt.

Wenn Anna Amalia ausgerechnet Wieland zum Erzieher ihres inzwischen fünfzehnjährigen Erbprinzen Carl August bestimmt, zeigt sie Souveränität, denn der Ruf des schwäbischen Vielschreibers ist schon damals keineswegs unumstritten. Es gebe kaum ein Werk von ihm, das man nicht entbehren könne, urteilte der Wieland-Biograph und Literaturhistoriker Friedrich Sengle aus heutiger Distanz. Doch zu seiner Zeit erregte Wieland die Geister der Zeitgenossen, er fand enorme Aufmerksamkeit, viel Zustimmung und gelegentlich heftigen Widerspruch: »... ob der Verfasser an die Tugend glaubt oder nicht« bleibe ungewiß, hatten Kritiker schon beim Erscheinen seines Bildungs- und Entwicklungsromans »Agathon« 1768 beklagt. Reist da nicht der Titelheld, ein in Delphi erzogener Athener durch die antike Welt und erlebt mit einer schönen, geistvollen Hetäre namens Danaë höchstes Glück? Als Wieland 1764 »Die Abentheuer des Don Sylvio von Rosalva« publiziert, »Eine Geschichte worinn alles Wunderbare natürlich zugeht«, bescheinigt ihm die Kritik zwar viel Witz, moniert indessen, er habe »manchen ganz in die körperlichen Begierden einfallenden Stellungen einen Platz gegönnt« – ein Vorwurf, der sich bis hin zum »Wollüstling« Wieland steigern soll. Er selbst bezeichnet das Werk als »satirischen Roman, der unter dem Schein der Frivolität philosophisch genug ist«, doch mit seiner Lust am Fabulieren auch keinen Leser langweilen soll. Zunächst anonym veröffentlicht, ist »Don Sylvio« als Lesestoff »für die Meisten« gedacht, als ein Buch, für welches die Buchhändler »gerne eine beträchtliche Summe baar bezahlen« würden. Der Biberacher Kanzleiverwalter will Kasse machen, weil seine Haushälterin »Bibi« von ihm schwanger ist. Wie die Schriftsteller nicht nur seiner Zeit hofft er, einmal nur vom Schreiben leben zu können. Sein »Agathon« möchte ihm wenigstens soviel eintragen, seufzt er, daß er »in sokratischer Mittelmäßigkeit, weder arm noch reich, aber in Muße« zu existieren in der Lage sei. Der große Traum bleibt unerfüllt wie für alle Literaten seiner Zeit, weil es viele Raubdrucke und kein Urheberrecht gibt – Mißstände, über die noch Goethe im Alter klagen wird, denn einige Fürsten begünstigen das wilde Nachdruck-Unwesen bewußt, um die Bildung ihrer Untertanen zu fördern. Um so verlockender das Angebot der Weimarer Regentin: Carl August wird bereits in drei Jahren mündig, danach bietet die lebenslange Pension ein Existenzminimum, auf das sich ein Hauptberuf als Schriftsteller und Publizist gründen läßt.

Im klassischen Weimar stellt Wieland die Stimme des Rokoko und der Aufklärung dar, der er trotz Sturm und Drang und Klassik stets verhaftet bleibt. Anders als Goethe oder Schiller zeigt er lange Verständnis für die Französische Revolution. Er ist ein Kind aus frommstem, pietistischen Milieu – Vater und Großvater waren Pfarrherren –, das sich vom Herkommen befreit und ganz dem Glauben an die Vernunft, der Freigeistigkeit, der Permissivität, ja zynischen Verspieltheit des Zeitgeists verschreibt. Aber was heißt schon verspielt? Für uns bleibt nahezu unvorstellbar, wie hart damals Kinder, Jugendliche und Erwachsene an ihrem sozialen Aufstieg arbeiten, einem Weg nach oben, der im 18. Jahrhundert ausschließlich über die Bildung führt: Mit acht Jahren liest er lateinische Schriftsteller, mit dreizehn übersetzt und deklamiert der junge Wieland seinen Horaz oder Vergil und weiß sie besser zu interpretieren als seine Lehrer; »mit der ersten Morgenröthe« steht er auf, um Verse zu dichten, weil er sie tagsüber nicht machen darf; als Internatsschüler überträgt er das Wörterbuch eines französischen Aufklärers ins Deutsche, in dem Toleranz gegenüber

Andersdenkenden und Atheisten gefordert wird. Als Hauslehrer in der Schweiz schreibt er nebenbei Gesänge und Erbauungsbücher, das Englische bringt er sich als Autodidakt bei – nur mit Hilfe von Grammatik und Wörterbuch. Als Kanzleischreiber in Biberach übersetzt er dann in nur in sechs Jahren Shakespeares gesammelte Werke – eine Arbeit, die Lessing lobt und der die deutsche Umgangssprache Worte wie Spleen oder Clown, Liebeswut oder Schafsgesicht verdankt. Seine Aussprache des berühmten Shakespeare-Englisch allerdings muß wahrhaft fürchterlich geklungen haben. Doch bis in sein spätes Alter verfolgt er die neueste englische Literatur und liest in Weimar englische Blätter, darunter den »Spectator«. Er schreibt anzüglicher, frivoler, als er lebt: Seiner Frau Anna Dorothea, einer Kaufmannstochter aus Augsburg, bleibt er auf eine beinahe hörige Weise treu und zugetan, obschon oder gerade weil sie »ein Weibchen« ist, kein »idealistisches Mädchen«, keine Intellektuelle wie Sophie von La Roche, die Angebetete seiner Jugend und Autorin vielbeachteter Romane. Er schätzt sich glücklich, »vielleicht die Einzige in der Welt« bekommen zu haben, welche in allen Stücken dazu taugt, »meine Frau (notès, que je ne dis pas, ma Maitresse) zu seyn«. Er hat sie so herzlich lieb als »jemals ein ehrlicher Mann sein Weib« liebgehabt hat und ist ein vorbildlicher Familienvater: Durch ein »Gedränge kleiner und immer kleinerer Kreaturen von lieben Kinderchen« gelangt man zu ihm, schreibt Schiller seinem Freund Körner über seinen ersten Besuch. Zahlreich die Bilder von »Papa« Wieland im Kreise seiner Familie, das unerläßliche Samtkäppchen auf dem Kopf, die Füße in Tuchstiefeln; die seinerzeit üblichen Kniebundhosen mit Strumpf zeigen spindeldürre Waden – nach damaligen Begriffen eine Wunde seiner Männlichkeit, über die Damen bei Hofe gern zu spotten pflegen. Nein, ein Reiter ist er nicht, der beim Galopp im Sattel steht, sein Roß per Schenkeldruck dirigiert und damit die Beinmuskeln stärkt.

Daß Amalia ihn ruft, verdankt er vor allem seinem »Goldenen Spiegel«, einem Staatsroman über die »wahre Geschichte der Könige von Schechian«. Seine Staatsphilosophie zielt auf europäische und deutsche Verhältnisse, auch wenn der Dichter sie in ein bunt schillerndes orientalisches Gewand gekleidet hat. Er läßt seine Geschichte in einem indischen Phantasiereich spielen, und da sie dem Sultan Schach-Gebal zur Unterhaltung von Nurmahal, seiner Mätresse, und von dem weisen Danischmend, dem Philosophen am Hofe, erzählt wird, kann

Wieland seine ganze barocke, witzige und abenteuerliche Fabulierkunst entfalten. Das macht es freilich nicht einfacher, die ihm damals vorschwebende ideale Staatsverfassung auf einen kurzen, klaren Nenner zu bringen. Einerseits preist er einen aufgeklärten Despotismus à la Friedrich den Großen an, der durch möglichst weise Gesetze beschränkt werden soll. Durch und durch »fritzisch« betont er immer wieder die Pflichten des Königs als des »obersten Dieners des gemeinen Wesens«. Wenn er schreibt, die Nation (von Schechian) müsse »den König als ihren Vater und sich selbst in Beziehung auf ihren König als unmündig« betrachten, lehnt er den Gedanken der Volkssouveränität entschieden ab. Wahrscheinlich ist es diese Haltung, welche bei Wielands Berufung zum Prinzenerzieher den Ausschlag gibt, sieht sich Anna Amalia doch selbst als aufgeklärte Regentin von Untertanen, welche sie, dem Geist der Zeit entsprechend, im Status Unmündiger hält – zu deren Nutz und Frommen, wie sie meint. Andererseits spricht Wieland von einem »Ausschuß der sämtlichen Stände des Reiches«, der berechtigte Beschwerden gegen den offenbaren Mißbrauch der königlichen Macht vorbringen kann und der, sollten sie fruchtlos bleiben, sogar das Recht genießt, »sich selbst zu helfen«, im Notfall sogar mit Gewalt. Plädiert er damit für die konstitutionelle Monarchie, wie er nach 1789 einmal nahelegt? Wenn ja, dann jedenfalls nicht in dem Sinn, den wir heute mit dem Begriff verbinden: Daß Gesetze von einer Volksvertretung beschlossen werden und der König als oberste Exekutive sie vollziehen muß, ist von ihm in der wahren Geschichte von Schechian nicht einmal angedacht. Wenn er trotzdem im Oktober 1791 als Revolutionskommentator in seinem »Teutschen Merkur« jubiliert, der Verlauf der Konstituante in Frankreich ähnele dem, was er neunzehn Jahre zuvor in seinem »Goldenen Spiegel« »zu erdichten gewagt«, mag dies auf das Konto des Selbstlobs, aber auch der vorsichtigen Verstellung gehen. Wieland ist der Eindeutigste nicht, nach dem Urteil Schillers laviert er »zwischen gut und übel« und besitzt ebensoviel Furcht wie Klugheit. »Voll von sich selbst«, wie andere Zeitgenossen anmerken, scheint er für Lob nur zu empfänglich, aber auch ein gehöriger Schuß Opportunismus und Berechnung gehört zu seinem Charakter: Mit der Geschichte der Könige von Schechian zielt er auf Joseph II. und hofft auf eine Berufung an den Kaiserhof. So schickt er ein Exemplar seiner »ergötzenden Erzählung« an die Wiener Hofkanzlei – und macht im Begleitbrief ausdrücklich auf jene Stelle im dritten Teil aufmerksam, »die nur auf Einen Fürsten« paßt, ein Passus, mit dem er Joseph schmeicheln will. Doch die Hoffnung trügt. Als er dann nach Weimar geht, schwört er zwar Stein und Bein, daß ihn die Hofluft nicht zum Fürstenknecht machen werde: Ein charakterloser Höfling oder devoter »Günstling«, schreibt er seiner Jugendfreundin Sophie La Roche 1772, wolle er nicht sein. Doch wirkt er bald als hochgeschätzter Hofpoet, drechselt Verse zu durchlauchtigen Geburtstagen und begrüßt den Regierungsantritt seines Zöglings Carl August mit der Kantate »Heil Dir, großer Wonnetag«.

Nach dem Beispiel des »Mercure de France« gründet er das auflagenstärkste deutschsprachige Intelligenzblatt der Goethezeit, das er bewußt als »National-Journal« konzipiert. Nicht als Wochenzeitschrift für die geistige Elite ist es gedacht, es soll hauptsächlich bei den »mittelmäßigen Leuten« Absatz finden, wie der Gründer an F. H. Jacobi schreibt. Hausvater Wieland will mit seiner Journal-Entreprise Geld machen, hat er doch in seinem riesigen Haushalt mit Frau, Kindern und Mägden insgesamt »täglich sechzehn Mäuler und Mägen zu versorgen«. So betreibt er die neue Zeitschrift im Selbstverlag, gewinnt das einzige kaufmännische Genie Weimars, Friedrich Justin Bertuch, als Mitarbeiter und überträgt den Vertrieb dem Weimarer Buchhändler Hoffmann. Als Redakteur und Blattmacher zeigt er eine glückliche Hand: Seine Mischung aus Rezensionen, literarischen Porträts und »Neuesten Nachrichten aus der französischen Literatur«, aus Theaterbesprechungen, Beiträgen zu Wissenschaft und »Politischen Nachrichten« lassen den »Merkur« zum Erfolg werden. Walter H. Bruford bezeichnet das Blatt als »Resonanzboden für die Weimarer Schriftsteller«, es macht bekannt, was in Weimar vor sich geht, und steuert viel dazu bei, den kleinen Ort zur »kulturellen Hauptstadt Deutschlands zu machen«. Im ersten Jahr werden rund viereinhalbtausend Exemplare abgesetzt, danach pendelt sich die Auflage bei eintausendfünfhundert bis zweitausend Abonnenten ein. Die Brüder Jacobi, der Darmstädter Johann Heinrich Merck, gelegentlich auch Herder, Goethe und Schiller gehören zu den Autoren. Keiner würdigt Wielands Schöpfung besser als Goethe: Mit dem ersten Band des »Merkur«, schreibt er in »Dichtung und Wahrheit«, sei Weimar in die deutsche Literatur eingetreten.

Kriegsminister Goethe rüstet ab

Aber Freiheit bleibt ein unerreichbar fernes Ziel

Die Reichsstadt Frankfurt, aus der er stammt, hat Goethe als »Nest« verachtet, doch in eine Weltstadt kommt der Advokat und Dichter wahrlich nicht. Als er am 7. November 1775 morgens gegen fünf Uhr im Landauer eintrifft, mit dem ihn der Kammerjunker von Kalb in Heidelberg im Auftrag des Herzogs abgeholt hat, zählt die Residenz rund achthundert Häuser und gute sechstausend Einwohner, etwa soviel wie Frankfurts Äppelwoi-Vorstadt Sachsenhausen. Als einen mittelmäßigen Ort, dessen Gassen sich weder nach Reinlichkeit und Anlage noch an Bauart der Häuser »mit dem heitren und luftigen Jena« vergleichen lassen, beschreibt ein Zeitgenosse in der geographischen Schrift »Der Reisende« dieses Weimar. Es habe das armselige Aussehen einer »nahrungslosen Landstadt«, die Häuser seien dürftig gebaut und zum Teil noch mit Stroh oder Holzschindeln gedeckt, der Masse der Bewohner fehlten Geschmack und Eleganz. »Alles lebt vom Luxus eines eingeschränkten Hofes ... dessen geringerer Adel zum Teil arm ist, zum Teil aus Gelehrten oder schönen Geistern besteht, welche zu philosophisch denken, um des Hofes wegen Aufwand zu machen. Weimar besitzt weder Fabriken noch Handel ...« Herder bezeichnet den Ort als ein Mittelding zwischen Hofstadt und Dorf und nennt ihn »wüst«. Als Madame de Staël Anfang des neunzehnten Jahrhunderts das deutsche Athène des lettres besucht, glaubt sie, ein Chateau und keine petite ville vor sich zu haben; in der kleinen Stadt sieht sie offenbar die zum Schloß gehörigen Gesindehäuser. Es sei schön auf dem Lande, meint Maria Paulowna, als sie vom russischen Hof in Petersburg nach Weimar kommt, und sagt zu ihren Gemahl: Auf nun zur Residenz! Ackerbürger lassen ihr Vieh vom Stadthirten morgens auf die Weide treiben, die Straßen sind kotverschmutzt, nicht selten begegnet die Gesellschaft vom

Aber Freiheit bleibt ein unerreichbar fernes Ziel

Mit 26 Jahren kommt Johann Wolfgang Goethe (1749–1832) aus der Reichsstadt Frankfurt in die sechstausend Einwohner zählende Residenzstadt Weimar (Gemälde von G. M. Kraus, 1775/76).

Hofe grunzenden und blökenden Herden. Weimar, wie es sich Goethe bei seiner Ankunft präsentiert, ist wenig erhebend: Der Ilm-Park wie wir ihn heute kennen, ist noch nicht vorhanden, er wird erst 1778 unter Goethes Anleitung angelegt und über Jahrzehnte nach dem Wörlitzer Modell als Landschafts- und Naturpark gestaltet; auf der Mücheninsel vor dem Schloß, heute eine große Wiese, die sich zum Park hin öffnet, prangt ein abscheuliches Kohlemagazin. Die fürstlichen Gemäuer der im Vorjahr abgebrannten Wilhelmsburg bieten den Anblick einer trostlosen, rauchgeschwärzten Ruine. Der Neubau wird erst 1803 fertiggestellt. Neunundzwanzig Jahre lang sind die Familie des Regierenden Herzogs, das Geheime Consilium als oberste Regierung, die Landeskasse und der bescheidene Hof eher schlecht denn recht im Fürstenhaus untergebracht. Ursprünglich für die Landstände gedacht, weist es erhebliche Mängel auf. Man hat schludrig gebaut, die Decken sind vom Einsturz bedroht, die Räume weder für Gratulationscouren oder Festmähler noch für Konzerte, Bälle, Komödien oder andere Vergnügungen geeignet, die nun sämtlich hier stattfinden müssen. Die Hofküche hat der Hofmarschall in einem Gebäude gegenüber untergebracht, so daß die Speisen über die Straße getragen werden müssen – einen scheußlichen »viereckigen Kasten« nennt Carl August verächtlich sein provisorisches Schloß. Auch Goethe hat hier zwei Jahre lang eine kleine Stadtwohnung im Erdgeschoß.

Die Einrichtung, die Möbel und die Lebensweise der Weimaraner der Goethezeit sind einfach, berichtet August Diezmann: Tische meist aus schlichtem Tannenholz, kaum Vorhänge in den Zimmern, die Spiegel klein und schlecht, nur wenige Familien besitzen ein »Kanapee«. Gut einhundertzwanzig Jahre später beklagt der Germanist Wilhelm Bode im »Kunstwart«, daß man dieses Alt-Weimar nicht getreulich konserviert habe: »Wir könnten hier mit Händen greifen, unter welchen bescheidenen, ja armseligen Verhältnissen die Deutschen ihre höchste Kultur erreicht haben.« Liest man freilich die Annoncen aus dieser Zeit, haben die wenigen, die es sich leisten konnten, nicht so schlecht gelebt. Die Weinhandlung Ortelli bietet für damals geradezu luxuriöse Delikatessen an: Datteln und frische, saftige Zitronen, Feigen aus Smyrna, getrocknete Trüffel und Genueser Maronen, weißen Estragonessig und eine extrafeine Sorte »Provencer-Oehl«, auch Salami, Schweizer- und Parmesankäse sind zu haben. Der Cammer-Agent Franz Abraham Braun sucht Kundschaft für ausgesuchte

Rhein- und Frankenweine, aber auch für Malaga, Muscat und Medoc. Räucherlachs ist zu erstehen, und der Kaufmann Häublein empfiehlt im Januar 1781 sogar frische englische Austern »zu den billigsten Preisen«.

Der berühmte Dichter des »Werther« tritt keck auf, er kommt im blauen Frack mit Messingknöpfen, gelber Weste, Lederbeinkleidern und halbhohen Stulpenstiefeln nach Weimar. Es ist die Tracht à la mode, welche der Werther des Romans trug, als er zu Lotte sagte, er wolle in diesen Kleidern begraben sein, »denn Du [Lotte] hast sie berührt«. Es dauert nicht lange, und alle Welt muß in diesem Frack erscheinen. Selbst der Herzog zieht ihn an; wer bei Hofe sich keinen leisten kann, dem läßt er, falls er ihn schätzt, einen vom Hofschneider fertigen. Mit Goethes Einzug beginnt Weimars wilde, stürmische Zeit, eines der sogenannten »Kraftgenies«, die ihren Rousseau gelesen haben, alle Formen verachten und das Natürliche schätzen. Auf einem Strohsack schläft Goethe in seinem Gartenhaus und baut dem Herzog 1778 ein Borkenhaus im späteren Park an der Ilm. Erst zwanzig Jahre danach ersteht dann, nach seinen Plänen, Carl Augusts Römisches Haus. Man wandert zusammen, man reitet zusammen und man zecht zusammen, teils bis zur sinnlosen Trunkenheit. Die Nachricht über das merkwürdige und ungezügelte Weimarer Vagabundieren von Fürst und Dichter macht in Deutschland die Runde und führt zu vernehmlichem Geschrei im »Ausland«, wie Vehse schreibt. Friedrich Gottlieb Klopstock, Doyen der deutschen Dichter, schwingt sich zum Mentor des jüngeren Goethe auf und fühlt sich verpflichtet, eine Mahnung nach Weimar zu schicken: »Der Herzog wird, wenn er sich ferner bis zum Krankwerden betrinkt, anstatt, wie er sagt, seinen Körper dadurch zu stärken, erliegen und nicht lange leben ... Die Deutschen haben sich bisher mit Recht über ihre Fürsten beschwert, daß diese mit ihren Gelehrten nichts zu schaffen haben wollen. Sie nehmen jetzo den Herzog von Weimar mit Vergnügen aus.« Klopstocks Wort von den Gelehrten meint nicht etwa nur die Professoren in Jena, es schließt die Dichter ein. Gerade weil der berühmte Meister in Hamburg sein Ideal vom Dichter durch Goethes Verhalten gefährdet sieht, nennt er diesen Brief einen Beweis seiner Freundschaft. Doch der Empfänger ist äußerst verstimmt. Erst nach zwei Monaten antwortet er dem »liebsten« Klopstock mit der Bitte, ihn künftig mit solchen Briefen zu verschonen. Der wiederum schreibt ebenso prompt wie erbost an Goethe zurück: Da Sie den Beweis meiner Freundschaft so sehr verkannt haben, »erkläre ich Ihnen hierdurch, daß Sie nicht wert sind, daß ich ihn gegeben habe«.

»Nun denk' man sich 'en Fürstensohn
Der so verspottet Geburt und Thron
Und lebt mit so lockeren Gesellen
Die dem lieben Gott die Zeit abprellen«,

dichtet holprig Carl Augusts Kammerherr Friedrich Hildebrand von Einsiedel. Bürger und Fürst, diese lockeren Gesellen, darin sind sich Damen und Herren von Stande, aber auch die meisten Bürger in Weimar einig, pflegen allzu vertrauten Umgang, und der schickt sich nicht. Wenn die merkwürdige, kraftgenialische Weimarer Compagnie Plumpsack spielt, wird nach Herzenslust auch auf den Souverän eingeprügelt. Parforcejagden über Hecken und Gräben, des Nachts möglichst in weiße Bettlaken gehüllt, damit die abergläubischen Bauern auch ja Gespensterfurcht erfaßt – das ist so recht nach ihrem Sinn. Sie wandern gemeinsam, campieren im Freien und baden im kalten Fluß, sie reiten auf die Dörfer, bändeln beim Tanz mit Bauernmädchen an – sie »mieseln«, wie derlei Flirt oder »niedere Minne« seit der Straßburger Zeit bei Goethe heißt. Das Wort »Miesel«, so Goethe-Biograph Richard Friedenthal, kommt aus dem Elsässischen und steht für Mamsell oder Mäuschen. Der Fürst und sein Genie, erzählt Wieland dem Konsistorialrat Böttiger, hätten sich stundenlang auf den Markt in Weimar gestellt und mit einer »abscheulich großen Parforcekarbatsche«, einer Riemenpeitsche für Hetzjagden, um die Wette geknallt. Entschlossen, solche Geschichten nicht wahrhaben zu wollen, verbannen die Goethepriester deutscher Nation sie später ins Reich des Klatsches. Doch der Klatsch ist wahr und macht einen Goethe nicht kleiner. Warum soll ein Genie nicht verspätet pubertieren, auch wenn es manchmal dabei peinlich zugeht? Sie »necken« die Bürger auf hochfahrende Art, lassen die Fässer eines Kaufmanns den Berg hinabrollen und tafeln in seiner guten Stube, während dieser seine Habe retten und die Fässer wieder heraufrollen muß; Goethe schneidet das Porträt des armen Mannes aus einem Ölgemälde, steckt sein Gesicht hinein und starrt den Gefoppten bei seiner Rückkehr wie eine Fratze an. Nach der Polizei zu rufen ist sinnlos, denn Durchlaucht in Person ist mit von der Partie und einer der Wildesten. So schluckt der Bürger, schweigt und bekundet womöglich noch seine schuldige Devotion. »Goethe hat«, schreibt der »Merkur«-Herausgeber seinem Mitarbeiter Merck nach Darmstadt, »in den ersten Monaten die meisten (mich niemals) ... skandalisiert und dem Diabolus prise (Macht) über sich gegeben.«

Der wohlhabende Patriziersohn aus der angesehenen Reichsstadt Frankfurt verfügt über seinen Diener Philipp Seidel, der ihn umsorgt, auf Reisen begleitet und dem er gelegentlich seine genialischen Einfälle diktiert. Kein Zweifel, Goethe zählt für damalige Verhältnisse zu den außerordentlich Privilegierten. Was bringt den in ganz Europa geschätzten Verfasser des meistgelesenen Romans seiner Zeit dazu, Anstellung bei einem Duodezfürsten zu nehmen, ihm immerdar treu zu bleiben, ja sein Genie unter die »sterile Glasglocke von Weimar« zu setzen, als die Ortega y Gasset die damalige Atmosphäre des »humusarmen Liliputhofes« im Goethejahr 1932 beschreibt? Nur der Wunsch, endlich der mediokren Frankfurter Gesellschaft zu entkommen, deren Strukturen er als verkrustet empfindet? Überdruß und Langeweile an der Jurisprudenz, die den jungen Advokaten in seiner Anwaltspraxis plagt, einem Geschäft, das schlechtgeht und wenig einbringt? In seinem »Werther« hatte er über Fürsten und Standesdünkel, über die Vorrechte des Adels und das »ceremoniel« bei Hofe gespottet und später seinem Freund Kestner geschrieben, er sei es gewohnt, ausschließlich nach seinem »Instinckt« zu handeln, womit wahrlich »keinem Fürsten gedient seyn« könne. Doch wenn nicht alles trügt, so der Goethe-Biograph Carl Otto Conrady, dann hat es Goethe nicht die geringste Überwindung gekostet, in die Dienste eines souveränen Fürsten zu treten, wenn es nur kein schlechter Souverän war: »Den Wert der Freiheit seines Volkes stufte er anscheinend niedriger ein als die Möglichkeit einer patriarchalischen Leitung.« Gibt es eine bessere Erklärung für Goethes Flucht aus dem Bürgertum?

Friedrich Sengle widerspricht dieser Deutung nicht, auch wenn er sich müht, eine Vielzahl von Motiven zu nennen. Nach dem Erfolg des »Werther«, meint er, habe Goethe zwar höchste Honorare fordern können, doch wegen der Raubdrucke sei ihm das Leben eines freien Schriftstellers als entbehrungsreich und wenig erstrebenswert erschienen. In England konnte Oliver Goldsmith schon 1760 schreiben, Dichter seien nicht mehr von Höfen und Fürsten abhängig: »Sie haben jetzt keinen anderen Mäzen als die Öffentlichkeit, und die Öffentlichkeit, im großen und ganzen gesehen, ist ein freigiebiger Herr.« Aber das setzte eine bürgerlich geprägte Gesellschaft mit einer klaren Gesetzgebung über Urheberrechte voraus, die es in Deutschland noch nicht gab. Um 1800 zählte London 950000 Einwohner, Paris etwas über eine halbe Million. Goethe entscheidet sich wie Wieland für das fürstliche Mäzenatentum. »Nah' bei Hofe, nah' bei der Höll«, hatte der Vater den Sohn gewarnt, aber damit wenig Eindruck gemacht – im Gegenteil. Friedrich Sengle weist darauf hin, daß Goethe die fürstenfeindliche, antihöfische Gesinnung des Vaters oft genug ins Lächerliche gezogen habe. Nach dem Zusammenbruch des Hamburgischen Nationaltheaters, das ja den ersten Versuch bedeutete, eine bürgerliche Bühne ganz ohne fürstliche Mäzene zu betreiben, sei in Deutschland ein neues Interesse für die Hofkultur gewachsen, das auch Goethes Entscheidung für Weimar bestimmt habe: »Er wollte weder eine bürgerliche Ehe noch ein bürgerliches Amt, er wollte ein Leben in der Nähe der Großen, in dem er, wie er träumte, alle seine reichen Anlagen entfalten könnte.« So baut Goethe sich ein warmes Nest in Weimar, das ihm ein erkleckliches Auskommen und alle damals erdenkliche Sicherheit zum Schaffen gibt. Wenige Monate nach seinem Eintreffen schreibt Wieland an Merck: »Goethe lebt nun wohl hier, solange Carl August lebt, und möcht das bis zu Nestors Alter währen!« Ist es da nicht einleuchtend, daß ihn 1806 Existenzangst überfällt? Kaum droht der Sieger Napoleon, das Herzogtum Weimar von der Landkarte zu wischen, sieht der Dichter sich mit seinem Herzog, beide um Amt, Würden und Vermögen gebracht, als Bänkelsänger um Brot singend durch wüste Lande irren. Kann man sich ein Leben Goethes ohne Weimar vorstellen? fragt Ortega y Gasset – einen Goethe, allen Unbilden preisgegeben, ohne die materielle und gesellschaftliche Sicherheit seiner kleinen Weltbühne, »eingesenkt in das Dasein des damaligen Deutschland, das ganz Gärung, brodelndes Element, geöffnete Poren war?« Man kann es nicht.

Wenn sich Goethe mit seinen sechsundzwanzig Jahren auf Anhieb in Weimar wohlfühlt, hat dies auch mit der Tatsache zu tun, daß hier, anders als in Frankfurt, nicht gestandene, betagte Honoratioren das Sagen haben. Das regierende Weimar ist jung: Carl August und seine Frau Luise sind achtzehn, Prinz Constantin ist siebzehn Jahre alt, die angebetete Charlotte von Stein zählt dreiunddreißig, Anna Amalia, die verwitwete Herzogin und vormalige Regentin, erst sechsunddreißig Jahre – da darf Goethe sich mit seinen sechsundzwanzig Lenzen in der Mitten fühlen. Der junge Carl August hat ihn nach Weimar gerufen, weil er, wie so viele kleine Fürsten, seinen Hof mit großen Namen zieren will – ein Motiv, das Goethe später im »Tasso« aufgreifen wird. Es steckt aber auch Protest gegen die Mutter darin: Protest gegen deren Wieland, den Dichter des »Musarion« und des »Goldenen Spiegel«, gegen den er bewußt den Stürmer und Dränger, den Dichter des »Werther« und des »Götz« setzen will. Doch holt er ihn weniger als Dichter denn als Mensch, für den er sich interessiert; zwar soll Goethe bald sein engster Freund werden, doch von Anfang an will er den vielseitig interessierten und hochbegabten Mann sich und seiner Regierung »attachieren«. Das Abtreten der Mutter als Regentin hat er kaum erwarten können, nun kehrt er das unterste zuoberst und verjüngt die Regierung. Als Goethe ihm Herder als Superintendenten vorschlägt, zögert Carl August nicht einen Augenblick. Er wünscht keinen Anhänger der in Weimar vorherrschenden pedantischen lutherischen Orthodoxie. Wenn er Herder vielen älteren, verdienten Bewerbern aus seinem Herzogtum vorzieht, dann freilich auch, weil der Empfohlene erst dreißig Jahre zählt. Gegen den Widerstand der altgedienten Beamten, vor allem seines Regierungschefs, des »Wirklichen Geheimen Rats« Freiherr von Fritsch, setzt er die Ernennung seines in Staatsgeschäften völlig unerfahrenen Favoriten zum Geheimen Legationsrat und Mitglied des Geheimen Consiliums durch. Goethes Kopf und Genie seien bekannt, schreibt er Fritsch, der dagegen protestiert und droht, seinen Abschied zu nehmen, und: Einen Mann von Genie nicht da zu gebrauchen, wo er seine außerordentlichen Talente entfalten kann, hieße, denselben zu mißbrauchen. Fritsch bleibt nicht deshalb, weil Carl August als absoluter Fürst ein Machtwort spricht, sondern weil seine Mutter, der Fritsch lange die Geschäfte führte, ihn inständig darum bittet. Die Leitung des Ländchens soll in bewährten Händen liegen, solange der Most der ungebärdigen Kraftgenies nicht ausgegoren ist. Fritsch wird gute Erfahrungen machen: Der von ihm gefürchtete Liebling des Herzogs erweist sich binnen Jahresfrist als durch und durch vernünftiger Partner und außerordentlich besonnener Politiker von, und das ist entscheidend, mäßigendem und erzieherischem Einfluß auf den Freund und Landesherren.

Kriegsminister Goethe rüstet ab

Im engen Weimar kennt jeder jeden, manchmal ist es schwer, einander aus dem Wege zu gehen. Schiller begegnet der Familie Herder zufällig beim Spaziergang im Wäldchen vor der Stadt; wenn er nur wolle, läßt er seinen Freund Körner wissen, könne er den Herzog am Stern treffen, denn da erginge sich der Fürst regelmäßig an der frischen Luft. Wer im Wagen die Tore passiert, wird angehalten und hat Namen und Stand anzugeben, damit es der Obrigkeit gemeldet werden kann. Als Goethe einmal mit Charlotte von Stein eine Morgenspazierfahrt machen will, schickt er ihr folgendes Billet: »Wenn Du am Thor nicht gemeldet sein willst, so ist es das Sicherste, Du steigst an der Sternbrücke aus und ein. Bestelle den Wagen dorthin, ich hole Dich ab. Sonst geht's nicht, man müßte es denn dem Thorschreiber melden, und das sieht curios aus.« Jean Paul bestätigt die Erfahrung. »Als ich am Tore ankam«, schreibt er 1796 seinem Freund Christian Otto in Hof, »wurde es der Herzogin gemeldet, und am andern Tag wußt' es jeder.« Als er nachts um elf Uhr ohne Laterne durch die Gassen ging, wurde er auf die Wache gebracht. Postkutschen verkehren selten, Briefe zwischen Schiller in Jena und Goethe in Weimar befördert meist eine Gemüsefrau. Alles scheint miteinander bekannt, verknüpft oder verbandelt: Anna Amalia lernt Italienisch bei ihrem Bibliothekar Jagemann und fördert dessen Tochter Caroline, die in Mannheim zur exzellenten Schauspielerin ausgebildet wird. In Weimar zurück und nun Star des kleinen Theaters, wird sie die Mätresse von Amalias Sohn und gebiert ihm drei Kinder. Zeitgenossen erzählen, die Jagemann habe sich abends aus dem Fenster gelehnt und dem Herzog mit dröhnender Bühnenstimme entgegengedonnert: »August, kommst Du endlich!« Carolines Bruder Ferdinand wiederum, erst an der Weimarer Malerschule bei Georg Melchior Kraus, später in Wien ausgebildet, läßt sich nach Reisen durch Italien und Frankreich als zwar mittelmäßiger, aber vielbeschäftigter Porträtmaler fast aller Weimarer Größen nieder. Es sei eine »tolle Compagnie Volks« in Weimar versammelt, so Goethe im November 1776 in einem Brief an Merck, »auf einem so kleinen Fleck wie in einer Familie findet sich's nicht wieder so.« Und vortrefflich weiß er dieser tollen Compagnie den Hofennui zu vertreiben, die höfische Langeweile zu zerstreuen. En masque läuft er mit dem Herzog und den Kammerherren abends Schlittschuh auf der Ilm oder dem Schloß vorgelagerten Küchenteich, indes die Herzoginnen, gnädigen Frauen und Fräuleins sich im Schlitten schieben lassen. »Der Teich, welcher nicht klein ist, wird rundum mit Fackeln, Lampen und Pechpfannen erleuchtet«, vermeldet der Kammermusikus Krenz der Mutter des Dichters in Frankfurt. »Das Schauspiel wird auf der einen Seite mit Hautboisten- [Oboisten-] und Janitscharenmusik, auf der anderen mit Feuerrädern, Raketen, Kanonen und Mörsern vervielfältigt. Es dauert oft zwei bis drei Stunden.«

Dabei ist Goethe in Gesellschaft des Hofes zunächst verlegen, meint Dieter Borchmeyer in seiner Studie über »Höfische Gesellschaft und Französische Revolution bei Goethe« – er zeigt steifes Verhalten und eine linkische Ehrerbietung vor Ranghöheren; er tanzt mehr schlecht als recht, Eleganz und sicheres Auftreten gehen ihm zunächst ab. Erst die Schule der Frau von Stein, einer Hofdame Anna Amalias, deren Lebenselixier die höfische Atmosphäre ist, korrigiert sein Verhalten in Richtung Maß und Form. Das Genie wird zum Hofpoeten, der nicht selten auf Bestellung schreibt und seine Huldigung als Maskenzüge darbringt – damals außerordentlich beliebten Gedichten, die von Masken gesprochen werden. Lebende Bilder, hastig hingeworfene Gebrauchslyrik, die nach dem Urteil der Literaturwissenschaftler nicht gerade zu seinen Meisterwerken zählen – wie könnten sie auch? Zum Geburtstag der Herzogin läßt Goethe Masken aller Planeten tanzend ihre Verehrung entbieten. Er bringe seine Tage im Dienst der Eitelkeit zu, schreibt er 1781 in einem Brief an Lavater, nennt derlei Maskenzüge »Aufzüge der Thorheit«, doch hindert ihn das nicht, weiter daran mitzuwirken. Er fertigt leichte, schnell vergängliche höfische Unterhaltungskost – das »Jahrmarktsfest von Plundersweilen« etwa, ein Singspiel, das auf der Liebhaberbühne der Herzoginwitwe Anna Amalia in Ettersburg aufgeführt wird. Bei der Premiere steht er als Marktschreier selbst auf der Bühne, die Musik hat Anna Amalia zusammen mit dem Kammerherren von Seckendorf komponiert. Keiner ist sich in diesem höfisch bestimmten Mikrokosmos zu schade, auf den Brettern zu stehen, man wetteifert geradezu im Komponieren oder Verseschmieden. Goethe und sein Herzog spielen zusammen in einer Parodie von Voltaire, Anna Amalia versucht sich in der Rolle der Eurydike. Bei der Aufführung seiner »Iphigenie« (in der Prosafassung) gibt Goethe den Orest – in Stulpenstiefeln, die zu den Füßen hin sandalenartig aufgebrochen sind, in ziegelroter Tunika, blauem Mantelüberwurf und ledernem Schurz samt Gürtel mit Schwert; Prinz Constantin, der Bruder des Herzogs, mimt den Pylades, allein die schöne

Kriegsminister Goethe rüstet ab

Die Berufsschauspielerin Corona Schröter als Iphigenie und Goethe als Orest bei der Aufführung seines Schauspiels »Iphigenie auf Tauris« in Prosafassung (Gemälde von G. M. Kraus, 1779).

Corona Schröter als Iphigenie ist Berufsschauspielerin. Im langen, weißen Gewand mit Schleier und Sandalen hebt sie sich deutlich von dem schreiend bunten Orest/Goethe ab.

Mit dem Schloßbrand von 1774 ist auch das Theater vernichtet, erst 1779 baut der Bauunternehmer Hauptmann einen Redoutensaal, der mit transportabler Bühne auch als Komödienhaus genutzt werden kann und in dem Schauspieltruppen wie die Bellomos gastieren; ein Hoftheater gibt es erst ab Mai 1791 – und dann unter der Leitung Goethes. Bis dahin regiert im armen Weimar weitgehend das Liebhabertheater. Gisela Sichard, der wir eine gründliche Untersuchung über diese Zeit verdanken, berichtet von einer Aufführung des Goetheschen Singspiels »Die Fischerin« in Tiefurt, dem Sommersitz der Herzoginwitwe, wo der Park und das Ufer der Ilm sich als Naturbühne anbieten. Die Musik stammt diesmal von der Schauspielerin Corona Schröter, die Zuschauer sitzen in einer kleinen Mooshütte und schauen auf den Fluß. Regisseur Goethe hat Töpfe an ein kleines Feuer setzen, Fischergerät und Netze aufstellen lassen. Von unten herauf kommt der Kahn mit den beiden Fischern, dem Vater und Niklas, und das Lied »Wenn der Fischer's Netz auswirft ...« ertönt von Ferne. Der Autor ist's zufrieden: ein »Wald- und Wasserdrama« von sehr guter »Würckung«. Langsam wächst er in die Rolle des Weimarer Unterhaltungschefs hinein – eines Ballmeisters, wie er einmal sagt. Doch das ist nur die heitere, fast möchte man sagen, die idyllische Seite.

Idyllisch geht es nur bei Hofe, nicht im Weimarer Alltag zu. Franz David Geskys Chronik »Weimar von unten betrachtet« führt getreulich über Raubzüge und Bankrotte, Unterschlagungen, auch über Mord und Totschlag Buch. Da ertränken sich schwangere Witwen oder Mädchenmörder in der Ilm, Knechte töten von ihnen geschwängerte Mägde, ein Mörder, der einem Mann den Kopf mit der Sichel abgeschnitten hat, wird in Dornburg hingerichtet, ein anderer nach der Exekution vor den Toren Weimars zur Abschreckung aufs Rad geflochten; ein Dieb, der zwei Scheite Floßholz gestohlen hat, kommt an den Pranger vor dem Kriminalgericht. Als größten Kriminalfall verzeichnet Geskys Chronik, daß eine Bauerntochter mit Klößen, »worin ein Gift gegeben«, gleich fünf Menschen ums Leben bringt – Vater, Mutter, Bruder, Schwager und Schwägerin. Ungelernte Gelegenheitsarbeiter machen ein Drittel, Beamte, bei Hofe Beschäftigte und städtische Angestellte rund ein Viertel der Einwohner aus, eine wirklich wohlhabende städtische Mittelschicht gibt es nicht. Die Hälfte der Handwerker verdient, so die erste halbwegs verläßliche Schätzungsrolle für die Steuer aus dem Jahr 1820, unter zweihundert Talern. Nur zwei Prozent der Einwohner verfügen über mehr als tausend Taler, aber 58 Prozent der Bewohner liegen unter dem Existenzminimum, das Walter H. Bruford für die damalige Zeit auf hundert Taler berechnet hat. Kein Wunder, daß nicht alle Weimaraner dem Fürsten devot ergebene und ehrliche Bürger sind. Einige haben offenbar die Feuersbrunst genutzt, der die fürstlichen Gemächer am 6. Mai 1774 zum Opfer fielen, um sich unter dem Mantel der Wohltäter als Diebe am fürstlichen Gut zu bereichern. Anders ist kaum zu verstehen, daß die »Weimarischen Wöchentlichen Anzeigen« wenige Tage danach alle jene, die beim Ausräumen mit Hand anlegten, »aufs ernstlichste« ermahnen: »Unterthanenpflicht« sei nicht nur, bei der Verwaltung zu melden, was gerettet wurde, sondern auch denjenigen »ohngesäumt« anzuzeigen, der etwas beiseite geschafft habe. Denunziation wird mit einem Fünftel des Werts der auf diese Weise entdeckten Sachen belohnt, auf »Unterschlag- oder Verheimlichung« stehen Zuchthaus und »nach Befinden Lebensstrafe«. Im zweiten Jahr seines ersten Weimar-Aufenthalts wird Schiller Zeuge eines Auftritts, »der die Menschlichkeit interessiert«, wie er seinem Freund Körner mitteilt: »Ein Husarenmajor, namens Lichtenberg, ließ einen Husaren eines höchst unbedeutenden Fehltritts wegen, durch fünfundsiebzig Prügel mit der Klinge so zu schanden richten, daß man an seinem Leben zweifelte.« In der Stadt, fügt er hinzu, sei daraufhin »eine allgemeine Indignation vom Pöbel bis zum Hofe hinauf« entstanden. Lichtenberg kommandiert das Husarenkorps, gilt als fähiger Offizier, hat aber den Ruf eines brutalen Menschenschinders. Doch prügelt er nicht allein: Auch der Landesherr greift gern zum Stock, wenn er seine Soldaten kommandiert.

Ganz comme il faut, mit silbernem Degen und silbernen Schnallen an den Schuhen tritt der Geheime Legationsrat Goethe sein Amt im Geheimen Conseil an, zweimal wöchentlich tagt der Rat, zweimal wöchentlich trägt er den üblichen Tressenrock. Das kleine Herzogtum mit seinen knapp hundertzehntausend Seelen wird ihm zum Schauplatz, auf dem er ausprobiert, wie ihm »die Weltrolle zu Gesicht« steht. Nach dem Freiherrn von Fritsch erhält er mit tausendzweihundert Talern das höchste Jahresgehalt im Staat. Er lernt schnell und viel vom politischen Geschäft. Man hat dem schlechten Reiter eine besonders brave Mähre aus des Herzogs Stall gegeben und sie ihm zu Ehren »Poesie« genannt. Auf ihr bewegt er sich nun durchs Land, will sich an Ort und Stelle von den Problemen überzeugen, um die es geht – sei es die Erzförderung in Ilmenau, die er vergeblich wiederzubeleben sucht, sei es der traurige Zustand der meist ungepflasterten großherzoglichen Chausseen, für den er als Chef der Wegekommission die Verantwortung übernimmt. Im Auftrag des Herzogs verhandelt er an benachbarten Thüringer Höfen und macht schnell Karriere: Vom Legationsrat wird er zum Geheimen Rat befördert, erhält nach den Zuständigkeiten für die Kriegs- und Wegebaukommission auch die Aufsicht über das Finanzwesen und 1782 gar den Adelstitel. Herder spottet in einem Brief an Hamann vom Juni 1782 über den Weimarer Groß- und Multifunktionär: »Er ist also jetzt Wirklicher Geheimer Rat, Kammerpräsident, Präsident des Kriegscollegii, Aufseher des Bauwesens bis zum Wegebau hinunter, dabei auch *directeur des plaisirs*, Hofpoet, Verfasser von schönen Festivitäten, Hofopern, Balletten, Redoutenaufzügen, Inskriptionen, Kunstwerken etc., Director der Zeichenschule, in der er den Winter über Vorlesungen über Osteologie [Knochenbau] gehalten, selbst überall der erste Acteur, Tänzer, kurz das factotum des Weimarischen und, so Gott will, bald der *majordomus* sämtlicher Ernestinischer Häuser, bei denen er zur Anbetung umherzieht. Er ist baronisiert und an seinem Geburtstag wird die Standeserhöhung erklärt werden. Er ist aus seinem Garten in die Stadt gezogen und macht ein adlig Haus, hält Lesegesellschaften, die sich bald in Assembleen verwandeln werden etc. etc. Bei alledem gehts in Geschäften [der Regierung] wie es gehen will ...«

Einige Verdienste des Ministers Goethe sind indes unbestritten. Er führt eine Finanzreform durch, zwingt den Herzog zu persönlicher Sparsamkeit und gleicht den Etat des Landes aus. Dem Finanzkommissar Goethe gelingt dies nur, weil der Kriegsminister Goethe ein radikales Abrüstungsprogramm durchsetzen kann. Die Notwendigkeit eines Weimarer Militärs leuchtet ihm nicht ein. So kürzt er das stehende Heer seines Freundes Carl August um knapp die Hälfte. Das klingt zwar gewaltig, aber es handelt es sich dabei nicht um riesige Zahlen. Sachsen-Weimar hält 532 Infanteristen unter Waffen, die auf 284 Mann reduziert werden und sich auf Weimar, Eisenach und Jena verteilen. Bemerkenswert dabei ist jedoch, daß die Garnison der

Universitätsstadt Jena nicht ganz so drastisch zurückgeschnitten wird, weil man sie für Studentenunruhen in Bereitschaft halten will. Da sie vorwiegend aus Invaliden besteht, plant man für den Fall solcher Unruhen ihre Verstärkung mit Husaren und Jägern aus Weimar. Unverzichtbar ist das sogenannte Artilleriekorps, das sich aus einem Hauptmann, einem Korporal, ganzen sechs Kanonieren und zwei Zeughausbeamten zusammensetzt. Es betreut eine beinahe mittelalterliche Kanone auf der Wartburg, tut auf Wachen und im Zeughaus Dienst und hat, auch wenn es für die Salut-Böllerschüsse bei Festen und Vergnügungen zuständig bleibt, mit richtiger Artillerie nur noch den Namen gemein. Nicht minder unverzichtbar ist das Weimarer Husarenkorps, bestehend aus einem Rittmeister, sieben Unteroffizieren und einunddreißig Mann. Es wird vor allem für die Repräsentation gebraucht – bei Staatsbesuchen, Jagden oder Hofbällen. Weimars Husaren haben als Postillione Mitteilungen des Herzogs zu überbringen, bei den von Goethe inszenierten nächtlichen Eisfesten mit Fackeln zu leuchten, gelegentlich befördert ein Husar auch ein *billet d'amour* des Geheimen Rats an die Frau von Stein. Eiserner Sparwille bringt den Kriegsminister Goethe dazu, sich selbst in heute lächerlich wirkende Details zu verbeißen. So, wenn er den Schuhverbrauch der verbleibenden Infanterie beschneidet und anordnet, daß es statt drei Paar Schuhen und drei Paar Sohlen pro Mann alle zwei Jahre künftig nur noch vier Paar Schuhe und drei Paar Sohlen für je vier Jahre geben darf. Den Effekt dieser Rationalisierungmaßnahme berechnet er auf vier Groschen und sechs Pfennige pro Infanteristen über einen Zeitraum von drei Jahren. Der Herzog beugt sich dem Rotstift seines Geheimen Rats. Daheim um sein kleines Heer gebracht, spielt er nunmehr in preußischen Diensten Soldat – als Chef eines Kürassierregiments in Aschersleben, das ihm Friedrich Wilhelm II. von Preußen zum Kommandieren überläßt. Das trägt zur Entfremdung von Goethe bei, der verächtlich von »militärischem Maccaroni« spricht und vom Bündnis Weimars mit Preußen, das der Serenissimimus nach dem Tode Friedrich II. schließt, überhaupt nichts hält. Vom Gegensatz zwischen dem Geist von Weimar und dem Geist von Potsdam wird später viel die Rede sein, für Carl August existiert er nicht: Der Fürst ist sowohl Mäzen der Weimarer Klassik als auch Schwager des Königs von Preußen und dessen General, und das Großherzogtum wird Preußen, das Haus Weimar dem Haus Hohenzollern auch fürderhin eng verbunden bleiben. Carl Augusts Enkeltöchter heiraten beide preußische Prinzen, die Weimarer Prinzessin Augusta wird als Frau Wilhelms I. deutsche Kaiserin; deren Enkel Wilhelm II., einer der häufigsten Gäste der von Großherzog Carl Alexander restaurierten Wartburg, steht Pate bei der Taufe Carl Augusts, des Sohnes des letzten regierenden Weimarer Großherzogs Wilhelm Ernst. Auch der kaiserliche Pate sieht keinen Gegensatz zwischen dem Geist von Weimar und dem von Potsdam. »Möge der junge Herr, der in dem Lande geboren ist aus dem die Wartburg grüßt ... sein Schwert bereit halten für des Reiches Herrlichkeit«, sagt der Kaiser. »Möge er eine Säule unserer Kirche sein, und möge er, von dem Geiste der großen Dichterzeit Weimars umflossen, auch einst ein Stützer und Förderer der deutschen Wissenschaft und Dichtung sein.«

Die Demilitarisierung des Herzogtums bleibt des Politikers Goethe größte Tat, ansonsten gerät er bald in die Mühlen der Sachzwänge und der bürokratischen Routine. Er muß erfahren, wie wenig er selbst in den engen Grenzen dieses winzigen Ländchens bewirken kann. Ekel und »Ennui«, angewiderte Langeweile nennt er seinen Politikerfrust, schüttelt die Haut des Staatsmanns, in der er zehn Jahre steckt, ab und flieht 1786 nach Italien. Warum er nach zwei Jahren in den Weimarer Mikrokosmos zurückkommt? Weil er »Liebe und Sicherheit seines Verhältnisses zu dem einmal Gewählten und Gegebenen« nicht entbehren kann, schreibt er seinem Herzog, kurz: Weil er Nestwärme braucht. Unter Beibehaltung der Bezüge wird er von Carl August von den täglichen Amtsgeschäften freigestellt und zum Theaterdirektor und Oberaufseher für die Künste und die Wissenschaften ernannt. Doch bleibt der Dichter stets die Graue Eminenz, an der vorbei in wirklich wichtigen Fragen nichts entschieden wird, wenn der Herzog ihn zu Rate zieht.

Wer ist dieser Carl August, Goethes Mäzen und Freund? Nur als Herrschernatur sei er zu verstehen, meint Fritz Hartung, neben Hans Tümmler der wohl beste Historiker des klassischen Weimar, aber weit kritischer als dieser eingestellt. Wer nur von der Begegnung mit Goethe, seinen schöngeistigen Interessen und der These vom Weimarer Musenhof ausgehe, dem werde es ergehen wie Goethe selbst, der nach vierzig Jahren ausrief: »Carl August hat mich nie verstanden.« Eher klein als groß, zeigt seine Erscheinung »von Jugend auf bis ins späte

Alter etwas Selbstständiges, Energisches in sehr ungebundener, franker, freier, fast studentischer Form« (Carl Eduard Vehse). Ein Etiketteverächter und Naturliebhaber mit hoher Stirn, bräunlich-blondem Haar, scharfem, bohrenden Blick und blitzschneller Auffassungsgabe, ebenso waghalsig wie unruhig; Goethe wird ihn im Alter als dämonische Natur bezeichnen, als einen »großen Menschen«, ja einen »geborenen Regenten«, der über die Gabe verfügt, »Geister und Charaktere zu unterscheiden und jeden an seinen Platz zu stellen«. Hat er seinen Herzog im nachhinein geschönt? Folgt man Hartung, dann malt sich der junge Carl August Herrschaft zunächst als das Recht zu schrankenlosem Genuß und zügelloser Freiheit aus. Erst langsam und unter dem Einfluß Goethes wächst er in die Rolle eines fürstlichen Landesvaters, auf das Wohl von Land und Untertanen bedacht. Zeitlebens liebt er das Einfache und Deftige, ihn fesselt alles Technische – die Feuerwehr mit ihren Spritzen, der Straßenbau und das Vermessungswesen. Zum großen Kummer seines Superintendenten Herder, der auch für das Erziehungswesen verantwortlich ist, zeigt er weder für die Kirche noch für die Förderung der Schulen großes Interesse, Carl August ist ganz der Jagd, dem Wein und den Weibern zugetan. Von etlichen Bauernmädchen hat er etliche Kinder. Falls es Söhne sind, stellt er sie als Jäger und Förster in den großherzoglichen Dienst ein und zeichnet sie mit der Anrede Du statt des damals üblichen Er aus. Nach der Hochzeitsnacht schreibt seine empfindsame Gemahlin Luise aus Hessen-Darmstadt ihrem russischen Schwager, dem Großfürsten und späteren Zaren Paul, nach St. Petersburg: »Sie hätten Mitleid mit mir gehabt, wenn Sie mich an dem Tag gesehen hätten; ich war im heftigsten Zustande. Und ich danke Gott, daß es vorüber ist.« Auf dem Gebiet, auf dem Naturkraft am meisten einer sittlichen Zucht bedarf, »auf dem des Geschlechtslebens«, so Hartung, »hat Carl August, auch wenn wir ihn mit der höfischen Moral des 18. Jahrhunderts, nicht mit der strengeren, der bürgerlichen und wohl auch spießbürgerlichen Moral des 19. Jahrhunderts messen, niemals gelernt, die Schranken des Anstands zu wahren«. Er fühlt sich zum Herrschen geboren, aber der Kleinstaat bietet weder den Rahmen noch die Macht für große Politik. So tobt er sich bei Hetzjagden aus und hält sich ein Wildschweingehege hinter dem Ettersberg. Vergebens mahnt ihn sein Minister Goethe, auf die Gutsbesitzer, Pächter und Untertanen Rücksicht zu nehmen, weil seine großen Jagden ihre Felder verwüsten. Goe-

Aber Freiheit bleibt ein unerreichbar fernes Ziel

Goethes Mäzen und Freund,
Herzog Carl August von Sachsen-Weimar-Eisenach (1757–1827),
nach Meinung des Dichters ein »geborener Regent«
(Gemälde von Johann Ernst Heinsius, um 1790).

thes Wandlung vom Sturm und Drang zur Klassik, sein Streben nach Form und Haltung verfolgt er mit großer Distanz, wenn nicht gar Mißbehagen. Er sieht ein »possierliches Feierlichwerden des Alten« darin. Doch bleibt er ihm ein treuer Freund und Mäzen, auch wenn beider Verhältnis oft erstaunlich widersprüchlich ist.

Nicht durchweg nämlich ist der Dichter so liberal und der Herr so autoritär, wie man nach Klischee und Rollenverteilung eigentlich vermuten möchte. So entpuppt sich Goethe, von dem man als einem Großen der Feder ein besonderes Engagement für die unbeschränkte Pressefreiheit erwarten müßte, als ihr erklärter Gegner, sein Herzog dagegen gibt sich in dieser Frage meistens liberal. In einem Gutachten schreibt der Dichter und Geheimrat 1794: »Der Staat hat ein Recht, Schriften, die er für gefährlich hält, zu verbieten. Er kann daher die Bücher, die gedruckt werden sollen, zuerst durchsehen lassen und ihnen das Imprimatur zugestehen oder verweigern ...« Handel mit verbotenen Büchern möchte er unter Strafe gestellt sehen. Vier Jahre später, am 15. April 1799, läßt er sich nach den Auseinandersetzungen um den Philosophen Fichte in Jena ähnlich ein: Den Druckereien im Großherzogtum sollte die Vervielfältigung von Manuskripten nur nach Erlaubnis von drei in fürstlichen Diensten stehenden Personen gestattet sein. Beide Male entscheiden der Geheime Conseil unter Fritsch *und* Herzog Carl August gegen seinen Rat. Zwar hat Goethe in seinem Promemoria 1799 geschrieben, das von ihm vorgeschlagene Zensurgremium von drei – weisen? – Beamten werde keinen Gelehrten an der Veröffentlichung hindern, weil ein guter Wissenschaftler in einem solchen Gremium immer zwei Freunde finde, die für ihn stimmten. Doch seine grundsätzlich antiliberale Haltung in dieser Frage überrascht. Freilich ist er, im Gegensatz zu seinem Freund Wieland, dessen anzügliche Schriften das katholische Wien beschlagnahmt, nie Opfer irgendeiner Zensur. Wieland ficht deshalb mit Verve für die Pressefreiheit und nennt sie eine Angelegenheit und das Interesse des ganzen Menschengeschlechts: »Ihr haben wir hauptsächlich die gegenwärtige Stufe von Kultur und Erleuchtung, worauf der größre Teil der europäischen Völker steht, zu verdanken. Man raube uns diese Freiheit, so wird das Licht, dessen wir uns gegenwärtig erfreuen, bald wieder verschwinden.« Goethe dagegen möchte die Entscheidung, was im Druck erscheinen solle und was nicht, einer aufgeklärten Obrigkeit überlassen.

Nicht minder überrascht, daß der Minister Goethe im Geheimen Conseil die Beibehaltung des umständlichen Kanzlei- und Verwaltungsstils mit seinen nicht enden wollenden Schnörkeln, devoten Anreden und Unterschriftsformeln verficht, indes sein ungeduldiger Herzog, der ohnehin nicht gern Akten studiert, sie entschieden verknappen und versachlichen will. Goethe setzt sich diesmal durch, korrigiert geradezu pedantisch Formfehler seiner Untergebenen und unterzeichnet seine Denkschriften und Voten an den Serenissimus clementissime regens, seinen Freund, weiter als »Ew. Hochfürstlichen Durchlaucht unterthänigster treugehorsamster Johann Wolfgang Goethe«. Warum er darauf beharrt? Weil Fürsten, welche Formen geringachten, nach seiner tiefen Überzeugung ihren eigenen Untergang vorbereiten. Das Zeremoniell errichtet Schranken gegen die Menge, die Goethe fürchtet. Stets hat er die Halsbandaffäre um Marie-Antoinette und den Kardinal Rohan wenn nicht als Schlüssel zur Französischen Revolution, dann doch als verhängnisvolles Symptom für einen Niedergang der Sitten gewertet, welcher Revolutionen erst möglich macht. »Vorgang der Großen, zum Sansculottismus führend«, so beginnt ein fragmentarischer Text in den Paralipomena zu »Dichtung und Wahrheit«: »Friedrich [der Große] sondert sich vom Hofe. In seinem Schlafzimmer steht ein Prachtbette. Er schläft in seinem Feldbette daneben ... Joseph [II.] wirft die äußeren Formen weg. Auf der Reise, statt in Prachtbetten zu schlafen, bettet er sich nebenan, auf der Erde auf eine Matratze ... Die Königin von Frankreich [Marie-Antoinette] entzieht sich der Etikette. Diese Sinnesart geht immer so weiter, bis sich der König von Frankreich selbst für einen Mißbrauch hält.« Warum Goethe das nicht benutzte Prachtbett so wichtig ist, erklärt Borchmeyer mit der Tatsache, daß in Versailles das Schlafzimmer »einen Brennpunkt der Schloßanlage und des Hofzeremoniells« bildet.

Als Goethe nach Weimar kommt, gibt es zwei Höfe – den des regierenden Herzogs und den der verwitweten Herzogin, an beiden spielen Zeremoniell und höfische Formen eine sehr unterschiedliche Rolle. Beide stehen für den Widerspruch oder das Neben- und Miteinander eines aufgeklärten und eines feudal-beharrenden Weimar jener Zeit. Anna Amalia scheint der Etikette am wenigsten Aufmerksamkeit zu schenken, aber sie trägt auch keine politische Verantwortung mehr. Auf Zusammenkünften des Weimarer Gelehrtenvereins, der sich jeden ersten Freitag bei ihr im Wittumspalais versammelt, geht es betont zwanglos zu: Jeder sitzt, wie er gerade zu sitzen kommt, auch der Herzog und die regierende Herzogin, nur der Vortragende – oft ein Professor aus Jena – hat einen besonderen Tisch. Wenn sie zu Konzerten, Leseabenden oder Diners lädt, was häufig geschieht, mischen sich Adel und Bürgertum zwanglos im Publikum. Ganz anders geht's am Hofe des Regenten zu, wo Herzogin Luise über strenge Formen wacht. Sie hat vor ihrer Heirat einige Zeit bei ihrer Schwester in St. Petersburg verbracht und steht unter dem Eindruck des steifen Zeremoniells am Zarenhof. Einer Anekdote aus dem klassischen Weimar zufolge konnte Goethe, der bürgerliche Gast des Herzogs, nur dadurch an ihren Spieltisch gelangen, daß man einen adligen Spielpartner – auf Verabredung natürlich – abberief, so daß Goethe einspringen mußte, um den Fortgang des Spiels zu retten. Wenn die Geschichte erfunden ist, ward sie doch gut erfunden. Die Jahre bis zu seiner Nobilitierung darf Goethe zwar bei Hofe speisen, aber nur an der Marschalltafel der Hofbeamten, nicht an der fürstlichen Tafel, welche dem Herzogspaar, seiner Familie und adeligen Gästen vorbehalten ist. Daß Carl August in seinen Gemächern oft mit Goethe alleine ißt, entspricht seinen privaten Neigungen, geschieht praktisch jedoch außerhalb des Hofes und berührt dessen Form und Etikette nicht, über die seine Gemahlin eifersüchtig wacht. Viel spricht dafür, daß nach anfänglicher Verunsicherung durch die Französische Revolution die Sitten am regierenden Hofe strenger als zuvor beachtet werden und daß die Weimarer Intellektuellen sogar Verständnis dafür zeigen – jedenfalls dann, wenn sie in den privilegierten Kreis einmal einbezogen sind. Es hilft nicht, daß Schillers Frau Charlotte von Lengefeld aus adligem Haus stammt, mit einem der wichtigsten adligen Hofbeamten verschwägert und einem der berühmtesten deutschen Dichter verheiratet ist – als Frau eines Bürgerlichen wird sie bei offiziellen Hofveranstaltungen jahrelang geschnitten. Wenn im Redoutenhaus der Hoftischler Mieding seine transportable Bühne aufgebaut hat und man Theater spielt, sitzen der engere Hofkreis und der Adel auf einer Estrade, erhöht und getrennt vom Bürgertum, dem jede Beifalls- oder Mißfallenskundgebung strengt untersagt bleibt. Bei den Bürgern ist auch Charlottes Platz, nicht bei Schwester und Schwager. Als Schiller nach seinem 43. Geburtstag in den Adelsstand erhoben wird, geschieht dies nach Meinung vieler, weil Carl August den Bann brechen will, der durch

Aber Freiheit bleibt ein unerreichbar fernes Ziel

Herzogin Luise (1757–1830),
geborene Prinzessin von Hessen-Darmstadt,
heiratete 1774 Carl August.
Dem Eroberer Napoleon steht sie allein gegenüber
und erreicht, daß er die Stadt schonend behandelt.
Gemälde von J. E. Heinsius, 1781.

das Zeremoniell für seine aus dem Adel stammende Frau gezogen ist. Für Charlotte habe die Nobilitierung einigen Vorteil, schreibt Schiller seinem Freund Körner am 29. November 1802, in einer kleinen Stadt wie Weimar sei es eben wichtig, von nichts ausgeschlossen zu werden. Im selben Brief mokiert er sich über Herder, weil dieser einen vom Kurfürsten von der Pfalz geschenkten Adelstitel, welchen der Kaiser und der reichstreue Carl August nicht anerkennen, in Weimar geltend machen will: Er »wurde aber damit abgewiesen und obendrein ausgelacht, weil ihm jedermann diese Kränkung gönnte; denn er hatte sich immer als der größte Demokrat herausgelassen und wollte sich nun in den Adel eindrängen«. Mit Hilfe Goethes gelingt Herder schließlich die Anerkennung des Titels auch in Weimar. Schillers Adel dagegen ist von Anfang an »unwidersprechlich«, wie er stolz gegenüber Körner betont, denn er wurde auf Antrag Carl Augusts von dem bis zur Auflösung des Reiches dafür allein zuständigen Kaiser verliehen. Bei Hoffestivitäten kleidet er sich nun in die obligate höfische Tracht, die in Weimar den Uniformen der Förster recht ähnlich sieht. Madame de Staël verwechselt sie mit einer Militärmontur: Als sie erstmals Schiller trifft und er diese Kleidung trägt, hält sie den Dichter der »Räuber« und des »Wallenstein« für den Chef der Weimarer Streitkräfte. Wie Goethe betätigt auch Schiller sich als Hofpoet und arbeitet in vier Tagen die »Huldigung der Künste« an die russische Großfürstin und Erbherzogin Maria Paulowna aus. Was er als kleines lyrisches Vorspiel bezeichnet, ist mit »Bei hoher Ankunft Ihrer Kaiserlichen Hoheit der Frau Erbprinzessin von Weimar Maria Paulowna Großfürstin von Rußland« überschrieben und wird im Weimarischen Hoftheater am 12. November 1804 vorgestellt.

»Und alle, die wir hier vor Dir erschienen,
Der hohen Künste heilger Götterkreis,
Sind wir bereit, o Fürstin, Dir zu dienen.
Gebiete Du, und schnell auf Dein Geheiß,
Wie Thebens Mauer bei der Leier Tönen,
Belebt sich der empfindungslose Stein,
Entfaltet sich Dir eine Welt des Schönen.«

Schillers Einübung in Hoflyrik, sein Panegyrikus an die Paulowna, die »Herrliche«, entsteht auf Bitten Goethes, weil dieser »seine Erfin-

Aber Freiheit bleibt ein unerreichbar fernes Ziel

Friedrich Schiller (1759–1805), 1782 aus Württemberg geflohen,
kommt 1787 – während Goethes Italienreise – erstmals
nach Weimar, in der Hoffnung, hier eine Existenzgrundlage zu finden
(Gemälde-Kopie von Chr. Xeller nach Anton Graff).

dungskraft umsonst« angestrengt habe; doch ist er stolz, daß er damit »über alle seine Hoffnungen« reüssierte, wie er Körner wissen läßt. Das offizielle Weimar der klassischen Zeit ist eben nicht nur vom Geist der Aufklärung, sondern mindestens ebenso stark vom Hof und von höfischen Formen dominiert.

Alles dichtet in Weimar – auch die Zeitungsschreiber:

»Sie hat gebohren! hallt es vom Palast,
Bis zu Amalias harrenden Ohren fast;
Sie hat gebohren! lief's von Straß zu Straße,
Wurde der Morgengruß froher Bürger«,

so die Aufmachermeldung über die erste Niederkunft der Herzogin Luise mit einer Tochter. Bei der Geburt des Erbprinzen im Februar 1783 läuten die Glocken zu Ehren der Durchlauchtigsten Wöchnerin, auf der Altenburg postierte Kanonen schießen Salut, auf dem Rathaus singt man »Nun danket alle Gott«. Die Bürger ziehen mit Musik durch die Straße und bringen drei Abende lang ein Vivat vor dem Schloß. Beim Te Deum im Festgottesdienst ertönen Trompeten und »Paukken«. Als die Herzogin Monate nach der Niederkunft den ersten »frohen Kirchgang« unternimmt, wird sie von einer Kindergarde in paillefarbenen Collets mit blauen Kragen und Hüten mit weißen Federbüschen begleitet, Studenten aus Jena bringen ihr eine Abendmusik mit Fackeln, in der Stadt gibt es festliche und »große Illumination«. Nicht anders 1804, als der mit geistigen Gaben nicht gerade gesegnete Erbprinz Carl Friedrich, den Vehse in seiner Hofchronik den »Blödmüthigen« nennt, seine Gemahlin Maria Paulowna nach Weimar holt. »Der Einzug war wirklich sehenswert«, so Schiller an Körner am 21. November 1804, »denn alle Welt war auf den Beinen, und die Bergstraße nebst der ganzen Anhöhe, woran Weimar sich lehnt, war von Menschengruppen belebt. Die herzogliche Jägerei, die Kaufleute und die Schützengesellschaft, alle in ihren Uniformen, holten die Herrschaften ein, der Zug ging durch eine Ehrenpforte in edlem Stil ... Bälle, Feuerwerk, Illumination, Musik, Komödie u. dergl. folgten nun 20 Tage aufeinander. Das Festlichste aber an der ganzen Sache war die aufrichtige allgemeine Freude über unsre neue Prinzessin, an der wir in der Tat eine unschätzbare Akquisition gemacht haben.« Weimar freut sich nicht nur, weil es neben der aufsteigenden Großmacht Preußen nun auch dem noch mächtigeren Rußland dynastisch verbunden ist. Die Großfürstin bringt viel Geld in die Stadt. Eine Million beträgt allein die Mitgift, unabhängig davon verfügt sie über ein stattliches Vermögen, welches sie bald zur wichtigen Musik-Mäzenatin und Schlüsselfigur der sogenannten silbernen Zeit Weimars werden läßt. Daß gerade auf musikalischem Gebiet das Städtchen an der Ilm darniederliegt, hat sie schon anläßlich der ersten Hoffestivitäten bemerkt. Die Enkelin der großen Katharina habe die hiesige Kapelle schlecht gefunden, berichtet Schiller, nennt ihr Gesicht anziehend, ohne schön zu sein, und ihren Wuchs bezaubernd. »Das Deutsche spricht sie mit Schwierigkeiten, versteht es aber, wenn man mit ihr spricht, und liest es ohne Mühe.« Sein Schwager von Wolzogen, der den Ehekontrakt samt der riesigen Mitgift in St. Petersburg ausgehandelt hat, überbringt ihm von der regierenden Zarin Maria Feodorowna, die aus dem Hause Württemberg stammt und damit cum grano salis als Landsmännin Schillers zu betrachten ist, einen kostbaren Brillantring. Der Dichter, der in chronischen Geldsorgen steckt, versilbert ihn umgehend, um die hohen Hypotheken zu mindern, die auf seinem Haus an der Esplanade lasten. Übrigens verhält sich Schiller ganz wie die offizielle Weimarer Gesellschaft: Konsequent ignoriert er Goethes »eroticon« Christiane Vulpius – erst Geliebte, Haushälterin und Mutter seiner Kinder, seit 1806, als sie ihn tapfer vor randalierenden französischen Soldaten schützt, auch seine Ehefrau.

Selbst da, wo es um die Belange der Stadt Weimar geht, dominieren dem Hofe verbundene Honoratioren. Der einzige Großbürger Weimars, Friedrich Justin Bertuch, der ein Industrie-Comptoir betreibt, Verleger des »Journals des Luxus und der Moden«, wirtschaftlicher Manager von Wielands »Merkur«, Buchhalter der persönlichen Schatulle Carl Augusts und damit ein enger Vertrauter des Herzogs, hält lange eine Schlüsselstellung im Stadtrat. Zu den wichtigsten Stadtdeputierten zählen um 1820 auch der Hofbuchhändler und Verleger Hoffmann sowie der Delikatessen- und Weinhändler Martini, dessen Kundschaft unter den Beamten des Hofes, nicht aber unter den Handwerkern der Stadt mit ihrem eher simplen Geschmack zu suchen ist. Das Regierungsestablishment des Herzogtums beherrscht selbst den Ort, wo der reine Geist der Aufklärung zu vermuten ist, wo nach dem Selbstverständnis der Mitglieder alle zu Brüdern werden und die Unterschiede zwischen Fürst und Untertan, Edelmann und Bürger,

Reich und Arm fallen sollen: die Freimaurer-Loge »Amalia zu den drei Rosen«, die der erste Diener der Weimarer Regenten, der Wirkliche Geheime Rat Friedrich Freiherr von Fritsch, 1764 in Weimar am 25. Geburtstag der Regentin gegründet hat. Logen spielen im aufgeklärten Absolutismus eine wichtige Rolle, sie dienen als Vehikel des gesellschaftlichen Aufstiegs von wohlsituierten Bürgern und bürgerlichen Beamten, sind ein Platz staatsfreier Integration von Bürgertum und Adel und damit Träger der bürgerlichen Emanzipationsbewegung. Sie wollen eine betont bürgerliche Moral befördern und sind private Vereinigungen – abseits vom Staat, der diesen Moralvorstellungen noch nicht verpflichtet ist. »Die Tugend macht sie alle einander gleich«, heißt es in der 1744 in Leipzig verlegten Schrift »Der sich selbst vertheidigende Freymäurer«. So verschieden die Organisationen auch sein mögen, meint Helmut Reinalter, so unübersehbar sei, daß bei den meisten eine demokratische Tendenz deutlich werde.

»Die Maurerey in ihrer Verfassung und dem Verhältnis der Logen gegen einander ist eine demokratische Verfassung und jede Loge eine Demokratie«, so eine Freimaurer-Satzung des ausgehenden 18. Jahrhunderts. Anderswo mögen Logen zur Erosion der höfischen und aristokratischen Standeskulturen beigetragen haben – ob in Weimar, steht mehr als dahin. In einer Logen-Festschrift vom September 1926 findet sich die Liste der ersten Beamten oder »Offiziere« aus der Gründungszeit. Da wird als »perpetuierlicher Meister vom Stuhl« natürlich der Freiherr v. Fritsch aufgeführt, aber auch alle anderen Funktionen liegen in den Händen von Aristokraten, Hofbeamten oder vom Hofe Abhängigen: Der erste Aufseher und Redner ist zunächst der Hof- und Kammerrat Berendis, im Jahr danach der Regierungsrat Konstantin von Schardt; der zweite Aufseher ist der Kammerrat von Kalb, als Schriftführer amtiert Christian W. Winzler, der Sekretär des Herrn von Fritsch. Die Funktion des Schatzmeisters liegt bei dem Landkammerrat Wetken, das des Zeremonienleiters bei dem Hauptmann der Infanterie von Germar – auch »die nach und nach hinzutretenden Mitglieder«, so die Festschrift, »waren meist Hofherren, Offiziere oder Gelehrte«. Sei es nur wegen Mangel an anderen Mitgliedern und Interessenten – der Hof hat die Weimarer Loge fest im Griff. Die geheime Männergesellschaft tagt zunächst im Wittumspalais, dem Wohnsitz der Namenspatronin und Herzoginwitwe. Als 1799 dem herzoglichen Paar eine Prinzessin geboren wird, hält die »Amalia zu den drei Rosen« eine Festloge ab. Nicht anders 1825 zur fünfzigsten Wiederkehr des Regierungsantritts von Carl August. Eigens für diese Veranstaltung dichtet Goethe drei Gesänge, die der Hofkapellmeister Johann Friedrich Hummel vertont.

Schon aus sozialen Gründen will Goethe, kaum in Weimar eingetroffen, einer Sozietät nicht fernbleiben, die ihm gesellschaftliche Kontakte erleichtert. In seinem Aufnahmegesuch gibt er sich ganz pragmatisch und weist darauf hin, daß er »mit Personen, die ich schätzen lernte, in nähere Verbindung treten« will. Am 13. Juni 1780 wird er der Loge präsentiert und, da sich kein Widerspruch erhebt, am 23. Juni aufgenommen. Einem Wink des Herzogs folgend, der Goethes Beitritt offenbar wünscht, kann der Freiherr v. Fritsch die Aufnahme nicht verhindern. Doch ist er zu diesem Zeitpunkt dem Günstling des Herzogs noch betont skeptisch gesonnen und läßt sich als »Meister vom Stuhl« bei der Einführungszeremonie demonstrativ vertreten. Wie sehr die gesellschaftliche Stellung im höfischen, weitgehend spannungs- und konfliktfreien Weimarer Mikrokosmos auch die Hierarchie in der Loge bestimmt, zeigt der rasante Aufstieg hoher und allerhöchster Würdenträger. Ein Jahr nur muß Goethe warten, bis man ihn vom Lehrling zum Gesellen macht. Die Wartefrist für den Herzog, der am 5. Februar 1782 aufgenommen wird, schrumpft gar auf einen Monat. Dann steigt Durchlaucht zum Gesellen auf und wird gleichzeitig Meister – mit ihm, am gleichen Tag, mit den »gewöhnlichen Solennitäten« und weitaus früher als gewöhnliche Logenbrüder, wird auch der Geheime Rat Goethe in den Meisterrang erhoben. Wie jeder Freimaurer erhält Goethe nach altem Brauch ein paar weiße Handschuhe für diejenige, die seinem Herzen am nächsten steht. Er schickt sie Frau von Stein und schreibt dazu: »Ein geringes Geschenk dem Ansehen nach wartet auf Sie, wenn Sie wiederkommen. Es hat aber das Merkwürdige, daß ich's nur einem Frauenzimmer ein einziges Mal in meinem Leben schenken kann.« Beide, Herzog und Dichter, tragen nun den Schurz, das Logenabzeichen, und den obligaten hohen Hut, der für die Freiheit und Gleichheit aller Logenbrüder steht. Beide sind Brüder einer Variante der Freimaurerei, die zur »strikten Observanz« oder auch Hochgrad-Maurerei gehört, einen Zug ins Mystische hat und von ihren Mitgliedern absoluten Gehorsam und Verschwiegenheit verlangt – eine Regel, welche Goethe, stets auf die Einhaltung von Form und Ritual bedacht und dem Rätselhaften zugetan, zeitlebens peinlich beachtet hat. In den Zielen der »strikten Observanz« ist der Universalismus der Frühaufklärung zu erkennen, sie muten heute reichlich phantastisch an: Weit hinten in Rußland, im fernen Saratow, soll ein neuer, unabhängiger Staat gestiftet werden, »wo kein einzelner Wille und keine unabhängige Ober-Gewalt herrschet«, aufzubauen von einem inneren Orden der Eingeweihten und Besten nach aristokratischem, also weder demokratischem noch monarchischem Zuschnitt. In der »Gesellschaft des Turmes« im »Wilhelm Meister« finden sich Spuren dieses Goetheschen Logen-Engagements. Nach dem Motto »Denn er war unser« reklamieren Freimaurer viele Gedichte für sich und ihre humanitäre Ideenwelt. Folgt man Franz Carl Endres, der zu Goethes zweihundertstem Geburtstag eine Festschrift über »Goethe und die Freimaurerei« veröffentlicht hat, dann sind die Verse

»Edel sei der Mensch,
hülfreich und gut!«

ebenso von maurerischem Geist durchdrungen wie

»Versäumt nicht zu üben
Die Kräfte des Guten.«

Ob zu Recht oder nicht, auch im Festspiel »Des Epimenides Erwachen« finden die Maurer einen lobend gedachten Hinweis ihres Bruders Goethe auf die verschiedenen Logengründungen Anfang des Jahrhunderts:

»So hat die Tugend still ein Reich gegründet
Und sich zu Schutz und Trutz geheim verbündet.«

Waren es in erster Linie gesellschaftliche Gründe, die Goethe in die Loge führten, oder hat das Genie die »Amalia« bewußt infiltriert, um über die Tätigkeit der geheimen Gesellschaft im eigenen Lande besser informiert zu sein und möglichen Gefahren für den absolutistischen Status quo im Großherzogtum Weimar vorzubeugen? Schon Richard Friedenthal hat 1982 den Verdacht geäußert, der Minister Goethe habe sich im Auftrag seines Herzogs um die Aufnahme beworben, um über die weitreichenden Pläne dieser Bünde unterrichtet zu werden. Aber hätte diese Informationen der Großmeister vom Stuhl und erste Mann im Geheimen Conseil, Freiherr von Fritsch, nicht lange vor Goethe liefern können? Neun Jahre nach Friedenthal stößt Daniel Wilson nach und erklärt Goethe gar zum »IM« der Herzoglich-Weimarischen Staatssicherheit. »Zum Dichten geboren, zum Spitzel bestellt«, lautet die provozierende Hypothese des amerikanischen Germanisten über das Logenmitglied Johann Wolfgang von Goethe. Er stützt seine Behauptung auf den Inhalt der sogenannten Schwedenkiste, die, lange verschollen und schließlich in einem verstaubten Winkel des Merseburger Staatsarchivs wieder aufgetaucht, die wichtigsten Papiere über den Illuminaten-Orden in Weimar, Gotha und Meiningen enthält.

Wer sind und was wollen diese Illuminaten? Ihr Gründer Adam Weishaupt ist Professor für Kirchenrecht und Philosophie in Ingolstadt, fühlt sich im katholischen Bayern als persönliche Speerspitze der Aufklärung und hat sich vorgenommen, den inzwischen verbotenen Jesuitenorden mit dessen eigenen Mitteln zu schlagen: Als geheime Gesellschaft, als Organisation im Untergrund, in dem auch die Jesuiten noch immer tätig sind. Ganz dem aufklärerischen Universalismus verschrieben, möchte er jesuitische Ordenspraxis mit radikalen Freimaureridealen vereinen. Er zielt auf die Abschaffung aller Staaten mitsamt ihren Fürsten und strebt nach Freiheit und Gleichheit in Form eines idealen, vernunftgesteuerten Sittenregiments, das sich über die ganze Welt erstrecken soll. Doch sucht er sein hehres kosmopolitisches Ziel nicht über eine Revolution zu erreichen, sondern sich »durch redliche und sanfte Mittel so fest zu sezzen, daß man Einfluß auf die Regierung« bekommt. Gewaltlos, durch Missionierung der Eliten, durch sittliche Umerziehung der Fürsten, durch Unterwanderung der etablierten Obrigkeit will er den Staat erobern. Als im Zuge der Auseinandersetzungen nach dem Wilhelmsbader Freimaurerkongreß die Loge »Amalia« ihre Tätigkeit einstellt (sie wird erst 1806 auf Wunsch des Herzogs wiederbelebt, allerdings nicht mehr als Typ der »strikten Observanz«, sondern in liberalerer Form), treten der Dichter und sein Fürst dem Illuminaten-Orden bei. Goethe trägt den Namen Abaris, was soviel bedeutet wie der Wundermann, sein Herzog und durchlauchtigster Bruder heißt als Illuminat Aeschylus, Weimar wird Heropolis genannt. Und wie schon in der »Amalia« der strikten Observanz, so auch bei den Illuminaten dieses Heropolis: Goethe, der Herzog und der Freiherr von Fritsch – also die entscheidenden Männer des Geheimen Consiliums, welches das Schicksal des Hundertzehntausend-Seelen-Ländchens lenkt – sind bald die wichtigsten Figuren. Ausgerechnet die Hierarchie eines Ordens, der sich die Überwindung der gesellschaftlichen Ungleichheit und damit die Beseitigung der bestehenden Ordnung zum Ziel setzt, wird in Weimar klar durch die politische und gesellschaftliche Führungsschicht geprägt. Zwar ist dies in Gotha, welches bei den Brüdern Syracusis heißt, unter der Herrschaft des Illuminaten Herzog Ernst II. nicht anders. Aber genau hier setzt die Skepsis von Wilson über die Motive von Goethes Beitritt an. Zwar schließt er die Möglichkeit nicht völlig aus, das Genie habe die hehre Zielsetzung des Geheimbunds nutzen wollen, seinen noch immer jungen, ungestümen Fürsten desto sicherer auf die Pfade eines sittlichen, tugendhaften Regiments zu lenken. Doch der Verdacht überwiegt, die Weimarer Führung mit Goethe, von Fritsch und dem Herzog habe bewußt eine Organisation unterwandert, die im Geheimen selbst auf Unterwanderung des Staates zielt. Wollen der Herzog und sein Consilium nur wissen, was die Illuminaten im Schilde führen und worauf sie sich zu wappnen haben, oder beschäftigen sie sich als Teil der höheren Stände, wie Goethe in der »Campagne in Frankreich« schreibt, »spielend« mit der Revolution? Fühlen sie sich zu Ritualen und Mysterien im Dienste humanitärer Visionen hingezogen? Entgegen Wilsons böser Vermutung wird die Wahrheit wohl eher in der Mitte liegen. Die Mitgliedschaft in Geheimbünden, seien es nun rational-aufklärerisch ausgerichtete wie der Illuminaten-Orden oder aber mystisch-konservative, antiaufklärerische, reformfeindliche Sozietäten wie jener der Gold- und Rosenkreuzer, dem Carl Augusts reaktionärer Verwandter und Oberkommandierender Friedrich Wilhelm II. von Preußen angehört, entspricht nun einmal dem Zeitgeist des ausgehenden 18. Jahrhunderts. Nach Ausbruch der Französischen Revolution warnt Friedrich Wilhelm II. den Kurfürsten von Sachsen vor den Illuminaten als gefährlichen »Ungeheuern«, weil sie angeblich beabsichtigten, jegliche Religion abzuschaffen und die Landeskinder des Treueids gegen die Landesherrn zu entbinden.

Es ist hier nicht der Ort, die merkwürdige und kurze Geschichte der Illuminaten zu erzählen, zumal das sektiererische und despotische

Gebaren des Ordensstifters Weishaupt bald Anlaß zu inneren Streitigkeiten bietet. Im März 1785 von den Regierungen in Bayern und Österreich des Umsturzes beschuldigt und verboten, verlagert der Orden sein Zentrum nach Mittel- und Norddeutschland, wird nach der Französischen Revolution Opfer einer Konspirationstheorie und löst sich auf. In unserem Zusammenhang interessiert vor allem, daß Carl August auf einer Liste prominenter Illuminaten verzeichnet ist, welche die bayrische Geheimpolizei erstellt, daß er mit seinem Geheimen Rat Goethe schon 1789 öffentliche Distanz zu Geheimbünden sucht und beide alles Erdenkliche tun, um ihre Vergangenheit als Illuminaten zu verschleiern. Der Kleinststaat Weimar ist dem mächtigen Preußen verbündet, dessen König die Umsturzbehauptung der bayrischen Regierung für bare Münze nimmt und radikale Geheimgesellschaften wie die des Theologen Bahrdt im eigenen Land verfolgt. Weil es der Herzog mit der einflußreichen Verwandtschaft nicht verderben wollte, hat er schon die Berufung Weishaupts als Professor nach Jena verhindert, welche der Nachbar Ernst II. empfahl, als der Ordensobere zu ihm nach Gotha geflohen war. Als die Verschwörungslegende – welche Ironie angesichts der deutschen Geschichte! – schließlich behauptet, daß ausgerechnet die deutschen Illuminaten die Gründung der Comités politiques und Jakobinerclubs in Paris betrieben und die Französische Revolution losgetreten hätten, schwenken die Regierenden in Weimar vollends in die konservative Front ein und werden zu erklärten Gegnern aller Geheimbünde. In Jena kommt es 1792 zu Studentenunruhen – Carl August vermutet geheime Gesellschaften als treibende Kraft und weist seinen Geheimen Assistenzrat Christian Gottlob Voigt vom Conseil an, die Orden »auf alle mögliche Weise« auszurotten, denn er fürchtet die »Überpflanzung neufranzösischer Grundsätze auf deutschen Boden«. Es ist dies ein opportunistischer Schwenk, der aus Rücksichtnahme auf den reaktionären Zeitgeist erfolgt, wie er an den großen Höfen in Wien, Berlin und Dresden herrscht, doch entspricht er zu großen Teilen den tiefen Überzeugungen des Herzogs und seiner Regierung, allen voran denen Goethes. Als Professor Gottlieb Hufeland in Jena, selbst Illuminat wie sein Herzog und dessen wichtigste Räte, in der dort erscheinenden »Allgemeinen Literatur-Zeitung« die Illuminaten gegen das Verbot durch die bayrische Regierung in Schutz nimmt, stößt er bei den Regierenden in Weimar auf wenig Gegenliebe. Weil Hufeland sich vom Katheder herab einigermaßen verständnisvoll über die Ursachen der Französischen Revolution äußert, schreibt der Herzog seinem Rat Voigt: »Mancherley habe ich über die Hufelandische Vorlesung die Revolution in Franckreich bet(ref)fl(ich) hören müßen; da man den Geist des Augenblicks nicht vor den Kopf stoßen darf, so suchen sie Hufeland dahin zu bewegen, daß er die Sache nach u(nd) nach einstelle, u(nd) ihr eine andere wendung und richtung gebe.« Hufeland war wahrlich kein Radikaler, aber böse Gerüchte oder zweideutige Berichte hätten Weimar und der Jenaer Salana schaden müssen. Mag all dies mit viel gutem Willen noch als taktischer Schachzug zu deuten sein, der ein Minimum an Redefreiheit bewahren soll, zeigt eine prinzipielle Einlassung Carl Augusts zur »Denkfreiheit« die Grenzen, welche der später vielgerühmten Weimarer Liberalität der Goethezeit gezogen sind. Sie findet sich in den »ungedruckten Briefen«, die August Diezmann 1855 unter dem Titel »Aus Weimars Glanzzeit« veröffentlicht hat, und läuft darauf hinaus, Akademikern Abstinenz in allen politischen Fragen aufzuerlegen. Gelehrte, die ihr »Lebtag mit Administration von Ländern, ja eines Bauerngutes nichts zu thun gehabt, nichts davon practisch verstehen, weil die Administration nur durch Erfahrung erlernt werden muß«, hätten nicht das Recht, »auf leere Abstractionen hin Grundsätze in die Welt (zu) bringen«, das Volk »gegen scheinbare Bedrückungen aufzurufen und Regenten neuerfundene Pflichten einzuschärfen«. Die Folgerung ist ein politischer Maulkorb für Intellektuelle und das Verbot jeglicher öffentlichen Kritik an den Regierenden: »Ein jeder Gelehrte wird also besser bei seinem Leisten bleiben und sich nicht einbilden dürfen, daß, wenn er gewesen, die Sachen ganz anders gehen würden ...« Hier wird ein Topos vorgeprägt, der sich bis tief in das 20. Jahrhundert hinein beim deutschen Bildungsbürger finden wird – daß nur derjenige nämlich, der in der Praxis den Beweis erbracht hat, daß er es besser machen kann, über das Recht zur Kritik verfügt. Carl Augusts Brief datiert vom 14. September 1792 und ist an Voigt gerichtet, der zwar schreibt, daß sich »über Serenissimi Meinung wegen Preßfreiheit« sich »pro und contra disputieren« ließe, aber dem Kern der Argumentation aus Angst vor einer Revolution durch den Pöbel voll zustimmt. Wegen des möglichen Mißbrauchs sei es nicht gut, dem Volk »Abstractionen von Menschenrechten und Gleichheit« als »unverjährbare Befugnisse« vorzustellen und dazu die Preßfreiheit zu nutzen. »Ich will lieber«, schreibt Voigt,

»alle Jahre die Hälfte meiner Kunst- und Grunderzeugnisse für den Staat hingeben und mit dem Überrest in Sicherheit leben als in der Willkür des großen Haufens stehen, auf welchen ein Bösewicht mehr wirken kann als zehn brave Leute...«

Als der Weimarer Herzog seine mahnenden Zeilen an Voigt richtet, liegt er als preußischer General mit seinem Kürassier-Regiment in Verdun und nimmt an jenem verhängnisvollen Krieg gegen das revolutionäre Frankreich teil, welcher auf die Radikalisierung der Revolution und das Heraufziehen der Schreckensherrschaft von großem Einfluß ist. Auf seinen Wunsch reist ihm der durch und durch unmilitärische Goethe nach. Die Preußen ziehen mit riesigem Troß ins Feld, der Dichter und sein Fürst leben nicht ohne Komfort in diesem ersten ideologischen Interventionsfeldzug der Geschichte: Carl August mit einem großen Stab von Bedienten, Geheimsekretär und Küchenpersonal, Goethe mit dem Diener Paul Götze, der seine Kutsche lenkt, und dem Sekretär Paul Vogel, dem er im Zelt diktiert, durch dessen Bahnen das Wasser tropft. Als Kriegsbeobachter, Freund und Berater seines Fürsten ist er zu einer Koalitionsarmee gestoßen, die meint, in einem Spaziergang nach Paris den souveränen Herrscher in seine alten Rechte einsetzen und die Rebellen einem großen Strafgericht unterziehen zu können. Doch die Campagne bleibt im Regen und Schlamm der Champagne stecken, wird vom vielgerühmten militärischen Genie der Zeit und Schüler des großen Friedrich, von Herzog Karl Wilhelm Ferdinand von Braunschweig, schleppend, ja zögerlich geführt und nach der Kanonade von Valmy schließlich abgebrochen, ohne daß es zu einer Entscheidungsschlacht oder gar großen Verlusten gekommen wäre. Entgegen allen Erwartungen fliehen die revolutionären Krieger nicht beim ersten Anblick preußischer Husaren in wilder Flucht bis Paris, sondern zeigen sich, überzeugt von der Sache, für die sie kämpfen, als die moderneren, die motivierteren Soldaten, dem Söldnerheer des Ancien régime nicht nur ebenbürtig, sondern an Elan und Taktik überlegen. Goethe läßt auch im Felde nicht von den Arbeiten an seiner Farbenlehre; an einer Tonscherbe in einem Wassertümpel beobachtet er das Spiel der Farben. Er bewundert die »reiche Staffage«, die große Reitermassen in der Landschaft machen, überhaupt sieht er den Krieg eher als Künstler denn als Politiker: »Einige Dörfer brannten zwar vor uns auf, allein der Rauch tut einem Kriegsbild auch nicht übel.« Auf dem Rückzug wechselt er aus seiner vierspännigen Chaise in den bequemeren sechsspännigen Küchenwagen des Herzogs über und liest dort in einem physikalischen Lexikon. Noch auf dem Weg zur Armee hat er seiner Christiane Souvenirs aus dem eroberten Frankreich versprochen und ihr bedeutet, nach dem Einzug in Paris werde es »allerlei geben«. Doch dann kommt die große Wende, als die Generäle Kellermeier und Dumouriez auf den Höhen von Valmy in gut befestigten, tief gestaffelten Reihen den Angriff erwarten, die Preußen mit heftigem Artilleriefeuer belegen und der Braunschweiger nach einigen Manövern brüsk erklärt: »Hier schlagen wir nicht.« Übrigens knüpfen sich an diese Kanonade gleich mehrere Legenden. Da heißt es einmal, der Herzog von Braunschweig sei bestochen worden, dann wieder, als Freimaurer habe er der Order seiner Loge gehorcht, die Sache der Revolution zu schonen. Und schließlich gibt es jene Legende, nach der ein politisch unerhört weitsichtiger Goethe den Zusammenbruch der alten Ordnung und das unausweichliche, unaufhaltsame Heraufdämmern einer neuen, egalitären Zeit schon 1792 vor niedergeschlagenen Offizieren prophetisch konstatiert habe: »Von hier und heute geht eine neue Epoche der Weltgeschichte aus, und ihr könnt sagen, ihr seid dabei gewesen.«

Sicher stammt der Satz von Goethe, unstreitig hat er seine historische Berechtigung, aber daß er am Ort des Geschehens gesprochen wurde und somit Goethes Klarsicht belegt, ist mehr als unwahrscheinlich. Niemand außer Goethe hat ihn überliefert. Er findet sich in der fast dreißig Jahre später geschriebenen »Campagne in Frankreich«, einer sehr freien Erzählung aus der Erinnerung, die sich auf mehrere Quellen stützt, nur nicht die eigenen. Als er die »Campagne« schreibt, verfügt der Dichter über den Abstand dessen, der weiß, was die Geschichte inzwischen aus dieser Bataille gemacht hat, und er zitiert, falls er den Satz überhaupt geäußert hat, dann aus dem Gedächtnis, denn seine Kriegstagebücher hat er auf dem Rückzug sämtlich in Düsseldorf verbrannt. Glaubhafter ist da schon, was er von einer Runde von Offizieren zu erzählen weiß, die mit ihm auf dem Rückzug diskutierten, ob er nicht über die Erfahrungen dieses Feldzugs schreiben solle. Ein alter Husarenhaudegen hält nicht viel davon und sagt: »Glaubt es nicht, er ist viel zu klug! Was er schreiben dürfte, mag er nicht schreiben, und was er schreiben möchte, wird er nicht schreiben.« Hat Goethe sich deshalb vielleicht zum Autodafé in Düsseldorf entschlossen? Valmy ist keine verlorene, sondern eine unentschiedene Schlacht,

doch der Rückzug gleicht einer Niederlage – Seuchen und Krankheiten dezimieren die Truppen.
Es kann keinen Zweifel daran geben, daß Goethe hofft, die alte Ordnung ließe sich wenigstens in Deutschland erhalten. Wie er politisch denkt, hat schon ein Besuch auf dem Wege in die Champagne gezeigt, den er Georg Forster in Mainz abstattete. Der Bibliothekar des Mainzer Erzbischofs und Naturforscher Forster, bekannt durch seine Reise um die Welt mit James Cook, war 1785 in Weimar Gast im Hause Goethe gewesen, aber den späteren Jakobiner konnte der Dichterminister in seinem Besucher damals nicht erahnen. Beide schätzten einander, der bis ins höchste Alter intellektuell stets neugierige Goethe interessierte sich für einen Mann, der in jungen Jahren Tahiti und die Osterinseln, Neuseeland und das südliche Polarmeer kennengelernt hatte. Sie hielten Kontakt und tauschten Werke aus. Kurz vor dem Interventionskrieg gegen Frankreich schickte Forster noch seine »Ansichten vom Niederrhein«, Goethe revanchierte sich mit einigen seiner Beiträge zur Optik. Politisch aber trennen sie Welten. Anders als der konservative Goethe will Forster liberale, demokratische Zustände hier und heute. Als Goethe ihm und seinen Freunden in Mainz gegenübersitzt, wird Zündstoff sorgsam ausgespart. »Von politischen Dingen war die Rede nicht, man fühlte, daß man sich wechselseitig zu schonen habe: denn wenn sie republikanische Gesinnungen nicht ganz verleugneten, so eilte ich offenbar, mit einer Armee zu ziehen, die eben diesen Gesinnungen und ihrer Wirkung ein entschiedenes Ende machen sollte«, schreibt Goethe in seiner »Campagne«. Kaum haben die Franzosen Mainz besetzt, wird Forster engster Berater des schnauzbärtigen Revolutionsgenerals und Ex-Marquis Custine und gründet die »Gesellschaft der Freunde der Freiheit und Gleichheit«. Als führender Kopf des Mainzer Jakobinerclubs zählt er zu den Begründern der ersten (Mainzer oder Rheinischen) Republik auf deutschem Boden; Goethe und sein Herzog dagegen nehmen wenig später an der Belagerung des besetzten Mainz teil – auch wenn das große »Zeitablehnungsgenie« (so Heine über Goethe) sich auch hier wieder mit der Farbenlehre, aber auch den homerischen Hexameter-Versen zu seinem »Reineke Fuchs« beschäftigt. Er hat zwei Jahre persönlich das fürchterliche Zusammenbrechen aller Verhältnisse erlebt und hält sich für seine Person immer fest an diese Studien wie an einen Balken nach einem Schiffbruch. Während der Kriegshandlungen um die Stadt

stehen der Bibliothekar aus Mainz und der Dichter aus Weimar einander allerdings nicht direkt gegenüber, denn Forster ist mit zwei anderen Deputierten der Rheinischen Republik nach Paris geeilt, um die Aufnahme des revolutionären rheinischen Gebiets um Mainz in die Französische Republik zu erreichen. In der »Campagne«, auch in der später folgenden »Belagerung von Mainz« liest man keine negativen Äußerungen über Forster – ein Zeichen von Goethes Respekt vor dem Weltreisenden, dem Naturwissenschaftler und großen Prosaschriftsteller. Es finden sich freundlich-belanglose Floskeln, die Goethe-Biograph Conrady schlicht damit erklärt, daß Goethe die Konsequenz des zum Revolutionär gewordenen Intellektuellen »fremd« bleibt, er sie nicht verstehen und schon gar nicht nachvollziehen kann. Forster seinerseits ersparte sich, zweifellos aus Höflichkeit, in dem Gespräch in Mainz bittere Bemerkungen über Goethes »Groß-Cophta«, in dem er keine Zeile fand, die er behalten oder wiederholen mochte.

Nun zählen Goethes frühe Versuche, sich auf der Bühne mit der Französischen Revolution auseinanderzusetzen, wahrlich nicht zu seinen gelungensten Stücken. Die beiden ersten sind Lustspiele, wenn nicht Farcen, und werden dem Anspruch, sich mit dem großen, alles überragenden Zeitthema ernsthaft auseinanderzusetzen, nicht im geringsten gerecht. Sein »Groß-Cophta« handelt von der Halsbandaffäre, von Hofintrigen und einem betrügerischen Grafen, der für Cagliostro steht – betont leichte Kost, in einem beliebigen Kleinstaatmilieu angesiedelt, eine Komödie wenn nicht mit Happy-End, dann doch mit gnädigem Ausgang. »O welch' ein Klein-Cophta!« urteilt Börne in seinen Briefen aus Paris. »Statt in der Hofgeschichte Weltgeschichte zu sehen, sieht er in der Weltgeschichte eine Hofgeschichte.« Schließlich der »Bürgergeneral«, der bedeutungsträchtig »Schnaps« heißt und in einem Dorfidyll spielt. Der Revolutionär und General wird als armer Trottel dargestellt, der sich von Jakobinern in der fernen Stadt als Sendboten hat schicken lassen – mit Säbel, roter Freiheitsmütze und Kokarde – und nun versucht, beim Bauer Märten eine patriotische Kontribution in Form einer Milchsuppe samt Frühstück einzutreiben. Der Edelmann vom nahen Rittergut legt die Lappalie gütlich bei: »Kinder, liebt euch, bestellt euren Acker wohl und haltet gut Haus ... Was in der Welt geschieht, wird Aufmerksamkeit erregen; aber aufrührerische Gesinnungen ganzer Nationen werden keinen Einfluß haben. Wir werden in der Stille dankbar sein, daß wir einen heitern Himmel über uns sehen, indes unglückliche Gewitter unermeßliche Fluren verhageln.« Weil der Dichter innerlich mit der Revolution nicht fertig wird, kann Goethe sie nicht gestalten, meint Wilhelm Mommsen in seiner grundlegenden Untersuchung über »Die politischen Anschauungen Goethes« und kommt zu dem Urteil, der größte deutsche Dichterfürst habe die »demokratischen Kräfte in ihrer Geburtsstunde« bekämpft. Als entscheidendes Motiv nennt er die Angst des Dichters vor dem Aufstieg der Massenkräfte, die »reine Bildung und echtes Menschentum bedrohen«. In der Tat: Massenkräfte bei Goethe sind stets unheimlich, gefährlich und destruktiv, eine eigentlich geistige Kultur kann für ihn nur in einer »aristokratischen Bildungsschicht« lebendig sein. »Freiheit ist ein herrlicher Schmuck, der schönste von allen«, heißt es in den »Xenien«, aber er steht »nicht jeglichem an«. Revolution, das ist der Umsturz alles Vorhandenen, ohne daß man die mindeste Ahnung davon hat, was denn besseres, ja nur anderes daraus erfolgen solle. So rügt er in seiner »Campagne in Frankreich« die deutschen Sympathisanten der Jakobiner: »Man schien nicht zu fühlen, was alles erst zu verlieren sei, um zu irgendeiner Art zweideutigen Gewinnes zu gelangen.« Wenn er sagt, es sei besser, »dass Ungerechtigkeiten geschehen, als dass sie auf eine ungerechte Weise behoben werden«, stellt er mit dieser »reaktionären Maxime« (Terence Reed) seinen tiefverwurzelten, instinktiven Sinn für Ordnung über alle Politik. Reed verfolgt diese Maxime Goethes bis zu ihrem Ursprung, an das Ende der Belagerung von Mainz zurück. Dort nämlich drohen, als die Jakobiner mit den kapitulierenden Franzosen abziehen, empörte Mainzer Rache an, werden jedoch von Goethe – seiner eigenen Schilderung nach – zurückgehalten. Der Dichter betrachtet Mob-Justiz als schrecklichstes Symptom von Unordnung, die er ohnehin zutiefst verabscheut: »Es liegt nun einmal in meiner Natur, ich will lieber eine Ungerechtigkeit begehen, als Unordnung zu ertragen.« Die Ungerechtigkeit, die er selbst begeht – das ist für ihn die Tatsache, daß er die Jakobiner vor gerechter Empörung retten muß, und zwar um der Ordnung willen. Im Alter spricht Goethe gar von den Franzosen als den »Tollfranken«, von der Pariser Gleichheit als »Aufregen des untersten wüsten Pöbels« und vom Verbreiten »mörderischer, mordbrennerischer Sitten« als ansteckender Krankheit, durch welche ein »idyllischer Zustand, insofern er im 18. Jahrhundert möglich war«, von Grund auf zerstört wird. Kein Zweifel: Goethe ist ein durch und durch konservativer Mensch mit Zügen, die der deutsche Spießer in Verkennung des ganzen Goethe später mit Vorliebe für sich reklamieren wird. Ist es Zufall, wenn ausgerechnet »Hermann und Dorothea«, ein Epos in neun Gesängen, das er später niemals ohne Rührung vorlesen kann und bei dessen Vortrag Wieland in Tränen ausbricht, zum populärsten Goethe-Werk des deutschen Bürgertums des 19. Jahrhunderts avanciert, beliebter und verbreiteter noch als der »Werther«? In zweitausend Hexameter-Versen wird hier die Geschichte einer Kleinbürger-Verlobung erzählt – des Mädchens Dorothea, das mit einem Treck von Revolutionsflüchtlingen vor den »Neufranken« flieht, in eine intakte deutsche Kleinstadt kommt und sich in Hermann verliebt, den Sohn des herrischen Wirts. Goethe selbst sagt, er habe eine bürgerliche Idylle gefertigt. In wirren Zeiten wurden hier bürgerliche Gesinnung und bürgerlicher Besitz besungen, meint Conrady, »da war Solidität verbürgt, und an vielen schönen Sentenzen konnte man sich trefflich erbauen«. Viel bewundert wird die biedermeierliche Idylle »Luise« mit dem traulichen Pfarrhaus, unter den Linden, dem Besuch des Bräutigams, dem Auftragen der Speisen und der Hochzeit. Auch wenn Goethe den Stoff keinesfalls konfliktfrei schildert, ebnet allein das antike Versmaß die Gegensätze ein und schafft den Eindruck einer alles überstrahlenden Harmonie:

»Da entstand ein Geschrei der gequetschten Weiber und Kinder
Und ein Blöken des Viehs, dazwischen der Hunde Gebelfer
Und ein Wehlaut der Alten und Kranken, die hoch auf dem schweren
Übergepackten Wagen auf Betten saßen und schwankten.
Aber aus dem Gleise gedrängt, nach dem Rande des Hohlwegs
Irrte das knarrende Rad; es stürzt' in den Graben das Fuhrwerk,
Umgeschlagen, und weithin entstürzten im Schwunge die Menschen
Mit entsetzlichen Schrein in das Feld hin, aber doch glücklich.«

Übrigens klingt in »Hermann und Dorothea« erstmals Verständnis dafür an, daß man in der Frühphase der Revolution mit der Sache der Jakobiner hat sympathisieren können:

»Und wir waren zuerst, als Nachbarn, lebhaft entzündet.
Darauf begann der Krieg, und die Züge bewaffneter Franken

Rückten näher; allein sie schienen nur Freundschaft zu bringen.
Und die brachten sie auch: denn ihnen erhöht war die Seele
Allen; sie pflanzten mit Lust die munteren Bäume der Freiheit,
Jedem das Seine versprechend, und jedem die eigne Regierung;
Hoch erfreute sich da die Jugend, sich freute das Alter,
Und der muntere Tanz begann um die neue Standarte ...
Aber der Himmel trübte sich bald. Um den Vortheil der Herrschaft
Stritt ein verderbtes Geschlecht, unwürdig das Gute zu schaffen.
Sie ermordeten sich und unterdrückten die neuen
Nachbarn und Brüder, und sandten die eigennützige Menge ...«

Es sind dies Zeilen, die in die Irre führen könnten, denn Goethe selbst ist von Anfang an ein erklärter Gegner der Jakobiner, Sansculottismus führt er stets als Schmähwort im Munde. Nur kann er sich 1797, als er »Hermann und Dorothea« beendet, in Übereinstimmung mit den ursprünglichen Sympathisanten in Weimar fühlen, die erst nach Beginn der Schreckensherrschaft der Sache der Revolution keinerlei Verständnis mehr entgegenbringen. Folgt man Borchmeyer, dann sind Herder, Wieland und teils wohl auch Schiller jenen Liberalen zuzurechnen, die erst durch die Jakobinerdiktatur zu Feinden der Revolution werden; Goethe indessen gehört zu jenen Konservativen, welche die Französische Revolution notwendig von ihren Anfängen an – der Theorie wie der Praxis nach – verwerfen. Allerdings ist er nicht unbedingt Gegner der Ziele, welche durch Umsturz angestrebt werden, sondern der Methode – eben der Gewalt. Er zieht Evolution vor, Revolution, wenn sie denn kommt, hat nach seinem Verständnis stets ein Versagen der Herrschenden zur Voraussetzung, historisch betrachtet er sie als »Schuld«, aber nicht als eine des Volkes, sondern als jene der Regierung. Weil sie nicht rechtzeitig für zeitgemäße Verbesserungen gesorgt hat, muß das »Notwendige von unten her erzwungen« werden. Er steht ganz unter dem Einfluß des »herrlichen Justus Möser«, den er in »Dichtung und Wahrheit« als »unvergleichlichen Mann« bezeichnet und den Karl Mannheim unter die frühen konservativen Denker von Bedeutung in Deutschland zählt, vergleichbar einem Edmund Burke in England. Möser, Ratsherr und politischer Philosoph aus Osnabrück, tritt in seinen »Patriotischen Phantasien« für Tradition und Vielfalt, Privilegien und überkommene Rechte ein, ja er hält den deutschen Partikularismus für einen Segen, wenn nur der Kleinstaat richtig gelenkt und verwaltet wird. Wenn man so will, sind beide, Möser wie Goethe, als Verteidiger des lebendig Gewachsenen frühe Anhänger des Organismus-Gedankens, wie er später in der Romantik entwickelt wird. Als Pragmatiker denken sie von der Praxis aus und lehnen jeden übergreifenden rationalistischen Entwurf zur Verwirklichung einer künftigen politischen Ordnung ab. Noch im Januar 1824 bekennt sich der inzwischen fünfundsiebzigjährige Goethe gegenüber Eckermann als erklärter Feind der Revolution, auch wenn er erstmals einräumt, daß sie auch »wohltätige Folgen« hatte, die er erst später habe erkennen können. Alle Versuche, Goethe 1949 als geistigen Mentor für den Aufbruch in den linken, angeblich von der Arbeiterklasse geführten Hammer- und Zirkelstaat zu requirieren, muten vor dieser gesicherten Erkenntnis einigermaßen grotesk an.

Ganz anders als Goethe natürlich Herder, der das »Maschinenwerk der Revolutionen« als notwendige Weiter- und Fortentwicklung des Menschengeschlechts bejaht: In den Revolutionen der Erde nur Trümmer auf Trümmern zu sehen, ewige Anfänge ohne Ende, sei »grausenvoll« und gehe nicht an. Revolutionen seien »unserm Geschlecht so nötig, wie dem Strom seine Wogen, damit er nicht ein stehender Sumpf werde«, meint der Autor der »Briefe zur Beförderung der Humanität«. Er ist ein humanistischer Visionär, der als besten Regenten jenen bezeichnet, »der mit allen seinen Kräften dazu beiträgt, daß die Regenten (wann wird das geschehen?) dem Menschengeschlecht in der Zukunft überflüssig werden ...« – so in einer (freilich zu seiner Zeit nicht veröffentlichten) Fassung des politischen Kapitels seiner »Ideen zur Philosophie der Geschichte der Menschheit«. Herder verurteilt den Interventionsfeldzug gegen die Revolution, den Goethe bejaht und an dem er teilnimmt. Das auseinandergehende Urteil über die Vorgänge in Frankreich ist nach Emil Adler »ein wesentlicher Grund für die Abkühlung der Beziehungen Herders zu Goethe und spielte in dem Bruch mit diesem eine gewisse Rolle«. In der ursprünglichen Fassung des »17. Briefes zur Beförderung der Humanität« stellt er die Revolution in eine Reihe mit der Einführung des Christentums, der Renaissance und der Reformation. Die Unterschiede sind unübersehbar: Dezidiert rechtfertigt Goethe die Vorrangstellung durch Geburt, Herder dagegen nennt die Prinzipien des Adels ein »Monument menschlicher Dummheit«, Erbmonarchen erscheinen ihm als

Johann Gottfried Herder (1744–1803) wird auf Vorschlag Goethes zum Generalsuperintendenten des Herzogtums Sachsen-Weimar berufen und zum Pastor primarius an der Stadtkirche St. Peter und Paul ernannt. Anders als Goethe begrüßt er die Revolution als »so nötig, wie dem Strom seine Wogen« (Gemälde-Kopie von unbekannt nach J. L. Strecker, 1775).

Anachronismus, denn ein König muß nach seiner Auffassung seine Stellung durch eignes Verdienst legitimieren. Er will die Führung durch große, weise, edle Männer und tritt damit, wie Christoph Fasel unterstreicht, für eine »Aristodemokratie« ein. An diesen Grundüberzeugungen hält er fest, auch wenn er unter dem Eindruck des Pariser Terrors von radikaleren Anschauungen abrückt und Luther zitiert: Dem Pöbel dürfe man nicht viel pfeifen, denn er »hat und weiß keine Maße und steckt in einem jeglichen mehr denn fünf Tyrannen«.

Anders als Goethe auch Wieland, der die Revolution im »Teutschen Merkur« aufmerksam verfolgt, aus Straßburg und Paris täglich die *nouveautés du jour* bezieht und zu seiner großen Überraschung als »un des plus célèbres écrivains de l'Allemagne« und »Verteidiger der französischen Freiheit« zum Ehrenmitglied des vom Abbé Fauchet gegründeten *cercle social* ernannt wird. Eingefleischter Aufklärer und Feind der »Pfaffen und Bonzen«, der er ist, begrüßt Wieland mit einem großen »Gefühl der Freude« das Dekret der Nationalversammlung über die Aufhebung der Klöster und Klostergelübde als »Verbannung des Mönchsgeists«. Wenn er die Revolution in seinem »Merkur« in langen, oft umständlichen Dialogen pro und contra kritisch begleitet, erweist er sich nach einem Wort Walter Brufords als betont »vorsichtiger Liberaler«. Inwieweit taktische Rücksichtnahme auf die Haltung des Weimarer Hofes dabei mitschwingt, bleibt dahingestellt. »Unsereiner«, schreibt er allerdings seinem Schwiegersohn, dem Philosophieprofessor und Fichte-Vorgänger Reinhold nach Jena, »darf nicht alles sagen, was er auf dem Herzen hat; aber wenn unsere mit der unbegreiflichsten Blindheit geschlagenen Gewalthaber nicht bald andere Wege einschlagen, so werden die Steine zu schreien anfangen.« Was im »Merkur« über »dieses größte und interessanteste Drama« auf dem Weltschauplatz zu lesen steht, entspricht allen Regeln der Ausgewogenheit, auch wenn Wieland schon im ersten Gespräch zwischen Walther und Adelstan im September 1789 unter der Maske Walthers Partei für die Nationalversammlung nimmt. Ausdrücklich verteidigt er die »Rechtmäßigkeit des Gebrauchs, welchen die französische Nation dermalen von ihrer Aufklärung und Stärke macht«. Aber immer wieder meldet er konstitutionelle Bedenken und Einwände an. Historische Erfahrungen mit einer demokratischen »National-Glückseligkeit« liegen noch nicht vor, und so fürchtet er, daß die im Freiheitstaumel begriffene Nation jenseits des Rheins den

»monarchischen Despotismus« mit einem anderen vertauschen werde. Der Demokratie, die es noch nie gegeben hat und die notwendig »unbehülflich« und unsicher ist, zieht er eine »durch hinlänglich sichergestellte Rechte des Volkes in ihren wahren Grenzen eingeschränkte Monarchie vor« und plädiert damit für das englische Modell. Nach Wielands Meinung taugt die französische Verfassung bestenfalls für ein unverdorbenes Drei- bis Viermillionen-Volk in den englischen Kolonien Nordamerikas, nicht aber für die Franzosen – die seien nun einmal von jener Einfalt und Reinheit der Sitten weit entfernt, ohne die sich eine glückliche Demokratie voraussichtlich nie praktizieren lasse. Auch nach dem großen *terreur* bleibt er seinem Dialogmuster treu: In den »Gesprächen unter vier Augen« kritisiert ein Monarchist die Direktorialverfassung und sagt dem Republikaner »eine militärische Despotie hinter einer militärischen Maske« voraus. Es ist die Zeit, da der junge General Bonaparte in Italien Sieg auf Sieg an die revolutionären Fahnen heftet. Später wird Wieland stolz darauf verweisen, daß er die Machtergreifung Napoleons vorausgesagt hat.

Schon bei Wieland klingt an, was bei Schiller in seiner Ablehnung der Revolution dann die zentrale Rolle spielen wird: Demokratie setzt einen sittlichen Standard voraus, über den die heutige verderbte Generation nicht verfügt, Tugenden, die sich die Menschheit erst mühsam erarbeiten muß – und das kann nach Schiller hundert oder mehr Jahre dauern. So verfolgt er mit Spannung, höchstem Interesse, aber betont nüchtern die Nachrichten von dem revolutionären Umsturz jenseits des Rheins im französischen »Moniteur«, liest über die Verhandlungen des Konvents und lernt, wie er Körner schreibt, »die Franzosen in ihrer Stärke und Schwäche kennen«. Skeptisch, wie er nun einmal ist, entdeckt er mehr Schwächen denn Stärken. Zu seiner großen Überraschung findet er im September 1792 die Meldung, daß ihm das französische Volk, vertreten durch seine Nationalversammlung, »in Begeisterung der ersten Tage seiner Freiheit« und nicht ahnend um des Geehrten abgrundtiefe Skepsis, zusammen mit George Washington, Thomas Paine, Alexander Hamilton, Joachim Heinrich Campe, Klopstock u. a. am 26. August den Titel eines »Citoyen François« verliehen hat. Daß es sich hierbei nicht um konspirative Einvernahme für den Umsturz, sondern um eine hochherzig gemeinte idealistische Geste handelt, die von der Universalität des revolutionären Guts der Menschenrechte zeugt, geht aus der Begründung hervor. Der Titel eines französischen Bürgers, heißt es da voller Menschheitspathos, gebühre all jenen, wo immer sie auch wohnten, die ihre »Kräfte eingesetzt haben, um die Sache der Völker gegen den Despotismus der Könige zu verteidigen, die Vorurteile von der Erde zu verbannen und die Grenzen menschlichen Wissens zu erweitern«. Natürlich gilt die Ehrung vor allem dem Dichter der »Räuber«, dem damals allein in Frankreich übersetzten und bekannten Werk Schillers, und die genaue Namensschreibweise des um die Sache der Freiheit verdienten Autors ist den Ausfertigern der Urkunde unbekannt: Sie wird auf einen Monsieur »Gille, publiciste Allemand« ausgestellt; weder Wohnort noch Provinz sind benannt, so daß sie den Adressaten erst sechs Jahre später auf dem Umweg über Campe in Weimar erreicht. Goethe gratuliert ironisch zu dem »Bürgerdekrete«, das Schiller »aus dem Reiche der Toten zugesendet worden«, er wünscht Glück insofern, »als es Sie [Schiller] noch unter den Lebenden angetroffen hat; warten Sie ja noch eine Weile, ehe Sie Ihre verewigten großen Mitbürger besuchen«. In der Tat: Die Revolution hat längst ihre Kinder gefressen, Innenminister Roland, der das Dekret ausgefertigt, Clavière, der es unterzeichnet, Danton, der es gegengezeichnet hat, auch General Custine, der es mit den vordringenden französischen Truppen überbringen sollte, sind allesamt unter der Guillotine hingemordet. Handelt es sich bei der Verleihung um eine »bizarre Ironie«, wie manche behaupten? Sicher ist, daß das umstürzlerische Dokument die Weimarer Idylle des aufgeklärten Absolutismus stört. Charlotte von Stein gibt wohl die Meinung des Hofes wieder, wenn sie an Charlotte von Schiller schreibt, man glaube, ihr Gemahl werde es »natürlicherweise ausschlagen und auf diese Ehre vor jetz keinen Anspruch machen«. Doch Schiller denkt nicht daran, das Bürgerdiplom formell zurückzuweisen – schon mit Rücksicht auf seine Kinder, die später einmal wünschen könnten, sich in Frankreich niederzulassen. So läßt es der Herzog aus dem Umlauf ziehen, indem er seinen Hofrat Schiller anweist, es zur Aufbewahrung der Amalia-Bibliothek zu übergeben und sich mit einer Abschrift zu begnügen, deren Richtigkeit wiederum Goethe und sein Ministerkollege, der Geheime Rat Voigt, bezeugen.

Schillers Haltung scheint widersprüchlich. Einerseits spielt er mit dem Gedanken, eine Verteidigungsschrift für Ludwig XVI. zu entwerfen und an den Konvent zu schicken, eine Absicht, zu der er sich durch die Verleihung des Bürgerdiploms besonders legitimiert fühlt und welche durch die von Danton, dem Gegenzeichner seines Bürgerbriefs, befürwortete Enthauptung des Königs natürlich hinfällig wird. Andererseits trägt er sich 1803 in den Hof- und Adreßkalender des Herzogtums als »Herr D. Friedrich von Schiller, Bürger von Frankreich, Herzoglich Meiningscher Hofrat, der Königlichen Akademie der Wissenschaften zu Stockholm, der Kurfürstlichen Akademie der Wissenschaften zu Erfurt, der Kurfürstlichen Deutschen Gesellschaft zu Mannheim Ehrenmitglied« ein. Bekennt er sich etwa offen zum bürgerlichen Frankreich, nachdem die wildeste revolutionäre Zeit durch das Direktorium, dann durch die Ernennung Napoleons zum Konsul auf Lebenszeit beendet ist? Im lieblichen Ilm-Athen jedenfalls gilt dieser Eintrag als grober Mißgriff. Gerhard Schmid hat in einer Untersuchung des Falles nachgewiesen, wie aufgeregt die Geheimräte Goethe und Voigt miteinander korrespondiert haben, um zu klären, wie er überhaupt geschehen konnte. Voigt kommt zu dem peinlichen Ergebnis, daß »der Herr Hofrat Schiller seinen Titel ... selbst eingegeben habe«, kein anderer als Schiller persönlich also für den mißlichen Eintrag verantwortlich zeichnet. Für den Fall, daß dieses Skandalon an die große Glocke gehängt würde, fürchten sie den Entzug der herzoglichen »Ehrenwohltat«, nämlich der Besoldung Schillers.

Das geschieht zwar nicht. Doch die Idee der Freiheit zieht sich durch alle großen Dramen Schillers, und es gibt nicht den geringsten Grund für die Annahme, daß er die großen Ziele der Französischen Revolution abgelehnt hätte. Kühnstes Ideal sei eine »Menschenrepublik allgemeiner Duldung und Gewissensfreiheit«, schreibt er in einem Brief über »Don Carlos«. Um so eindeutiger aber verwirft er die Methoden der Revolution. Er sieht in ihnen die natürliche Konsequenz besonderer französischer Umstände, nämlich jahrzehntelanger absolutistischer Mißwirtschaft und aristokratischer Korruption, aber auch das Werk unzufriedener, leidenschaftlicher Ehrgeizlinge. Der niedere Pöbel, losgebunden durch die Revolution, hat »rohe Triebe« gezeigt, mit denen eine bessere Welt nicht zu errichten ist. »Politische Freiheit bleibt immer und ewig das heiligste aller Güter, das würdigste Ziel aller Anstrengungen und das große Zentrum aller Kultur«, schreibt er dem Erbprinzen Friedrich Christian von Schleswig-Holstein-Augustenburg am 13. Juli 1793 aus Jena, »aber man wird diesen herrlichen Bau nur auf dem festen Grund eines veredelten Charakters aufführen, man wird damit anfangen müssen, für die Verfassung Bürger zu erschaffen, ehe man den Bürgern eine Verfassung gibt.« Nicht bessere Umstände werden zur Geburt des neuen Menschen führen, der Mensch muß sich vielmehr erst zum neuen Menschen entwickeln, muß zur Freiheit erst erzogen werden, damit er freiheitliche Verhältnisse schaffen kann. Gelingen kann diese unerhörte pädagogische Anstrengung nur mittels Kunst und Wissenschaft: »Auf den Charakter wird bekanntlich durch Berichtigung der Begriffe und durch Reinigung der Gefühle gewirkt. Jenes ist das Geschäft der philosophischen, dieses vorzugsweise der ästhetischen Kultur.« Die Schönheit und die Kultur läßt Schiller, wie er einmal sagt, der Freiheit vorangehen, er hofft den Prinzen in seinen Briefen davon zu überzeugen, »daß man, um jenes politische Problem in der Erfahrung zu lösen, durch das ästhetische den Weg nehmen muß, weil es die Schönheit ist, durch welche man zur Freiheit wandert«.

Freiheit ist ein hehres, aber unerreichbar fernes Ziel; wer vorgibt, man könne es hier und heute ansteuern, dem ist grundsätzlich zu mißtrauen. Das gilt auch für liberale, auf Freiheit gerichtete Politik. Als er 1794 die Zeitschrift »Horen« begründet, will er das »beschränkte Interesse der Gegenwart«, alles, was »mit unreinem Parteigeist gestempelt ist«, aus ihren Beiträgen verbannt wissen. Sein Blatt solle sich alles verbieten, »was sich auf Staatsreligion und politische Verfassung bezieht«, kündigt er seinem Mitarbeiter Goethe an. Fröhliche Zerstreuung, heitere und leidenschaftsfreie Unterhaltung für Leser, welche die Zeitbegebenheiten entrüsten und niederschlagen, sollen die »Horen« dem Leser gewähren, sie indes zugleich erziehen, damit sie durch sittliche Veredlung eines fernen Tages eine bessere Gesellschaft ermöglichen: »Aber indem sie [die ›Horen‹] sich alle Beziehungen auf den jetzigen Weltlauf und auf die nächsten Erwartungen der Menschheit verbietet, wird sie ... an dem stillen Bau besserer Begriffe, reinerer Grundsätze und edlerer Sitten, von dem zuletzt alle wahre Verbesserung des gesellschaftlichen Zustands abhängt, nach Vermögen geschäftig sein.« So das Schillersche Programm totaler politischer Gegenwarts-Enthaltsamkeit. Die »Horen« veröffentlichen vorab Goethes »Unterhaltungen deutscher Ausgewanderter«. Weil Goethe darin einem Geheimrat den Wunsch in den Mund legt, »er hoffe sie alle gehangen sehen« – sie, die deutschen Mitläufer der Französischen Revolution –, meldet Schiller unter Berufung auf »unsre Keuschheit in politischen Urteilen« ernste Bedenken an. Den Weimarer Hofrat von Schiller mag von dem Weimarer Geheimrat von Goethe trennen, daß er den Zielen der Aufklärung mehr verhaftet bleibt und die großen Zielsetzungen der Revolution bejaht. Aber beide verbindet der Abscheu vor der revolutionären Praxis, die Furcht vor der Masse, die angewiderte Mißachtung alles Politischen und die Überzeugung von der Notwendigkeit einer absoluten Ordnung im Staat. Die Klassiker behaupten, daß erst die sittliche, harmonische, rundum gebildete Persönlichkeit geschaffen werden muß, ehe an eine Reformierung der staatlichen und gesellschaftlichen Verhältnisse zu denken sei. In Schillers »Glocke« heißt es: »Wenn sich die Völker selbst befrein / Da kann die Wohlfahrt nicht gedeihn.« Ernst Bloch, der bedauert, daß der »größte Volksschriftsteller aller Zeiten« unter den »höfischen, auch klassizistischen Marmor« von Weimar getreten und damit deformiert worden sei, knüpft die durch und durch vernünftige Frage an diesen »Glocke«-Vers: »Wer sonst als sie (die Völker) soll sie (die Völker) denn befrein?«

Nach einem Wort Wilhelm Vosskampfs substituiert die deutsche Klassik, ersetzen Goethe und Schiller Macht durch Kunst. Wolfgang Harich nennt Schillers Schrift »Über die ästhetische Erziehung des Menschen« schlicht eine skandalöse »Programmschrift des Apolitizismus der Weimarer Klassik«. Im Grunde wird mit der deutschen Klassik jener verhängnisvolle Topos für das deutsche Bildungsbürgertum begründet, nach dem Dichter und Künstler Bürger einer anderen, einer hoch über den Niederungen der Politik angesiedelten Welt sind. Wer will, mag Jahrhunderte nach Luther im urprotestantischen, inzwischen klassischen Weimar die säkularisierte Zwei-Reiche-Scheidung des deutschen Reformators wiedererkennen: Persönliche, innere Freiheit und politische Freiheit fallen in zwei voneinander getrennte Sphären auseinander. Friedrich von Schiller zum Citoyen zu ernennen, war nicht nur ein Irrtum, weil er die Französische Revolution bekämpfte – er war es vor allem, weil der französische Begriff des Citoyen, der sich auch als Künstler hier und heute engagiert, dem Glauben und dem Programm des deutschen Idealisten und Klassikers zutiefst widersprachen.

Napoleon als Göttersohn

Weimars Schaukelpolitik zwischen Ost und West

Zu den zahllosen Mythen, die sich an das klassische Weimar knüpfen, gehört jener vom guten Herzog, der nur das Beste will. Von rechts wird der Freund Goethes für die Sache der Nation, von den Liberalen für Rechtsstaat und freiheitliche Verfassung requiriert, die Nationaldemokraten der Urburschenschaft nehmen ihn für beides in Anspruch und rühmen Carl Augusts Ländchen 1817 auf der Wartburg gar als den »freyesten Boden der Deutschen«. Keine dieser Mythen hält näherer Prüfung stand. Weder erweist sich Carl August als so liberal, wie gerühmt, noch als so national, wie später behauptet. Zwar ist er durch und durch deutsch und betont antifranzösisch gesonnen, aber erstes Ziel seiner Politik bleibt stets die Behauptung seiner Herrschaft und die Erhaltung seiner Dynastie. Dafür paktiert der Fürst von »männlich-deutscher Gesinnung« auch mit dem zutiefst verabscheuten Emporkömmling und Eroberer Napoleon.

Beides, die Grenzen seiner Liberalität und das auf Machterhalt bedachte Kalkül des Realpolitikers werden deutlich am Atheismus-Streit um den Professor Johann Gottlieb Fichte in Jena. Goethe hat dessen Berufung als außerordentlichen Honorarprofessor an die Salana im Wintersemester 1793/94 in seinen Jahresheften als »Kühnheit, ja Verwegenheit« bezeichnet, weil der Philosoph »sich mit Großheit, aber vielleicht nicht ganz gehörig über die wichtigsten Sitten- und Staatsgegenstände erklärt« habe – eine gar zu gütige Umschreibung der Tatsache, daß Fichte damals den Ruf eines Jakobiners genoß. Aber warum kommt Fichte dann überhaupt nach Jena? Zusammen mit dem Geheimrat Voigt tritt Goethe für eine Berufungspolitik ein, welche die Bedeutung der Universität, die seit 1740 stetig zurückgegangen war, wieder heben soll. Vier ernestinisch-sächsische Herzogtümer unterhalten die Akademie, neben Sachsen-Weimar-Eisenach sind dies

Sachsen-Coburg, Sachsen-Gotha und Sachsen-Meiningen; aber Weimar, auf dessen Gebiet Jena liegt, zahlt den Löwenanteil für den Unterhalt und hat deshalb in wichtigen Fragen das Sagen. Diese »geteilte Gewalt«, meint der als Historiker berufene Schiller einmal, macht die Universität »zu einer ziemlich freien und sicheren Republik«, die Professoren in Jena seien »fast unabhängige Leute« und müßten sich um keine Fürstlichkeit bekümmern. Die von ihm gerühmte Freiheit der Jenaer Lehre, über die Fichte bald sehr viel anders urteilen wird, hat freilich einen ökonomischen Hintergrund: Nirgendwo sind die Gehälter so gering wie in Jena, wovon auch Schiller ein Lied zu singen weiß. Um dennoch Begabungen anzulocken, wird die armselige Entlohnung vordergründig mit Liberalität aufgewogen; man beruft vor allem junge Wissenschaftler, die sich durch Veröffentlichungen einen Ruf erworben haben, stellt sie als Honorarprofessoren an die Seite der eher mediokren konservativen Ordinarien und gibt ihnen einen sehr mäßigen Zuschuß, damit sie nicht ausschließlich auf Kolleggelder angewiesen sind. Im Jahr 1793 machen Studenten gut ein Sechstel der Gesamtbevölkerung Jenas aus, die Kleinstadt lebt von ihrer Universität und ist wirtschaftlich darauf angewiesen, daß profilierte Lehrkräfte genügend Studierende an die Salana locken – und das ist nur der Fall, wenn sie weithin als Stätte freier Forschung gilt.

Zumindest vorübergehend hat diese Berufungspolitik Erfolg. Am Anfang steht ein junger Jesuitenzögling namens Carl Leonhard Reinhold, der sich im Auftrag Bertuchs in Weimar um die geschäftliche Seite des »Teutschen Merkur« gekümmert, mit seinen acht »Briefen über die Kantische Philosophie« Aufsehen erregt, eine Tochter Wielands geheiratet hat und als Extraordinarius einen Lehrstuhl für Philosophie an der Universität Jena erhält. Als er von dort wegen weitaus höherer Bezüge nach Kiel wechselt, wird der junge Kantianer Johann Gottlieb Fichte berufen, später kommen Schelling und Hegel an die Salana, so daß Jena um die Wende vom 18. zum 19. Jahrhundert einen Führungsanspruch auf dem Gebiet der Philosophie geltend machen kann. Zuständig für die Universität ist der Minister Goethe, der an seiner Farbenlehre arbeitet, dessen persönliche Neigungen nicht der Philosophie, sondern den Pflanzen und der Botanik, den Mineralien und der Geologie gelten und der deshalb vor allem die Naturwissenschaften fördert. Die Anlage des botanischen Gartens in Jena geht auf ihn zurück. Er hört bei dem Anatomen Justus Christian Loder, entdeckt den berühmten Zwischenkieferknochen und hält alsbald selbst in der Weimarer Malerschule Vorträge über den Knochenbau des Menschen, ohne dessen genaue Kenntnis, so Goethe, die menschliche Figur schwer darzustellen sei.

Das klassische Weimar jener Zeit läßt sich ohne seine Doppelstadt Jena kaum denken, in welcher die Freundschaft zwischen Goethe und Schiller begründet wird. Parallel zur Klassik, mit den Brüdern August Wilhelm und Friedrich Schlegel, ihren Frauen Caroline und Dorothea, der Tochter Moses Mendelssohns, mit Tieck, Novalis und Schelling wird Jena zur Geburtsstätte der Frühromantik. Ein Brief Goethes, der damals oft wochenlang in Jena wohnt, an seinen Urfreund Knebel gerichtet, mag die die Atmosphäre der Saale-Stadt in den neunziger Jahren vermitteln: Schiller arbeite fleißig am Wallenstein, Wilhelm von Humboldt, der damals einige Zeit in Jena weilt, sitze an der Übersetzung des Agamemnon von Aeschylus, August Wilhelm Schlegel übertrage Shakespeares Julius Cäsar ins Deutsche, dazu komme die Anwesenheit des jüngeren Alexander von Humboldt, des preußischen Bergrats und Naturforschers, die allein hinreiche, »eine ganze Lebensepoche interessant auszufüllen, alles in Bewegung [zu bringen], was nur chemisch, physisch und physiologisch interessant sein kann«. Goethe schließt: »Nimmst Du nun dazu, daß Fichte eine neue Darstellung seiner Wissenschaftslehre im philosophischen Journal herauszugeben anfängt, und daß ich, bei der spekulativen Tendenz des Kreises, in dem ich lebe, wenigstens im ganzen Anteil daran nehmen muß, so wierst Du leicht sehen, daß man manchmal nicht wissen mag, wo einem der Kopf steht.«

Kaum ist Fichte in Jena angekommen, werden seine Vorlesungen zur Attraktion für die Studenten. Er redet aufrüttelnd, weiß zu begeistern, sein öffentlicher Vortrag, so ein Zeitgenosse, »rauscht daher wie ein Gewitter, das sich seines Feuers in einzelnen Schlägen entladet«. Wegen seiner »Kritik aller Offenbarung« gilt er als Kronprinz Immanuel Kants. Außerdem hat sich herumgesprochen, daß kein anderer als dieser Johann Gottlieb Fichte jene berühmte, 1793 anonym erschienene Schrift verfaßt hat, die da heißt: »Beitrag zur Berichtigung der Urteile des Publikums über die Französische Revolution.« Im Deutschland jener Jahre kommt dieses philosophische Traktat einem wahren politischen Sprengsatz gleich, sieht Fichte doch in der Französischen Revolution nur die natürlichen »Folgen der vorherigen

*Goethe, Schiller, Wilhelm und Alexander von Humboldt
auf einer Xylographie von Aarland (undatiert).
Mit Persönlichkeiten wie Fichte, Hegel und Schelling sind sie es, die
die Atmosphäre der benachbarten Universitätsstadt Jena prägen.*

langen Geistessklaverei«. Schlimmer noch: Er stellt die bestehende monarchische Ordnung in Frage, bestreitet Rechtsansprüche des Geburtsadels und bejaht ausdrücklich das Recht eines jeden Volks auf Lossagung vom bisherigen Gesellschaftsvertrag durch Revolution. Jede Klausel, welche die Unabänderlichkeit des bestehenden Gesellschaftsvertrags bedeute, schreibt Fichte, wäre »der härteste Widerspruch gegen den Geist der Menschheit«. Nicht Untertänigkeit, sondern völlige Unabhängigkeit postuliert er als den wahren Endzweck des Menschen – völlige Autonomie von allem, »was nicht Wir selbst, unser reines Selbst ist«. Diesen Zustand zu erreichen, bedarf es freilich der »Cultur«, und für ihn bedeutet sie »die Übung aller Kräfte auf den Zweck der völligen Freiheit«, die er als Kantianer allerdings in Übereinstimmung »mit dem Gesetz der Vernunft« sehen möchte. Nicht minder revolutionär auch die zweite Schrift des frühen Fichte, in der er von den Fürsten Europas die Denkfreiheit zurückfordert, die sie« bisher unterdrückten«, ein Traktat, das streckenweise an den aufrüttelnden Stil einer Strafpredigt gemahnt: »Nein Ihr Völker, alles, alles gebt hin, nur nicht die Denkfreiheit.« Wenn es heute noch entehrende Geistes- und Leibessklaverei gebe, dann solle man nicht die Fürsten darum hassen – die durchwühlen ohnehin nur die »Finsternisse halbbarbarischer Jahrhunderte« mit emsigen Händen; nein, »euch selbst solltet ihr hassen«, weil ihr dies duldet und viel zu hoch von den Fürsten und ihren Helfern denkt. Selbst nach zweihundert Jahren wirkt das Freiheitspathos dieser Schriften aufrüttelnd und mitreißend. Als Radikaler und Sansculotte verschrien, warnt die philosophische Fakultät in Jena Fichte deshalb vor Lehrantritt eindringlich davor, auf dem Katheder politische Äußerungen zu machen.

Daß er an Sonntagvormittagen liest, bringt ihm eine Beschwerde der Geistlichkeit ein, die in Fichte den Urheber einer neuen Vernunft-Religion wittert. Der Herzog entscheidet salomonisch, Fichte dürfe sonntags lesen, aber erst nach dem Gottesdienst zwischen drei und vier Uhr nachmittags. Als der Weimarer Administration die umstürzlerische Prophezeiung Fichtes zugetragen wird, in zwanzig oder dreißig Jahren gäbe es nirgendwo Könige oder Fürsten mehr, decken die Obrigkeiten in Weimar den Philosophen, weil es keine Beweise gibt und der Professor volle Hörsäle garantiert. Wenn Fichte dies wirklich gesagt haben sollte, und dies ist ihm durchaus zuzutrauen, dann hat er nur eine damals weit verbreitete Überlegung zum besten gegeben.

Selbst der Sohn Herders erwägt, lieber einen praktischen Beruf oder ein Handwerk zu erlernen, weil er nicht an den Bestand der jetzigen Ordnung glaubt und später sein Auskommen haben will. Noch schützen des Herzogs Räte den Jenaer Philosophen gegen seine Denunzianten, doch insistieren sie nun beinahe beschwörend darauf, der Philosoph habe die Vorbedingung für seine Berufung zu beachten: sich aller aktuellen politischen Kommentare zu enthalten. Auch wenn Goethe nach Fichtes Entlassung sämtliche Briefe, die er in dieser Sache geschrieben hat, zurückfordert und sie vernichtet, spricht doch alles dafür, daß er selbst Fichte als Preis für die Berufung nach Jena völlige politische Enthaltsamkeit zur Auflage gemacht hat. Denkfreiheit, wie Goethe und sein Herzog sie damals verstehen und auch verteidigen, ist streng auf Wissenschaft und Forschung beschränkt. Sie schließt alles Politische aus und findet ihre Grenze da, wo sie nicht mehr opportun scheint – etwa, wenn sie außerhalb des Herzogtums zum Skandalon wird, den Ruf der Universität und damit die wirtschaftliche Prosperität der Stadt Jena gefährdet.

Noch ehe Fichte an die Salana kommt, sucht Carl Augusts Geheimer Rat Voigt den Jenaer Professor der Jurisprudenz Hufeland, einen Vertrauten Fichtes, dafür zu gewinnen, den künftigen Extraordinarius zu beobachten und über ihn an die Weimarer Aufsichtsbehörde zu berichten. Heute würden wir sagen: Voigt will Hufeland als informellen Mitarbeiter und Spitzel anwerben. Wie der Geheime Rat Voigt politisch denkt, geht aus einem Brief vom 29. März 1793 an den künftigen Aufpasser Fichtes hervor: »Die Contrerevolutionen in den Provinzen, besonders in der Bretagne, beginnen. Lassen Sie uns nun auch in Weimar und Jena ruhiger schlafen.« Im Dezember 1793 fragt er Hufeland, ob Fichte wohl klug genug sei, »seine demokratische Phantasie (oder Phantasterei) zu mäßigen«, im Mai bittet er ihn um Hilfe, damit Fichte »die Politik, als eine danklose Speculation, bei Seite läßt«. Voigt hat mit Goethe beim Herzog für den Philosophen gutgesagt, zusammen mit Goethe unterhält er sich in Jena mit Fichte und zeigt sich danach zunächst beruhigt: »Er ist ein sehr gescheuter Mann, von dem schwerlich etwas Unbesonnenes oder Gesellschaftswidriges kommen kann ...« Freilich sieht er sich umgehend von Fichte enttäuscht, als dieser eine zweite Auflage seiner Beiträge zur Revolution, wenn auch wiederum anonym, auflegen läßt und damit ein Versprechen bricht, das er Goethe gegeben hat. Da Fichte als Verfasser allgemein bekannt ist, möchte sich die Weimarer Regierung ungern nachsagen lassen, einer ihrer Jenaischen Lehrer gebe »dergleichen Revolutions-Grundlagen« heraus. Unter Druck gesetzt, distanziert sich Fichte von der Schrift und beharrt darauf, er sei nicht mit dem Anonymus identisch – eine Erklärung, die einer Verrenkung gleicht und die ihm ohnehin keiner glaubt.

Als Fichte in sein »Philosophisches Journal« im Herbst 1798 einen Aufsatz Karl Friedrich Forbergs über die »Entwicklung des Begriffs Religion« aufnimmt, kommt es mit dem sogenannten Atheismus-Streit schließlich zum Bruch, der sich ohne das hitzige, selbstgerechte Temperament des Philosophen, aber auch ohne den erklärten Willen Carl Augusts und seiner Geheimen Räte Goethe und Voigt, den politisch unbequemen Fichte endlich in die Wüste zu schicken, sicher hätte vermeiden lassen. Worum es bei dieser Auseinandersetzung im immerhin aufgeklärten Weimar und Jena jener Zeit geht, ist heute nur sehr schwer nachzuvollziehen. Forberg, einer der bedeutendsten Schüler von Fichtes Vorgänger Reinhold und bis 1797 selbst Privatdozent in Jena, versucht in seinem Beitrag den Nachweis, daß Religion lediglich moralisch aus dem Gewissen, als praktisches gutes, sittliches Handeln, der Glaube an Gott dagegen durch gar nichts zu begründen sei. Er bekennt sich als dezidierter Atheist und erklärt: »Was sie Gott nennen, ist nur ein Götze.« In diesem Unglauben will er verharren »bis ans Ende, was für mich [Forberg] ein totales Ende ist«. Da er auf einem unkommentierten Abdruck besteht, fühlt Fichte sich zu einem eigenen Artikel ermuntert, der als eine Art Korrektur gedacht ist, den er dem Forbergschen voranstellt und »Über den Grund unsres Glaubens an eine göttliche Weltregierung« überschreibt. In diesem Artikel geht er zwar *mit* Forberg darin einig, daß Religion im wesentlichen in sittlichem Handeln bestehe, aber *gegen* Forberg behauptet er, daß dieses sittliche Handeln identisch sei mit dem ursprünglichen Glauben an eine übersinnliche moralische Weltordnung, und diese sei wiederum eins mit Gott. Fichte betont also, daß es einen Gott gebe, aber er bekennt sich – im Gegensatz zu Forbergs skeptischem Atheismus – zu einem religiösen Pantheismus. Dieser feine, in der Sache wichtige Unterschied wird von jenen, die nun ihren Feldzug gegen Fichte eröffnen, allerdings nicht wahrgenommen. Für sie steht die Abweichung beider, Fichtes wie Forbergs, von traditionellen, orthodoxen Glaubensvorstellungen im Vordergrund.

Den Angriff eröffnet ein Anonymus mit der Flugschrift »Schreiben eines Vaters an seinen studierenden Sohn über den Fichtischen und Forbergschen Atheismus«, die wiederum das Oberkonsistorium in Dresden alarmiert. Die geistliche Behörde erstattet Anzeige beim Kurfürsten: Weil die Äußerungen Forbergs nicht nur »mit der Offenbarung, sondern selbst mit der natürlichen Religion unverträglich sind«, verlangt es die Beschlagnahme des Hefts, die Bestrafung der atheistischen Professoren und ein Verbot für kursächsische Studenten, sich an der Salana künftig zu immatrikulieren. Der Kurfürst billigt die Beschwerde, läßt das Heft konfiszieren und verlangt von den Erhalterstaaten der Jenaer Universität, die atheistischen Professoren zur Verantwortung zu ziehen. Wer die unseligen Bemühungen dulde, »die Begriffe Gott und Religion aus dem Herzen der Menschen zu vertilgen«, argumentiert der Albertiner in Dresden, der übersehe die Gefahren, die daraus »für das allgemeine Beste und insonderheit auch für die Sicherheit der Staaten entstehen«. Karl-Heinz Fallbacher schließt daraus, daß Fichte für die Fürsten eine doppelte Bedrohung darstelle, weil er nicht nur die gegenwärtige absolutistische Staatsverfassung, sondern auch das Religionsverständnis vor den Richterstuhl der Vernunft ziehe. »Man sah sich hier einem Gegner gegenüber, der es nicht nur wagte, einen Angriff gegen die eigene wohlgesicherte Hauptmacht zu führen – das hätte man sich im Bewußtsein der eigenen Stärke wohl noch gefallen lassen, etwa im Sinn des klassischen ›räsonnirt, so viel ihr wollt, und worüber ihr wollt; nur gehorcht!‹ – sondern der durch ein raffiniertes taktisches Manöver sich gleichzeitig anschickt, auch noch den wichtigsten Verbündeten auszuschalten, und der damit die bestehende Ordnung von zwei Seiten her über den Haufen zu werfen drohte.« Fichte hat eine Kirche im Dienste der verderbten Fürsten und Regierungen damals als ein Mittel der überkommenen Herrschaft gesehen, sich gefügiges Menschenmaterial zu schaffen. Besteht die besondere Gefahr seiner Lehre für den Kurfürsten in Dresden also darin, daß sie gleichzeitig Front macht gegen Thron und Altar?

Weil der Jenaer Philosoph sehr wohl die Bedrohung sieht, die er für sich heraufbeschworen hat, verfaßt er eine geharnischte »Appellation an das Publicum«, in der er den Vorwurf des Atheismus widerlegt. Die Konfiskation seines Journals, schreibt er, sei ein erster Schritt zum Scheiterhaufen. Auf dem Titel seiner Apellation prangt denn auch die polemische Unterzeile: »Eine Schrift, die man erst zu lesen bittet, ehe man sie confisciert.« Die Meinung der Gelehrtenrepublik in Deutschland steht auf seiner Seite, selbst Carl August meint nach der Lektüre zu Herder, er halte Fichte »für keinen Gottesläugner und spreche ihn von dieser kursächsischen Beschuldigung frey«. Wenn er praktisch jedoch im gleichen Atemzuge sagt: »Allein er ist ein Ketzer einer ganz neuen Gattung«, deutet er damit freilich den wahren Grund von Fichtes Entlassung an. Der angeblich so liberale Herzog zeigt sich keineswegs frei von der tiefen Angst und Unsicherheit, die sich angesichts des demokratischen Ketzerwesens aller Obrigkeiten in Deutschland bemächtigt hat, zumal der Druck von außen auf ihn wächst. Selbst einige seiner ernestinischen Nachbarn und Mit-Unterhalter der Salana fordern, gegen Fichte vorzugehen. Carl August hatte auf seine Reputation zu achten, meint Fallbacher, er scheute den Eindruck, Schutzvogt eines Revolutionärs zu sein. Seinen Räten wirft er nun vor, sie hätten mit der Anstellung Fichtes ihre Sorgfaltspflicht verletzt: Schwerlich würde er dieser Berufung zugestimmt haben, schreibt der Herzog an den Geheimen Rat Voigt, »hätte ich ihn [Fichte] mit seinen lehrsätzen gekannt, u. seine unvorsichtigkeit beurtheilen können; zu läugnen ist es nicht, daß dazumahl wo der zeitpunckt weit kritischer wie der jetzige war, es der öffentl. Meinung sehr ins gesicht schlagen hieß, einen sich öffentl. bekennenden revolutionisten nach Jena als lehrer zu berufen; die nützl. folgen spühren wir davon jetzt«. Vor allem fürchtet er die wirtschaftlichen Folgen eines kursächsischen Boykotts. Die Jenaer Immatrikulationszahlen sind seit einigen Jahren rückläufig, Rußland hat seinen Staatsbürgern das Studium in Jena bereits verboten – sollen jetzt auch die Studenten aus dem benachbarten Kursachsen ausbleiben? Zudem ist ihm außenpolitisch an einem guten Verhältnis zu den albertinischen Vettern in Dresden gelegen. Nur durch enge Abstimmung mit Kursachsen kann das kleine Weimar einigermaßen Spielraum zwischen den Großmächten behaupten. Als Fichte, einen »derben Verweis« fürchtend, schließlich dem Geheimen Rat Voigt in Weimar schreibt, er könne einen solchen niemals demütig hinnehmen, stellt er eine Falle auf, in der er sich selber fangen wird.

Der hochbegabte Sohn eines Bandwebers aus der Lausitz, dem adlige Gönner den Besuch der berühmtem Fürstenschule in Pforta unweit Weimar ermöglicht haben, bleibt zeitlebens ein Feuerkopf mit brennenden Augen, welche Caroline Schlegel so sehr beeindrucken. Zu Kompromissen wenig geneigt, haftet dem sozialen Aufsteiger etwas Ungeschliffenes an; für Konventionen zeigt er wenig Verständnis, reagiert außerordentlich empfindlich, wenn er angegriffen wird, führt selbst jedoch eine maßlos scharfe, ja verletzende Sprache, wenn er andere attackiert oder Gegner bekämpft. Friedrich Heer geht soweit, von Fichte als einem Plebejer zu sprechen, der sich immer wieder hinreißen läßt. Einen Verweis anzunehmen, verbieten ihm Eitelkeit und Stolz. »Ich darf nicht, ich kann es nicht«, versichert der Philosoph, sein Benehmen sei seiner »innigsten Überzeugung« nach nicht nur tadellos gewesen, sondern sogar »preiswürdig«, läßt er Voigt in Weimar wissen. Das »Preiswürdige ...öffentlich schelten zu lassen« sei verächtlich, und so werde ihm nichts anderes übrigbleiben, als »den Verweis durch Abgebung meiner Demission zu beantworten«. Das ist die Chance, auf welche der Herzog nur gewartet hat, und entschlossen nutzt er sie. Der Verweis, so seine Anordnung, wird wegen der Verbreitung anstößiger Sätze und »Unbedachtsamkeit« erteilt, die von Fichte angekündigte Demission umgehend angenommen und die Gehaltszahlung eingestellt. Ein peinlicher, für Fichte äußerst demütigender, zweiter Brief, in dem er die im ersten angedrohte Demission praktisch zurücknimmt, bleibt unbeantwortet. Der Entscheidung des Herzogs sind Beratungen im Geheimen Conseil vorausgegangen, bei denen die Meinung Goethes von besonderem Einfluß war. Für Goethe-Verklärer ist einigermaßen schmerzlich zu lesen, wie der große Klassiker im Fall Fichte gegen den Geist und für die Macht plädiert: Eine Regierung dürfe einfach nicht hinnehmen, daß ihr von einem angestellten Professor in dieser Weise gedroht werde. An Schlosser schreibt er einige Monate später, er würde gegen seinen eigenen Sohn votieren, »wenn er sich gegen ein Gouvernement eine solche Sprache erlaubte«. Auf die Folgen für die Universität hingewiesen, die Fichtes Weggang haben werde, kommentiert er ungerührt: »Ein Stern geht unter, ein anderer geht auf!« Goethe hat dabei Schelling im Sinn, dessen Naturphilosophie den eigenen naturwissenschaftlichen Interessen näher liegt als Fichtes Philosophie vom »absoluten Ich«, die er ohnehin nur schwer versteht. Für die eigene Weiterentwicklung kann ihm, der ein großer »Nehmer« ist, Schelling mehr geben. Er setzt deshalb seine Berufung als Fichtes Nachfolger durch. Fichtes erzwungener Weggang zieht vier Jahre später den Exodus namhafter Gelehrter nach sich. Goethe selbst spricht von einem heimlichen Unmut, der sich der Professoren bemächtigt habe, so daß sie sich in der Stille nach anderen Möglichkeiten umtaten »und zuletzt Hufeland, der Jurist, nach Ingolstadt, Paulus und Schelling aber nach Würzburg wanderten«. Fichte, Jena und Weimar – das ist eine Geschichte voll der ironischen Wendungen. Zwar handelt der Herzog vorrangig als Realpolitiker, aber natürlich verabscheut er den Sansculotten in Fichte. Dieser klagt also nicht zu Unrecht: »Ich bin ihnen ein Demokrat, ein Jakobiner; dies ist's. Von einem solchen glaubt man jeden Gräuel ohne weitere Prüfung.« Und so setzt er nach seiner Entlassung erst einmal alle Hoffnungen auf die Universität in Mainz, das nach dem Frieden von Campoformio unter französischer Herrschaft steht, ja er gibt sich Träumen von einer Pension durch die französische Nation analog jener hin, die Klopstock von Dänemark erhielt. Bewußt bedient er sich des Revolutionskalenders, als er am 21. Floréal des Jahres 7, also am 10. Mai 1799, aus Jena an Wilhelm Jung schreibt, der die Mainzer Universität neugestalten soll: »Es ist klar, daß von nun an nur die Fr(anzösische) Rep.(ublik) das Vaterland des rechtschaffenen Mannes sein kann, nur dieser er seine Kräfte widmen kann, indem von nun an nicht nur die teuersten Hoffnungen der Menschheit, sondern sogar die Existenz derselben an ihren Sieg geknüpft ist.« Seine Rechnung ist ohne den Wirt gemacht, denn die französische Republik hat nicht mehr die Kraft, deutsche Universitäten zu fördern. Doch dieser Fichte denkt um 1800 radikal um, wird tief religiös im beinahe mystischen Sinn und gibt Anweisungen zum seligen Leben, zugleich versteht er sich als Lehrmeister der deutschen Nation. »Um die Kriegführer in Gott einzutauchen« und den freiwilligen Studenten der Befreiungskriege »wirklich Christentum und Bibel vorzutragen«, bietet er sich im April 1813 als Laien-Feldprediger im Königlichen Hauptquartier an, natürlich nur dem König oder dessen Stellvertreter unterstellt. Das Pathos und der Erziehungswille der Hochaufklärung, sagt Heer, schmölzen bei Fichte nach 1800 hinüber in ein nationales Pathos, das Revolution und Robespierre, den Maler David und Gott nebst einem Zwangsstaat deutscher Nation, genannt geschlossener Handelsstaat, miteinander vermische. Der hinausgeworfene Philosoph und sein früherer Herrscher werden plötzlich zu Bundesgenossen gegen Napoleon und französische Überfremdung, doch sind die Pfade des machtbewußten Carl August in der napoleonischen Ära viel verschlungener als jene des kompromißlosen Fichte.

Ranke hat den preußischen Sonderfrieden mit Frankreich, der zur

Neutralität Norddeutschlands von 1795 bis 1806 führte, einmal damit gerechtfertigt, daß er die Klassik von Weimar ermöglicht habe. In der Tat sind die Jahre der Freundschaft von Schiller und Goethe das Kernstück der deutschen Klassik, und ob sie ohne den Frieden des idyllischen Weimar denkbar gewesen wären, steht dahin. Kaum jedoch endet diese Ära der Neutralität, wird das Herzogtum zum Kriegsschauplatz, sieht den Durchzug geschlagener und intakter Truppen, die Einquartierung freundlicher und feindlicher Heere. Napoleon und seine Marschälle, die Generäle der Gegenseite geben sich im Weimarer Schloß buchstäblich die Klinke in die Hand. Den Anfang macht der König von Preußen, der am 11. und 12. Oktober, vor der Schlacht von Jena und Auerstädt, in welcher die angeblich unbesiegbare friderizianische Armee ruhmlos untergeht, Quartier bei Herzogin Luise nimmt, indes der Herzog als preußischer Kürassier-General eine Vorhut über den Thüringer Wald nach Franken führt. Sein siebenhundert Mann starkes Scharfschützenbatallion kämpft in der Hauptschlacht an der Seite der preußischen Truppen und erleidet hohe Verluste. Als der Kanonendonner sich Weimar nähert, sieht man Bürger, die nie einen Spaten oder eine Hacke in der Hand gehabt haben, eifrig buddeln und Löcher graben, um Verstecke anzulegen. Wertgegenstände wie Geld oder Schmuck werden in Kleidung eingenäht und am Leibe getragen. Weimar wird Augenzeuge der wilden, kopflosen und verzweifelten Flucht der geschlagenen Preußen, deren hochgerühmte Disziplin völlig zusammengebrochen ist; sie werfen die Waffen weg, Nachdrängende stoßen in wilder Panik Geschütze und Fuhrwerke mit Blessierten in die Straßengräben, die eigene Kavallerie, selbst auf der Flucht, reitet mit blankem Säbel flüchtende Fußtruppen nieder. Die Stadt wird zum Kampfplatz, als an der Ilmtalbrücke die Dragoner Murats preußische Artillerie überwältigen, die dort in Stellung liegt. Am Abend des 14. Oktober schließlich sind die Höhen Weimars rechts und links der Ilm von den Biwakfeuern der Regimenter der Marschälle Ney und Lannes erhellt, französische Infanteristen lagern auf dem Markt und allen anderen Plätzen der Stadt. Sie tragen lange, schmutzige Leinwandkittel und Löffel an ihren Dreispitzen, werden deshalb von den Weimaranern Löffelmänner oder Löffelgardisten genannt und suchen bei einbrechender Nacht mit wildem Geschrei Unterkunft in den Häusern. Häufig plündern sie, und durch unvorsichtigen Umgang mit brennendem Licht gehen einige

Häuser in Flammen auf. Marschall Ney empfängt eine Deputation der Bürgerschaft mit dem französischen Sprachlehrer Lavès an der Spitze in seinem Bett im Alexanderhof und befiehlt zwei zusätzliche Bataillone zum Löschen in die Stadt. Freilich kümmern sie sich kaum um das Feuer, sondern verlangen Quartierbillets. Weimar wäre wohl das Opfer einer großen Feuersbrunst geworden, hätte nicht Windstille die Flammen bei Nacht in sich zusammenfallen lassen. Viele Weimaraner suchen Zuflucht in Schloß und Schloßhof, unter ihnen Charlotte von Schiller, welche die »Klugheit, Güte und Gegenwart des Geistes« der Herzogin Luise rühmt, die in diesen schweren Tagen durch ihr »Fürwort viel Gutes bewirkt« habe. Es sind Marschall Rapp mit seiner elsässischen Begleitung und der General Murat, welche die Residenz durch Intervention von Adelaide von Waldner, einer Hofdame der Herzogin Luise, vor dem Schlimmsten bewahren.

Am 15. Oktober schließlich kommt der Sieger selbst und nimmt Quartier im Schloß. Als ihn die Herzogin begrüßt und ihm sein Zimmer zeigt, gibt er sich barsch, ja »sehr unhöflich«, wie sie ihrem Bruder Philipp von Hessen schreibt. »Sie tun mir leid, ich werde ihren Mann zermalmen. Man möge mir mein Essen auf meine Zimmer bringen« – mehr sagt er nicht. Bei einer Audienz am nächsten Morgen überschüttet er sie mit Sarkasmen und spricht von großen Fehlern, welche die herzogliche Familie gegen ihn begangen habe. Napoleon ist zornig und aufgebracht, weil der Herzog in den Reihen seiner Gegner steht – Luise entgegnet, sowohl seine Offiziersehre als auch die verwandtschaftlichen Bindungen an das preußische Königshaus hätten ihm keine andere Wahl gelassen; gerade von dem Militär und Souverän Napoleon erwarte sie deshalb besonderes Verständnis für die aufrechte Haltung des Gemahls. In der schwersten Stunde, als es um den Bestand von Staat und Dynastie geht, steht Herzogin Luise dem Korsen allein gegenüber. Herzoginwitwe Anna Amalia ist nach Kassel ausgewichen, Erbherzog Karl-Friedrich befindet sich mit seiner Gemahlin Paulowna auf der Flucht nach Petersburg, der Herzog, noch immer preußischer General, sucht den Franzosen zu entkommen und marschiert mit seinen Truppen über das Eichsfeld und am Harz vorbei in Richtung Stendal. Napoleon findet in Weimar keine Autorität vor, mit der er einen sofortigen Frieden schließen könnte. Wenn das Herzogtum dennoch dem Schicksal Kurhessens und Braunschweigs entgeht, die einfach von der Landkarte gewischt werden, dann ist dies nach Meinung Fritz Hartungs das Verdienst der Herzogin, deren Standhaftigkeit und Aufrichtigkeit Napoleon achten lernt. Stadt und Land sind in diesen Tagen gegen den Herzog aufgebracht, weil er in der Stunde der Gefahr nicht zur Stelle ist. Daß der Sieger das kleine Land schont, hat mit politischem Kalkül zu tun. Einmal ist Luises Schwester mit dem Markgrafen von Baden vermählt, einem Rheinbundfürsten, dessen überzeugt profranzösische Haltung der Korse schätzt, zum zweiten sieht er in der Erbgroßherzogin von Weimar vor allem die Schwester des russischen Zaren Alexander, zu dem er gute Beziehungen wünscht. Schroff fordert er den Herzog deshalb durch seine Gemahlin auf, binnen vierundzwanzig Stunden nach Weimar zurückzukehren und aus dem preußischen Militärdienst auszuscheiden. Nur so könne Weimar als Herzogtum weiter existieren. Doch die Nachricht erreicht Carl August erst nach Tagen auf seinem Rückzug; da er darauf besteht, in aller Form vom König von Preußen aus dessen Diensten entlassen zu werden, herrscht zunächst Ungewißheit über die Zukunft des Landes. Die führenden Männer des Geheimen Conseils sind praktisch weggetaucht, sie haben sich, so spottet Johannes Daniel Falk, der betont national gesonnene Herausgeber der Weimarer Zeitschrift »Elysium und Tartarus«, beim Herannahen der Franzosen in Klosetts und Dachkammern versteckt. Es ist ein bis dahin in Weimar unbeschriebenes Blatt, ein siebenundzwanzigjähriger Jurist und ungewöhnlich agiler Regierungsrat namens Friedrich Müller, der Kontakte zu den Siegern pflegt und für ein gutes Jahr zur Hauptfigur der Weimarischen Diplomatie aufsteigt. Dem gebürtigen Sachsen-Meininger, nach damaligen Weimarer Begriffen also einem Ausländer, gebührt das Verdienst, daß Napoleon die Rückkehrfrist für den Herzog verlängert. Müller setzt Verhandlungen in Gang, wird schließlich formell von Carl August dafür bevollmächtigt und erhält den Adelstitel, damit er bei Napoleon und Talleyrand, dem Fürsten von Benevent und französischen Außenminister, über mehr Ansehen verfügt. »Wenn man nicht wenigstens hunderttausend Mann und eine gute Anzahl Kanonen hat«, rät Napoleon dem Unterhändler, »soll man sich nicht unterstehen, mir den Krieg erklären zu wollen.« Friedrich Theodor Adam Heinrich von Müller handelt schließlich den Frieden von Posen aus, welcher den Beitritt Weimars zum Rheinbund vorsieht. Die 220000 Franken Kontribution, die das Herzogtum zahlen muß und die auf Jahre hinaus die Bevölkerung schwer drücken, gleichen freilich eher einem Diktat – Napoleon hat von Anfang an auf dieser Summe bestanden und sich nicht herunterhandeln lassen. Außerdem muß Weimar ein Truppenkontingent von achthundert Mann für das Regiment »Herzöge von Sachsen« bereitstellen und finanzieren. Mannschaften und Offiziere dieses Rheinbund-Regiments, das in Tirol, Spanien und schließlich im russischen Litauen auf französischer Seite kämpft, rekrutieren sich aus allen sächsischen Herzogtümern, die den Frieden von Posen Mitte Dezember 1806 gemeinsam mit Frankreich geschlossen haben. Mit dem Beitritt zum Rheinbund erlöschen die letzten Beziehungen zum Deutschen Reich und damit alle hemmenden Reste der bislang geltenden Lehnsverfassung für das Herzogtum. Sachsen-Weimar-Eisenach hat nun eine unabhängige Staatshoheit, und der Fürst von Weimar firmiert fortan als »Von Gottes Gnaden Wir, Carl August, Souverainer Herzog zu Sachsen, Landgraf von Thüringen etc«.

Hat eine betont nationale Geschichtsschreibung den Schaden übertrieben, welchen das Ilm-Athen nach der Schlacht erleidet, so wie sie die Rheinbundzeit Sachsen-Weimars nur flüchtig behandelt, wenn nicht übergeht – jene Jahre, in denen Carl August zu den Vasallen des Korsen gehört? Ihrem Sohn Fritz klagt Charlotte von Stein geradezu herzzerreißend, am 14. und 15. Oktober 1806 sei Weimar »vom Wohlstand, Ruhe und Glück geschieden. Das mächtige Schicksal, das die Länder verheert, hat auch dies verschlungen.« All ihr Silber, alles von Wert, alle ihre Kleider seien geraubt, mehrere Tage habe sie nichts zu essen gehabt. Der siebzigjährige Georg Melchior Kraus, Direktor der »Fürstlichen freyen Zeichenschule«, wird beraubt und zusammengeschlagen, flüchtet zu Bertuch und stirbt vierzehn Tage später an den Folgen der Mißhandlungen. Im Siegestaumel plündern französische Soldaten beim Stadtchirurgen Herricht mit allem Silber auch die chirurgischen Bestecke, mit denen er Verwundete hätte operieren können. Doch ergeht es damals nicht allen so. Vielen Bürgern von Weimar, die nicht aus ihren Häusern geflohen sind, gelingt es, die Sieger mit Braten, Wein oder Bier zu besänftigen. Johanna Schopenhauer, die damals in Weimar ihre berühmte Teegesellschaften gibt, Mutter des Philosophen Arthur Schopenhauer, heißt zwei trunkene, randalierende Husaren, die bei ihr eindringen, höflich willkommen. Zusammen mit einem Freund, den sie als ihren Ehemann ausgibt, führt sie die Soldaten an einen gedeckten Tisch und speist mit ihnen, bis ihre Dienerin Sophie, das Töchterchen der Herrin auf dem Arm, sie zu gehen bittet. Die Wildheit der Husaren ist gebändigt. Dankbar für die freundliche Bewirtung, verlassen sie wie folgsame Kinder ein gastliches Haus, in dem sie sich wohlgefühlt haben. Johannes Daniel Falk, Journalist, Schriftsteller und Pädagoge, postiert sich mit Lebensmitteln und Weinflaschen im Eingang seines Hauses am Markt, der von den Biwakfeuern der Löffelgardisten hell erleuchtet ist. Er bewirtet sie am Eingang, keiner betritt sein Haus. Bei Wieland quartiert sich ein halbes Dutzend Husaren und Chasseurs ein, die nach seinem Bericht an Sophie von La Roche so zahm wie die Lämmer werden, als sie ihn erblicken, und »die sich in ihrer Art sehr bescheiden« aufführen. Ist ihr Verhalten durch Wielands Mitgliedschaft im Nationalinstitut zu Paris bestimmt? Sie nehmen mit anderthalb Dutzend Flaschen Wein vorlieb, schützen seine Wohnung, plündern nicht und begehren »nicht eines Hellers Wert«. Am nächsten Morgen, General Murat hat inzwischen einen Gendarmen als Sauvegarde vor das Haus gestellt, kommt Marschall Ney und teilt dem »Merkur«-Herausgeber mit, er stehe unter unmittelbarem kaiserlichen Schutz. Wieland urteilt, er habe sich während dieses Besuches der »verbindlichsten und schmeichelhaftesten Dinge« erfreut, die ihm »in seinem ganzen Leben gesagt worden sind«.

Bei Goethe, dessen stattliches Haus am Frauenplan als Quartier für einen Marschall und einige Kavalleristen vorgesehen ist, erscheinen zunächst nur 16 Elsässer. Gut sechzehn Stunden sind sie von Franken bis zur Schlacht geritten. Sie verlangen Streu, erquicken sich »mit einigen Bouteillen Weins und Biers« und fallen wie tot in den Schlaf. Nachts donnern dann zwei Löffelgardisten an die Tür, Tirailleurs in voller Bewaffnung, die sich Eintritt erzwingen und nach dem Hausherren verlangen. Angetan mit seinem »Prophetenmantel«, einem weiten Nachtrock, steigt der Dichter und Geheimrat die Treppe herunter, muß ihnen zutrinken und darf sich danach zunächst wieder in sein Nachtgemach zurückziehen. Wie sich wenig später zeigt, sind die beiden Marodeurs damit keineswegs besänftigt, sondern erklimmen, obschon trunken und müde, das obere Stockwerk, randalieren und rücken dem Hausherrn zuleibe, bis sich Christiane Vulpius mit einem zu Goethe geflüchteten Weimaraner dazwischenwirft. Resolut drängt sie die Wütenden zurück und verriegelt die Tür. Die Löffelgardisten legen sich darauf in die für den Marschall Lannes und sein Gefolge vorgesehenen Betten und werden, als dieser am nächsten Tag eintrifft, vom Adjutanten mit der bloßen Klinge aus dem Haus gejagt. Der stets auf Behagen, Sicherheit und Ruhe bedachte Goethe, den Hundegebell aufbringt und der sich beim Rat selbst über die sanfteste Erschütterung seiner Balkendecke durch einen einige Häuser entfernten Webstuhl beschwert, gibt zunächst alles verloren; unter Tränen denkt er daran, Weimar zu verlassen. Als mit Ankunft des Marschalls Posten vor dem Haus aufziehen, darf er sich endlich wieder sicher fühlen. Einen Hosenknopf des »Marechal de France« verleibt er angeblich seiner Münzsammlung ein. Nur zwei Tage nach der Schlacht stellt ihm General Victor einen Schutzbrief aus, zusammen mit Wieland speist er wenig später beim Stadtkommandanten. Der Maler und Kunstgelehrte Johann Heinrich Meyer dagegen hat alles bis auf seine Bücher verloren. Goethe schickt dem werten Freund, seinem »Kunschtmeyer«, auf den er sich in allen Fragen der bildenden Kunst nahezu blind verläßt, ein Billett und fragt, womit er dienen könne. »Rock, Weste, Hemd pp. soll gerne folgen. Vielleicht bedürfen Sie einiger Viktualien? G.«

Plünderungen und vier abgebrannte Häuser – der Schaden der feindlichen Besetzung, in den Annalen Weimars als Schreckenstage vermerkt, könnte wahrlich schlimmer sein. Ins Theater ist eine Kanonenkugel eingeschlagen, Kugeln stecken auch in einigen Häuserwänden und werden später als kostbare Souvenirs vorgezeigt. Das nach Allstedt ausgelagerte Münzkabinett übersteht den feindlichen Einfall unversehrt, auch die Bibliothek »ist wundersam erhalten«, wie Goethe an Carl August schreibt: »Die Türe konnten sie nicht einsprengen, sie sägten die Gitter entzwei, schlugen die Tür der Kommunarchiv-Expedition auf« und – fanden Akten, »verwünschte Papiere«, mit denen sie nichts anzufangen wußten. Damit ist die Anna Amalia Bibliothek gerettet. Biwakierende Truppen brauchen Feuerholz – dennoch nennt Goethe den Schaden im Park »ganz null«. Die Belvederische Chaussee sei unangetastet, der Stern unverletzt und nichts abgehauen, was der Herzog nicht »in vierzehn Tagen vielleicht mit anmutigeren Pflanzungen wiederherstellen« könne. Drei Tage nach der Schlacht schreibt er dem Hofprediger Günther, dieser Tage und Nächte sei ein alter Vorsatz bei ihm zur Reife gekommen: »Ich will meine kleine Freundin, die so viel an mir getan und auch die Stunden der Prüfung mit mir durchlebte, völlig und bürgerlich anerkennen als die Meine.« Christiane Vulpius und er leben seit nahezu zwei Jahrzehnten zusammen, ihr Sohn August zählt inzwischen siebzehn Jahre. Spitz und als ob Goethes Verhalten als unziemlich zu tadeln sei, vermerkt seine einstige Angebetete Charlotte von Stein: »Während der Plünderung hat er sich mit seiner Mätresse öffentlich in der Kirche trauen lassen. Dies war die letzte hiesige kirchliche Handlung, denn alle unsere Kirchen sind nun Lazarette und Magazine.« Wenn es um die Rivalin geht, schreckt die edle Hofdame vor übler Nachrede nicht zurück. Selbstverständlich findet die Trauung nicht während der Plünderungen statt, denen Napoleon auf den Kniefall des Schuhmachermeisters Petri am 16. Oktober Einhalt gebietet, sondern erst am 19. Oktober – in aller Stille in der Sakristei der Stadtkirche, wie von Goethe gewünscht; nur sein Sohn August und Friedrich Wilhelm Riemer, Philologe und enger Mitarbeiter Goethes, nehmen als Zeugen daran teil. In die Trauringe ist der 14. Oktober, der Tag der Schlacht von Jena und Auerstädt eingraviert – Zeichen der Dankbarkeit für Christianes resolutes, tapferes und standhaftes Verhalten in der Nacht, als die Franzosen kamen. Doch denkt der Dichter dabei auch an seinen Sohn: Er habe August, erklärt er dem Herzog, endlich ein gesetzliches Band zwischen Vater und Mutter geben wollen.

Fast zwanzig Jahre hat sich die Weimarer Gesellschaft den Schnabel an seinem unstandesgemäßen Verhältnis mit dem fröhlichen und unbefangenen Sinnenkind gewetzt. Goethe trifft Christiane nach seiner Italienreise, also nach seinem Faustina-Erlebnis in Rom, wo er die heidnische Liebe zum Leib »mit allen seinen Prachten« entdeckte, wie es in den »Römischen Elegien« heißt. Auf einem Spaziergang im Park steht sie plötzlich vor ihm und überreicht eine Bittschrift ihres Bruders Christian, eines miserabel bezahlten Sekretärs, der seine Geschwister durchbringen muß, seit der Vater, ein Kopist und Amtsarchivar, an Trunksucht starb. Als Autor verdient Christian Vulpius einige Groschen hinzu, schreibt für die verschiedensten Buchhändler schlecht honorierte Ritter- und Abenteuerromane; ein Kollege des großen Goethe mithin, wenn auch auf dem Gebiet der Trivialliteratur. »Die Abenteuer des Prinzen Kolloandro« heißt eine seiner damals veröffentlichen Geschichten, später wird er mit einem Roman über den Räuberhauptmann Rinaldo Rinaldini populär. Das Mädchen, das Goethe mit einem artigen Knicks anspricht, ist dreiundzwanzig und hat schön gelocktes, bräunliches Haar; Caroline Jagemann, die in ihrer Kindheit neben ihr wohnte, bezeichnet Christiane in ihren Erinnerungen als ein hübsches, freundliches und fleißiges Mädchen mit apfelrundem, frischen Gesicht, brennend schwarzen Augen und aufgeworfenem Kirschenmund. Ihr Geld verdient sie in der Manufaktur des Kaufmanns Bertuch, wo sie aus Stoffresten Blumen schneidert. Bertuch deckt damit den Bedarf der Hutmacher, denn Blumen an den Hüten sind nach dem Geschmack der Damen in der Residenz en vogue. Stets heiter ist diese Christiane mit ihrem breiten sächsisch-thüringischen Akzent, unbefangen und hübsch, unkompliziert und sinnenfroh – Goethe findet an ihr sofort Gefallen, er schätzt ihre Wärme und Lebenslust. Weibliche Schönheit der vollkommeneren Art und sinnliche Erotik fallen bei dem Genius ohnehin auseinander. Schnell werden die beiden ein Paar, treffen sich erst verstohlen, dann in aller Offenheit und leben bald zusammen wie Eheleute, nur daß es an der Zeremonie fehlt, wie Goethe einmal sagt. Sie nennt ihn ihren »Hätschelhans«, Goethes Mutter, die Küche und Bett des Sohns endlich gut versorgt weiß und Christiane achtet, heißt sie Wolfgangs »Bettschatz«. Dabei hält er doch immer auf Distanz. Wenn er comme il faut in die böhmischen Bäder reist, in eigener Kutsche mit Diener, dem er die goldbeknöpfte Livree beim Leibschneider des Herzogs fertigen läßt, dann stets allein. Sie redet von ihm nie als ihrem Mann, sondern vom Herren Geheimen Rat, auf Jahre hält sie sich von gemeinsamen Essen mit Gästen fern. Goethe nimmt Christiane, wie sie ist und läßt sie so; er erzieht sie nicht um. Genau das macht ihm die Weimarer Gesellschaft zum Vorwurf. Er habe dieses Wesen nicht zum Höheren erhoben, schreibt die Jagemann, sondern seinen niederen Neigungen überlassen. Gemeint ist: die schon in jungen Jahren ein wenig rundliche Christiane wird drall, die trinklustige gelegentlich zur Bachantin, die vergnügungssüchtige, tanzselige Demoiselle Vulpius hüpft nach dem Theater in Lauchstädt nach Herzenslust im Kreis mit Studenten herum, indes Goethe und Schiller sich in ernsten Gesprächen ergehen. Goethe, der als Genie bestaunte, tut sich mit einer ganz gewöhnlichen Sterblichen, nach Meinung vieler gar mit einer ordinären Person zusammen, eine Mesalliance, welche ihm die Weimarer Gesellschaft nie vergibt – selbst ein Schiller nicht.

Seinem Freund Körner schreibt er von »elenden häuslichen Verhältnissen«, die zu ändern der Hausherr zu schwach sei, die viel Verdruß erregten und Schuld daran trügen, daß Goethe im Augenblick literarisch so wenig hervorbringe. Körner antwortet, man verletze die Sitten eben nicht ungestraft. Goethe selbst könne unmöglich das Geschöpf achten, das sich ihm »unbedingt hingegeben« habe, und, schlimmer noch: »Er kann von andern keine Achtung für sie und die Ihrigen erzwingen. Und doch mag er nicht leiden, wenn sie gering geschätzt wird. Solche Verhältnisse machen den kraftvollsten Mann endlich mürbe.« Nach der Trauung vom 19. Oktober 1806 kann man Christiane bei offiziellen Anlässen nicht mehr schneiden, wie bisher die Regel, und doch wird über »Goethes dicke Hälfte« weiter getratscht und gelästert, als sei dieses Weimar, in dem nach Meinung des neu angekommenen Schiller jede verheiratete Dame »ihren Roman«, mithin ihren Liebhaber hat – und auch eine Madame von Kalb unterhielt ja intimste Beziehungen zu dem Dichter der »Räuber« –, plötzlich zur Hauptstadt der deutschen Blaustrümpfe verkommen. Charlotte von Schiller untersagt sich jeden Glückwunsch. Als Goethe 1813 in der wiederbegründeten Loge Amalia die Trauerrede auf den verstorbenen Wieland hält, sind dazu nur die Frauen von Logenbrüdern eingeladen. Christiane von Goethe gehört als »Schwester« eines Bruders selbstverständlich dazu, Charlotte von Schiller nicht. Erzürnt schreibt sie einer Freundin: »Hätte ich der dicken Hälfte für eine Schale Punsch ihr Recht abkaufen können, wie Esau um ein Linsengericht seine Erstgeburt, so glaube ich, wir wären beide an unserem Platze gewesen.« Übrigens ist Christiane gar nicht jener niederen Herkunft, die ihr ein Leben lang übel nachgeredet wird. Ihre Familie hat über Generationen Theologen, Juristen und Mediziner hervorgebracht – nur der Vater mußte das Studium in Jena wegen Verarmung abbrechen und wurde zur gescheiterten Existenz. Aufgeklärter und freier denkend als die Spießer der Stadt und seines Hofs, zeigt der Herzog stets Verständnis für Goethes Bindung an Christiane. Lange vor der Trauung der beiden sorgt er dafür, daß ihr formell illegitimer Sohn August Vulpius den Namen des Vaters erhält.

Der Genius und sein Fürst teilen die Abneigung gegen französischen Stil und Lebensart, wenn auch nicht unbedingt in literarischen Fragen. So findet Carl August zeitlebens mehr Gefallen an französischen Dramen als an den modernen deutschen der von ihm geförderten Klassiker. Als einziges der in Jena und Weimar geschriebenen Stücke Schillers wird dessen »Jungfrau von Orleans« nicht in der Residenz an der

Napoleon als Göttersohn

Ilm, sondern in Leipzig uraufgeführt, weil Carl August ein Machtwort spricht. Er kann sich schlechterdings nicht vorstellen, daß die »Pucelle« eines Voltaire zu übertreffen sei, der die Jungfrau mit seinen Spottversen der Lächerlichkeit preisgegeben hat. Schätzt er die Heroenskepsis der Aufklärung mehr als den Kult, den Schiller mit der Jungfrau treibt? Freilich hätte er bei einer Aufführung der Schiller-Tragödie in Weimar selbst den Spott zu fürchten, der seiner Mätresse hätte gelten können. Caroline Jagemann, inzwischen rundlich geworden, kommt als einzige Schauspielerin für die Hauptrolle der Jeanne d'Arc in Frage, aber jeder weiß, daß sie die Mutter seiner Söhne ist. Als Jungfrau hätte sie auf der Bühne in Weimar wenig überzeugend gewirkt, und sie selbst scheint dies gespürt zu haben. Von der Herzogin inzwischen als halboffizielle »Nebenfrau« geduldet und vom Herzog 1809 zur Frau von Heygendorf geadelt, läßt ihr wachsender Einfluß auf Carl August sie zur Mitregentin in Kunstfragen werden. Sie hat Theaterverstand, ist eine begabte Intrigantin, ihr Wort in Bühnensachen zählt bald mehr als das Goethes. Erst sorgt sie für die Aufspaltung des kleinen Theaters in Schauspiel, Oper und Operette, welche dem Freund des Herzogs nur die Zuständigkeit für die Dramen beläßt. Und selbst die trotzt sie ihm schließlich ab, als sie den Hundenarr Carl August für ihre Idee gewinnt, einen dressierten Pudel in einer belanglosen Posse auf die Bühne zu bringen. Ein Köter auf Goethes heiligen Brettern – das ist dem Genie zuviel. Vergebens hat Goethe diesen geradezu monströsen Anschlag, diese ordinäre und perfide Entweihung seiner moralischen Anstalt zu verhindern versucht. Nun fügt er sich in die Entlassung durch seinen alten Freund und betritt das Theater nicht mehr.

Der Theaterstreit schadet der Freundschaft zwischen Dichter und Fürst sowenig wie ihre unterschiedliche Einstellung zu Rolle und Charakter Napoleons. Der Dichter akzeptiert den Korsen von Genie zu Genie, wird später sogar von »meinem Kaiser« sprechen; sein Fürst sieht in Napoleon vor allem den Parvenü, Eroberer und Unterwerfer der Deutschen. Der Herzog denkt deutsch, Goethe universell, der Fürst zeigt Verständnis für den nationalen Aufbruch, Goethe befremdet das patriotische Pathos seiner Deutschen. Es ist ein Gegensatz, der sich mit der Entstehung der Urburschenschaft in Jena, mit dem Wartburgfest und Kotzebues Ermordung in den kommenden Jahren zwischen beiden verschärfen wird. Goethe zeigt sich fasziniert, wie der junge General Bonaparte Sieg auf Sieg an seine Fahnen heftet – nicht, weil er Krieg oder Krieger bewundert, im Gegenteil. Doch er haßt nun einmal die Anarchie wie die Pest und mythisiert Napoleon zum Bändiger der Revolution, der neue Ordnung stiftet, die Größe seiner Erfolge und das unerhörte Ausmaß seiner Unternehmungen lassen den Korsen in seinen Augen zur »höchsten Erscheinung in der Geschichte« werden. So schreibt er es Knebel 1807, noch vor seinen Begegnungen mit dem »Kaiser des Okzidents« in Erfurt und Weimar. Weder für Carl August noch für seinen Geheimrat ist das alte Frankreich ein Vorbild gewesen – schon gar nicht für den Dichter, der im Einklang mit dem deutschen literarischen Zeitgeist Ende des 18. Jahrhunderts die konventionelle Strenge der französischen Form ablehnt und Natürliches sucht. Zu den erklärten Zielen der Stürmer und Dränger gehört es ja, die Vorherrschaft der französischen Literatur, auch auf der deutschen Bühne, zu brechen. Nicht französische Ziergärten, englische Landschaftsparks sind angesagt. Nicht Frankreich, die Schweiz ist jetzt Vorbild. Dahin reist Goethe mehrfach, nach Paris zieht es ihn nie. Im französischen Straßburg entdeckt der Student Goethe am Münster deutsche Baukunst, läßt sich von Herder in die deutschen Volkslieder einführen, streift sein Französisch ab und redet, beinahe trotzig, nur noch deutsch. Das französische Ancien régime hat dem Elsaß seinen deutsch-alemannischen Charakter, Straßburg seine reichsstädtische Verfassung belassen. Carl August war auf seiner Prinzenreise auch nach Paris gekommen und hat es bewundert, Goethe schließt erst während der Campagne 1792/93 nähere Bekanntschaft mit Frankreich. Aber längst hat die große Revolution die französische Realität verändert, ein Umsturz, darin sind Fürst und Geheimrat einig, der nur durch die Verderbtheit der Sitten von Aristokratie und Königshaus möglich geworden ist. Bei Carl August verdichtet sich diese negative Einstellung zur Revolution bis hin zum Haß auf alles moderne Französische: »Wer die Franzosen in der Nähe sieht, muß einen wahren Ekel für sie fassen«, schreibt er aus dem von preußischen Truppen besetzten Frankreich. »Sie sind alle sehr unterrichtet, aber jede Spur eines moralischen Gefühls ist bei ihnen ausgelöscht.« Der alternde Goethe dagegen denkt betont übernational, er hält nichts von gegenseitiger Verachtung der Völker. Nicht als Franzose, sondern als Genie, als dämonischer Mensch steht Napoleon für ihn unerreichbar hoch über allen anderen.

Seine Abneigung gegen Frankreich hindert Carl August nicht, die Nähe des Rheinbund-Protektors zu suchen, wenn es um die Vergrößerung seines Territoriums geht. Er schickt Unterhändler an die »große Länderbörse« nach Paris, erst Müller, dann den ranghöheren Geheimen Rat von Wolzogen. In Paris erhält der Flickenteppich des ehemaligen deutschen Reiches einen neuen Zuschnitt, als Fürst des Rheinbunds hofft Carl August auf Zuwachs an Land, Untertanen und Einfluß, um sein Herzogtum zur führenden Macht im zersplitterten Thüringen aufzuwerten. Will er sich bei Napoleon einschmeicheln, als er ihn bittet, Pate bei seinem ersten Enkelkind Marie Luise Alexandrine zu stehen? Der andere Pate wird Zar Alexander, der Bruder der Mutter der neugeborenen Prinzessin sein. Nach einigem Hin und Her, bei dem es auch um die erste Stelle im Taufregister geht, nimmt Napoleon im Frühjahr 1808 die Patenschaft schriftlich an. Geschickt versucht der Herzog, sich mit Hilfe der russischen Verwandtschaft international aufzuwerten. Doch Napoleon behält ein gesundes Mißtrauen gegen den »Monsieur Weimar«, von dem man nicht wisse, wohin ihn die »natürliche Lebhaftigkeit der Phantasie« und die »unruhige Neugier« seines Temperaments noch einmal treiben werde. Von dem befestigten Erfurt aus, das zur Domaine reservée des Empereurs geworden ist, werden alle seine Schritte scharf überwacht.

Nicht im stattlichen Weimarer Schloß, das bequemeres Quartier geboten hätte, sondern auf eigenem Boden in Erfurt, nur wenige Kilometer von Weimar entfernt, läßt Napoleon sich auf der Höhe seiner Macht von vier Königen und mehr als dreißig Fürsten auf einer Gipfelkonferenz seines Rheinbunds huldigen. Der Empereur hat große Pläne, erwägt die Heirat mit einer Schwester des russischen Zaren, der selbst nach Erfurt kommt, um das keineswegs solide Bündnis zu bekräftigen, welches der Herr des Okzidents mit dem Herren des Orients nach dem Frieden von Tilsit eingegangen ist. Napoleon sucht Rückendeckung, um die Spanier in einem großen Feldzug niederzuwerfen. Der Fürstenkongreß währt vom 27. September bis zum 14. Oktober 1808, Erfurt hat dafür den ganzen Glanz aufgeboten, dessen es in seiner biederen Bürgerlichkeit fähig ist: Beim Einzug läuten die Glocken, des nachts sind die Fenster illuminiert, der Stadtdirektor überreicht dem »Unüberwindlichen« die Schlüssel als Zeichen der Ergebenheit und Treue, und die Stadtdeputierten begrüßen Ihre Majestät mit einem Huldigungsschreiben, in dem Napoleon gar als ein »heiliger Name« bezeichnet wird, der alles in sich fasse, was das Menschengeschlecht erhält, schützt und ihm hilft. Der Napoleon-Kult feiert wahre Triumphe. So lautet die Inschrift auf einem der vielen Transparente, welche den Korsen begrüßen:

»Gäb's jetzt noch einen Götter-Sohn
So wär's gewiß Napoleon.«

Eine andere:

»Handel und Wandel macht blühend das Land;
Mehr noch Napoleons Herz und Verstand.«

Es sind glanzvolle Tage. Napoleon macht Kulturpropaganda, er will die etwas einfältigen Deutschen, die er für Schlafmützen hält, mit der Eleganz und Pracht des französischen Theaters beeindrucken und hat dafür die besten Schauspieler aus Paris mitgebracht. Allabendlich treten sie in Erfurt vor einem Parterre voller gekrönter Häupter auf. Umgekehrt sucht Carl August dem Korsen mit der kulturellen Bedeutung seines Weimar zu imponieren und damit »reellen Gewinnst« für sein Land herauszuwirtschaften. Deshalb bestellt er erst Goethe, später auch Wieland nach Erfurt, damit sie dem Kaiser vorgestellt werden. Am 2. Oktober kommt es schließlich zu jener Begegnung, von der Goethe sich zeitlebens beeindruckt zeigt, obschon Napoleon kaum die Zeit findet, sich dem Dichter konzentriert zu widmen. Doch gewinnt Goethe Einblick in das ganz große Weltgeschehen, er wird Augenzeuge, wie sein Halbgott politische Weichen stellt. Es handelt sich ja nicht um eine förmliche Einzelaudienz, sondern eher um ein Geplauder seiner Majestät, das immer wieder von ernsten politischen Geschäften unterbrochen wird – folgt man den Memoiren Talleyrands, dann ist der Klassiker aus Weimar eher eine Art Staffage. Der Kaiser sitzt an einem großen runden Tisch beim Dejeuner, flankiert von Talleyrand und Marschall Daru, die beide stehen und mit denen er sich über Kontributionen unterhält. Generäle und Diplomaten kommen und gehen, man diskutiert und berät, Napoleon erteilt seine Befehle – der Dichter in seinem Frack steht ehrerbietig mit anderen in einer Reihe, gelegentlich richtet der Kaiser das Wort an ihn. »Vouz êtes un homme!« – ein Kompliment, das vor allem besagt, daß dieser etwas korpulente und kurzbeinige Goethe, der da mit sorgfältig gebranntem Haar vor ihm steht, sich für seine sechzig Jahre gut gehalten hat. Napoleon gibt sich als Kenner des »Werther« aus, er spricht lange und schnell, nach jeder seiner Ausführungen stellt er die ungeduldige Frage: »Qu'en dit Monsieur Göt?« Der Kaiser springt auch einmal auf, geht auf Goethe zu und sagt, er mißbillige Schicksalsdramen. In diesem Zusammenhang fällt dann das berühmte Wort: »Politik ist das Schicksal.« Voltaires »Tod des Cäsar« wird angesprochen, ein Thema, das Napoleon bewegt, weil der berühmte Autor all die großen Pläne, die Cäsar wegen seiner Ermordung nicht mehr hat ausführen können, nicht behandelt hat. Man müßte das Thema neu fassen – Goethe solle unbedingt nach Paris kommen, um sich gründlicher als Voltaire mit dem Stoff zu beschäftigen. Ebenso abrupt, wie es begann, wird das Gespräch dann plötzlich abgebrochen. Tage später, beim Hofball, den der Herzog von Weimar für die Kaiser, Könige und Fürsten in seinem Schloß gibt, wechselt Napoleon erneut einige Worte mit Goethe, aber sein Hauptgesprächspartner ist diesmal Wieland, den er eigens holen läßt, weil der Herausgeber des »Teutschen Merkur« nicht erschienen ist. Wieland eilt herbei, wie er zu Hause angetroffen wird – ungepudert, das ewige schwarze Samtkäppchen auf dem Kopf, ohne Degen und höfische Tracht, er steckt in einfachen Tuchstiefeln. Napoleon unterhält sich mit ihm »wie ein alter Bekannter mit seinesgleichen«, schreibt Wieland voller Stolz danach, »und, (was noch keinem andern meinesgleichen widerfahren war) fast anderthalb Stunden lang in einem fort und ganz allein ...« Das Gespräch kreist unter anderem um Tacitus, den Napoleon haßt und Wieland verteidigt; daß der Korse seinen Partner nur selten zu Wort kommen läßt und die frais de la conversation fast allein auf sich nimmt, erfreut Wieland, »ungeübter, schwerzüngiger französischer orateur«, der er nach eigenem Urteil ist. Der Kaiser hat Achtung vor Weimars Kulturmission, er will Goethe wie Wieland beeindrucken, sie für seine Sache gewinnen; er weiß, sie sind Multiplikatoren, ihre Stimme hat ein großes Echo in allen deutschen Landen. »Die Stadt Weimar«, heißt es später in der Anweisung an den französischen Gesandten für die sächsischen Herzogtümer, den Baron von St. Aignan, »ist der Sammelpunkt einer großen Zahl berühmter Schriftsteller, deren Schriften, in ganz Deutschland gelesen, großen Einfluß auf die öffentliche Meinung haben; und da oft politische

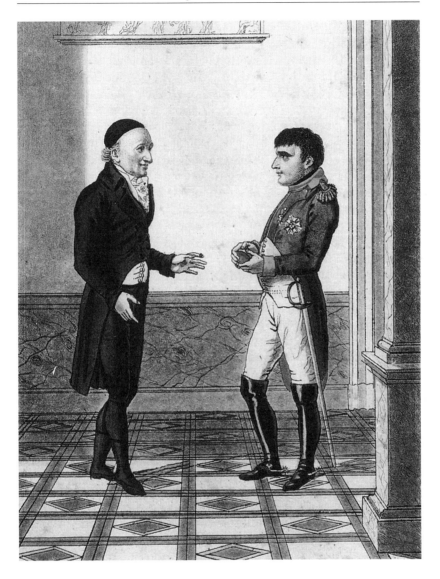

Begegnung Wielands in Weimar am 6. Okober 1808 mit Napoleon (Aquatintaradierung Hössel nach Schnorr von Carolsfeld, 1809). Napoleon schmückt sich mit berühmten Schriftstellern, weil sie »großen Einfluß auf die öffentliche Meinung« haben.

Fragen in rein literarische Abhandlungen vermengt sind, wird sich Herr Baron von St. Aignan über alle in Weimar oder Gotha neu erscheinenden Werke in Kenntnis halten müssen und über den Geist, in dem sie verfaßt sind. Er wird dem Minister des Äußeren Exemplare der Schriften zustellen, die in politischer Hinsicht irgendein Interesse bieten. Er wird in gleicher Weise die politischen und literarischen Zeitschriften überwachen, die in den sächsischen Herzogtümern erscheinen.«

Wie Erfurt, spart auch Weimar nicht an Pomp, als es den großen Eroberer zu begrüßen gilt. Carl August hat zu einer Prunkjagd auf dem Ettersberg in einen Pavillon geladen, einen »salon en verdure«, dessen Zeltdach auf Säulen ruht, die mit Tannengrün, Blumen und Vogelbeeren geschmückt sind. Nach einem Gabelfrühstück ertönen Lieder und Jagdhörner, aus einem nahen Gehege werden den gekrönten Häuptern Hirsche und Rehe vor die Flinten getrieben. Der Lenker des Kontinents, Napoleon, ist gleich mit sechs Jagdpagen und vier Piqueuren erschienen, sein Leibmameluck und ein Büchsenspanner laden ihm die Gewehre, schreibt Ilse-Sibylle Stapff. Die versammelten Kaiser, Könige und Fürsten bringen siebenundvierzig Hirsche, fünf Rehböcke, drei Hasen und einen Fuchs zur Strecke und ziehen dann nach Weimar. Am Stadttor begrüßt sie das Schützenkorps mit klingendem Spiel und fliegender Fahne, die Glocken läuten, ein »edler Rath und die Bürgerschaft«, so die »Weimarische Zeitung«, hat sich auf den Straßen in Reihen aufgestellt. Vor dem Schloß prunkt ein kolossaler, sechzig Fuß hoher Obelisk, geziert mit dem Stern der Ehrenlegion und angeleuchtet von vier großen Pechpfannen. Unzählige kleine Lichter an den Gesimsen zeigen wie Feuerlinien die Umrisses des Herzogssitzes, und als sich die Majestäten und durchlauchtigsten Hoheiten über die Esplanade zum Theater begeben, wo des Kaisers Schauspieler »Cäsars Tod« aufführen, stehen die Weimaraner mit Fackeln Spalier. Zusammen mit dem französischen Theaterdirektor Dazincourt hat Goethe die Weimarer Bühne für das Stück hergerichtet, seine Aufführung stellt insofern eine Sensation dar, als der Kaiser dieses Drama von Voltaire als subversives Stück in Frankreich verboten hat – der Zuschauer könnte die antike Handlung ja falsch verstehen und in dem Tyrannen, den es zu morden gilt, nicht Cäsar, sondern Napoleon sehen. Weil der Korse dem Zaren andertags das Schlachtfeld von Jena zeigen will, hat Carl August einen mit Leinwand verkleideten Holztempel auf jenem Platz errichten lassen, wo der Kaiser der Franzosen vor der Schlacht, »in der ewig denkwürdigen Nacht am 13. October 1806 bivaquirte«, wie das offizielle Weimarer Blatt vermerkt. Der Tempel, in dem die Majestäten frühstükken, steht auf dem Windknollen oder Napoleonsberg bei Jena und ist dem Donnergott geweiht – gemeint ist damit natürlich Napoleon. Goethe hat im dienstlichen Auftrag an der Ausschmückung des Baus und an der Tempelinschrift mitgewirkt. Nach einer anschließenden Hasenjagd bei Apolda, die Carl August ausrichtet, läßt der Protector des Rheinbundes in Weimar nur noch die Pferde wechseln und reist nach Erfurt zurück. Für ihn bleibt das Gespräch mit Goethe eine Episode unter unzähligen anderen, auch wenn er sie in seinen Memoiren erwähnen wird, Goethe dagegen bewertet die Begegnung mit Napoleon als Sternstunde, in der er den Dämon des Schicksals traf. Carl Otto Conrady spricht einmal von der »scheuen Anerkennung amoralischer und geschichtlicher Produktivität«, die Goethe in Napoleon wirksam sah. In der Tat sieht der Dichtergenius im Genie des Kaisers eine elementare Naturkraft, die sich über die normalen Regeln für normale Menschen erheben darf. Begründet er damit jenen Geniekult mit, den die Deutschen bald mit ihm selber treiben und der in ihrer politischen Geschichte verhängnisvolle Folgen haben wird? Es habe ihm in seinem Leben »nichts Höheres und Erfreulicheres beggnen« können, als »auf eine solche Weise« vor dem französischen Kaiser zu stehen, schreibt er nach der Begegnung in Erfurt tiefbewegt seinem Verleger Cotta. Niemals habe ihn »ein Höherer dergestalt aufgenommen« und ihm zu verstehen gegeben, daß sein Wesen »ihm gemäß sei«. Das Kreuz der Ehrenlegion, das Napoleon ihm und Wieland noch von Erfurt aus zukommen läßt, trägt er mit Stolz selbst noch in den Befreiungskriegen und erwägt, als man daran Anstoß nimmt, einfach einen Orden des Zaren daneben anzustecken. Das Genie würdigt in Napoleon das vielleicht noch größere Genie. Gegenüber Eckermann nennt er das Leben Napoleons »das Schreiten eines Halbgotts«, der sich im »Zustand einer fortwährenden Erleuchtung befunden« habe; man brauche eben nicht bloß Gedichte und Schauspiele zu machen, um produktiv zu sein, es gebe auch »eine Produktivität der Taten, die in manchen Fällen noch um ein Bedeutendes höher steht«. Nietzsche wird später sogar behaupten, das Erscheinen Napoleons habe Goethe zu seinem »Faust« inspiriert. Der junge Theodor Körner ist als freiwilliger Jäger bei den Lützowern eingerückt, als Goethe im Körnerschen Haus in Dresden im April 1813 auf den fanatisch antiwelschen Freiheitsbarden Ernst Moritz Arndt trifft und ihm jeden Aufstand gegen Napoleon als hoffnungsloses, zum Scheitern verurteiltes Unternehmen auszureden sucht: »Schüttelt nur an Euren Ketten, der Mann ist Euch zu groß, Ihr werdet sie nicht zerbrechen.« Noch Monate später, vor der Völkerschlacht bei Leipzig, wettet Goethe, Napoleon werde der Sieger sein – aber ist er damit wirklich so weit von den Erwartungen der Weimarer Regierung entfernt, wie es die nationalen Panegyriker von seinem Carl August später behaupten werden?

Es ist nicht ganz einfach, die Rheinbundzeit in der Stadt unserer Klassiker zu rekonstruieren, fast sieht es so aus, als hätte eine nationale Geschichtsschreibung bewußt das Gedächtnis daran getilgt oder gesäubert. Für die zwei Tage jedenfalls, in denen das kleine Weimar zum Zentrum napoleonischer Machtfülle wurde, hat der Herzog alles aufgeboten, was er als kleiner Fürst seinen hohen und höchsten Gästen zu bieten vermochte. Selbst wenn er tiefste innere Vorbehalte gegen Napoleon haben sollte, ist davon nach außen jedenfalls nichts zu spüren. Auch später erfüllt er getreu seine Rheinbundpflichten, schließt sich der Kontinentalsperre an, läßt Baumwolle aus Brasilien, Surinam oder dem amerikanischen Georgia beschlagnahmen und vernichten, dazu weißen Pfeffer, feinen Zimt und Kaffee, der über die Meere gekommen ist. Die Torschreiber von Weimar werden angewiesen, auf die Deklaration aller Kolonialwaren »bei Strafe der Konfiskation« zu achten. Und brav füllt der Herzog immer wieder das Truppenkontingent auf, das er zu unterhalten verpflichtet ist. Da sich kaum einer freiwillig meldet, wird die fünfjährige Dienstpflicht für jede »innerhalb der Sachsen-Weimarischen Lande gebohrene Mannsperson« zwischen dem 20. und 24. Lebensjahr eingeführt. Ausgenommen sind Professoren, Dozenten und Studenten während einer Studienzeit von drei Jahren. Wer dienen muß, den bestimmt das Los, Nicht die Wohlhabenden, sondern die kleinen, armen Leute sind von der Militärpflicht besonders betroffen: Jeder Gezogene darf nach dem Dekret des Herzogs einen Ersatzmann stellen, den er freilich nur gegen eine erkleckliche Summe finden kann. Die Zahl der ausgehobenen Rekruten richtet sich nach dem Bedarf, sprich den Verlusten, und die sind hoch. Bei Sterzing und Brixen in Tirol zählt man 55 Gefallene sowie

156 Gefangene und Blessierte. Von den 681 Soldaten und 20 Offizieren des neu aufgefüllten Weimarer leichten Infanteriebatallions, das 1810 nach Spanien zieht, kehren nur 101 Mann und elf Offiziere heil aus dem katalonischen Guerillakrieg zurück, der Rest ist gefallen, in Gefangenschaft geraten, verwundet worden oder davongelaufen. Desertionen sind häufig, und um ihnen vorzubeugen, veröffentlicht die »Weimarische Zeitung« am 24. Oktober 1810 ein Herzogliches Patent-Dekret, demzufolge das Vermögen eines jeden Landeskindes beschlagnahmt wird, das desertiert oder sich dem wirklichen »Enrollement« durch Flucht entzieht. Auch beschließen jene Rheinbundstaaten, welche die allgemeine Dienstpflicht eingeführt haben, die wechselseitige Auslieferung »widerspenstiger Conscribierter«. Wenige Jahre nach dem Krieg, in dem Weimar an Preußens Seite gegen Napoleon gekämpft hat, scheint in Weimar Rheinbund-Normalität eingekehrt. Carl Augusts zweiter Sohn, Prinz Bernhard, kämpft an der Spitze eines sächsischen Gardebataillons so tapfer in der Schlacht von Wagram gegen die Österreicher, daß ihn Napoleon eigenhändig mit der Ehrenlegion schmückt. Unter dem 20. August 1811 meldet das Lokalblättchen, das Napoleonfest sei feierlich begangen worden – mit Musik vom Rathausbalkon, die »zur allgemeinen Fröhlichkeit weckte«. Der Magistrat gab einen glänzenden »Freyball« für vierhundert Personen – »es fehlte nirgends an Aufmunterung und Freude, wie sie des großen Tags würdig war«, Stadthaus und Markt waren »reichlich illuminiert«. Der Hof feierte den Geburtstag des Rheinbund-Protektors mit großer Mittagstafel und abendlicher Cour. Carl Augusts nationalgesonnener Militärberater Oberst von Müffling, der früher in preußischen Diensten stand, notiert besorgt, daß »die deutsch gesinnte Partei vor der französisch gesinnten« immer mehr zurückweicht. Der französische Gesandte habe »unter den deutschen Bewohnern der guten Stadt Weimar (meistens Diener des Herzogs) eine völlig organisierte Espionage«. Der Herzog und sein Militärberater sehen Napoleons Krieg in Rußland zwar als sehr entscheidend für Deutschland an, allein sie haben »kein großes Vertrauen« auf die Armee, welche Kaiser Alexander von Rußland »den ungeheuren Kräften entgegensetzen« kann, die Napoleon gegen Rußland wälzt.

Nach dem von ihm also kaum erwarteten Zusammenbruch der Grande Armée in Rußland treibt Carl August dann eine klassische Schaukelpolitik, zumal das Herzogtum zwischen den Fronten liegt.

Napoleon als Göttersohn

Wie 1806 steht die Existenz von Staat und Dynastie auf dem Spiel, vorsichtigstes Taktieren scheint das Gebot der Stunde. So beschließt das »Landespolizey-Collegium« eine Art Maulkorb-Erlaß für alle Untertanen: Weimarer Bürger haben sich aller Gespräche, in denen »Partheygeist oder Teilnahme für oder gegen die politischen oder militärischen Ereignisse liegen könnten« zu enthalten. Die Verbreitung »unzeitiger Kriegsnachrichten« in Kaffeehäusern und anderen öffentlichen Orten wird als Störung der öffentlichen Ruhe bewertet und unter Strafe gestellt. Der Herzog bleibt erst einmal im Rheinbund und hält es mit Blick auf das Wiedererstarken Napoleons für geraten, Ersatz für sein Militär-Kontingent zu schaffen, das bei dem Rückzug aus Litauen so gut wie aufgerieben worden ist. Wenn er heimlich mit der anderen Seite sympathisiert, weiß er sich doch bestens zu verstellen. Allerdings ist seine Lage auch nicht beneidenswert: Frankreich beherrscht weiterhin das nahe Erfurt und fordert Schanzarbeiter aus Sachsen-Weimar an, indes russische Kosaken bereits Thüringen durchstreifen und eine Eskadron preußischer Husaren im April 1813 sogar die Stadt Weimar und den Ettersberg besetzt. Ihr Anführer, ein Oberst und Sohn des Feldmarschalls Blücher, wird mit seinen Soldaten freundlich bewirtet, aber Napoleon rückt mit neuen Truppen heran, so daß die Blüchersche Eskadron sich vor den Einheiten Marschall Neys schleunigst zurückziehen muß. Um »Ihre treue Anhänglichkeit an die Sache Sr. Majestät des Kaisers und Königs, Protekteurs des Rheinbundes, zu bestätigen«, läßt Carl August im Mai 1813 verkünden, jedem Einwohner, der irgendeines Einverständnisses mit einem feindlichen, also russischen oder preußischen Streifkorps für schuldig befunden werde, drohten höchste Strafen als »Staatsverräter«. Der Weimarer Minister Voigt notiert noch am 10. Oktober, wenige Tage vor der Entscheidungsschlacht bei Leipzig: »Wir sind durch siegreiche Waffen geschützt, was wollen wir mehr? Da uns der Kaiser wieder näher ist, so können wir ruhiger sein.« Denkt er anders als sein Landesherr, ist das Weimarer Gouvernement in seinen Sympathien also gespalten? Selbst der Napoleon-Verächter Carl August kann sich der gebieterischen Aura des Korsen nicht immer entziehen. Er begleitet den Kaiser auf dessen Ritt zur Front bis Eckartsberga und spricht danach von diesem »wahrhaft außergewöhnlichen Wesen«, das ihn an einen Inspirierten, einen Erleuchteten, ja an Mohammed erinnert habe. Der Historiker Fritz Hartung meint, willenlos werde Weimar

1813 zwischen den Parteien hin- und hergeworfen, um sich zum Schluß noch einmal dem Machtgebot Napoleons zu fügen. Höchst unrühmlich ergibt sich das neue Bataillon des Herzogs einer Handvoll preußischer Husaren; um der Gefangenschaft zu entgehen, aber zweifellos auch aus einer patriotischen Grundstimmung heraus, die mehr und mehr um sich greift, wechselt es einfach zur Gegenseite und verstärkt die Reihen der Preußen. Erbost fragt Napoleon Friedrich von Müller: »Wie, Ihr bildet Euch ein, ein ganzes Bataillon lasse sich ohne Schwertstreich von einer Handvoll Husaren gefangen nehmen? Wie, Ihr wollt mich glauben machen, ein solcher Skandal lasse sich ohne eine vorherige verräterische Verabredung denken?« Sein Mißtrauen gegen den unruhigen Monsieur Weimar wächst, auch wenn dieser erneut ein frisches Bataillon zusammenstellt, das nun wirklich auf französischer Seite kämpft.

Erst nach der Völkerschlacht bei Leipzig glaubt Carl August die Stunde für einen Frontwechsel gekommen: Er füllt sein Linienbataillon auf, befiehlt ihm, zu den verbündeten Heeren zu stoßen, und führt nun gegen seinen ehemaligen Rheinbundprotektor Krieg. Angeblich nur wegen der »deutschen Gesinnung des Herzogs«, so Harald Kebbel 1955, wird Sachsen-Weimar von den siegreichen Napoleon-Gegnern verschont und nicht wie andere Rheinbundstaaten unter die zentrale Verwaltung der Verbündeten gestellt. Was Kebbel in seiner Studie »Weimar zur Zeit der Befreiungskriege« behauptet, befindet sich in Einklang mit der nationalen und nationalsozialistischen Geschichtslegende, welche von den Historikern der DDR übernommen und fortgesponnen wird, wenn es um die Napoleonischen Kriege geht. Deutsche vereint mit Russen gegen westliche Fremdherrschaft – das paßt bestens zur deutschlandpolitischen Linie der DDR. Sehr viel wahrscheinlicher jedoch ist, daß nicht des Herzogs deutsche Gesinnung, die im Grunde nicht zu bezweifeln ist, wohl aber seine russische Verwandtschaft seine Herrschaft und seinen Staat in Weimar retten. Oder sollte es nur Zufall sein, daß der frühere preußische Kürassier-General Carl August nach Völkerschlacht und vollzogenem Frontwechsel erst einmal die Uniform eines russischen Generals überzieht?

Motive hin oder her – seine Schaukelpolitik hat Erfolg. Nach ihrem Sieg bei Leipzig nehmen die Monarchen Preußens, Rußlands und Österreichs mit ihrem Hauptstab in Weimar Quartier, bis dieser weiter nach Frankfurt zieht. Daß der Herr über ein winziges Territorium zum Erhalt von Land und Dynastie in eine Zwangslage geraten ist, nehmen sie dem Ernestiner sehr viel eher ab als dem König von Sachsen. Und hat nicht auch das viel mächtigere Preußen seine Truppen auf Wunsch und im Dienst Napoleons 1812 gegen Rußland in Marsch setzen müssen? So behandeln sie den Realpolitiker Carl August, der vor wenigen Wochen noch gegen sie stand, wie einen alten Verbündeten. Noch im November übernimmt der Herzog die Führung des III. Deutschen Bundeskorps, im selben Monat stellt Weimar zusätzlich ein Landwehrbataillon sowie eine »Schar der Freywilligen« auf, denen Maria Paulowna persönlich die Standarte stiftet. Als Freiwillige lädt der Herzog in seinem Gründungsaufruf auch wehrhafte Männer aus den benachbarten Staaten ein – Männer, die »noch nicht unter die Fahnen des gemeinsamen deutschen Vaterlandes von ihren Fürsten gerufen worden sind«. Es ist dies die erste Erwähnung des Begriffes »deutsches Vaterland« in einem offiziellen Aufruf des Weimarer Regenten. Fortan mehren sich in dem Fürstentum, das sich als kulturelles Zentrum Deutschlands versteht, betont nationale Töne. Erklingen sie in Weimar lauter als anderswo, um die unrühmliche Taktiererei mit dem Korsen, die nun schmählich erscheinende Rheinbund-Vergangenheit vergessen zu machen? Als der Herzog Anfang September 1814 aus dem Krieg nach Hause kommt, stehen jubelnde Bürger von der bekränzten Ehrenpforte, die man ihm errichtet hat, bis zum Theaterplatz Spalier; auf dem Markt sind das Linienbataillon und die uniformierten freiwilligen Schützenkompagnien des Landsturms mit klingendem Spiel und Fahnen aufmarschiert; und die »Weimarische Zeitung« preist den Herzog gar als Helden, der ausgezogen sei, für die »heilige Sache Deutschlands, für des Vaterlandes Ehre, Gesetz und Sitte« zu kämpfen. Wenn Carl August 1816 den »Orden der Wachsamkeit oder vom weißen Falken« erneuert, will er bei den Trägern dieses Ordens ausdrücklich vaterländische Gesinnung, die Verbreitung »Teutscher Art und Kunst«, Treue gegen das »gemeinsame Teutsche Vaterland« und Ergebenheit gegen »die jeweils rechtmäßige höchste Nationalbehörde« ausgezeichnet wissen. Alljährlich am 18. Oktober hat der Falkenorden ein »Nationalfest« zu feiern und der »Befreiung Deutschlands von der Schmach ausländischer Herrschaft« zu gedenken. Wer die Bedingungen für die Ordensverleihung liest, auf den wirkt die Tatsache, daß sich Goethe, Kosmopolit und Bewunderer Napoleons bis übers Grab hinaus, auf der Liste der ersten mit dem Großkreuz des Weißen Falken Ausgezeichneten befindet, beinahe wie ein Witz. Gewiß, wenn man sein Werk unbedingt so sehen will, dann hat er mit seinen Gedichten, Tragödien und Dramen »Teutsche Art und Kunst« verbreitet – wo aber finden sich vaterländisches Herz und Gesinnung? Patriotismus, meint der Genius, verdirbt die Geschichte; er verachtet den Ausbruch der Soldatentollheit, die da plötzlich um sich greift; lustig macht er sich über die jungen Herren, welche in den Befreiungskriegen nichts bequemer finden, »als hinauszumarschieren und anderen ehrlichen Leuten ebenso beschwerlich zu sein, als man uns gewesen«. Als Ehre und patriotischer Chic den jungen Herren von Stande auch in Weimar gebieten, ins Feld zu ziehen, untersagt Goethe seinem vierundzwanzigjährigen Sohn August, mit der »Schar der Freywilligen« auszurücken. Durch seine Beziehungen schanzt er ihm den Posten eines Verpflegungskommissars in Frankfurt und den nominellen Rang eines Adjutanten des Erbprinzen Carl Friedrich zu.

Goethes Verhalten spiegelt die grundsätzliche Mißbilligung der Politik seines Fürsten und Freundes wider, der dem »Soldatenteufel« in sich nie widerstehen kann. Seine Kritik wird schon nach der Campagne deutlich, als Weimar zum Reichskrieg gegen Frankreich verpflichtet wird und der Geheimrat davor warnt, der kleine Staat werde »mit der Herde in sein Verderben rennen«. Lange vor Jena inspizierte Carl August mit seinem kleinen Husarenkorps mögliche Schlachtfelder in seinem winzigen Reich, und mit dem ausdrücklichen Hinweis, daß er »das Terrain von Thüringen, Franken p.(ersönlich) sehr gut kenne«, bietet er dem König von Preußen seine Dienste gegen Frankreich an. So jedenfalls schreibt es der Geheime Rat Voigt, der ja die entsprechenden Stafetten nach Berlin zu expedieren hat, seinem Kollegen Goethe. Nach dessen Geschmack hätte Weimar allerdings besser neutral bleiben und den Durchzug der Heere beider Seiten passiv hinnehmen sollen, wie es der Herzog von Gotha tat. Hat Carl August in den Augen des grollenden Freundes mit seiner Militärleidenschaft Weimar beinahe in den Untergang gezogen und um ein Haar sein Land verspielt? Katharina Mommsen hält die beschönigende Darstellung dieser Freundschaft, die Tendenz zur Harmonisierung »ein großes cover up«, das Historiker und Literaturwissenschaftler über die wahren Verhältnisse gebreitet hätten. »Faust II« interpretiert sie deshalb als »eine Art persönliche Abrechnung« Goethes mit seinem Fürsten, und in der Tat scheinen manche Parallelen, die sie zwischen Carl August und der Figur des Kaisers im »Faust« herausarbeitet, nahezu überzeugend. Sein Reich ist fast bankrott, doch unbekümmert um leere Kassen und die Sparmahnungen seiner Minister feiert der junge Kaiser im »Faust« heitere Feste und veranstaltet teuren Mummenschanz. Erinnert die »Staatsrat-Szene« damit nicht an jenen Carl August, der stets über seine Verhältnisse lebt, die Pflichten seines Standes verkennt und die Mahnungen Goethes, der ihn zum Musterfürsten bilden will, in den Wind schlägt? Werden hier nicht jene Erfahrungen am Weimarer Hof geschildert, die Goethe schließlich nach Italien treiben? Der Kaiser im »Faust« verliert beinahe sein Land, weil er vom Feldherrnruhm träumt, den er mangels militärischer Begabung jedoch nie erringen kann. Wird hier nicht auf Carl August angespielt, der in Überschätzung seiner militärischen Fähigkeiten seine Energien an glanzlose Taten vergeudet und die Kulturstädte Weimar und Jena an den Rand des Abgrunds bringt? Als der Kaiser endlich einen Sieg feiert, den er ausschließlich dem Eingreifen mächtiger Alliierter verdankt, werden die Fürsten zusammengerufen, Ämter und Würden verteilt und »Faust« mit dem Meeresstrand belehnt. Wenn Goethe diese Ämterverleihungs-Szene in Alexandriner faßt, parodiert er nach Katharina Mommsen nicht nur den Wiener Kongreß, sondern auch seinen Fürsten. Der Goethe der klassischen Periode sei längst von dem »albernen Klang und Fall der Alexandriner« abgerückt, indes Carl August sie als Versmaß der Voltaireschen Dramen und der klassischen französischen Tragödien noch immer über alles schätze.

Wenn die Ämterverleihungsszene wirklich eine Satire auf Carl August und Weimar darstellen sollte – ist sie vielleicht damit gerechtfertigt, daß Weimar auf diesem Wiener Kongreß nicht ans Ziel seiner Wünsche gelangt? Zwar erreicht es eine Verdoppelung seines Territoriums, doch sein Staatsgebiet, das mit nunmehr hundertneunzigtausend Seelen ungefähr soviel Einwohner hat wie damals die Stadt Berlin, bleibt in zahlreiche Partikel zersplittert. Die große Arrondierung, auf die Carl August mit Hilfe Rußlands und Preußens gehofft hat, die Herstellung eines geschlossenen Territoriums, gelingen nicht, obschon er in Wien alle Hebel in Bewegung setzt, großartig Hof hält und alle Herrschaften von Einfluß geradezu fürstlich bewirtet: Sechzigtausend Taler, weit mehr, als der beengte Haushalt Weimars erlaubt, gibt er zum Kummer seiner Geheimen Räte aus. Der Zar setzt schließlich durch, daß der Schwiegervater seiner Schwester als Trost für den entgangenen Machtzuwachs durch Titel und Würden entschädigt wird: Mit dem Segen der verbündeten Monarchen steigt Carl August vom Herzog zum Großherzog auf und darf sich nunmehr »Königliche Hoheit« nennen. Die korrekte Anrede, so tut Friedrich von Müller es am 21. April 1815 im offiziellen Mitteilungsblatt 1815 kund, sei ab sofort »Durchlauchtigster Großherzog, gnädigst regierender Landesfürst und Herr«, im Kontext solle man sich indes der Worte »Euer Königliche Hoheit« bedienen. Noch ein ganzes Jahrhundert wird man im winzigen Weimar von Mitgliedern der Großherzoglichen Familie als Königlichen Hoheiten sprechen, bis 1918 der letzte Großherzog für immer seinem Thron entsagt.

Mit einer neuen Verfassung löst Carl August 1816 ein Versprechen ein, das im Prinzip alle Fürsten in der Wiener Gründungsakte des Deutschen Bundes ihren Untertanen zugestanden haben. Wenn er es eiliger hat als andere, dann weniger aus landesväterlicher Sorge um demokratischere Zustände, die man später an ihm rühmen wird, als vielmehr wegen der Notwendigkeit, die zugewonnenen Gebiete mit den alten drei Landesteilen Weimar, Eisenach und Jena administrativ zu vereinigen. Schon 1809 hatte er die landständische Verfassung aus alten Zeiten aufpolieren und die im Frieden von Thorn erzwungene formelle Gleichstellung der Katholiken mit den Protestanten in Gesetze fassen lassen. Was jetzt zwischen einer vom Herzog berufenen Beratungsversammlung und seiner Regierung als neues »Grundgesetz der Landständischen Verfassung des Großherzogtums« ausgehandelt wird, stellt weniger eine politische als eine wirtschaftliche und soziale Interessenvertretung dar, kennt nicht den Begriff eines einheitlichen Staatsbürgertums und ist damit keineswegs eine Konstitution im modernen Sinn. Ein Drittel aller Sitze erhält der Stand der Rittergutsbesitzer, die allein über ein direktes Wahlrecht verfügen; Bauern und Bürger, denen je zehn Sitze zustehen, müssen durch Wahlmänner wählen lassen. Abgeordneter kann nur werden, wer von einem deutschen Vater abstammt, das Bürgerrecht besitzt, selbst in Deutschland ehelich geboren, dreißig Jahre alt und bekennender Christ ist. Damit nicht genug, müssen Bauern, die ins Parlament einziehen wollen, ein Vermögen von zweitausend Talern, Städter Haus- oder Grundbesitz sowie ein unabhängiges jährliches Einkommen von dreihundert, in Weimar und Eisenach sogar fünfhundert Talern nachweisen. Carl

August, dessen Herrscherbewußtsein mit zunehmendem Alter stärker und unerbittlicher wird und von dem der späte Goethe sagen wird, er habe das Zeug zum Tyrannen gehabt, behauptet seine Stellung als souveräner Monarch, der alle Staatsgewalt in seiner Person vereinigt. Wenn der Landgerichtsrat Hermann Ortloff in der »Zeitschrift für Thüringische Geschichte« 1907 behauptet, der Großherzog habe mit diesem Grundgesetz für Weimar eine konstitutionelle Monarchie geschaffen, mutet diese These mehr als befremdlich an, denn die Rechte des Landtages gegenüber der Regierung bleiben eng begrenzt, die Domänen des Großherzogs unterliegen nicht seiner Jurisdiktion. Und gerade darauf hat, so wiederum Hartung, gegen Ende der Beratungen Carl August nach Kräften hingewirkt. Es kann keinen Zweifel daran geben, daß die wenig später erlassenen Verfassungen der süddeutschen Staaten sehr viel liberaler ausfallen, denn sie gehen von einem einheitlichen Staatsbürgertum und staatsbürgerlichen Rechten aus. Der Jenaer Professor Oken stellt in seiner Zeitschrift »Isis« denn auch die Frage, ob es sich bei diesem Grundgesetz überhaupt um eine Verfassung handele, denn die Sicherstellung der individuellen Menschenrechte sei nicht vorgesehen. Allerdings kann er diese Frage in aller Offenheit nur stellen, weil der Großherzog auf zumindest einem Gebiet nun doch vorbildlich-liberale Maßstäbe setzt: Er verankert die Pressefreiheit in diesem Grundgesetz, und damit wird er sich nur zu bald den Zorn der heiligen Allianz zuziehen. Schon sein eigener Untertan und Schatullenverwalter, der Großbürger und Unternehmer Johann Justin Bertuch nutzt diese Freiheit, um die neue landständische Verfassung kritisch zu hinterfragen. In dem von ihm gegründeten »Oppositionsblatt« betont er die Notwendigkeit einer Teilung der Staatsgewalt, welche ausgerechnet sein Großherzog verhindert hat. Und wenn Bertuch auf die Bedeutung einer Opposition für die Sicherung von Volkswohl und Gerechtigkeit hinweist und schreibt, Opposition sei ohne die Bildung von Parteien nicht möglich, rügt er den Charakter des Weimarer Landtags, der mit seiner ständischen Sitzordnung eine übergreifende Zusammenarbeit in Form von Parteien gar nicht erst entstehen läßt.

Übrigens verteidigt dieses sonst durchaus progressive Oppositionsblatt im Mai 1817 ausdrücklich, daß man den Juden die volle Gleichberechtigung durch Gewährung der Bürgerrechte vorenthält. Es sei unvereinbar, Jude, d.h. Genosse einer streng abgesonderten religiössittlichen Gemeinde, und zugleich Bürger eines christlichen Staates zu sein. »Ist er ein guter Bürger, ist er ein schlechter Jude, oder vielmehr gar kein Jude, dann soll er auch aufhören, es zu heißen und sich so zu nennen.« Nicht etwa in Opposition befindet sich Bertuchs Blatt mit solchen Sätzen, sondern in voller Übereinstimmung mit der großen Mehrheit des Landtags, der Behörden und der protestantischen Kirche in Weimar. Deren Oberkonsistorialdirektor Peucer will Juden gar durch den Zwangsbesuch christlicher Schulen und durch Militärdienst von, wie er sagt, dem ihnen eigenen Schachergeist und ihrer Arbeitsscheu befreien. In klassischer Zeit leben einige wenige Juden in Sachsen-Weimar, nach einer Zählung aus dem Jahr 1818 sind es in Eisenach ganze sieben, in Weimar selbst sechsunddreißig Personen, die als sogenannte Schutzjuden dem Herzog die bloße Duldung ihrer Anwesenheit ordentlich berappen müssen. Der Name Schutzgeld rührt wohl von der Erwartung her, die Obrigkeit werde sich schützend vor sie stellen, falls christlicher Volkszorn gegen Juden sich in Pogromen entladen sollte. Zu den prominenteren unter den Weimarer Schutzjuden gehört Jacob Elkan, der mit Tuch und Kleidung handelt und bei dem schon Anna Amalia kostbare französische Seidenstoffe kaufte. Sein Sohn Israel Julius Elkan wird Bankier, über den Goethe manches Geldgeschäft abwickelt. Auch Gabriel Ulman zählt zu den privilegierten Weimarer Juden. Er vertreibt Waffen, wofür ihm Carl August das Prädikat eines Hof-Commissarius verleiht. Erst als nach dem Wiener Kongreß durch Landgewinn die Zahl der Juden im Herzogtum auf tausendzweihundert angewachsen ist, arbeiten die Behörden 1823 eine Judenordnung aus, die allerdings weit hinter der Judenemanzipation Preußens zurückbleibt. Ausgenommen Brauereien, Metzgereien sowie Schank- und Gastwirtschaften genießen die Juden nun zwar Gewerbefreiheit, auch werden die jüdischen Gemeinden als Religionsgesellschaften anerkannt und analog dem protestantischen Oberkonsistorium einem Landesrabbiner unterstellt. Der Staat sorgt schon deshalb für Ordnung bei seinen Juden, weil er kontrollieren will, was in ihren Gemeinden vorgeht; deshalb darf jüdischer Gottesdienst nur in deutscher Sprache gehalten werden. Eva Schmidt, der wir die erste und bislang einzige Untersuchung über die Bedingungen jüdischen Lebens im klassischen Weimar verdanken, nennt diese Judenordnung zu Recht einen Zwitter aus Begünstigungen und Einschränkungen. Manches entspricht ganz humanitärem Geist und ist zweifellos gut gemeint, etwa wenn der Leibzoll entfallen soll. Auch müssen die Lehrer jener Schulen, in denen christliche und jüdische Kinder unterrichtet werden, streng darauf achten, »daß von beiden Seiten die Äußerungen liebloser Gesinnung unterbleiben«. Die neue Regelung gestattet auch Heiraten zwischen Juden und Christen, eine liberale Maßnahme, die bei keinem Geringeren als Goethe auf Ablehnung und die offiziell unerwünschte »lieblose Gesinnung« stößt. Empört fragt er den zuständigen Kanzler Müller, ob Weimar »denn überall im Absurden vorausgehen, alles Fratzenhafte zuerst probieren« müsse? Wenn der Generalsuperintendent Charakter habe, dann müsse er eher demissionieren, als eine Jüdin in der Kirche im Namen der Dreifaltigkeit zu trauen. Ganz der alten, ständisch gegliederten Welt mit ihren strengen Abgrenzungen verhaftet, mißfällt ihm jede Vermischung von Juden und Christen. Goethe ist nicht der Antisemit, zu dem ihn später der Bayreuther Wahnfried-Kreis und ein Houston Stewart Chamberlain stempeln wollen, doch ihn einen Freund der Juden zu nennen, fiele wahrlich schwer.

Schutzpatron der Nationalen

Carl August, Kotzebue und der Wartburg garstiger Feuerstank

Blücher und Weimar!« heißt ein Trinkspruch Jenaer Studenten um 1818, und er soll bedeuten: Freiheit für Deutschland nach innen wie nach außen, mit dem geistigen Weimar Goethes haben die Burschenschafter dabei nichts im Sinn. Zur Geschichte des klassischen Weimar zählt eben auch, daß der Mäzen des Kosmopoliten Goethe seine schützende Hand über das Entstehen einer deutschen Nationalbewegung hält, die zunächst durchaus demokratischen Zielen verpflichtet ist, aber von Anbeginn nicht frei bleibt von provinzieller Deutschtümelei und feindseliger Ablehnung alles »artfremden Welschen«. Weil sich ein deutsches Nationalbewußtsein erst im Kampf gegen das Napoleonische Frankreich herausbildet und deutsche Identität nur in Abgrenzung und Feindschaft gegen die »Welschen« entwickelt, läuft dem, was als vernünftig demokratisch-national gelten muß, tragischerweise seit seiner Geburt ein Element des Wahnhaft-Teutschen und Nationalistischen parallel, und beide Tendenzen lassen sich nicht immer voneinander trennen. Die Stichworte dafür heißen Jena, Urburschenschaft und Wartburgfest. Und wenn die Jahrestage von Reformation und Völkerschlacht 1817 bei Eisenach gemeinsam gefeiert werden, macht dies zugleich deutlich, daß die Entwicklung dieser deutschen Nationalbewegung vor allem eine Sache der deutschen Protestanten ist. Mag der eine nun von Zufall, der andere von historischer Konsequenz sprechen, Tatsache bleibt, daß ausgerechnet ein Herrscher jenes Geschlechtes, das dreihundert Jahre zuvor Luther beschützt und seiner Reformation den Weg geebnet hat, zum Schirmherrn der ersten Nationalfeier der deutschen Jugend wird.

Wie auf dem kolossalen Gemälde des Schweizer Malers Ferdinand Hodler, das noch heute in der Aula der Universität Jena zu bestaunen ist, beginnt dieser nationale Aufbruch zunächst mit eitel Sonnenschein: Da vertauschen die Studenten der Salana den zivilen Rock gegen die schwarze Litweka der Lützower Freischaren, klettern aufs Pferd und ziehen – wie sagt doch der Spruch? – frisch, fröhlich, fromm und frei in den Kampf gegen Napoleon. Die Farben ihrer Uniformen – schwarzes Tuch, rote Aufschläge, goldene Messingknöpfe – finden sich auf der Fahne der Urburschenschaft wieder, die nach dem Befreiungskrieg in Jena gegründet wird: Drei breite Streifen aus doppeltem Atlas in den Farben Rot, Schwarz und Gold, mit zwei Eichenblättern geziert und goldenen Fransen umrahmt. Schwarz-Rot-Gold waren die Wappenfarben des untergegangenen Reiches, sehr bald werden es die Farben der demokratischen 48er-Revolution sein: Heinrich von Gagern, Präsident der deutschen Nationalversammlung in der Paulskirche, hat als Burschenschafter in Jena studiert. Nach dem zweiten Weltkrieg übernimmt dann die Bundesrepublik mit der alten demokratischen Tradition auch deren Farben. Freiheit nach innen und außen ist das liberale und demokratische Ziel, der Ruf nach Bürgerfreiheit und Freiheit des Vaterlandes eint die aus dem Krieg heimgekehrten Studenten in Jena. Noch unter den Fahnen ihrer alten Landsmannschaften marschieren sie, 143 an der Zahl, am 12. Juni 1815 auf dem Marktplatz auf. Dann ziehen sie in langen Reihen durch enge Gassen über die alte Saalebrücke zum nahe gelegenen Gasthaus »Zur Tanne« und lösen die Verbindungen, denen sie angehören, ihre Landsmannschaften, als Zeichen deutscher Zwietracht und Zersplitterung auf. Die seidenen Fahnen der Franconia, Saxonia und Thuringia senken sich, und die Urburschenschaft wird aus der Taufe gehoben. »Es soll und darf auf deutschen Universitäten«, so das Programm, »nur eine Einheit bestehen, alle Studierenden müssen zu einer Verbindung gehören, alle müssen Mitglieder der Burschenschaften werden.«

Als in Jena ein »schlechtes Haus«, ein Bordell, eingerichtet werden soll, schlagen Burschenschafter die Fenster ein, zerstören die Möbel und nehmen, so der Theologiestudent Krummacher, für ihre »grimmige Kundgebung sittlicher Entrüstung« gelassen Karzer und Schadenersatzzahlungen in Kauf. Weil die Urburschenschaft das Studentenleben reformieren und »rechtlich und sittlich wirken« will, wie ihr Mitbegründer Ferdinand Herbst einmal postuliert, weil sie Front macht gegen die ungehobelt-rohen Sitten des studentischen Lebens und sich einer nationalen, staatsbürgerlichen Erziehung ihrer Mitglieder annimmt, nicht zuletzt weil viele Jenaer Professoren diese Bestrebungen unterstützen, zeigt sich Carl August beeindruckt. Goethe freilich, seit seines Fürsten Avancement zum Großherzog nun Staatsminister, vor dem die Schloßwache zu salutieren hat, der Dichter, dem sich das Ancien régime stets nur von seiner liebenswürdigsten Seite zeigte, der große Genius der Deutschen, von seinem Großherzog mit der »Oberaufsicht über die Anstalten der Kunst und der Wissenschaften« betraut, Goethe schwankt: Einerseits bekundet er Wohlwollen, denn zu den führenden Urburschenschaftlern gehört Friedrich Johann Frommann, der Sohn des ihm eng vertrauten Jenaer Buchhändlers und Verlegers Carl Friedrich Ernst Frommann, dessen junge Pflegetochter Minchen Herzlieb zu seinen vielen, meist harmlosen Altersliebschaften zählt (ausgenommen die mit Ulrike von Levetzow in Marienbad). Friedrich Johann wird später zum Mitbegründer des »Börsenvereins der deutschen Buchhändler«, im Haus seines Vaters lernt Goethe Führer der Burschenschaften kennen, darunter den sympathischen, bescheidenen, nachdenklichen dreiundzwanzigjährigen Riemann, Theologiestudent und seit der Schlacht von Ligny Träger des Eisernen Kreuzes. Dieser Heinrich Hermann Riemann, ein führender Vertreter der studentischen Reformbewegung, der naiv, hochherzig und arglos von Freiheit und Vaterland träumt, wird auf der Wartburg dann die Hauptrede halten. Bei den Frommanns lauscht Goethe auch einem Burschenschaftschor, der Lieder von Körner, Arndt und ihm selbst vorträgt. In seiner Jenaer Wohnung empfängt er eine Abordnung der Burschenschaft, so berichtet Hermann Haupt, die ihn um Vorlesungen über Ästhetik und Literatur bittet. Er entläßt sie mit der Zusicherung, »zu gelegener Zeit« gern ihrem Wunsch nachzukommen. Andererseits hält der Geheimrat und Staatsminister nichts von der Gründung neuer Orden, Innungen oder Korporationen, wie er seinem Kollegen Voigt schreibt. Eine Verhandlung im Landtag und politische Auseinandersetzungen in Zeitungen sind ihm ein Greuel – soll er nun etwa befürworten, daß die Studenten ihre Ideen in öffentlicher Versammlung propagieren? Goethe ist eben kein Demokrat, und der Weltbürger hält nichts von deutscher Einheit, überzogenem Nationalstolz und Deutschtümelei. Wie heißt es doch in den »Xenien«:

»Zur Nation euch zu bilden, ihr hofft es, Deutsche, vergebens;
Bildet, ihr könnt es, dafür freier zu Menschen euch aus.«

Nationalstolz und Deutschtümelei lassen sich schwerlich übersehen, dafür sorgen schon der vaterländische Mentor und Vorsänger der Urburschenschaft, Ernst Moritz Arndt, und ihr Erzieher an Reck und Barren, Friedrich Ludwig Jahn, der »Wotan im Bürgerrock«. Arndts Patriotismus, sein Wort »Das ganze Deutschland soll es sein«, begeistert Lützower wie Studenten, sein Lied »Was ist des Deutschen Vaterland« haben sie bei der Gründung der Urburschenschaft im Gasthaus »Zur Tanne« gesungen. Aber gerade Arndt, Bauernsohn von der Insel Rügen und auf seine Art auch ein revolutionärer deutscher Demokrat, vermag seine Vorstellung von Deutschtum nur voller Haß gegen alles Welsche definieren, und dieser Haß reicht so tief, daß Arndt sich nicht scheut, das Wort vom »Franzosenungeziefer« unter seine Deutschen zu streuen. Franzosen sind für ihn schlicht die Nachfolger der Römer, beide waren auf die Unterjochung des heiligen Germaniens aus: »So ziehn wir aus zur Hermannsschlacht und wollen Rache haben«, dichtet Arndt und findet einen Gesinnungsgenossen in Friedrich Ludwig Jahn, dem Sohn eines brandenburgischen Dorfpredigers, der sich den gewaltigen Bart eines altgermanischen Recken wachsen läßt. Dieser Jahn träumt von einer alljährlichen Nationalfeier der Deutschen am Tag der Hermannsschlacht, die Frau will er auf ewig in die Rolle eines »altdeutschen Biederweibs« bannen, das sich im Dienst als »Hausfrau, Gattin und Mutter« erschöpft. Pädagoge in Berlin, veröffentlicht er mit seinem »Deutschen Volkstum« ein nationales Erziehungsprogramm zur sittlichen Hebung und patriotischen Erneuerung der Studentenschaft und gründet dafür 1810 seinen geheimen »Deutschen Bund«. Im Jahr darauf schon zieht er mit seinen Zöglingen in die Berliner Hasenheide und wird zum frühesten Wehrertüchtiger deutscher Nation: In ungebleichte, graubraune Leinwand gehüllt, haben seine Schüler und Studenten zu springen, zu klettern und zu turnen, um sich »körperlich zum Kampf gegen die Feinde des Vaterlands zu erkräftigen«. Er trage nichts anderes im Kopf als »sein Ideal eichelfressender Germanen, versetzt mit etwas starrem Protestantismus und dann seine Theorie des Drauf- und Dreinhauens ...«, sagt ein Zeitgenosse, der Schriftsteller Karl Leberecht Immermann, später Direktor des Düsseldorfer Theaters, von diesem Jahn. Nicht viel anders urteilt Saul Ascher, ein jüdischer Berliner Schriftsteller, der Jahns Ideen als »Germanomanie« bezeichnet und 1815 unter diesem Titel eine »Skizze zu einem Zeitgemälde« vorlegt. Jahns Anhänger, die »Germanomanen«, bezeichnet Ascher als freiheitlich-altertümelnd, enragiert und borniert, hellsichtig warnt er vor dem »Kreuzzug gegen alles Undeutsche oder Ausländische«, den die Turner und »teutschen« Tugenbündler im Sinne hätten. Immermann ist begeisterter Anhänger Napoleons, Ascher, der von Peter Hacks als »bester Hasser der Romantik« gepriesen wird, ein großer Freund der Französischen Revolution.

Die sich am 18. Oktober 1817 auf dem Eisenacher Marktplatz zum Festzug versammeln, vierhundertfünfzig Studenten aus allen Gegenden Deutschlands, tragen altdeutsche Tracht: kurzen, hochgeknöpften schwarzen Rock mit breitem, offenem Hemdkragen, langen Hosen, gespornten Stiefeln und wallenden Haaren, gekrönt von einem Samtbarett; manche lassen sich einen Bart stehen und tragen Degen. Sie feiern mit ausdrücklicher Duldung, wenn nicht Förderung des Weimarer Großherzogs, der ihre nationalen Bestrebungen unterstützt, sich freilich mit seinen Räten von diesem Nationalfest der Jugend auch eine besondere Anziehungskraft für seine Universität erhofft. Warnungen des »Großbritannisch-Hannoverschen-Cabinets-Ministeriums« vor Umtrieben, die »den bestehenden Regierungen schädlich zu werden drohen«, schlägt er als unerwünschte Einmischung in innere Angelegenheiten in den Wind; insgeheim freilich weist er seine Eisenacher Behörden an, notfalls mit Landsturm gegen etwaige Exzesse vorzugehen. Unnötige Vorsorge, wie sich zeigen wird.

Gleich mit einem mehrfachen Vivat auf den Landesherren danken ihm die Burschen auf der Wartburg. Die Hochrufe gelten nicht allein dem Protektor einer Zusammenkunft, die reaktionäre Regierungskanzleien hatten hintertreiben wollen, sie sollen auch den Fürsten ehren, der seinem Land eine Verfassung gegeben hat – Hoch Herzog Dir, »der Du Dein Wort gelöset treu / Wie Du es gabst zum Pfande. / Verfassung heißt das eine Wort, / Des Volkes wie des Thrones Hort!« In der Tat: Daß ausgerechnet Jena zum nationalen Hauptquartier der Burschenschaftsbewegung geworden ist, hätte wohl ohne die von Carl August in die Verfassung geschriebene Pressefreiheit im Großherzogtum Sachsen-Weimar-Eisenach kaum geschehen können: Parallel zu Bertuchs Oppositionsblatt in Weimar sprießen Zeitschriften in der Saale-Stadt geradezu aus dem Boden – der Naturwissenschaftler Lorenz Oken bringt seine »Isis«, Ludwig Wieland, Sohn des Dichters und radikaler Demokrat, seinen »Volksfreund« heraus, der später dann »Patriot« heißen wird; der Historiker Heinrich Luden veröffentlicht seine »Nemesis – Zeitung für Politik und Geschichte«. Alle drei Zeitschriften haben eine nationale, liberale und demokratische Tendenz. Von Jena geht denn auch die Einladung zum Wartburgfest aus, ausschließlich an protestantische Universitäten adressiert, weil die Feier der nationalen Befreiung durch die Völkerschlacht bei Leipzig 1813 nach dem Willen der Veranstalter mit dem dreihundertsten Jubiläum der Reformation gekoppelt wird. Die Wartburg, seit dem Sängerkrieg, der heiligen Elisabeth und Junker Jörg, der dort die Bibel übersetzte, vielleicht die deutscheste aller Burgen, bietet sich als Versammlungsort an, weil sie in der Mitte Deutschlands liegt, nicht weit vom Leipziger Schlachtfeld entfernt, aber bequem von Heidelberg oder Tübingen, Hamburg oder Kiel, Berlin oder dem sächsischen Freiberg zu erreichen.

National und deutschtümelnd, gutfreiheitlich und betont protestantisch geht es bei dieser Feier zu: Eisenach läßt alle Glocken läuten, als sich der Festzug auf dem Marktplatz formiert. Auf der Wartburg angekommen, wird im Festsaal erst einmal Gottesdienst gehalten, das Lutherlied von der »Festen Burg« erklingt, am Ende das obligate »Nun danket alle Gott«. Mit beinahe religiösem Pathos setzt der Student Heinrich Hermann Riemann Reformation und Befreiungskriege in eins und beschwört Martin Luther als den großen Patrioten und Befreier von römisch-kirchlicher Knechtschaft, als *den* Helden der Deutschen, der Vorbild und Kraftquell sei für die Gegenwart. Thomas Mann wird später von Luthers Untertanengeist sprechen und ihn, abfällig und doch um seiner Kraft willen bewundernd, den deutschesten der Deutschen nennen – hier auf der Wartburg gilt der Reformator nicht nur als Vorkämpfer für nationale Unabhängigkeit, man nimmt ihn gar für Bürgerfreiheit in Anspruch, als einen politischen Liberalen also, der er ganz gewiß nie gewesen ist und als Mann seines Jahrhunderts auch gar nicht hat sein können. Und dennoch: »Heilige Stille herrschte in den Versammlungen ... und Thränen der Rührung füllten die Augen.« Naiver Idealismus, Günter Steiger hat dies in seiner Geschichte des Wartburgfestes gut herausgearbeitet, feiert auf den Höhen über Eisenach wahre Triumphe. »Auf, die Schranken sind offen, überall winken die Kränze, auf daß unsere Körper reifen für die kommende Zeit«, so einer der Redner, »auf daß eine keusche und frohe, lebensfrohe Sitte wachse auf den lustigen Bergen und in den Thälern des Segens und Gesanges, und daß ein so schöner Wett-

Zug der Studenten zum Burschenschaftsfest auf der Wartburg
im Oktober 1817 (zeitgenössischer Stahlstich).
Die Einladung geht von Jena ausschließlich an protestantische
Universitäten, weil die Feier der nationalen Befreiung
mit dem 300. Jubiläum der Reformation gekoppelt wird.

eifer werde in dem Vaterland, wo die Eichen trotzen, und eine Jugend blühe, frisch und stolz, wie sie.« Es geht vieles durcheinander in den Köpfen der Studenten, aber in einem Punkt sind sich alle einig: Wer bluten durfte fürs Vaterland, der hat auch alles Recht, über dessen künftige Ordnung mitzubestimmen. Ist nicht gottlob die Zeit gekommen, wo sich der Deutsche nicht mehr fürchten soll »vor den Schlangenzungen der Lauscher und dem Henkerbeil der Tyrannen«, eine Zeit, in der »sich niemand entschuldigen muß, wenn er vom Heiligen und Wahren spricht«? Der so redet, der Jenaer Student Ludwig Röder, ist Schüler des Philosophen Jakob Friedrich Fries und ganz dessen Geistes Kind. In einem politischen »Glaubensbekenntnis« hat der Philosoph seinen ganzen Zorn auf die herrschenden Zustände zu Papier gegeben – er haßt die »Knechtsfreude, die Sklavenfreude an edlen Prinzen und Prinzessinnen«, er verachtet das »Hofgepränge« und verabscheut die »Dienstwonnen der Residenzen«. Lauscher mit Schlangenzungen gibt es genug, es bedarf wirklich keiner Bücherverbrennung auf dem Wartenberg, um dieses nationale Studentenfest in den reaktionären Kanzleien deutscher und ausländischer Herrscher zum Skandalon zu machen: Die Wartburg-Redner, berichtet der russische Gesandte in Berlin empört dem Zarenhof, hätten sich unterstanden, in revolutionärer Gesinnung laut den Wunsch nach einer allgemeinen republikanischen Verfassung auszusprechen. Gott behüte! Und draufgesattelt auch noch das Autodafé!

Angeblich hat Friedrich Ludwig Jahn, der germanomane Wüterich und Vorturner der Nation, eigenhändig die Liste jener Autoren und Bücher zusammengestellt, die da nebst Symbolen einer überholten militärischen Prügeldisziplin des Ancien régime, einem Schnürleib preußischer Ulanen, einem österreichischen Korporalstock und einem hessischen »Pracht-, Prahl- und Patentzopf« in die Flammen auf dem Wartenberg wandern. Schon aus Geldmangel fliegen da allerdings selten richtige Bücher, sondern Pappkartons mit den Aufschriften von Titel und Verfasser ins Feuer. Jahns Mitwirkung ist nicht erwiesen, doch unbestritten bleibt, daß die Anregung zu dem Feuergericht von einer ihm nahestehenden Minderheit radikaler Burschenturner um Hans Ferdinand Maßmann ausgegangen ist.

Später zur Rechtfertigung angehalten, sieht er in der fanatischen Tat nicht etwa den übermütigen Studentenulk, als den ihn die Weimarer Regierung den empörten Kanzleien in Preußen und Österreich beschönigt, sondern bekennt sich zu ihrem demonstrativ-politischen Charakter: Sie sei als bewußte Absage an die »Machwerke des Schergen-, Hof-, Zopf-, Schnür- und Perückenteufels« zu verstehen, als demonstrative Verdammung der »Grundsätze und Irrlehren der Zwingherrschaft, Knechtschaft, Unfreiheit und Ungerechtigkeit, Unmännlichkeit und Unjugendlichkeit, Geheimkrämerei und Blindschleicherei, des Kastengeistes und der Drillerei«. Ungeachtet der Tatsache, daß er so manche bürgerliche Freiheit nach Deutschland gebracht hat, steht der Code Napoléon für Fremdherrschaft und wird verbrannt, kurz danach wird der preußische »Kodex der Gendarmerie« als Zeichen von Knechtschaft und Unterdrückung in die Flammen geworfen. Man fühlt großdeutsch und altdeutsch, fürstenfeindlich und nach Art der Sippe, schreibt Peter Hacks. Insgesamt wurden achtundzwanzig Autoren verbrannt, siebzehn davon hat er ermittelt – Feinde des Turnwesens und der Burschenschaft, Rheinbundfreunde, Anhänger Napoleons oder der Freiheiten der Französischen Revolution, Verfechter des Absolutismus und der Feudalordnung wie jener Staatsrechtler Karl Ludwig von Haller, dessen Hauptwerk »Restauration der Staatswissenschaft« einer ganzen Epoche dann den Namen geben wird. Zu den verbrannten zählt Ludwig Gotthard Kosegast, weil er am Napoleonstag 1809 eine freundliche Rede auf Napoleon hielt, aber auch die Zeitschrift »Allemannia« des bayrischen Freiherrn von Aretin, eines Anhängers des frankreichfreundlichen bayrischen Staatsmanns Montgelas. Ein Werk Karl Leberecht Immermanns, der Jahn als eichelfressenden Germanen porträtierte, wird in die Flammen geworfen, und natürlich fehlt unter den Verdammten und Verfemten jener Saul Ascher nicht, der den gefährlichen Spuk des selbsternannten Nationalerziehers Jahn früh durchschaut hat, nämlich »in der Deutschheit gegen die Gallomanie ein Gegengewicht zu erlangen«. Als seine »Skizzen zu einem Zeitgemälde«, seine »Germanomanie« auf dem brennenden Holzstoß landet, ruft Jahns Schüler Maßmann: »Wehe über die Juden, so da festhalten an dem Judenthume und wollen unser Volksthum und Deutschthum spotten und schmähen.« Es ist der einzig offen antisemitische Ton dieses nationalen Fests, anderthalb Jahrzehnte später in Hambach wird sich Judenfeindschaft sehr viel lauter artikulieren. Juden sind unerwünscht, sagen die ebenso radikal-nationalen wie radikal-christlichen Gießener »Unbedingten«, nach ihrer Kleidung auch die »Schwarzen« genannt, die Burschenschaftler der Salana folgen ihrem Beispiel und beschränken die Mitgliedschaft auf Deutsche und Christen. Ausländer und Juden sind damit automatisch ausgeschlossen, was den Burschenschafter und Theologen Richard Rothe aus Heidelberg empört von einem »durchaus nichtigen und hohlen Deutschheitshochmut« sprechen läßt, der in Jena herrsche.

Bücherverbrennungen sind damals nicht so ungewöhnlich, wie uns die barbarische Tat der Nationalsozialisten 1933 heute denken läßt; selbst das preußische Allgemeine Landrecht kennt sie als Strafe – und zwar als »höchst zweckmäßige«, wie einer der auf der Wartburg verbrannten Autoren, der preußische Polizeiminister von Kamptz selbst einmal erklärt. Luther, auf den sich Maßmann und seine Freunde auf der Wartburg berufen, hat die Bannbulle samt kanonischen Rechtsschriften vor dem Elstertor in Wittenberg verbrannt, auch der aufgeklärteste deutsche Monarch seiner Zeit, Friedrich der Große, ließ ein Werk Voltaires öffentlich ins Feuer werfen, als er sich mit ihm zerstritten hatte. Deutsche Autoren schreckten durchaus nicht davor zurück, ihnen mißliebige Werke von konkurrierenden Schriftstellern den Flammen zu überantworten: Die Dichter Stoltenberg, Voß und Hahn, Mitglieder des Göttinger Hain, betrachteten Wieland als Sittenverderber und Schurken, nannten ihn »Priester der Geilheit« und einen infamen französischen Hundsfott. Am Geburtstag des von ihnen angebeteten Klopstock, dem »reinen« Dichter des »Messias« zu Ehren, verbrannten sie Wielands »Idris und Zenide«. Ein deutscher Germanist, Alfred Biese, bekundet noch 1920 Verständnis dafür, daß die Hainbündler an der »ungesunden, an das Schlüpfrige streifenden Phantasie« in Wielands fünf Gesängen über den irrenden Ritter Idris Anstoß genommen hätten.

Distanzierend schreibt der altersweise Goethe, der in den Jenaer Burschen vor allem hitzige Brauseköpfe sieht, seinem Freund Zelter vom »garstigen Wartburger Feuerstank«, den ganz Deutschland übel empfinde. Aber das sind Äußerungen lange post festum, nachdem Abgesandte aus Berlin in Weimar vorstellig geworden sind und vom »Altburschen« Carl August, wie der Großherzog in den Amtsstuben der Heiligen Allianz jetzt ebenso verächtlich wie mißtrauisch genannt wird, harte Maßnahmen gegen das revolutionäre Schlangennest Jena gefordert haben.

Zunächst nimmt Goethe die Sache leicht, ja beinah vergnügt: Daß zu den auf der Wartburg verbrannten Werken auch die »Geschichte des deutschen Reiches von den Anfängen bis zu seinem Untergang« von August von Kotzebue zählt, dessen erster Band Zar Alexander gewidmet ist, wahrlich kein solides, sondern ein flüchtig geschriebenes Buch, läßt ihn frohlocken: »Die Jugend hat es Dir vergolten / Aller End kam hier zusammen, / Dich haufenweise zu verdammen. / St. Peter freut sich deiner Flammen!«

Die Feindschaft zwischen dem Dichter, der Weimars Ruhm in die Welt trägt, und Kotzebue, dem einzig bedeutenden literarischen Sohn Weimars und meistgespielten deutschen Bühnenautor seiner Zeit, ist ebenso tief wie alt, denn sie reicht in Kotzebues Weimarer Jugendjahre zurück. Damals verkehrte der Weimarer Neuling Goethe im Hause der verwitweten Legationsrätin Christina Kotzebue, die einen heiteren Knaben namens August und eine anmutige Tochter namens Amalie großzog, gegen deren Reize er keineswegs unempfindlich war und die er noch in »Dichtung und Wahrheit« als »liebenswürdig« bezeichnen wird. Einem Weimarer *Ondit* zufolge hat er das kleine Stück »Die Geschwister« nur geschrieben, weil er als Wilhelm selbst bei der Liebhaberaufführung »mit auffallender Konzentration« als ihr Partner auf der Bühne stehen konnte. Die hübsche und gescheite Amalie spielte nämlich die Marianne, ihr jüngerer Bruder August als unbedeutende Charge den Postillon. Schon als Knabe ist dieser August Kotzebue theaterbesessen; wann immer eine herumziehende Gesellschaft ihre Bühne auf der Weimarer Reitbahn errichtet, ist er mit seinem Erzieher Musäus unter den Zuschauern. Er schwänzt unangenehme Schulstunden, um mit seinen Mitschülern Komödie zu spielen. Als Anna Amalia im Schloß ein ständiges Theater einrichtet, schleicht er an den Wachen vorbei in den Orchesterraum, um auch nicht einen Tag dieser herrlichen, bunten, aufregenden Spektakel zu versäumen, jeder Gang, jeder Schlupfwinkel ist dem Theaterbesessenen vertraut. Als der Sechzehnjährige nach Jena geht und Jura studiert, wird er sofort Mitglied des Liebhabertheaters und beginnt, eigene Stücke zu schreiben. Eines trägt den Titel »Die Weiber nach der Mode«, steckt voller Anspielungen und verschleierter Stadtanekdötchen und erregt, weil der Autor selbst die verwittibte Herzogin nicht verschont, unliebsames Aufsehen in der Residenz an der Ilm. Nach Ende seines Studiums Advokat, sucht er die einzig angemessene Position in weimarischen Diensten zu erhalten, die zu besetzen ist, die eines Kriegs-Secretarius, und bittet den zuständigen Kriegskommissar und Geheimrat Goethe um eine Audienz. Sind es die Nachwirkungen seiner Sottisen und Stadtanekdoten, die den Hof gegen ihn aufgebracht haben, oder ist es schlicht Goethescher Nepotismus, daß er diese Stelle nicht erhält? Beide Motive spielen eine Rolle. Dräuend legt der Hof dem jungen Spötter und Nestbeschmutzer nahe, das Großherzogtum schleunigst zu verlassen, und Goethe läßt den jungen Anwalt daraufhin gar nicht erst vor. Der Kriegs-Commissarius hat die Stelle seinem langjährigen Diener und Vertrauten Philipp Seidel zugedacht. Als sich Christiane von Kotzebue bei starker Sommerhitze zu Goethes Gartenhaus aufmacht, um für ihren Sohn ein gutes Wort einzulegen, weist der Bediente sie ab, obschon der Geheime Rat zu Hause ist. Kotzebue freilich sieht die Schuld ausschließlich bei Goethe, um dessen großen Einfluß bei Hofe er weiß. Goethe hat »mich in die Welt hinausgeworfen«, wird August von Kotzebue rückblickend schreiben, zornig, daß ihm, dem Advokaten, Landeskind und Sohn des um den Weimarer Hof verdienten Legationsrats ein Bediensteter aus fremden Landen vorgezogen wurde.

Zu bereuen hat er es nicht: Er geht nach Rußland und macht am Zarenhof Karriere. Zwar wird er vorübergehend nach Sibirien verbannt, doch gelingt es ihm, die Gunst des Hofes wieder zu erringen, er wird geadelt und erwirbt ein stattliches Vermögen, das ihm ein Leben in Unabhängigkeit garantiert. Letztlich verdankt er Goethe, daß er den engen, kleinstädtischen Verhältnissen Weimars entrinnt und sehr viel mehr von der Welt kennenlernt als der große Dichter. Seine Komödien und Dramen sind mit Anspielungen und Sottisen auf den großen Meister gespickt. So heißt es in seiner beliebten, auch in Weimar immer wieder gespielten »Cleopatra«:

»Mein Cäsar ist nun todt! und mit ihm alle Freuden!
D'rum trink ich grünen Thee und lese Werthers Leiden.
Sublimester Scribent! du des Geschmacks Orakel!
Ich sitz' und lese dich, und geh' in kein Spektakel.«

Kotzebue respektiert den Dichter des »Werther« und der »Iphigenie«, die er als Theaterdirektor in Königsberg aufführen läßt, am späten Goethe kritisiert er Kälte und Mangel an Unterhaltsamkeit und macht sich lustig über die »Weihrauchwolken«, in die er sich gern hüllen lasse. Umgekehrt nennt Goethe Kotzebue ein »vorzügliches, aber schluderhaftes Talent«, gelegentlich auch den »Gott der Pfuschereien«. Doch achtet er den versierten Techniker des Dramas, der geschickt mit trivialen Effekten spiele und genau wisse, wo die Zwiebel zu reiben sei, damit den Zuschauern die Tränen kämen. Als Theaterdirektor, der dafür zu sorgen hat, daß die Kasse stimmt, kommt er nicht umhin, den ungeliebten, teils verhaßten Kotzebue immer wieder auf den Spielplan zu setzen: Mit 638 Aufführungen von 87 Stücken ist Kotzebue in Goethes Zeit als Theaterdirektor vor Iffland mit 31 Stücken und weit vor Goethe und Schiller der in Weimar am häufigsten aufgeführte Autor. Die meisten seiner über zweihundert Lustspiele, Rührstücke und Dramen werden vielfach übersetzt, »Menschenhaß und Reue« gleich in elf Sprachen gedruckt, Pariser und New Yorker Bühnen führen Kotzebue in ihrem Repertoire. In Frankreich gehört er zur Pflichtlektüre für Schüler, seine »Deutschen Kleinstädter«, so Fritjof Stock, haben das Deutschlandbild vieler Franzosen geprägt. Ob es stimmt, daß dieses Krähwinkel, in dem er seine Kleinstädter leben läßt, Züge von Weimar trägt und er an der Heimatstadt Rache für Liebesentzug nehmen will, steht dahin, aber eine geplante Aufführung dieses Stücks, das sich über die deutschen Spießbürger und ihre Titelsucht lustig macht, führt zum endgültigen Bruch zwischen Goethe und Kotzebue: Goethe will die Seitenhiebe gegen seine Freunde, die Romantiker in Jena, auf der Bühne nicht dulden, Kotzebue besteht darauf und trägt indirekt einen Sieg über den Theaterdirektor davon. Im Weimar des großen Genies Goethe gibt es eine nicht zu unterschätzende Kotzebue-Partei, angeführt von Maria Paulowna, die das komische Talent des einzig autochthonen Weimarer Autors schätzt und 1815 zu ihrem Geburtstag gleich zwei seiner Stücke spielen läßt. Die Hofdamen mögen Kotzebues Witz, seine Lust an der Satire, seine vergnügliche Unterhaltsamkeit, zugleich brechen sie bei der »süßlichen Empfindeley« seiner Rührstücke nur zu gern in Tränen aus. So setzen sie eine ungekürzte Aufführung seiner »Kleinstädter« auf der Liebhaberbühne im Residenzschloß durch.

Nicht nur literarisch, auch politisch trennen Goethe und Kotzebue Welten: Napoleonbewunderer der eine, Napoleonhasser der andere, der in seinem Stück »Die Abentheuer Niclas Bonapartes und seine Ankunft in der Hölle« einen Regen von Pech und Schwefel auf den Kaiser der Franzosen niedergehen läßt. Ironischerweise finden beide später beinahe zusammen – Goethe bekundet Verständnis für Metternich, die Heilige Allianz und die Karlsbader Beschlüsse, Kotzebue nimmt aktiv für die reaktionäre russische Politik Partei. Ist Kotzebue vor den vorrückenden Truppen Bonapartes 1812 auf seine Güter in Estland geflohen, gibt er für die siegreichen Armeen des Zaren 1813 dann deutschsprachige Bulletins, im Auftrag der russischen Armeeführung in Berlin schließlich ein »Deutsch-Russisches Volksblatt« heraus. Als pensionierter russischer Staatsrat mit Frau, elf Kindern und einem ganzen Troß von Gouvernanten, Kindermädchen, Hauslehrern und Bedienten nimmt er im April 1817 wieder Wohnung in seiner Vaterstadt. In geheimen Bulletins an die kaiserliche Regierung in Petersburg berichtet er über den revolutionären Gärungsprozeß an Deutschlands Universitäten. Um klar in die Zukunft zu sehen, heißt es da, fehle es den Professoren, Katheder- und Stubengelehrten allesamt »an der nötigen Weltkenntniß«, keiner von ihnen warne die Studenten vor den germanomanen Turnern und halte sie zu realistischem Tun an. Der Same, »den sie in junge Gemüther streuen«, könne deshalb nur »bittere Früchte tragen«. Sein Fazit: »Wahrlich! Jeder Vater muß jetzt zittern, einen Sohn an die Universität zu schicken.« Kotzebue sieht sich als eine Art literarischer Agent, die Burschenschafter, vor allem die Gießener »Unbedingten«, die mit dem von Gießen nach Jena gewechselten Privatdozenten Karl Follen an der Saale inzwischen Proselyten machen, betrachten ihn schlicht als russischen Spion. Dies zumal, da einer seiner Berichte an den Zarenhof bekannt wird – die »Nemesis« des Historikers Luden wollte ihn abdrucken, wurde dann jedoch beschlagnahmt. Ludwig Wieland springt mit seinem »Volksfreund« in die Bresche und macht den skandalösen Bericht publik.

Zu den Lesern gehört der Theologiestudent Karl Ludwig Sand, der schwermütige, schwärmerisch-verträumte Sohn eines Stadtrichters und Amtsvogts aus dem preußisch-bayreuthischen Wunsiedel, der den Wunsch hat, Missionar zu werden. Er kommt aus einem betont nationalen Elternhaus, seine Mutter hat vom Bündnis Bayerns mit dem napoleonischen Frankreich stets nur als einem »Lastersystem« gesprochen. Sand studiert zunächst in Tübingen, dann in Erlangen, wirkt beim Zug auf die Wartburg als Fahnenträger mit und schreibt sich nach dem erhebenden »religiösen teutschen Burschenfest« zum Studium in Jena ein. Dort hört er bei Karl Follen, einem erklärten Republikaner, der demokratische Ziele notfalls durch eine bürgerliche

Revolution herbeiführen und dafür einen Geheimbund gründen will. Mehr und mehr gerät er in den Bann seines Lehrers, den er verehrt und der Gewalttat, ja politischen Mord nicht ausschließt, wenn es darum geht, die demokratische Sache voranzubringen. »Menschenmenge, große Menschenwüste, / Die umsonst der Geistesfrühling grüßte, / Reiße, krache endlich, altes Eis! / Stürz' in starken, stolzen Meeresstrudeln/ Dich auf Knecht und Zwingherrn, die dich hudeln,/ Sey ein Volk, ein Freistaat! Werde heiß!« Diese Verse aus Follens »Großem Lied« finden sich auf einem Flugblatt, das Sand, selbsternannter Herold eines demokratischen Patriotismus, unter der Überschrift »Teutsche Jugend an die teutsche Menge« im Oktober 1818 als Mahnung an die Völkerschlacht in Berlin verbreitet. In Anlehnung an die dreißig Tyrannen von Athen fordert er darin zur Ermordung der »dreißig oder dreiunddreißig fürstlichen deutschen Tyrannen« auf. Ernst Moritz Arndt hat Kotzebue einmal als eine »in Weimar ausgeheckte Schmeißfliege« bezeichnet. Karl Ludwig Sand, nach Michael Freund ein »Heiliger der neuen Religion des Volkes«, der den Fememorden hundert Jahre vor dem Ersten Weltkrieg vorgreift, dieser Einzelgänger und Märtyrer aus ureigenstem Antrieb bildet sich in Jena speziell in Anatomie, damit er dieser Schmeißfliege, dem Spion, Verräter und gewissenlosen Fürstenknecht Kotzebue, zielsicher »das Messer ins Gekröse« stoßen kann, wie er seinem Tagebuch anvertraut.

Follen zahlt ihm die Fahrt mit der Postkutsche nach Mannheim, wo Kotzebue inzwischen wohnt. Die Reise führt über Eisenach, wo Sand Station macht, noch einmal auf die Wartburg steigt und sich von der Erinnerung an die begeisternden Tage des großen Fests vor anderthalb Jahren inspirieren läßt. Im Gepäck befinden sich Gedichte des gefallenen Lützowers Theodor Körner, das Johannes-Evangelium und ein zwölf Zoll langer Dolch. Am 23. März 1819 läßt er sich bei Kotzebue melden, gibt vor, aus dem kurländischen Mitau zu stammen und einen Brief von Freunden des Dichters zu überbringen. Nur wenige Augenblicke stehen sie sich gegenüber, der berühmte Weltmann und Stückeschreiber im grauen Frack, der Theologiestudent und religiös-vaterländische Fundamentalist, der mit Gottes Hilfe die Flammen der vaterländischen Begeisterung am Lodern halten will, in altdeutscher Tracht mit gestricktem Spitzenkragen und langen, in der Mitte gescheitelten Haaren. Dann zückt der Attentäter seinen Dolch und sticht dreimal zu – ins Gesicht, wo die Klinge im Oberkiefer stecken bleibt; in die linke Brust, wobei Herzbeutel und Lungenarterien verletzt werden; schließlich in die Lunge. Als der »Verräter des Vaterlands« tödlich getroffen am Boden liegt, sucht Sand sich durch mehrere Dolchstiche selbst das Leben zu nehmen, nicht ohne zuvor zu beten und Gott für den Sieg zu danken, den er über undeutsche, frivole Verderbtheit davongetragen habe. Der Selbstmordversuch mißlingt, und der wieder genesene Attentäter wird auf einer Wiese bei Mannheim öffentlich durch das Schwert hingerichtet. Steht die Mehrheit der Nation auf seiten des Mörders? Viele fanatische Zuschauer, darunter Studenten aus Heidelberg, tauchen Tücher ins Blut des Gerichteten und tragen sie wie Reliquien heim, einige bitten den Scharfrichter, ihnen Locken von Sand zu verkaufen.« »Manche Thräne floß auf Sands Grab«, schreibt der badische Diplomat Freiherr von Andlaw und fragt, ob es, statt einen Märtyrer zu schaffen, nicht klüger gewesen wäre, den mystisch-politisch-religiösen Schwärmer in eine Anstalt für Geisteskranke zu sperren und dort seinen fixen Ideen zu überlassen.

Schon die Wartburgfeier hatte die Großmächte zu energischen Interventionen beim Weimarer Hof veranlaßt. War das winzige Fürstentum Sachsen-Weimar durch sie auf dem Wiener Kongreß nicht gerade erst erhöht und vergrößert worden? Gebot nicht allein Dankbarkeit die allerpeinlichste Rücksichtnahme auf die Ziele der Heiligen Allianz? Staatskanzler Fürst Hardenberg erscheint mit einem Handschreiben Friedrich Wilhelms III. an den Großherzog, in dem in ernster Besorgnis über die politischen Umtriebe im Großherzogtum die Rede ist, welche den Preußenkönig und »alle deutschen Fürsten tief bekümmern«. Wien schickt den Grafen Zichy als Gesandten, um den Unmut des Kaisers zu überbringen und nähere Erkundigungen über den großdeutsch-demokratischen Unruheherd Jena einzuholen. Auch wenn sie Untersuchungen einleitet, Zeitungsredakteure vor Gericht stellt und Jenaer Professoren vorlädt und verhört, die beim Wartburgfest dabeigewesen sind, wiegelt die Regierung in Weimar im wesentlichen ab und verfolgt noch immer eine halbwegs liberale Politik. Ausgenommen die Bücherverbrennung, hätten die Studenten das Wartburgfest würdig begangen, aus vaterländischer Gesinnung gehandelt und gute, edle Zwecke im Sinn gehabt, heißt es in einem ersten Bericht an den Frankfurter Bundestag. Man müsse eben in Rechnung stellen, daß aus dem Krieg heimgekehrte Studenten, die man als begeisterte Soldaten gebraucht habe, sich nicht so leicht gängeln ließen. Geschickt verteidigt Carl August seine Politik der Preßfreiheit, indem er sich auf die Garantie beruft, welche der Deutsche Bund der Weimarer Verfassung gegeben hat. Zugleich fordert er ein Presserahmengesetz für den ganzen Bund. Die Burschen danken es ihm: Aus Anlaß der Taufe seines Enkels am 5. Juli 1818 marschieren sie im Hof des Schlosses mit Fakkeln auf. Der Großherzog grüßt sie vom Balkon, das Taufkind wird von einer Amme vorgezeigt, danach lädt er die Anführer der Burschen, darunter Heinrich von Gagern, zur Tafel. Metternich zeigt sich darob besonders erzürnt. Denkt man an die Bedingungen, die Weimar an die Träger seines Ordens vom Weißen Falken stellt – »Treue und Ergebenheit gegen das gemeinsame deutsche Vaterland« –, liegen die Ziele von Burschenschaft und Weimarer Regierung ursprünglich nicht weit auseinander. Doch das gute Einvernehmen wird beeinträchtigt, als die Sitten der Jenaer Burschen roher werden. Anläßlich des Besuches der russischen Kaiserinmutter kommt es im Winter 1818 in Weimar und Jena zu Ausschreitungen, die im Niederreißen eines Triumphbogens enden, der zu Ehren der Kaiserin errichtet wurde. Carl August schränkt die Weimarer Preßfreiheit nun durch eine Verordnung gegen Pressemißbräuche ein, die vom Landtag abgesegnet wird. Schelten, Schimpfen und Injurien gegen »hohe Personen im Regiment« sind danach ebenso untersagt wie »Injurien gegen auswärtige Staats-Oberhäupter und Regierungen«. Freilich wahrt man den Schein und nennt die Zensur nicht beim Namen: Mißbräuche zu verhindern, obliegt sogenannten festbesoldeten »Fiscalen«, auf deren Urteil hin man die Bücher und Zeitschriften beschlagnahmen kann. Wenn sich »die ganze Tendenz eines Zeitblattes« entschieden gefährlich darlegt, so ist es als »ein fortgehendes Ganzes« anzusehen und provisorisch zu unterdrücken, damit »größere Gefahren für den Staat abgewendet werden«. Im selben Jahr noch geben Luden seine »Nemesis« und Wieland seinen »Patriot« auf. Nach der Ermordung Kotzebues stellt dann auch Bertuchs »Oppositionsblatt« sein Erscheinen ein. Ein herzogliches Reskript mißbilligt Sprache, Form und Inhalt der Jenaer »Isis«, ihr Herausgeber Oken, vor der Wahl, entweder auf sein Blatt zu verzichten oder seinen Lehrstuhl zu verlieren, entscheidet sich für die »Isis« und wird entlassen. Er weicht nach Leipzig aus, wo er die Zeitschrift freilich nur als rein naturwissenschaftliches Blatt weiterführen kann.

Die vielgerühmte Weimarer Pressefreiheit blüht knappe drei Jahre und wird dann auf Jahrzehnte ein Opfer der Restauration. Mit der Tat Sands endet auch der Versuch Weimars, zwischen den Klippen der Großmächte einen einigermaßen liberalen Kurs zu steuern. Im Zuge einer Untersuchung über das geheime Fortbestehen der inzwischen verbotenen Burschenschaft werden siebzehn Studenten der Universität verwiesen und von jeder späteren Verwendung im Staatsdienst ausgeschlossen – ein früher Radikalenerlaß, wenn man so will. Vorsorglich untersagt die Obrigkeit den Studenten sogar das althergebrachte Singen in den Gassen. Solche Maßnahmen zeitigen allesamt »höchst ersprießliche Wirkung«, wie Goethe seinem Fürsten schreibt. Preußen und Österreich verbieten ihren Studenten, sich in Jena zu immatrikulieren und stellen damit den »Altburschen« Carl August unter Kuratel. Auch in Sachsen-Weimar gilt es nun, die Karlsbader Beschlüsse zu exekutieren – eine Pflicht, der Carl August unwillig und voll innerem Grimm genügt, indes sein Staatsminister Goethe ihnen eher positive Seiten abgewinnt. In der Pressefreiheit sieht er ohnehin nur »Preßfrechheit« böswilliger Goethekritiker, spricht gern vom »Narrenlärm unserer Tagesblätter«, vom »Journalistenteufel«, der alles in die Öffentlichkeit zerrt. Das Mehrheitsprinzip lehnt er wiederholt schroff ab, sein Wahlrecht übt er 1815 nur »mit Spott und Gleichgültigkeit« aus, als er schreibt: »Unterzeichneter tritt bey der Wahl eines Deputierten für den Frauenthorbezirk der Majorität bey, mit völliger Beruhigung.« Folgt man Wilhelm Mommsen, der auf dieses merkwürdige Wahlverhalten hingewiesen hat, dann ist für Goethe einfach selbstverständlich, daß der Mächtige Zensur ausübt, eine liberale Verfassungsbewegung bleibt seinem Denken immer fremd. Der Dichter, so Mommsen, sei lediglich im Sinne der Aufklärung liberal, wenn er für die Freiheit der geistigen Persönlichkeit eintrete, politisch aber einen aufgeklärt-despotischen Wohlfahrtsstaat befürworte und jeden »politischen Anspruch des einzelnen« ablehne. Das »Hineinreden der Privatleute in die Staatsgeschäfte« gilt Goethe ohnehin als »Pfuschertum«. Als der Dichter Ende August 1819 seine übliche Kur in Karlsbad beginnt, tagen dort die Minister aus den Staaten der Heiligen Allianz. Während eines Abendessens, zu dem Fürst Schwarzenberg geladen hat, zeigt sich Goethe zutiefst indigniert über die ungebildete, anmaßende Jugend daheim und den »Narrenteufel«, der in Jena regiere. Mehrfach sieht er Metternich und findet einen »gnädigen Herrn« in ihm; später wird er Eckermann erklären, es sei »nie etwas Größeres und für die Menschheit Wohlthätigeres erfunden worden« als die Heilige Allianz. Einem Bewunderer seiner Farbenlehre, dem preußischen Staatsrat Christoph Schultz, der als Regierungsbevollmächtigter für die Berliner Universität einen geradezu leidenschaftlichen Verfolgungseifer gegen alles Liberale an den Tag legt, fühlt er sich freundschaftlich verbunden. Für die in Karlsbad beschlossene Mainzer Zentral-Untersuchungs-Kommission fertigt Schultz die Anklageschrift gegen den Jenaer Professor Luden wegen Verbreitung staatsgefährdender Lehren. Beide, Goethe und Schultz, eint die Gegnerschaft gegen jede Erweiterung der Volksrechte und freiheitliche Staatsformen.

Als jedoch sein Freund Carl August ihm eine Position anträgt, die jener von Schultz in Berlin entspricht, nämlich die eines Regierungsbevollmächtigten zur Überwachung der Universität Jena, lehnt er unter Hinweis auf sein hohes Alter ab. Auch wenn er die Karlsbader Beschlüsse bejaht, schreckt er doch vor dem Übereifer der Demagogen-Verfolger und monarchistischen Schnüffler zurück. Karlsbad ja – aber bitte mit Maßen. Daß die Zensur auch Privatbriefe von Verdächtigen öffnet, muß einen Goethe empören, dem die Privatsphäre heilig ist. Im Prinzip stimme er mit den Monarchisten überein, das Bestehende zu erhalten und Revolutionen vorzubeugen, schreibt er an Kanzler Müller, nicht jedoch mit den Mitteln dazu, denn sie »rufen die Dummheit und Finsternis zu Hilfe, ich den Verstand und das Licht«. Wenn ein Teil der Jenaer Studenten ihm am 28. August 1823, ausgerechnet an seinem vierundsiebzigsten Geburtstag, als einem »Vertreter des Indifferentismus« auf dem Markt ein Pereat bringt, nimmt dies sowohl die liberale als auch die national-burschenschaftliche Kritik an Goethe vorweg, welche die kommenden Jahrzehnte beherrschen wird und ihn in den Schatten Schillers treten läßt. Börne schilt Goethe einen »Stabilitätsnarren« und rügt seine »breite, kunstschmausende Behaglichkeit«; nicht viel anders Heine, der an der stets auf Ruhe und Ordnung bedachten »Kunstbehaglichkeit des großen Zeitablehnungsgenies« Anstoß nimmt. Beide distanzieren sich zugleich von dem borniertem Patriotismus des anderen Flügels der Opposition, verkörpert durch den evangelischen Pfarrer Johann Wilhelm Friedrich Pustkuchen und den Altburschenschaftler Wolfgang Menzel, der Goethe zwar als eine »Macht in Deutschland« bezeichnet, aber eine, die »dem äußeren Feind in die Hände gearbeitet« habe, denn ihre Wirkung sei erschlaffend gewesen. Wie ein weicher Narzissus habe Goethe die Deutschen »mit einem phantastischen Egoismus, mit den Genüssen des Scheins und der Selbstvergötterung« über den Verlust von Vaterland, Religion und Ehre getäuscht.

Zunächst aber feiert ihn Weimar wie keinen sonst. Der vor fünfzig Jahren, am 7. November 1775 in seiner Werther-Montur übermüdet in der Residenz an der Ilm eingetroffen war, wird zum fünfzigsten Jahrestag seiner Ankunft 1825 mit Festlichkeiten geehrt, die ihresgleichen suchen. Carl August läßt eigens eine Medaille mit Brustbildern des herzoglichen Paares auf der einen, dem Goethes auf der anderen Seite prägen. Die Loge gratuliert, der Stadtrat überreicht ein Bürgerrechtsdiplom für Goethes Enkel, die großfürstliche Familie mit dem kompletten Hofstaat dankt ihm für treue Dienste in der Anna-Amalia-Bibliothek, im großen Saal des Stadthauses richtet man ein Mittagessen für zweihundert Gedecke mitsamt Rezitation und Gesängen aus. Als er abends im Theater erscheint, wo man ihm zu Ehren die »Iphigenie« gibt, wird der Jubilar mit Bravorufen und Beifallsstürmen empfangen. Nach dem Theater gibt Goethe dann Cour im eigenen Haus und läßt dazu den Großherzoglichen Kapellmeister Hummel aufspielen.

Ein Jahr nach dieser pompösen Ehrung erinnert man sich in Weimar der Gebeine Schillers, die noch immer keine würdige Grabstätte gefunden haben. Des Dichters sterbliche Überreste waren, für die Stadt an der Ilm keineswegs ungewöhnlich, in der mondhellen Mainacht vom 11. zum 12. Mai 1805 im Kassengewölbe am Jakobsfriedhof beigesetzt worden, einer Gruft für Personen von Stand, die über kein eigenes Erbbegräbnis verfügten. In aller Stille, ohne Trauergesang und ohne jedes Wort des Angedenkens senkten Totengräber den schlichten Sarg durch eine Falltür in die unterirdische, dunkle Gruft hinab und gesellten ihn, so der Bericht des Augenzeugen Karl Schwabe, »den hier schon Begrabenen« bei. Die eigentliche Trauerfeier fand am nächsten Tag in der St. Jakobskirche statt. Keine Tafel, kein Hinweis am Kassengewölbe gemahnte daran, daß hier der Dichter der »Räuber«, des »Wallenstein« und des in den Freiheitskriegen so populär gewordenen »Reiterliedes« zur Ruhe gebettet wurde. Nach den aufregenden Jahren der Kriege, der schlimmen Franzosenzeit, der preußischen und russischen Besatzung denkt Charlotte von Schiller daran, ihren Mann in eine würdige Grabstätte auf dem neuen Gottesacker vor dem Frauentor umzubetten, doch zögerlich und unentschieden, wie sie ist, kommt dieser Plan nie so recht voran. Sarg und Gebeine modern vor sich hin, neue Särge werden in die Gruft gesenkt. Um ihnen Platz zu schaffen, räumen die Totengräber die Sargreste mitsamt den nackten Knochen und Schädeln der verwesten Leichen in Gruben, die sie auf dem Boden der Gruft ausgeschachtet haben.

Kein Zweifel: In diesem Kassengewölbe, das in Weimar noch immer als standesgemäßer Ort der letzten Ruhe gilt, herrscht ein chaotisches Durcheinander, die ach so stolze Stadt deutscher Dichter und Denker, Ilm-Athen, geht mit dem Andenken Schillers unglaublich schludrig und despektierlich um. Erst als ein auswärtiges Blatt, der Berliner »Gesellschafter«, im November 1819 die empörenden Zustände anprangert und damit den Start zu einer nationalen Pressekampagne gegen die Weimarer Obrigkeit gibt, wird das Oberkonsistorium aufgeschreckt. Nervös fahnden die Kirchenbeamten jetzt nach einer vollständigen Liste der im Kassengewölbe Beigesetzten, müssen zu ihrem Erschrecken jedoch erfahren, daß der zuständige Totengräber, ein wackerer, aufrechter Meister namens Bielke, zwar so redlich wie möglich und mit ungelenker Hand Buch geführt hat – aber nur bis zum Jahre 1792. Danach fehlt jede zuverlässige Angabe. Was nun folgt, kommt einer unglaublichen Odyssee von Schillers Schädel und Gebeinen gleich, bis man, was man dafür hält, schließlich in jenem Eichensarg der Weimarer Fürstengruft verstaut, vor dem sich an Schiller-Gedenktagen regelmäßig die Blumen und Kränze stapeln. Zweifel daran, ob es sich bei den hochverehrten Knochen wirklich um die kostbaren irdischen Reste des großen Dichters handelt, scheinen indes mehr als angebracht.

Am Anfang dieser Irrfahrt steht im Jahre 1826 jener Karl Leberecht Schwabe, der schon Zeuge der Beisetzung Schillers gewesen und inzwischen Bürgermeister der Stadt geworden ist. Wieder spielt die Szene um Mitternacht. Heimlich wie ein Grabräuber öffnet der Bürgermeister die schwere Falltür zum Kassengewölbe, scheut weder Gespenster noch den Modergeruch jener Halle der Verwesung, steigt beherzt auf einer Leiter hinab zu Sargresten und Gebeinen und beginnt, nach dem Schädel des von ihm verehrten Dichters zu suchen. Ein Totengräber und dessen Gehilfe, zu strengster Geheimhaltung verpflichtet, gehen ihm dabei zur Hand. Nur »eifrigster« Tabakkonsum macht dem schillerbegeisterten Schwabe das Atmen erträglich. Nach drei Nächten endlich klettert er mit einem Sack, gefüllt mit dreiundzwanzig Schädeln wieder nach oben, den sein Diener Knabe in seine Wohnung trägt. Der Bürgermeister stellt seine Trophäen nebeneinander auf und holt den Rat führender Weimarer Mediziner ein. Gemeinschaftlich entscheiden sie nach dem Tonabguß einer Totenmaske, daß der größte gefundene Schädel der des Dichters sei. Mit der Familie Schillers wird sich Schwabe schnell einig: Diese heilige Reliquie soll künftig in einer Gedenkstätte ruhen, einem schlichten Grab mit einer einfachen Säule, für welches die Stadt auf dem neuen Friedhof kostenlos einen Platz zur Verfügung stellt. Doch seine Exzellenz, der Staatsminister Goethe, dem Schwabe voller Stolz seinen Fund mitgeteilt hat, will es anders, und Max Hecker, der im Auftrag der Goethegesellschaft 1935 ein gründlich recherchiertes Buch über »Schillers Tod und Bestattung« veröffentlicht, nennt das mutmaßliche Motiv: In alten Zeiten wurden das »Herz eines Kriegers, das Haupt eines Denkers ... in kostbare Kapseln eingeschlossen, während der Leib in nächtlicher Gruft versinkt. Bewundernd hatte Goethe in Rom vor einem Schädel gestanden, der als der Schädel Raffaels galt ...« Warum dann nicht den teuren Schädel Schillers in der Anna Amalia Bibliothek aufbewahren, die ohnehin reichlich mit Büsten und Bildnissen bedeutender Männer geschmückt ist? Wäre diese Anstalt, gewidmet den höchsten Zwecken der Kunst und der Wissenschaft, in der auch die Werke Schillers stehen, nicht die geeignete Umgebung für die Aufbewahrung der Reliquie? Der Großherzog hat keine Einwände, und so findet am 17. September 1826 jene Feier in der Anna Amalia Bibliothek statt, die uns heute ein wenig makaber dünkt: Zu den leisen Klängen der Hofkapelle wird der in blaues Papier eingewickelte, von Schwabe gefundene Schillerschädel formell dem Direktor der Bibliothek, dem Staatsminister Goethe, auf einem silbernen Tablett überreicht. Der freilich läßt sich durch seinen Sohn vertreten, weil er diesem »feierlichen, hochwichtigen Akt selbst nicht beiwohnen kann« – aus Gründen der Rührung, wie August von Goethe erklärt. Das Genie steht eben über allen Konventionen: Aus Sorge, gerührt und erregt zu werden, war Goethe schon der Trauerfeier Schillers in der Jakobskirche und selbst der Beerdigung seiner Christiane ferngeblieben. Ernst von Schiller spricht; er sagt offen heraus, daß die Familie dem Plan Schwabes eigentlich den Vorzug gegeben hätte, sich

Carl August, Kotzebue und der Wartburg garstiger Feuerstank

Aus Sorge, gerührt und erregt zu werden, ist Goethe der Trauerfeier Schillers in der Jakobskirche zu Weimar, wo 1806 Goethes Trauung mit Christiane Vulpius stattgefunden hat, ferngeblieben. Gemälde von Georg Dawe, um 1819.

freilich dem Wunsch des Großherzogs – und dessen Ministers – nicht verschließen wolle. Deshalb stiftet sie auch die berühmte Danneckerbüste, in welche der Schädel schließlich eingesenkt wird. Anderntags dann kommt ein nicht mehr gerührter Goethe, betrachtet die unersetzliche Gabe, hebt den Schädel aus der Büste heraus und verwahrt ihn bei sich zu Hause. Er trägt sich mit dem Gedanken an ein kolossales Grabmal für sich selbst und den Freund, das der Weimarer Oberbaudirektor Clemens Wenzeslaus Coudray errichten soll, der gerade letzte Hand an die Fürstengruft legt, an der er für die Königlichen Hoheiten der Weimarer Dynastie seit 1822 baut. Auf Initiative Goethes wird das Kassengewölbe erneut durchsucht, um nach dem Schädel nun auch die Gebeine Schillers zu bergen – eine schwierige Aufgabe, denn in dem Moder liegen die losen Knochen von einigen zwanzig Skeletten herum. Dennoch hat die Suche nach nur zwei Tagen Arbeit angeblich Erfolg. Gebeine und Schädel werden nun gemeinsam in der Anna-Amalia-Bibliothek aufbewahrt.

Vielen gilt Goethes, ja ganz Weimars Umgang mit dem toten Schiller als Skandal. Als König Ludwig von Bayern im August 1827 die Ilm-Residenz besucht, er das Grab Schillers zu sehen wünscht und man ihm statt dessen einen nackten Schädel präsentiert, zeigt er sich empört über die »Aufbewahrung so heiliger Reliquien an profanem Orte« und spricht, so Hecker, »sein tiefstes Mißfallen« aus. Durch solch herbe Kritik aus königlichem Mund fühlt sich der Großherzog schließlich zum Handeln gezwungen und ordnet die Beisetzung der Überreste Schillers in einem Sarg der Fürstengruft an, wo später auch Goethe liegen wird.

Wer freilich denkt, nun endlich sei der große Dichter der Nation würdig zur ewigen Ruhe gebettet, irrt gewaltig. Im Jahre 1912 klingen die Alarmglocken bei allen deutschen Germanisten, vor allem aber bei den Verwaltern des klassischen Erbes in jenem Museum der Musen, das man Weimar nennt: Der Tübinger Anatom August von Froriep behauptet, der Schillersarg in der Fürstengruft trage seine stolze Aufschrift zu Unrecht. Für Weimar und all die Germanisten, die Hekatomben von Schriften über Goethe und Schiller produzieren, wirkt diese Behauptung wie ein gewaltiger Sprengsatz. Aber Froriep hat Argumente parat. Wie fast ein Jahrhundert vor ihm jener Weimarer Bürgermeister Schwabe ist auch er in die Gruft hinabgestiegen, hat im Kassengewölbe gegraben und angeblich den wahren Schädel

Schillers gefunden. Der Professor aus Tübingen stützt seine Behauptung auf den Schädelumfang, den er mit der Größe jenes weichen Lederhuts vergleicht, den Schiller als Regimentsmedicus trug und den König Wilhelm I. von Württemberg 1861 dem Schillerkomitee in Marbach schenkte. Der Schwabesche Schillerschädel ist danach eindeutig zu groß. Beinahe wichtiger noch für Frorieps Befund aber ist der Zustand der Zähne – der von Schwabe Schiller zugeschriebene große Schädel hat ein sehr schlechtes Gebiß, der von Froriep als knöchernes Behältnis des Dichterhirns erklärte kleinere, zum Lederhut passende weist dagegen wenig abgekaute Zähne auf. Der Tübinger Anatom forscht nun nach der Ernährungsweise, untersucht Angaben von Zeitzeugen und treibt alte Wirtshausrechnungen auf. Danach aß der Dichter der »Jungfrau von Orleans« vor allem Käse, Schinken, Knackwurst und Kartoffelsalat, Brot brockte er gern in Sauermilch, Wein spielte eine große Rolle. Froriep: Nahrungsmittel, die Schiller bevorzugte, »waren nicht geeignet, die Abkauung der Zähne zu fördern«. In einem zweiten, kleineren Sarg – man kann ja nie wissen! – wird daraufhin auch sein Fund mitsamt den Gebeinen, die er im modrigen Boden zusammengelesen hat, in der Fürstengruft deponiert. Als sich 1959 am ersten Schillersarg Fäulniszeichen bemerkbar machen und er geöffnet werden muß, reist ein Professor Gerassimow aus der Sowjetunion an. Diese sowjetische Kapazität, berühmt für ihre Methode, plastische Gesichter nach Form und Umriß von Totenköpfen zu rekonstruieren, erklärt den von Schwabe gefundenen Schädel zum echten Schiller und den von Froriep vorgewiesenen als den einer jungen Frau. Feierlich wird nun in Weimar eine Plastik Schillers, gefertigt von Gerassimow nach dem von Schwabe gefundenen Schädel, als Symbol für »sowjetischen und deutschen Forscherfleiß« aufgestellt. Doch damit hat der Streit noch immer kein Ende: Wissenschaftler aus Jena und Halle widersprechen 1962 in einem Bericht über die Sargöffnung der sowjetischen Kapazität energisch und weisen auf einige falsche, nachträglich eingesetzte Zähne hin – Schillers Gebiß aber, damit stimmen sie mit Froriep überein, sei bei seinem Tod völlig intakt gewesen. In der DDR des Jahres 1962, bei der gebotenen Ehrfurcht vor dem großen Bruder Sowjetunion, will dieser Einspruch einiges heißen! Auch die Tatsache, daß die Gerassimow-Plastik bald im Archiv verschwindet, spricht nicht für die Überzeugungskraft des Sowjetmenschen. Da bleibt als Fazit nur: Ob jene Gebeine, die sich im

Aus einem Bunker in Jena werden am 12. Mai 1945 – drei Tage nach Schillers 140. Geburtstag und fast unbemerkt wie bei dessen Begräbnis – die Sarkophage Goethes und Schillers auf Initiative des amerikanischen Stadtgouverneurs Major William M. Brown (zweiter von rechts) in die Fürstengruft zurückgeführt; rechts der Leiter der klassischen Stätten in Weimar, Professor Hans Wahl.

Eichensarg mit dem Namen Friedrich Schiller in der Fürstengruft befinden, die Relikte jenes Großen sind, den man dort mit Kränzen und feierlichen Ansprachen zu ehren pflegt, ist nicht eindeutig erwiesen. Vorsichtshalber findet sich deshalb ein kleiner Sarg mit den Funden Frorieps, wenn auch ohne Aufschrift, in der Gruft. In der Lageskizze der Stiftung Weimarer Klassik hat er die Chiffre III. I steht für Goethe, II für Schiller.

Der despektierliche Umgang Weimars und besonders Goethes mit Schillers Gebeinen wird ebenso unsinnige wie bösartige Legenden wachsen lassen. Die schlimmste stammt von Mathilde Ludendorff und besagt: Kein anderer als der Freimaurer Goethe habe im Auftrag seiner Loge für die Ermordung des Nationaldichters Schiller gesorgt. Um Goethe, den Freimaurer, als Heros für die Nation zu retten, schreitet selbst ein Joseph Goebbels ein und verbietet den Nachdruck der Greuelmärchen, den seine rechtsextremistischen Gesinnungsgenossen in die Welt gesetzt haben.

Doch bleibt der Unterschied beachtlich, wie Weimar seine großen Toten ehrt. »Goethe sinkt in die Gruft! Germanien bebt, und Europa trauert«, heißt es im Gedicht des Hofrats Böttiger, das die »Weimarische Zeitung« am 7. April 1832 auf der Aufmacherseite bringt. Die hohe Leiche wird, das Haupt mit Lorbeer umkränzt, auf einem Paradebett aufgebahrt, an dessen Seite sechs Marschälle stehen, die sich jede Stunde ablösen. In Trauerkleidung halten die zwei Diener des Verstorbenen Wache. Hinter dem Bett ist symbolisch eine Bibliothekswand mit Goethes Werken aufgebaut, an der eine goldene, mit Blumen umwundene Lyra prangt, über ihr schwebt ein goldener Stern. Ein riesiger Trauerzug begleitet den Sarg auf dem Weg zum Friedhof; der Stadtrat, die Mitglieder des Theaters, Bibliothekare, Jenaer Studenten, preußische Offiziere aus Erfurt, die Regierung, die Großfürstliche Familie und natürlich der Hof – ganz Weimar gibt dem Genius das letzte Geleit. Goethes Tod wird als tiefer Einschnitt, als Ende einer Epoche empfunden. Die große, die goldene, die klassische Zeit Weimars ist endgültig vorbei.

Wenn fortan die Werke Goethes und Schillers unter dem Begriff Klassik für die deutsche Nation beansprucht werden, geschieht dies gegen die ursprünglichen Intentionen und Erwartungen Goethes. »Wir sind überzeugt, daß kein deutscher Autor sich selbst für classisch hält ...«, hat er in dem Beitrag »Literarischer Sansculottismus«

in Schillers »Horen« geschrieben. »Wann und wo entsteht ein classischer Nationalautor?« fragt er da und gibt sich selbst die Antwort, daß wegen der geographischen Lage und der politischen Zerstückelung die Bedingungen in Deutschland dafür nicht gegeben seien. Eine Veränderung dieses Zustandes lehnt er ausdrücklich ab: »Wir wollen die Umwälzungen nicht wünschen, die in Deutschland classische Werke vorbereiten könnten.« Klassiker also, die keine sein wollten, ja nicht einmal die Voraussetzungen wünschten, unter denen sie es hätten werden können, und dennoch haben ihre Werke für die Deutschen eine solche identitätsstiftende, national-kulturelle Wirkung, daß sie allein dadurch zu nationalen Klassikern werden. Dabei hatten Goethe, besonders aber Schiller, erhebliche Schwierigkeiten, einen Nationalhelden zu finden, meint Conrad Wiedemann in seinem Aufsatz »Zwischen Nationalgeist und Kosmopolitismus«. Wo gab es ihn schon, den durch und durch deutschen Heroen, der sowohl für das deutsche Identitätsverlangen wie für den allgemeinen Vernunftfortschritt einstand? Als Christian Gottfried Körner seinem Freund Friedrich Schiller vorschlägt, ein nationales Heldenepos über Friedrich II. zu versuchen, tut sich Schiller schwer. Drei Jahre ringt er mit sich, dann schreibt er Körner, er könne diesen Charakter einfach nicht liebgewinnen. Gibt es überhaupt eine Gestalt, die als deutscher Nationalheld geeignet wäre? Friedrich II., der große Feldherr, Philosoph auf dem Königsthron und Freund Voltaires, ist der Gallomanie verfallen, Verächtlicheres über die deutsche Literatur seiner Zeit als seinen Skandal-Traktat »De la littérature allemande« gibt es kaum. Zudem lassen ihn seine Kriege gegen Österreich und Kaiserin Maria Theresia schwerlich als Hüter der Reichseinheit erscheinen. Karl der Große? Herder verflucht ihn 1770 als Zwangsbekehrer und schreibt: »Fluch ihm! – Mörder.« Luther, der Reformator der Deutschen? Er hat zwar die Ketten der römischen Kirche zerbrochen, aber Deutschland die konfessionelle Spaltung gebracht, wäre Held bestenfalls einer halben Nation. Hermann oder Arminius, der die Schlacht gegen Varus gewann? Klopstock hatte sich an ihm versucht, auch Möser. Aber bedeutet Hermanns Sieg nicht das Ende jenes heilsamen Zivilisierungsprozesses, den die Römer, historische Frühaufklärer, den barbarischen Germanen brachten? Die Klassiker, der Humanität und dem Geist der Aufklärung verpflichtet, schreckt dies, nicht jedoch den patriotischen Kleist, und schon gar nicht die vom Haß auf alles Welsche besessenen Männer wie Jahn oder Arndt. Ohne je einen deutschen Nationalhelden in seinen Werken zu präsentieren, wird Schiller zum deutschen Nationaldichter avancieren – als Dramatiker, der in seinen ausländischen Stoffen die deutschen Bedürfnisse der Zeit anspricht. Die junge deutsche Nationalbewegung erblickt im führungslosen Frankreich seiner »Jungfrau« ein Spiegelbild der deutschen Verhältnisse, in ihren Augen steht Schillers böhmischer Wallenstein für Reichseinheit und gegen Fürsten-Partikularismus, sein spanischer Marquis Posa für demokratische Forderungen, sein Schweizer Wilhelm Tell für ein deutsches Volk von einig Brüdern. Faßt man das Wunschbild von einem Helden der Nation allerdings weiter und fragt nach mentalen Archetypen, so Wiedemann, dann hat Goethe mit seinem »Götz von Berlichingen« eine »völlig neue und durchaus deutsche Kulturcharakterologie« geschaffen – den »anpassungsfähigen Traditionalisten« und damit »ein Urbild der deutschen Libertät«. Dieses Bild ist allerdings entscheidend vom Denken Mösers beeinflußt, der dem deutschen Partikularismus mitsamt seinem aufgeklärten Absolutismus nur die angenehmsten Seiten abzugewinnen weiß.

Goethes Distanz zu allem Patriotischen, Nationalistischen und seine Abneigung gegen Krieg und Militär haben entscheidend zur Goethe-Renaissance nach dem Zweiten Weltkrieg beigetragen. Nüchtern und mit erstaunlicher Klarsicht schien allein er rechtzeitig die Gefahren erahnt zu haben, die mit der geradezu wütenden deutschen Reaktion auf den napoleonischen Imperialismus und die chauvinistische *levée en masse* des revolutionären Frankreichs den deutschen Horizont verdunkeln würden. Hieß es nicht in den »Zahmen Xenien«:

»Verflucht sei, wer nach falschem Rat
Mit überfrechem Mut
Das, was der Korse-Franke tat,
Nun als ein Deutscher tut!«

War es nicht verständlich, wenn man nach Jahrzehnten chauvinistischen Wahns und nationalistischer Exzesse Zuflucht gerade bei ihm, dem des Patriotismus und Nationalismus wahrhaft unverdächtigen Weltbürger suchte? Doch zum nüchternen Erbe der Weimarer Klassik gehört nicht nur die Ablehnung nationaler, sondern auch die Negierung der demokratischen Vorstellungen und Erfordernisse der

Zeit. Nationalbewegung und demokratische Bestrebungen liefen damals weitgehend parallel; wer das eine nicht wollte, schätzte meist auch das andere nicht. Dazu kommt die nahezu prinzipielle Absage an das politische Geschäft überhaupt. »Abgesondert von dem politischen hat der Deutsche sich einen eigenen Wert gegründet«, schreibt Schiller in seinem Text »Deutsche Größe«, die deutsche Würde bleibe unangefochten, denn sie sei eine »sittliche Größe, sie wohnt in der Kultur und im Charakter der Nation, die von ihren politischen Schicksalen unabhängig ist«. Gehört es nicht zum Wesen der Weimarer Klassik, daß Goethe und Schiller sich ein autonomes Reich über der Wirklichkeit errichten, eine eigene Welt, in der sie die Idee wahren Menschentums feiern, eine Welt, die von der Wirklichkeit nur beschmutzt werden könne, wie Schiller am 4. November 1795 an Herder schreibt? Der Kosmopolit Goethe sagt einmal zu Friedrich von Müller: »Verpflanzt und zerstreut wie die Juden müssen die Deutschen werden, um die Masse des Guten ganz und zum Heile aller Nationen zu entwickeln, die in ihnen liegt.« Hoffmann von Fallersleben, mit Liszt um die Mitte des letzten Jahrhunderts um eine kulturelle Renaissance Weimars bemüht, verehrt zwar Goethe, aber verurteilt dessen Haltung zur Politik als Weigerung, die Zeit zu erfassen:

»Ein politisch Lied, ein garstig Lied!
So dachten die Dichter mit Goethen
Und glaubten sie hätten genug getan,
Wenn sie könnten girren und flöten.«

Die Abneigung des Staatsministers Goethe gegen alle Politik »verstärkt sich mit den Jahren«, schreibt Gordon A. Craig, unter Politik habe der Dichter nur die Formierung von Parteien und deren Streit verstanden. In der Tat geht ihm, der von seinen Deutschen bald auf das Podest des Olympiers gehoben wird, jedes Verständnis dafür ab, daß die Freiheiten, die er als Genie dank der Gunst seines Fürsten in vollen Zügen genießen kann, für die vielen anderen nur durch Institutionen zu sichern wären: durch Verfassung, verbriefte Bürger- und Menschenrechte, durch eine Demokratisierung, wie sie die junge Nationalbewegung und die Jungdeutschen verlangen. Poesie und Politik bleiben für ihn getrennte Welten. Als Ludwig Uhland in das württembergische Parlament einzieht, fragt er nicht etwa, was ihn dazu bewogen hat, sondern er fürchtet um dessen literarische Fähigkeiten. »Der Politiker wird den Poeten aufzehren«, sagt er murrend zu Eckermann. Es gebe genug fähige Schwaben, die Politik treiben könnten, aber »es hat nur einen Dichter derart wie Uhland«. Diese »Politik der Unpolitischen«, wie Craig es nennt, wird in Deutschland Schule machen.

Nach Goethes Tod beginnt die Instrumentalisierung von Mythen, die Nutzung der Begriffe Weimar und Klassik, der Dichter und ihrer Werke für jeweilig unterschiedliche politische Ziele und Ideologien, welche mit den ursprünglichen Intentionen der Autoren nur zu oft in Widerspruch stehen. Weimar, der klassische Ort, erinnert an die Witwen großer Schriftsteller, die das Andenken ihrer Männer hochhalten, vor allem aber ihren Nachlaß verwalten und auf stolze Tantiemen hoffen, die sich damit erwirtschaften lassen. Der Sitz so vieler großer Geister droht zum Museum zu werden, ein Schicksal, dem er kaum entgehen kann, auch wenn er tapfer gegen seine schwindende Bedeutung als Metropole von Kunst und Literatur ankämpft. Wie spottet doch Heine?

»Zu Weimar, dem Musenwitwensitz,
Da hört' ich viel Klagen erheben,
Man weinte und jammerte, Goethe sei tot
Und Eckermann sei noch am Leben.«

Nicht länger die Stadt der Toten

Franz Liszt, Maria Paulowna und die »Silberne Zeit«

Jeder Fleck heiliger Boden, jedes Blättchen, jeder Federschnitzel bleibt da, wo er lag, ehe der Meister entschlief; tausend Gegenstände reden vom Wesen und Weben Goetheschen Geistes – wie ein Pilger über die Reise zum Heiligen Gral berichtet Karl Immermann, der auf der Wartburg verbrannte Autor, nur fünf Jahre nach Goethes Tod über die Besichtigung des Hauses am Frauenplan. Er begreift nicht, wie Goethes Körper in dem niedrigen, schmalen Bett Platz finden konnte, und bestaunt das kleine, schmucklose, grüne Arbeitszimmer mit den abgeschabten Fensterbrettern: Das also war der Ort, »von dem aus sich eine solche Fülle des glänzenden Lichts ergossen hatte. Ich fühlte mich tief bewegt, ich mußte mich zusammennehmen, um nicht in eine Weichheit zu geraten, die mir die Kraft zur Anschauung geraubt hätte!« Knapp hundert Jahre trennen seinen Bericht von dem Egon Erwin Kischs, der Weimar 1926 unseren »Naturschutzpark der Geistigkeit« nennt und die Stadt einem einzigen großen Freilichtmuseum vergleicht: Da führen bekneifte Lehrerinnen Mädchenpensionate von Vitrine zu Vitrine, indes Erbverweser auf Fußnoten durch die geweihten Räume schleichen und Makulatur auf Makulatur häufen, geschriebenes Papier in bedrucktes, bedrucktes in geschriebenes verwandeln: »Ganz Weimar ist eine zur Stadt erhobene Dichterbiographie.« Wer Einheimische frage, wie er ins Hotel komme, der erhalte zur Antwort, man müsse »am Wohnhaus der Frau von Stein vorüber, bei der Bank, bei der Christiane Vulpius ihrem nachmaligen Gatten als fremdes Mädchen mit einer Bittschrift entgegentrat, nach links biegen, dann geradeaus, über die Jahre 1779 und 1784 gehen, entlang der Prosafassung von ›Iphigenie auf Tauris‹, den zweiten Teil des ›Faust‹ rechts und ›Wilhelm Meisters Wanderjahre‹ links liegen lassend, und schon sei man da, beim Absteigequartier Zelters.«

Franz Liszt, Maria Paulowna und die »Silberne Zeit«

Der Schriftsteller Johann Peter Eckermann (1792–1854),
Herausgeber von Goethes literarischem Nachlaß, veröffentlicht 1836 seine
»Gespräche mit Goethe«, das am meisten verbreitete Buch
über den Dichter. Kreidezeichnung von J. J. Schmeller, um 1828.

Ereignisarm ist das Weimar nach Goethe, das Gegenteil einer aufstrebenden Stadt im beginnenden Industriezeitalter; alles geht seinen gemessenen Gang, die kleinfürstliche Residenz gleicht einem biedermeierlichen Stilleben. Nur langsam wächst die Einwohnerschaft – von gut zehntausend im Jahr 1830 auf knapp dreizehntausend um die Jahrhundertmitte; wie eh und je dominiert der Großherzogliche Hof mit Adel und Beamtenschaft. Kaufleute und Handwerker gewinnen nur langsam an Einfluß. Die Stadt zehrt von der großen Vergangenheit, die sie hegt und pflegt, von der sie freilich auch zu leben weiß. Friedrich von Müller, Kanzler und vertrauter Gesprächspartner des Dichters, schlägt umgehend Kapital aus dem intimen Wissen um den großen Dahingeschiedenen. Den Goethe-Gedenkreigen, der nun nicht mehr abreißen wird, eröffnet er mit zwei Beiträgen zur Charakteristik des Klassikers, kaum daß dieser einen Monat in der Fürstengruft ruht: »Goethe in seiner practischen Wirksamkeit« heißt der eine, »Goethe in seiner ethischen Eigenthümlichkeit« der andere. Beide werden im Anzeigenteil des Lokalanzeigers angepriesen, als Verleger zeichnet der Weimarer Hofbuchhändler Wilhelm Hoffmann. Wenig später veröffentlicht Goethes Arzt Dr. Vogel eine Dokumentensammlung über »Goethe in amtlichen Verhältnissen«, so daß neben das Bild vom genialen Künstler und Dichter erstmals Porträts des Staatsmanns und dessen Lebensweise rücken. Jahrzehnte später werden in der populären Goethe-Rezeption die verschiedenen Bilder, die vom Dichter, Naturforscher, Staatsmann und Lebensgenießer, welche die Vielseitigkeit des Genius belegen, zur nationalen Riesenikone vom »großen Olympier« und Titanen des Geistes verschmelzen, der sein Leben zum Gesamtkunstwerk zu stilisieren wußte. Weniger das literarische Werk als die Persönlichkeit Goethes hinterlassen den nachhaltigsten Eindruck. Johann Peter Eckermann, testamentarisch von Goethe dazu ermächtigt, gibt nachgelassene Schriften des Klassikers in fünfzehn Bänden heraus, 1836 erscheinen seine »Gespräche mit Goethe«, die zum unerschöpflichen Zitaten-Steinbruch für das deutsche Bildungsbürgertum werden sollen: Gleich, ob für Abiturfeiern, Sängerfeste oder die Einweihung einer neuen Feuerspritze, man bedient sich seines Eckermanns, findet bei ihm den rechten Spruch für nahezu alles und jedes, für Gott und die Welt, selbst philiströse Vereinsmeier glänzen mit Eckermann als vermeintlich sattelfeste Goethekenner. Der literarische Steinbruch trägt beinahe Züge des Authentischen, aber eben nur beinahe. Zwar hatte der brave Eckermann – »Ich tat nach seinem Wunsche und meiner Neigung« – nach jedem Gespräch fleißig Notizen gemacht. Seinem Plan, sie zu veröffentlichen, stimmte Goethe im Prinzip zu, bestand indes darauf, daß dies erst nach seinem Tode geschehe. Somit fehlt die letzte Gewähr für die Korrektheit der Zitate, denn einem SPIEGEL-Gespräch, das der Interviewte korrigiert, gegenzeichnet und zum Druck freigibt, gleichen diese Gesprächsnotizen wahrlich nicht. Ein Schuß Skepsis gegenüber so mancher von Eckermann berichteten olympischen Äußerung bleibt deshalb angebracht. Zum Oberaufseher über die Bibliothek der Großherzogin bestellt, hält Eckermann sich nach dem frühen Tod seiner Frau ein Haus voller Vögel, mit denen er sich, so die Weimar-Chronistin Adelheid von Schorn, »lieber beschäftigte, als mit den Menschen«.

Goethe und kein Ende – so soll er Carl Leberecht Immermann geklagt und sich aus dem »erstorbenen, erstarrten« Weimar fortgewünscht haben. Daß sich inzwischen eine Goethe-Opposition der Jungdeutschen und der Nationalen formiert, wird in Ilm-Athen kaum zur Kenntnis genommen. »Wir Deutschen«, schreibt der Weimarer Philologe und Goethe-Vertraute Riemer, »feiern in Goethe eigentlich unsere Verklärung und Glorifikation. Das ist die Frucht und Blüte des deutschen Wesens bis jetzt.«

Deutschland in der ersten Hälfte des 19. Jahrhunderts steht ganz im Zeichen der Heiligen Allianz, die auf Jahrzehnte einer russischen Hegemonie gleichkommt. Und seit dem Tode Carl Augusts 1828 ist die russische Allgegenwart nirgendwo sichtbarer als in Weimar, wo Maria Paulowna, die Schwester des russischen Zaren Nikolaus, alle wichtigen Entscheidungen trifft. Als der Diplomat und Schriftsteller Theodor von Bernhardi, ein Neffe und Pflegesohn Ludwig Tiecks, Mitte des Jahrhunderts nach Weimar kommt, findet er die Residenz »russisch-infiziert«. Die Zarenschwester zieht viele russische Reisende hierher, für die mit dem »Alexanderhof« ein besonderes Hotel entsteht. Später wird es »Russischer Hof« genannt. Bernhardi staunt über die vielen russischen Priester, Diakone und Sänger, die es in Weimar gibt, Russomanie, ja Adoration der Zustände im Zarenreich seien an der Tagesordnung.

Die politischen und verwandtschaftlichen Beziehungen der Großherzoglichen Familie nach St. Petersburg sind eng: Im September 1838 kommen Kaiser Nikolaus, die Zarin und der Thronfolger Alexander Nikolajewitsch zu Besuch. Weimars Bürger bestaunen die kaiserliche Familie im Theater und nehmen »großen Anteil an dem Familienglück«, berichtet Adelheid von Schorn. Zu jeder Feier des Namenstags des russischen Zaren hat sich das winzige diplomatische Korps einzustellen und eine orthodoxe Messe zu hören, die zwar erbärmlich gesungen wird, doch Bernhardi findet die musikliebende Großherzogin, vielleicht weil sie inzwischen schwerhörig ist, glücklich und »radieuse wie nie«. Der Diplomat hat seine Jugend in Rußland verbracht hat, er weiß Russen einzuschätzen und mit ihnen umzugehen.

Ob er gut denkend sei – »bien pensant« –, fragt ihn der Geschäftsträger des Zaren, ein korpulenter Hüne namens Appolonius Freiherr von Maltitz, als er ihm seine Aufwartung macht. Der russische Gesandte in Kopenhagen, Ernst Ungern-Sternberg, warnt Bernhardi vor dem Spitzel Maltitz, weil dieser unliebsame Berichte über alle Personen nach St. Petersburg schicke, die nicht im Strom der Heiligen Allianz mitschwimmen. Vom russischen Hofe kämen die Denunziationen dann nach Weimar zurück und machten schlechte Stimmung gegen die Verdächtigten.

Als die Großherzogin, unter deren Titeln jener einer russischen Großfürstin nie fehlen darf, Bernhardi zu sich bittet, spricht sie voller Enthusiasmus von Rußland und verlangt, daß er ähnlich empfinde. Er hat ihr seinen Nachruf auf den 1846 verstorbenen russischen Admiral und Erdumsegler Adam Johann von Krusenstern zukommen lassen; nach der Lektüre zeigt sie sich pikiert, daß anerkennende Sätze über ihren Bruder fehlen – gern hätte sie »einige überschwänglich lobpreisende Redensarten zum Ruhme des großen Kaisers Nikolaus in meiner Schrift gefunden«. Noch im Tode hält die Zarentochter Distanz zum Duodezfürstentum, in das es sie verschlug. Sie will in russischer Erde ruhen. Für die Grundsteinlegung der russisch-orthodoxen Kapelle, die an der Südseite der Coudrayschen Fürstengruft entsteht, schafft man deshalb eigens Säcke voller Erde aus Rußland herbei. Die Wand der Gruft wird zum Fundament der Kapelle hin geöffnet, so daß eine Nische entsteht, in welcher der Sarg der Paulowna Platz findet. So liegt sie neben ihrem Gemahl, der ganz auf protestantischem Boden ruht, auf orthodoxem Terrain und bleibt dem geliebten Rußland verbunden – Nähe und Distanz zugleich.

Franz Liszt, Maria Paulowna und die »Silberne Zeit«

Als kaiserliche Hoheit hat sich Maria Paulowna den königlichen Hoheiten des kleinen Weimar stets überlegen gefühlt, aber ihre Verdienste um die kulturelle Entwicklung Weimars bleiben unbestritten: Ihrer Liebe zur Musik verdankt die Stadt jenes silberne Zeitalter, das mit dem Namen Liszt verbunden ist. Nicht der Großherzog, sondern seine Gemahlin Maria Paulowna sucht an die große Tradition Weimars anzuknüpfen. Sie veranstaltet literarische Abende, auf denen Gelehrte Vorträge halten – Mediziner, Naturwissenschaftler und Kunstexperten. Unter den Professoren findet sich auch Alexander von Humboldt, der von Jena herüberkommt. Die Großfürstin ist beliebt wie vordem nur Anna Amalia. Sie bewegt sich mit Sicherheit und Leichtigkeit, ihre Konversation ist lebhaft, gewandt und elegant, ihre Gesichtszüge sind hübsch, ohne schön zu sein. Viel von der Hochachtung, die ihr die Bürger der kleinen, armen Residenz entgegenbringen, hat mit jenem ungeahnten Reichtum zu tun, den sie schon bestaunen durften, ehe die Kaisertochter mit ihrem Gemahl 1804 Einzug hielt: Damals brachten achtzig Wagen, von kleinen, zottigen Pferden gezogen und von Kosaken geleitet, ihre Aussteuer von der Newa an die Ilm. Unabhängig davon verfügt Maria Paulowna als russische Prinzessin über erkleckliche Summen in St. Petersburg, zusätzlich bedenkt Zar Alexander die Lieblingsschwester in seinem Testament 1825 mit stattlichen kaiserlichen Legaten.

Wenn der berühmteste Klaviervirtuose seiner Zeit, Johann Nepomuk Hummel, 1819 als Hofkapellmeister nach Weimar verpflichtet werden kann, dann nur, weil sie aus ihrer persönlichen Schatulle die Hälfte seines Jahresgehalts übernimmt. Hummel unterrichtet sie am Klavier, unter ihrem Einfluß verlagert das Hoftheater, das schon zur Zeit Caroline Jagemanns Musikstücke pflegte, seinen Schwerpunkt mehr und mehr zur Opernbühne. Durch Stipendien, weist Wolfram Huschke nach, fördert Maria Paulowna die Aus- und Weiterbildung von Weimarer Musikern und ermöglicht damit den qualitativen Ausbau des immer noch sehr bescheidenen Klangkörpers. Zu ihren Verdiensten zählen auch die Dichterzimmer im westlichen Schloßflügel, die heute als Denkmäler des klassizistischen Weimar zu bestaunen sind; der Entwurf für das Goethezimmer stammt von Schinkel, die Goethebüste von Rauch.

Ist sie in kultureller Hinsicht also die zentrale Persönlichkeit des Weimarer Hofes, läßt die soziale Not der Befreiungskriege die Mäzenin der Künste zur sozialen Wohltäterin werden: Sie gründet ein »Patriotisches Institut der Frauenvereine«, das bedürftige Soldatenfrauen durch Beschaffung von Arbeit unterstützt; eine Arbeitsschule für zwei- bis fünfhundert Kinder mit Spinnrädern, Webstühlen und Küchen samt einer Waschanstalt entsteht, außerdem errichtet die mildtätige Großfürstin eine Bewahranstalt für verwahrloste Kinder, eine Verpflegungsanstalt für alte Bürger und ein Damenstift für unversorgte Beamtentöchter.

Trägt der Wohltätigkeitseifer der pflichtversessenen Zarentochter beinahe zwanghafte Züge, sucht sie zuviel öffentliche Lobpreisung dafür? Herzogin Luise findet derart fürstliche Pflicht des Beglückens, wie sie die Schwiegertochter zeigt, diese »Wohlthätigkeit mit Pauken und Trompeten«, abstoßend. Früher hat sie ihrem Bruder, dem Prinzen von Hessen, die Paulowna als holdselig und gütig, charmant und voller Verstand gepriesen, nun wendet sie sich grollend ab: »Die Wohlthätigkeit ist zur Mode geworden«, schreibt sie ihm. »Liebst Du diese Frauen, diese *coureuses de bienfaisance* [Wetteiferer des Wohltuns], die die Menschen in Kontribution [Zwang zur Beitragszahlung] setzen und ihnen das Messer an die Gurgel halten, um die Armen zu nähren und zu kleiden? Ich liebe sie nicht und ebensowenig den famosen Frauenverein, bei dem es Mitglieder giebt, die in die Häuser gehen und in allen Winkeln nach Dingen suchen, die sie für ihre edle und rührende Wohlthätigkeit brauchen können. So ist die Welt, wie wenig genügt, um eine gute oder schlechte Reputation zu haben!« In Goethes Augen aber ist sie »der gute Engel für das Land«, der überall Leiden lindert und gute Keime wecken will.

Maria Paulowna gibt sich sozial, doch wächst der Hofstaat unter ihrem erzkonservativen russischen Einfluß um ein Vielfaches. Von Petersburg Pomp und Grandezza gewohnt, macht sie Weimar zur glänzendsten unter den kleinen Residenzen Deutschlands. Der engere Hofkreis besteht aus Oberhofmarschall, Generaladjutant, Oberstallmeister, Oberjägermeister, Oberforstmeister, Oberkammerherr und Oberschenk, dazu kommen eine Obersthofmeisterin mit zahlreichen Hoffräuleins und Hofdamen. Gab es 1806 nur dreizehn Kammerherren, zählt der größere Hofkreis um die Jahrhundertmitte nach Eduard Vehse einundvierzig Kammerherren und dreizehn Kammer- und vier Hofjunker obendrein. Eine Zeitlang, so die »Augsburger Allgemeine« 1849, gibt es in Weimar gleich vier Oberhofmarschälle –

einen mehr als am prunkvollen sächsischen Hof in Dresden unter dem verschwendungssüchtigen Grafen Brühl. Zwar zeigt sich der Weimarer Hof gastlich und gewährt Bürgerlichen Zutritt, wenn sie sich in den Künsten auskennen, über Bildung verfügen und ihre Kleidung dem Hofzeremoniell entspricht. Es herrscht Uniformzwang, wer üblicherweise keine Uniform trägt, erscheint deshalb im Phantasiekostüm, notfalls im Frack mit Degen. Als der englische Romancier und Erzähler William Thackeray Weimar besucht, das er später »Pumpernikkel« nennen wird, erwirbt er den Degen Friedrich Schillers und ergänzt sein Kostüm damit; Jahre nach ihm setzt Hans Christian Andersen den Dreispitz auf und legt den Degen an, ehe er zu Hofe geht. Doch sonst hält die Zarentochter streng auf die säuberliche Trennung von Adel und Bürgertum. Im Theater bleibt der rechte Balkon der Hofgesellschaft vorbehalten, der linke wird vom Bürgertum besucht. Als er hört, daß eines der altadligen Hoffräuleins einen bürgerlichen Hofrat heiraten will, rauft sich Großherzog Carl Friedrich vor Entsetzen die Haare. Und die Großherzogin stellt ihrer noblen Dienerin die Aussicht, daß sie im Theater demnächst auf der bürgerlichen Balkonseite Platz nehmen müsse, als unerträgliche Erniedrigung dar.

Wie wenig die innere Politik des Großherzogs Carl Friedrich dem Ruf der Liberalität gerecht wird, der sich an die Legende vom Weimarer Musenhof knüpft, zeigt sich in aller Deutlichkeit nach der Pariser Julirevolution von 1830. Als es im September zu Unruhen in den benachbarten Fürstentümern Hildburghausen und Altenburg, in Schleiz gar zu Zusammenrottungen kommt, verschärft Sachsen-Weimar die Zensur und stellt mehr Beamte als sogenannte Fiskale zum Zensieren ab. Man liest nun in Weimar den »Westboten« und die »Deutsche Tribüne« aus der Rheinpfalz, die an Frankreich grenzt und wo man nachsichtiger zensiert. Als die Regierung in Weimar im März 1832 auch diese Blätter als staatsgefährdend verbietet, werden sie von Schülern des Gymnasiums weiter eingeschmuggelt. Die Gymnasiasten, 41 an der Zahl, spenden auch für den »Verein zur Unterstützung der freien Presse« in Zweibrücken, für den die »Deutsche Tribüne« die Werbetrommel rührt. In einem Bericht an den Großherzog bewertet die Weimarer Regierung diesen Verein als umstürzlerisch: Er habe »nichts Geringeres als die Aufwiegelung des deutschen Volkes gegen seine Regenten« und die »Organisation eines deutschen Reiches mit demokratischer Verfassung zum Zweck«. Drei Jahre später

Maria Paulowna, Großfürstin von Rußland, Großherzogin von Sachsen-Weimar-Eisenach (1786–1859), heiratet 1804 Carl Friedrich, den Sohn von Großherzog Carl August. Die Schwester des russischen Zaren Nikolaus hat, über erhebliche finanzielle Mittel verfügend, großen Einfluß auf die kulturelle Entwicklung Weimars (Stich von Schwerdtgeburth nach Tischbein).

verschwinden die Werke von Heine und Gutzkow aus den Buchhandlungen, weil die weimarische Regierung per Verfügung vom 22. Dezember 1835 die Bücher des Jungen Deutschland beschlagnahmen läßt. Beugt Carl Friedrich, der angeblich die liberalen Anschauungen seines Vaters in Ehren hält, sich nur dem Druck des Deutschen Bundes, der auf diesen Repressionsmaßnahmen besteht? Zweifel sind angebracht, auch wenn der weimarische Gesandte, Graf Friedrich Beust, beim Bundestag in Frankfurt auf Weisung seiner Regierung oft für eine liberalere Verfahrensweise plädiert.

Das Regiment im kleinen Staat führt Maria Paulowna, die ihren Einfluß freilich geschickt vor dem aufs Regieren erpichten Gemahl zu kaschieren weiß. Der ist zwar pflichtgetreu wie wenige, aber unselbständig, geistig eher beschränkt und alles andere denn eine schöpferische, zupackende oder tatkräftige Natur. Gottfried Theodor Stichling, weimarischer Staatsminister und Enkel Herders, nennt Carl Friedrich einen Mann der Passivität und der Gottesfurcht reinster Art. Stellt man die für Staatsdiener gebotene Vorsicht und Liebenswürdigkeit in Rechnung, dann kritisiert er den Charakter des Großherzogs ziemlich harsch: »Die Grundlage bildete eine kindlich-reine, fromme, wohlwollende Seele, das Wort ›kindlich‹ im strengsten Sinne genommen.«

Märchen bleiben bis ins Alter des Großherzogs Lieblingslektüre, seine Leidenschaft gilt dem Sammeln von Nippes. Glaubt man Vehse, dann ist das Tiefurter Schlößchen bis in den letzten Winkel angefüllt mit Tellern, Gläsern und Tassen, Kristallflaschen und chinesischen Pagoden, russischen Ostereiern und Porzellanmöpsen, ersteigert auf den verschiedensten Auktionen und viele Tausende von Talern wert. Halbe Tage verbringt das kindliche Gemüt, seine Königliche Hoheit, »mit dem Rangieren dieses Chaos und Labyrinths«. Vor jedem Conseil instruiert die Paulowna deshalb ihren Carl Friedrich eingehend und spricht alle Fragen, die zum Vortrag kommen sollen, gründlich mit ihm durch. Ihr Vertrauensmann in der Regierung, der Geheime Rat Christian Wilhelm Schweitzer, trägt formell zwar nur die Verantwortung für das Kultusressort, doch praktisch stellt er mit der Großherzogin sämtliche wichtigen Weichen. Daß eine Massenpetition der Weimarer Bürgerschaft mit Unterschriften von 2166 Einzelpersonen Pressefreiheit und die Öffentlichkeit der Landtagssitzungen fordert, schockiert die Verwaltung des Großherzogtums zutiefst. Um weitere

Unterschriften zu verhindern, darf das »Weimarische Wochenblatt« auf Anordnung der Zensurbehörden sie nicht zur Kenntnis nehmen. So beklagt der anonyme Verfasser eines »Offenen Sendschreibens zur Vertheidigung der Petition um Preßfreiheit und Öffentlichkeit der Landtagssitzungen«, 1831 in Leipzig verlegt, daß Weimar trotz seiner landständischen Verfassung ein System der Herrschaft habe, »welches vor hundert Jahren noch das alleingültige in allen deutschen Staaten« gewesen sei. Solange der Landtag im geheimen tage, werde es der fürstlichen Regierung immer gelingen, die Volksvertretung in ihrem Sinne zu manipulieren: »Wenn die Sitzungen der sogenannten Volksvertreter bei verschlossenen Thüren gehalten werden, so ist das Volk mit der Repräsentation offenbar auf demselben Flecke, auf welchem es ohne Repräsentation war.« Wie so häufig, bleibt es in Weimar ruhig, während es in Jena gärt. Als um die Jahreswende 1832/33 Studentenunruhen ausbrechen, besetzt Weimarer Militär die Universitätsstadt. Es kommt zu blutigen Straßenkämpfen. Vier Studenten werden zu Festungshaft verurteilt, vier weitere relegiert und vierunddreißig ausgewiesen.

Zwar wird mit Christian Bernhard von Watzdorf 1843 schließlich ein eher Liberaler an die Spitze der Justizverwaltung berufen, der die vorhandenen Spannungen als Gefahr für den Fortbestand der Monarchie bewertet und sie gütlich beilegen will. Doch gegen den streng konservativen Geheimen Rat und Paulowna-Vertrauten, der inzwischen zum Leiter der inneren Verwaltung aufgestiegen ist, kann er sich nicht durchsetzen. Carl Christian Schweitzer, der erbitterte Gegner liberaler Reformen, zeigt sich zunehmend nervös. Daß am 20. Mai 1843 hundert der »demokratischen Demagogie« verdächtige Jenaer Studenten zur Aufführung des »Götz« erscheinen, wirkt schockierend, und als gar einige während der Vorstellung Kuckuck rufen, gilt ihm dies als revolutionärer Akt. Kein Zweifel: Unter Schweitzer exekutiert das Großherzogtum Sachsen-Weimar-Eisenach die reaktionären Beschlüsse des Deutschen Bundes nicht nur pflichtgemäß, sondern mit besonderem Eifer. Das ändert sich erst, als mit der Revolution ein liberaleres Ministerium berufen wird, dem Schweitzer weichen muß.

Aber was heißt schon Revolution in Weimar? Was anderswo große Wogen schlägt, zeigt sich in der Ilm-Residenz nur in leichten Wellen. »Die Liebe des Volkes zu dem Fürstenhause war zu warm und zu dankbar«, schreibt die fürstentreu gesonnene Adelheid von Schorn, »als daß einige Schreier und Wühler hätten Unglück anrichten können.« Sie nennt keine Namen. Doch gehört zu denen, die sie als Wühler bezeichnet, zweifellos der Buchdrucker Anton Tatz, welcher Flugblätter mit revolutionär-republikanischer Tendenz veröffentlicht, aus denen schließlich das kurzlebige »Weimarische Volksblatt« hervorgeht. Seine Zeitung wird zum Organ des radikalen Weimarischen Märzvereins, fordert das allgemeine Wahlrecht und will der »rohen Gewalt und der Lüge« des Konstitutionalismus kämpfend entgegentreten, um den demokratischen Gedanken »allseitig zu entwickeln«. Damit stellen Tatz und sein Herausgeber, der Schriftsteller und Journalist Heinrich Jäde, zweifellos die radikal-republikanische Speerspitze der Revolution in Weimar dar – und doch hüten selbst sie sich vor jedem persönlichen Angriff auf den Großherzog.

Geschieht dies aus Angst um die persönliche Sicherheit? Die Sorge ist nicht unberechtigt. Als sächsische Truppen, die Ruhe und Ordnung in Ostthüringen sichern sollen, wider Erwarten auch in Jena einmarschieren, nutzt die Weimarer Regierung die Chance und läßt Heinrich Jäde und seinen Gesinnungsfreund, den Sozialtheoretiker Wilhelm Adolph Lafaurie, verhaften. Jäde muß eine Gefängnisstrafe verbüßen, später flieht er wegen der Anklage des Hochverrats.

Ist deshalb nie von Sachsen-Weimar die Rede, wenn die Flugblätter oder das »Volksblatt« Fürstenknechtschaft attackieren, sondern immer nur vom Schreckbild Preußen und dem verhaßten Metternichschen System? Wer Jädes Zeitung heute liest, dem sticht vor allem die grenzenlose Verachtung der Hohenzollern in die Augen. Als Friedrich Wilhelm IV. die ihm durch Simson von der Nationalversammlung in der Paulskirche angetragene Kaiserkrone ablehnt, höhnt das »Volksblatt«: »Wäre es nicht blutiger Ernst, man möchte es für eine Karnevalsposse erklären. Auf der einen Seite ein beliebiger Mensch, namens Hohenzollern, auf der anderen Seite Millionen, Millionen! Diese Millionen – seit Jahren bitten, flehen, winseln sie ... um Aufhebung eines Zustandes, der sie zum Vieh machte; die Millionen winseln und flehen – und der eine – will nicht.« Einen scharfen Blick für die Zeit, die Wünsche der Massen, Lebendigkeit, Frische und Volkstümlichkeit bescheinigt Fritz Körner in seiner Untersuchung über die »Zeitungsgeschichte in Weimar« diesem Blatt: In Angriff und Abwehr sei es »geistvoll, klar, satirisch und schneidend« gewesen, man könne von

»Mustern journalistischen Könnens sprechen«. Die Zeitung geht im Oktober 1849 ein.

Gibt das Weimar von 1848 im nachhinein Goethe recht, der meinte, Demokratie und Revolution seien überflüssig, solange nur der Untertan Zugang zu einem aufgeklärten und leutseligen Fürsten habe, der sich erläutern lasse, wo die Bürger der Schuh drückt? Mikrokosmen wie Weimar werden von Fürsten zum Anfassen regiert, die Gesellschaft des Hofes und jene der Stadt durchdringen einander, und das Fürstenhaus stellt den entscheidenden Wirtschaftsfaktor dar. Das ist nicht nur in Weimar, sondern auch in anderen thüringischen Kleinstaaten der Fall. Als vorübergehend von einer Republik Thüringen die Rede ist, in der die bisherigen Duodezfürstentümer aufgehen sollen, nominieren die Coburger Demokraten ihren Herzog Ernst II. als künftigen Präsidenten. In Weimar versteht sich selbst der ins Ministerium berufene Führer der liberalen Landtagsopposition, der Rechtsanwalt Oskar von Wydenbrugk aus Eisenach, als Monarchist, wenn er auch die konsequente Umwandlung des aufgeklärt-absolutistisch regierten Großherzogtums in eine konstitutionelle Monarchie verficht.

Wie die Revolution an der Ilm verläuft, daß die Masse der Weimarer Bürger ihren Fürsten eher vor den Revolutionären schützen denn davonjagen will, schildert der Schauspieler und Regisseur Eduard Genast sehr anschaulich in seinen Memoiren: Nach einer Versammlung auf dem Marktplatz, auf der die Demokraten ihre Forderungen proklamierten, sitzt er mit Demokraten und Konstitutionellen im Gasthof zum Anker in der Windischen Gasse. Man streitet über die künftige Ordnung, als plötzlich die Tür aufgeht und ein Weimaraner ruft: »Heraus, ihr Bürger, das Gesindel stürmt das Schloß.«

Alle Gäste im Anker, welcher Partei sie auch angehören, springen auf und stürzen zum Schloß, »um ihren Fürsten und sein Haus zu schützen«, schreibt Genast. »In kurzer Zeit waren über fünfhundert Bürger versammelt, die alle Eingänge zu den fürstlichen Gemächern besetzten. Als Erkennungszeichen, da es bereits zu dunkeln begann, hatte jeder Bürger sein Taschentuch um den Arm gebunden. So standen wir nun wie eine Mauer im Fonds des Schloßhofs. Der Lärm und das Geschrei waren betäubend, und doch wären fünfzig Bajonette hinreichend gewesen, dem tollen Spuk ein Ende zu machen, aber der gütige Fürst hatte jeden Eingriff des Militärs untersagt. Zunächst versuchten die Minister durch versöhnende Worte und Versprechungen die rasende Menge zu beruhigen, aber alles war vergebens, bis man den Landtagsabgeordneten Wydenbrugk, den Mann des Volkes, herbeigeholt hatte. Dieser wußte durch eine energische Rede die wenigen Schlimmgesinnten zum Fortgehen zu bewegen. Als er vom Schlosse herkam, wurde er von zwei Exaltierten auf die kräftigen Schultern eines großen Mannes gehoben, und unter Jubelgeschrei folgte die größere Menge diesem Triumphzuge, aber die Hefe, der es um etwas ganz anders zu tun war, als Rechte und Freiheiten zu beanspruchen, blieb. Da übernahmen es die Bürger, in geschlossenen Reihen die zerlumpte Rotte durch die Barriere des Schloßhofes hinauszujagen.« Anderntags wird in Weimar eine Bürgerwehr gegründet, die das Fürstenpaar mit einem donnernden Hoch begrüßt, wann immer es zum Inspizieren kommt. Genast gehört ihr an, er trägt nun einen kurzen grünen Waffenrock mit schwarzem Samtkragen und gelben Metallknöpfen, ein Käppi und einen Ledergurt samt Patronentasche. Exerzierplatz ist die Sternwiese gegenüber Goethes Gartenhaus. »Was würde wohl der alte Herr zu diesem Treiben gesagt haben?« fragt der Schauspieler und zitiert, was der Theaterdirektor Goethe gelegentlich auf Proben geäußert hat: »Nun, das wächst ja recht erfreulich heran!« Er kennt seinen Goethe, der nichts mehr haßte als Umsturz und Anarchie.

»Je aufgeregter die Zeit ist, desto inniger muß das Band zwischen Fürst und Volk sich knüpfen«, heißt es in einer landesfürstlichen Bekanntmachung, nur dadurch könnten »die ruchlosen Bestrebungen einzelner bekämpft werden«. Kein Zweifel: Genast und die Mitglieder der Bürgerwehr verhalten sich ganz so, wie es der Großherzog von seinen Untertanen erwartet. Die »Weimarische Zeitung« wird ein wenig unabhängiger, denn ein »hohes Staatsministerium« hat die Fortführung des Blatts, wie es selbst voller Stolz meldet, »ohne die geringste oder andere Instruktion in die Hände des zeitherigen Redakteurs und der zeitherigen Verleger gelegt«. Praktisch avanciert die Zeitung damit vom bloßen Sprachrohr der Regierung zum offiziösen Blatt mit konservativer, regierungsnaher Tendenz. In einem der ersten Leitartikel befürwortet es ein »Aufruhrgesetz«, welches das neue liberale Ministerium erläßt: »Wenn ein gesunder Sinn allein seine Hebel an die Massen ansetzt, wenn das Volk in fester, dem deutschen Charakter so eigentümlicher Gesinnungstreue sich um seinen Monarchen schaarend«, die Forderung nach politischen Reformen in verfassungsmäßiger Weise auch laut erhebt, dann, so heißt es da, »fürchten wir nichts«. Die Redaktion verficht eine großdeutsch-nationale Linie, will aber eine monarchistisch-konstitutionelle Regierung mit einem starken Bundesoberhaupt. Auch Carl Friedrich hat versprochen, sich für eine Nationalverfassung einzusetzen und meint, mit der Wiedereinführung der Pressefreiheit habe er genügend Reformwillen bewiesen, um nach hergebrachter Art weiter zu regieren. Er sei bedächtig gewesen, im Grunde unpolitisch, meint der Historiker Friedrich Facius, »zudem so gealtert, daß er das turbulente Geschehen der Märztage nicht begreifen konnte«. Unter dem Einfluß der Paulowna hält er deshalb trotzig an seinem alten Ministerium fest, das so treulich die Beschlüsse der Heiligen Allianz exekutierte. Es bedarf erst eines weiteren Volksauflaufs im Schloßhof am 11. März, bis er endlich kapituliert, den Rücktritt Schweitzers und seiner anderen Minister ankündigt und das Märzministerium mit Watzdorf und Wydenbrugk ernennt.

Was von den Märzereignissen in Weimar bleibt, ist vor allem die Überführung der Domänen, über die bislang ausschließlich das Fürstenhaus verfügte, in staatliche Verwaltung, wobei die Besitzverhältnisse bezeichnenderweise ungeklärt bleiben. Der Großherzog hat sich hinfort mit einer Zivilliste zu begnügen, welche der Landtag freilich großzügig auf zweihundertachtzigtausend Taler im Jahr festsetzt. Damit wird die wirtschaftliche Machtstellung des Fürstenhauses begrenzt und ein wichtiger Schritt auf dem Weg zur konstitutionellen Monarchie getan. Beim Wahlgesetz dagegen werden die freiheitlichen Vorschriften für die Landtagswahl vom November 1848 im Zuge des Erstarkens der Reaktion und auf Aufforderung des Deutschen Bundes energisch zurückgeschnitten. Ab 1852 gilt ein Dreiklassenwahlrecht, das an das Bürgerrecht und damit an Grundbesitz, Vermögen und Einkommen gebunden ist: Der Landtag besteht aus je fünf direkt gewählten Vertretern der Großgrundbesitzer und den hochbesteuerten sogenannten »Tausend-Thaler-Männern«, dreiundzwanzig Abgeordnete werden von den Gemeindebürgern indirekt über Wahlmänner bestimmt. Nur zu verständlich, wenn die liberalen Landtagsabgeordneten aus Protest ihre Mandate niederlegen. Doch bewirken sie damit nichts, denn dieses Wahlrecht gilt im Großherzogtum bis ans Ende des Jahrhunderts, bis 1896, unverändert fort.

Das Weimarer Fürstenhaus wittert nun die Chance, das Domänen-

Franz Liszt, Maria Paulowna und die »Silberne Zeit«

*Der Komponist, Klaviervirtuose und Dirigent Franz Liszt (1811–1886)
wird 1842 zum »Kapellmeister in außerordentlichen Diensten«
ernannt und aus der fürstlichen Privatschatulle bezahlt. Unter seinem
künstlerischen Einfluß erlebt Weimar ein »Silbernes Zeitalter«
(Gemälde von Bernhard Blockhorst, undatiert).*

vermögen der staatlichen Verwaltung wieder zu entreißen, um wie früher frei darüber zu verfügen. Doch selbst der Landtag, in dem jetzt eine liberal-konservative Mehrheit das Sagen hat, blockiert diesen Versuch und stimmt nur der Rückgabe eines geringen Teils, vor allem der Schlösser und Parks, als sogenanntem Krongut zu. Das Wiedererstarken der konservativen Tendenzen veranlaßt Oscar von Wydenbrugk, den führenden liberalen Politiker des Großherzogtums, 1852 aus dem Staatsministerium auszuscheiden.

Politisch ist das Weimar unter Carl Friedrich und der Paulowna wahrhaft kein Musterländle, auch wenn es sich in Fragen der Kunst liberal zeigt und ein »Silbernes Zeitalter« erlebt, als Franz Liszt es vorübergehend aus seinem Dämmerzustand reißt. Daß Weimar sich nach Kräften für den in Abwesenheit zum Tode verurteilten Dresdner Hofkapellmeister Richard Wagner eingesetzt habe, gehört jedenfalls ins Reich der Sage. Wagner hatte im Mai 1849 in Dresden auf den Barrikaden gestanden, die nach den Anweisungen des Architekten Johann Gottfried Semper errichtet wurden, des Erbauers des nach ihm benannten Opernhauses. Als begeisterter Revolutionär soll der Hofkapellmeister sich damals gerühmt haben, er allein sei verantwortlich für den Brand im Prinzenpalais – so jedenfalls verzeichnet es eine sächsische Polizeiakte. Sie wird ihm vom sächsischen Ministerpräsidenten nach der Begnadigung gezeigt, die Wagner zu einem Dankbesuch in Dresden veranlaßt hat. Doch dies geschieht viele Jahre später, als der Musiker längst Weltruhm erlangt hat und Sachsen nicht mehr umhin kann, sich seinem großen Sohn gegenüber großzügig zu zeigen. Im Frühjahr 1849 jedoch befindet sich der königliche Kapellmeister Wagner auf der Flucht vor der sächsischen Polizei und kommt über Chemnitz nach Weimar, wo er sich von seinem Freund, dem großherzoglichen Hofkapellmeister Liszt, Hilfe erhofft. Der nämlich hat als Zwölfjähriger die Februar-Revolution 1830 in Paris erlebt und schwärmt seither für eine gerechtere Welt und die Ideen Saint-Simons.

Der französische Graf hat unter Washington gegen die britischen Kolonialherren gekämpft, will alle Fürsten und Monarchen stürzen, die Produktionsmittel in Gemeinschaftsbesitz überführen und träumt von einer neuen Leistungshierarchie, die sich aus gebildeten Bürgern rekrutiert. Aber Liszt ist nicht minder von dem religiösen Sozialreformer Abbé Felicité de Lamennais fasziniert und sucht, als er nach Weimar kommt, Freiheit, Gleichheit und Brüderlichkeit eher im Christentum. Den Zielen der Revolutionäre bringt er Verständnis entgegen, auch wenn er inzwischen von ihren Mitteln, dem Umsturz, abgerückt sein mag. Seine »Heroïde funèbre«, einst als Revolutionssymphonie begonnen und unter dem Eindruck des Scheiterns der 48er-Bewegung in Weimar zu Ende komponiert, ist nach Meinung seines Biographen Werner Felix nur als großartige Trauermusik für die Opfer der Revolution zu verstehen. Natürlich hilft der berühmte Klaviervirtuose dem verfolgten Wagner so gut er kann, erkennt er doch früh dessen immense Begabung und nennt ihn »eine neue, glänzende Erscheinung in der Kunst«. Spürt er instinktiv das genial Irrationale, das extrem Deutsche der Wagnerschen Musik, wenn er seinem früheren Sekretär Belloni nach Paris schreibt, der Sachse sei ein »schädelspaltendes Genie, wie es für dieses Land paßt«?

Liszt macht im Hotel »Erbprinz« Quartier für Wagner und empfängt ihn freundlich auf der Altenburg, wo er inzwischen mit seiner Fürstin Sayn-Wittgenstein residiert. Doch das offizielle Weimar hält sich gegenüber dem unerwünschten Gast bedeckt. Da sächsische Truppen Unruhen in Ostthüringen niederschlagen und selbst nach Jena marschieren, scheint es wenig ratsam, den mächtigen Nachbarn im Osten zu reizen. Widerwillig duldet Regierungschef Watzdorf, der als konstitutioneller Monarchist für entschiedene Republikaner wie Wagner wenig Sympathien hegt, seine Anwesenheit im Herzogtum nur solange, bis der offizielle Steckbrief aus Dresden eintrifft: Darin wird die Verhaftung und Auslieferung eines 37 bis 38 Jahre alten Brillenträgers von mittlerer Statur mit braunen Haaren wegen »wesentlicher Teilnahme an der in hiesiger Stadt stattgefundenen aufrührerischen Bewegung« gefordert. Freunde Liszts verstecken Wagner in Magdala, besorgen ihm einen falschen Paß auf den Namen Dr. Widmann und ermöglichen ihm die Reise über Zürich nach Paris. Zwar verwendet sich Großherzog Carl Alexander später für die Begnadigung Wagners in Dresden. Doch fehlt es ihm an Mut, dem verfolgten Komponisten auch nur zeitweise Asyl im eigenen Lande zu gewähren. So bittet er König Johann von Sachsen 1856, er möge gestatten, daß sich Wagner einige Zeit in Weimar aufhalte, und seine Gesandtschaft anweisen, von Fahndungsersuchen abzusehen. Als die Bitte abgelehnt wird, fügt er sich. Wagner bleibt in der Schweiz.

Nach Goethe hat niemand in Weimar einen größeren künstlerischen Einfluß als Franz Liszt, der zwar politisches Asyl für Wagner nicht durchsetzen kann, aber wenigstens der Musik des »schädelspaltenden Genies« durch seine Aufführungen im großherzoglichen Hoftheater zum Durchbruch verhilft. Den Anfang macht ein Konzert im Herbst 1848, in dem er die Ouvertüre des »Tannhäuser« vorstellt. Es folgt die Aufführung der ganzen Oper am 16. Februar 1849, dem Geburtstag der Maria Paulowna. Liszt beweist damit Mut, denn weder haben Publikum oder Kritiker die Oper bei der Dresdner Uraufführung 1845 positiv aufgenommen, noch hat eine andere Bühne sie bisher zu spielen gewagt. Doch zeigt er mit der Wahl gerade dieses Stoffes auch taktisches Geschick. Wagner hat ja in seinem Libretto die Gestalt des gelehrten, singenden Ritters Tannhuser mit der des Minnesängers Heinrich von Ofterdingen verschmolzen und die mittelalterliche Sage vom mythischen Venusberg mit den mittelhochdeutschen Gedichten vom Sängerkrieg verwoben, der zur Zeit des Landgrafen Hermann von Thüringen auf der Wartburg spielt. Wenn dieser als einer der besten deutschen Fürsten gepriesen wird, darf sich der Regent von Weimar also angesprochen fühlen, zumal die Paulowna ihren Sohn, den Erbherzog Carl Alexander drängt, sich der Erhaltung und Restaurierung der Wartburg anzunehmen. So ist dem »Tannhäuser« eine freundliche Aufnahme in Weimar gewiß, die Oper gehört bald zum festen Repertoire und wird mit vierunddreißig Vorstellungen in zehn Spielzeiten zum meistaufgeführten Musikstück des Hoftheaters.

Auf der Flucht in Weimar hat Wagner, hinter einem Vorhang versteckt, Gelegenheit, Probearbeiten Liszts an seinem Werk im Hoftheater zu beobachten. Geradezu enthusiastisch bedankt er sich später bei dem Freund: »Kein Theater der Welt hat es noch zu unternehmen für gut befunden, meine seit vier Jahren erschienene Oper ›Tannhäuser‹ zur Aufführung zu bringen; Sie mußten aus aller Welt Enden erst am Sitz eines kleinen Hoftheaters sich auf einige Zeit ansiedeln, um zugleich zum Werke zu greifen, damit ihr schwergeprüfter Freund endlich etwas weiterkomme.«

Anders dagegen Liszts Erfahrungen mit dem »Lohengrin«. Im Festkalender des musealen Weimar nach Goethe sind inzwischen nicht nur die Geburtstage der fürstlichen Familie, sondern auch jene der Klassiker verzeichnet und bieten, Freude oder Pflicht, mehr oder weniger willkommene Anlässe für Festvorstellungen. So spricht am 28. August 1850 anläßlich der Goethefeier zum 101.(!) Geburtstag des Dichters der Schauspieler Jaffé einen Prolog von Dingelstedt, danach folgt die Uraufführung von Wagners »Lohengrin«. Ein Platz in der Fremdenloge kostet einen Taler und zehn Silbergroschen, ein Sitz in der Parterreloge ist schon für zwanzig Groschen zu haben.

Liszt schreibt mit dieser Aufführung, die vier Stunden dauert, Musikgeschichte. Gäste aus aller Welt sind angereist – der Komponist Giacomo Meyerbeer, Experten und Opernliebhaber aus London, Paris und Brüssel. Die internationale Kritik zeigt sich beeindruckt, die großherzogliche Familie applaudiert, aber das provinzielle Weimarer Publikum mit seinem konventionellen Geschmack bleibt lau und reserviert, es zeigt wenig Sinn für das Avantgardistische der Wagnerschen Musik und fühlt sich von ihr überfordert. Kein Wunder, wenn ein erboster Liszt dieses Publikum in einem Brief an die Fürstin Wittgenstein als eine »große Null« bezeichnet. Dabei waren die Arbeiten am »Lohengrin« von Anfang an mit Zweifeln belastet. Übersteigen die Anforderungen Wagners nicht die bescheidenen Mittel, die in Weimar verfügbar sind? Reicht das Ensemble dieses mittleren Stadttheaters überhaupt aus, die »hochideale Färbung« des Werks einigermaßen gültig darzustellen? Hatte man nicht schon die Hauptrolle des »Tannhäuser« mit einem Dresdner Sänger besetzen müssen, um der Oper über den Sängerkrieg auf der Wartburg zum Erfolg zu verhelfen? Liszt selbst, der in zehn Jahren als Weimarer Opernkapellmeister sein Orchester nur von fünfunddreißig auf neununddreißig Mitglieder aufstocken kann, will das Handtuch werfen und schickt die »Lohengrin«-Partitur, die er von Wagners Frau in Dresden erhalten hat, an den Musiker ins Zürcher Exil weiter. Doch Wagner läßt nicht locker: Liszt solle die Oper aufführen, »gleichviel wenn es selbst nur in Weimar ist: ich bin gewiß, Du wirst alle möglichen und nöthigen Mittel dazu herbeischaffen, und man wird sie Dir nicht abschlagen«.

Wagner kalkuliert richtig: Der Charme des Frauenlieblings Liszt verfehlt seine Wirkung auf die musikverständige Großherzogin nicht. Maria Paulowna spielt nicht nur ausgezeichnet Klavier, sie weiß wie ein Kapellmeister Partituren zu lesen und zu transponieren. Aus ihrer Privatschatulle stiftet sie zweitausend Taler, eine damals unerhörte Summe für eine einzelne Inszenierung. Dennoch hat Liszt mit erheblichen Schwierigkeiten zu kämpfen. Die von Wagner vorgeschriebenen vier Heerhörner sind nicht aufzutreiben und müssen durch Trompeten ersetzt werden. Glaubt man Eduard Genast, der als Opernregisseur Liszt »auf der Bühne treulich zur Seite« steht, dann entbehrt diese Uraufführung nicht der unfreiwilligen Komik. So zeigt der Sänger des Lohengrin – »der Mensch kann nicht mehr geben, als er von der Natur empfangen hat« – bedenkliche dramatische Schwächen: »Trotz meiner Bitten und Mahnungen, die Szene im Schlafzimmer so platonisch wie möglich zu halten, wozu schon die keuschen Töne des Komponisten anleiten, zog dieser Lohengrin seine Elsa fast fortwährend an sich, so daß es ihr schwer wurde, den Worten: ›An meine Brust, Du Süße, Reine‹ nachzukommen.« An dieser Brust lag sie ja längst!

Liszt selbst weiß um die Mängel dieser Uraufführung. In einem Brief an die Paulowna zählt er sie sämtlich auf: Da haben ein Dutzend Chorsänger gefehlt, um die »prächtigen Chöre dieses Werkes« richtig zur Wirkung zu bringen; aus Mangel an Statisten habe sich die »Lächerlichkeit« nicht vermeiden lassen, daß im zweiten Akt ein Marsch gespielt wird, »ohne daß ein feierlicher Zug über die Bühne schreitet«. Zerlumpte Dekorationen, Kostüme aus Stoffen, »als man sie gewöhnlich auf den Sofas der Hôtels garnis findet«, geradezu ärmlich der Kahn und der Schwan - das alles paßt nicht zu den »glänzenden Vorstellungen«, welche »die Musik in den Gemütern erweckt«. Dazu ein völlig überfordertes Ensemble: »Eine ganze Anzahl von Mitgliedern des Theaters ist vom Alter geschwächt, in den Dürftigkeiten des Provinzbetriebes versauert, ohne eine Ahnung davon, was anderwärts getan und geleistet wird, zufrieden, wenn sie ihres Abendbrots sicher ist, während es an jungen Leuten fehlt, die einen Namen zu erobern haben, Vergleiche anstellen können und sich von jener Glut beseelt fühlen, ohne die es fast besser ist, überhaupt nichts anzufangen.«

Im Exil bei Luzern kann sich Wagner kein eigenes Urteil bilden, doch entnimmt er Berichten und Kritiken, daß Schauspieler und Sänger es am nötigen Temperament haben fehlen lassen. So schreibt er an Genast, er müsse die Darsteller mehr »in das rechte dramatische Feuer« bringen, ein Feuer, das »leider bei der jetzigen Sängergeneration gänzlich erloschen zu sein scheint und nur durch unerhörtes Anfachen von außen wieder zum Brennen zu bringen sein wird«. Liszt und sein Helfer Genast fachen nach Kräften an, aber der Erfolg beim Weimarer Publikum bleibt aus: Melodielos sei die Oper und viel zu lang, von der Masse der Musik werde man fast erdrückt. Liszt scheint bereit, den »Lohengrin« ganz aus dem Repertoire zu nehmen, zumal

Wagner Kürzungen zunächst ablehnt. Gestreng fordert der Komponist in einem Brief an Genast die Erziehung des Publikums zur »Kraftübung im Kunstgenuß« und weist auf das Vorbild der alten Athener hin: die »... saßen von Mittag bis in die Nacht vor der Aufführung ihrer Trilogien, und sie waren ganz gewiß nichts anderes als Menschen«. Als er schließlich doch Streichungen erlaubt, wird sein »Lohengrin« weiter gespielt, doch die Anerkennung gilt eher der Wagnerschen Musikrevolution denn der notwendigerweise unvollkommenen Art der Inszenierung.

Wenn dieser »Lohengrin« schließlich doch zum Erfolg wird, spielt eine ausschlaggebende Rolle dabei die Eisenbahn, an deren Streckennetz Weimar seit 1846 angeschlossen ist. Die Kunde von dieser sagenhaften Oper hat in ganz Deutschland die Runde gemacht; um sie zu erleben, strömen Musikliebhaber und Wagner-Bewunderer in die Ilm-Residenz und füllen das Hoftheater bis auf den letzten Platz. Ihr Applaus gleicht Begeisterungsstürmen, immer wieder rufen sie den Maestro Liszt auf die Bühne. Im Sog der fremden Besucher besinnen sich langsam, aber immerhin, selbst die spießigen Weimaraner eines Besseren.

Franz Liszt ist ein Glücksfall für Weimar. Er bringt weltmännischen Glanz, den Ruhm des besten Klaviervirtuosen seiner Zeit und einen Hauch französischer Romantik in eine enge Stadt, die von der Vergangenheit zehrt. Sein Leben gleicht einem Roman: Als Neunjähriger erstmals auf der Bühne am Klavier, als Fünfzehnjähriger verwöhnter Liebling aller Pariser Salons, danach triumphal gefeiert in den großen Städten des Kontinents. Ein Haupt mit edlen Zügen, wallenden Haaren und einem Profil wie Dante, die Figur schlank, zart und elegant – diesem Ungarn, der meist französisch spricht, liegen die Frauen zu Füßen. Die blaublütigsten Hofdamen reißen sich darum, ihm die Noten umzublättern.

Als er im November 1841 zum erstenmal in Weimar gastiert, ist der Enthusiasmus so groß wie seit Paganini nicht mehr. Maria Paulowna schenkt ihm einen kostbaren, mit Smaragden besetzten Taktstock. Ein Jahr später, als er bei den Vermählungsfeierlichkeiten des Erbgroßherzogs spielt, wird er zum »Hofkapellmeister in außerordentlichen Diensten« ernannt – ein unbesoldetes Ehrenamt, das ihm keine Verpflichtungen auferlegt, aber doch die Möglichkeit einräumt, die Kapelle »zu seinen Leistungen aufzufordern und zu benutzen«, wenn

Nicht länger die Stadt der Toten

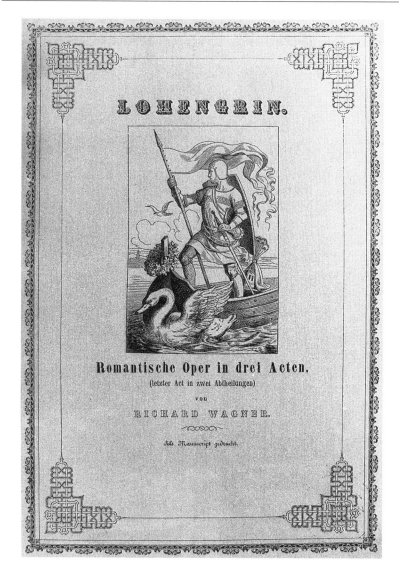

*Franz Liszt verhilft der Musik des »schädelspaltenden Genies«
Richard Wagner im großherzoglichen Hoftheater zum Durchbruch.
Zu den Aufführungen des »Lohengrin« kommen Gäste aus
aller Welt nach Weimar.*

er in Weimar weilt. Genau darin liegt die Verlockung, welche Liszt, den weltberühmten Pianisten, nach einigen weiteren Gastspielen 1848 schließlich ganz nach Weimar zieht. Seiner Sache als Virtuose sicher und des ewigen Reisens leid, will er nun mit dem Orchester arbeiten, sich zum Dirigenten entwickeln und auf das Komponieren konzentrieren, zumal ihn Carl Alexander mit begeisterten Elogen in Versuchung führt. »Erleuchten Sie mir die Welt durch Ihr Licht, damit ich durch Ihre Augen sehen kann ...«, schreibt ihm der Thronfolger 1846. Im Jahr darauf bittet er Liszt, ihn bei der Reform des Weimarer Opentheaters zu unterstützen. Der gefeierte Künstler folgt der Einladung im Frühjahr 1848, macht Weimar für einige Jahre zum Zentrum der neuen Musik in Deutschland und wird zum Begründer der Neudeutschen Schule.

Mit ihm blüht das Weimarer Konzertwesen auf, in harter, unermüdlicher Arbeit hebt er die Qualität des Orchesters, auch wenn sie ihn nie ganz befriedigen wird. Er ist kein bequemer Kapellmeister, der sich damit begnügt, Takt und Tempi vorzugeben. Auf dem Dirigentenpult des Hoftheaters steht nun ein »Führer voll Feuer und Energie«, schreibt Genast, der alle musikalischen Feinheiten aufzufinden und zur Geltung zu bringen weiß. Explosiver Rhythmus ist ihm wichtiger als der Takt. Mit seinen Händen, Körperbewegungen und seinem Gesichtsausdruck reißt er die einzelnen Musiker des Orchesters »mit auf die Höhe, auf der er selber steht«. Für heutige Besucher philharmonischer Konzerte mag das selbstverständlich sein, für die damalige Zeit war es revolutionär und brachte Liszt nicht selten abfällige Kritiken ein. Eine zeitgenössische ungarische Karikatur zeigt den Maestro mit weit geschwungenen Armen, wildverzückten Gesichtszügen und langen, ungebändigten Haaren, einmal in die Knie gehend, sich duckend und die Arme nach vorn ausgestreckt, dann wieder auf den Fußspitzen stehend, mit den Armen sich himmelwärts reckend. Das ist der neue Liszt, der seine Musiker wie Löwen bändigt und sich vom Virtuosen zum berühmten Dirigenten wandelt, der bald als Gast nach Karlsruhe, Düsseldorf und Braunschweig, nach Wien und Budapest, nach Prag, St. Gallen und Rotterdam gebeten wird. Er fördert vor allem zeitgenössische Musiker, so Robert Schumann, aber nach seinem Favoriten Wagner hat es ihm vor allem Hector Berlioz angetan, der in seiner französischen Heimat nicht recht reüssieren will. Liszt gefällt dessen Überdimensionierung des Orchesterklangs, welche einige abschätzig als Monstermusik bezeichnen; daß der Franzose eine Art programmatische, auf Inhalte verpflichtete Musik komponiert, die er sogar in seinen Programmheften erklärt, um die Hörer auch ja in die von ihm gewünschte Richtung zu drängen, zieht ihn besonders an. In den eigenen sinfonischen Dichtungen versucht er ja selbst die Bindung der Musik an die Literatur und komponiert »Programmusik«. Gleich dreimal, 1852, 1855 und 1856, kommt der französische Komponist zu Berlioz-Wochen an die Ilm, dirigiert seine Werke selbst und gibt Wohltätigkeitskonzerte zugunsten von Witwen und Waisen.

Und natürlich immer wieder Wagner, mit dem ihn wachsende Freundschaft und bald auch Verwandtschaft verbindet, welche die Eintracht einige Jahre erheblich stört. Denn Liszts Tochter Cosima, die erst seinen Schüler Heinrich von Bülow heiratet, lebt ab 1869 mit Wagner zusammen, noch ehe sie von Bülow geschieden ist, gebiert ihm drei Kinder und führt Wagners Erbe, die Bayreuther Festspiele, als energische und effiziente Oberspielleiterin bis zu ihrem Tod 1930 zu unerhörtem Erfolg. Ihr Vater, nach seinem Weggang aus Weimar in Rom zum franziskanischen Abbé geweiht, zeigt für das Verhalten der Tochter zunächst wenig Verständnis, was die Beziehungen zu ihr und zum alten Freund Wagner auf Jahre erheblich belasten muß. Aber das heißt weit vorgreifen. Erst einmal führt Liszt im Rahmen einer Wagner-Woche 1853 als dritte Wagner-Oper in Weimar den »Fliegenden Holländer« auf. Und um ein Haar hätte das Wagnersche Bayreuth auch nie das Licht der Welt erblickt. Als ihm nämlich Wagner von seiner Arbeit an den »Nibelungen« berichtet und erklärt, die kolossale Tetralogie sprenge den Rahmen herkömmlicher Bühnen, ist Liszt überzeugt: Ein neues Festspielhaus muß her, und kennt auch den Ort, an dem es zu stehen hat. Wagners »Nibelungen«, schreibt er 1856 an Carl Alexander, müßten in Weimar zur Uraufführung kommen, denn das Werk werde seinen Strahlenglanz über die ganze Welt werfen und »unser Zeitalter beherrschen als die monumentalste Leistung der gegenwärtigen Kunst«.

Wäre es nach Liszt gegangen, hätte sich das Festspielhaus in Bayreuth, das etliche Jahre später ersteht, von vornherein erübrigt, denn Carl Alexander wäre mit dem Bau einer speziellen Bühne für Wagner in seinem Ilm-Athen eingesprungen. Wer um den nationalistischen Weihrauch weiß, den kommende Generationen in Weimar allein schon um die Klassiker wallen lassen, dem ist der Gedanke geradezu unerträglich, der Großherzog wäre Liszts Anregungen gefolgt. Dann nämlich wäre Weimar zur zentralen nationalen Kult- und Weihestätte eines Doppelmythos von Klassik und Richard Wagners Musikdramen geworden, obschon diese mit Goethe, Schiller oder Herder nun wahrlich nichts verbindet. »Goethe oder Wagner. Beides zusammen geht nicht«, schreibt Thomas Mann an Julius Bab. Und selbst Adolf Bartels, der geradezu widerwärtig antisemitische Barde der deutschen Literaturwissenschaft, den es Ende des 19. Jahrhunderts nach Weimar zieht, zeigt sich befriedigt, daß Liszts Idee gescheitert ist: »Wagner und Goethe vertragen sich kaum.«

Zwar zeigt sich Carl Alexander aufgeschlossen wie stets und führt erste Gespräche über den möglichen Standort für das neue Festspielhaus. Doch scheitert der hochfliegende Plan an den beschränkten Mitteln, die der Königlichen Hoheit zur Verfügung stehen. Nicht anders ergeht es Liszts Entwurf für eine »Fondation Goethe«, mit der er Weimars kulturpolitisches Profil schärfen, es zum Zentrum der deutschen Gegenwartskunst machen und ihm jenen Platz in Deutschland sichern will, den Florenz in Italien einnimmt.

Derzeit erweise man Weimar die Pietät einer Reliquie, schreibt Liszt in seiner Denkschrift, mit der er die Klassiker-Stadt aus ihrer musealen, rückwärts gerichteten Existenz erlösen und ihr die Funktion eines zeitgenössischen Zentrums der Künste geben will. Nach dem Vorbild der antiken olympischen Spiele soll die Stiftung alljährlich eine große Versammlung nach Weimar einberufen, um alternierend die besten Werke der Literatur, der Malerei, der Bildhauerkunst und der Musik mit nationalen Preisen auszuzeichnen. Liszts Ziele sind betont gegenwartsbezogen, selbst an Sonderwettbewerbe für Architektur und sozialen Wohnungsbau für Arbeiter ist gedacht. »Gegenwärtig ist Weimar nur ein geographischer Punkt«, beschwört er den Großherzog, »ein Asyl, das geehrt wird der Hoffnungen wegen, die den glanzvollen Erinnerungen nachfolgen könnten, ein neutraler Platz, offen für eine Blütezeit, die sich dort entfalten sollte.« Bewußt richtet er seinen Appell an den Repräsentanten eines fürstlichen Hauses, das nach seiner ganzen Tradition verpflichtet sei, besondere kulturelle Aufgaben für ganz Deutschland zu übernehmen. Als Komponist, Dirigent und Organisator des Musiklebens versucht Liszt, »den Nationalgedanken liberal und demokratisch zu interpretieren und ihn mit dem

Geist der Universalität und des Kosmopolitismus zu verschmelzen«. Damit stellt er, so Monica Marquardt in ihrem Beitrag »Weimar als geistige Lebensform«, eine »für Deutschland seltene, aber doch notwendige Balance zwischen nationaler Identität und Weltoffenheit« her. Weimar ist ihm das »Vaterland der Seele«, wie er einmal seinem Fürsten schreibt, aber er fühlt als Ungar und ergreift mit sinfonischen Dichtungen wie der »Hungaria« deutlich für Kossuth, die Revolution und die nationale Unabhängigkeit Partei. Begeistert geht Carl Alexander auf Liszts Idee einer »Fondation Goethe« ein, aber nach den ersten organisatorischen Vorarbeiten verläuft das Projekt im Sande. Dem Großherzog fehlt es an der Beständigkeit und dem Durchsetzungsvermögen, die ein so ehrgeiziger Plan verlangt.

Als Liszt, der Mann vieler skandalumwitterter Liaisons, sich in 1848 in Weimar niederläßt, kommt er natürlich nicht allein. Bei einem seiner vielen Wohltätigkeitskonzerte, die er überall in Europa gibt, hat er im Winter zuvor in Kiew die Fürstin Carolyne von Sayn-Wittgenstein kennengelernt. An Schönheit kann sie sich mit der Gräfin Marie d'Agoult nicht messen, jener französischen Schriftstellerin, die 1835 ihren Mann verließ, um neun Jahre mit dem damals schon berühmten Virtuosen zusammenzuleben, eine Verbindung, aus der Cosima Wagner hervorgegangen ist. Aber die kleine, zierliche, gesellschaftlich gewandte polnische Aristokratin besitzt eine umfassende Bildung, treibt philosophische Studien und verfügt über einen eminent scharfen Verstand. Sie ist ebenso reich wie unglücklich – vom Vater hat sie ein Gut mit dreißigtausend Leibeigenen geerbt, wurde indes schon als Siebzehnjährige in eine Ehe mit dem ungeliebten Sohn des zaristischen Feldmarschalls Wittgenstein gezwungen. Kaum hat sie die Scheidung beantragt, folgt sie mit ihrer Tochter dem angebeteten Liszt nach Weimar, wo sie mehr als ein Jahrzehnt die Altenburg, jenes hoch über der Ilm am Wege nach Jena gelegene schmucklose, an einen riesigen Kasten erinnernde Haus, in einen Salon umwandelt, in dem sich bald die künstlerische Avantgarde Deutschlands trifft. Die Gastfreundschaft Liszts und seiner Fürstin werden weithin gerühmt. Da liege Harmonie in der Luft, sagt Friedrich Hebbel, einer der vielen Besucher – das Gespräch werde zum »Goldgewebe«, als »traumhaft-phantastisch« bezeichnet er eine der großen Gesellschaften auf der Altenburg, bei der Liszt Zigeuner-Rhapsodien spielt: »Am Klavier ist er ein Heros; hinter ihm, in polnisch-russischer Nationaltracht mit Halbdiadem und goldenen Troddeln die junge Fürstin, die ihm die Blätter umschlug und ihm dabei zuweilen durch die langen, in der Hitze des Spiels wild flatternden Haare fuhr.«

Doch Liszt und seiner Fürstin ergeht es nicht anders als Goethe mit seiner Christiane: Die verzopfte Weimarer Gesellschaft findet ihr Zusammenleben anstößig. Hat sich Carolyne anfangs der Unterstützung der Paulowna erfreut, die sich bei ihrem Bruder für die Beschleunigung des Scheidungsverfahrens einsetzt, fällt die »unsittliche« Dame umgehend in Ungnade, als Zar Nikolaus sich uneinsichtig zeigt. Er hält die Fürstin für eine davongelaufene Demokratin, läßt ihren Besitz beschlagnahmen und fordert sie per Dekret zur Rückkehr in die russische Heimat auf. Seither wird sie vom Hof geschnitten und erhält keine Einladungen mehr. Formell hat das Hofmarschallamt ohnehin nie zur Kenntnis genommen, daß Liszt fröhlich und frei mit seiner Carolyne auf der Altenburg zusammenlebt. Bis zuletzt werden – um den frommen Schein wenigstens vor sich selbst aufrechtzuerhalten? – die Briefe Carl Alexanders an seinen Hofkapellmeister im »Erbprinz« abgegeben, wo Liszt die ersten Monate nach seinem Eintreffen in Weimar gewohnt hatte. Als Carolyne die festliche Enthüllung des Dioskurenstandbilds im September 1857 vor dem Hoftheater aus einem Zimmer am Theaterplatz betrachten will, ergreifen bereits anwesende Damen mit allen Anzeichen des Entsetzens die Flucht. So wird die Altenburg, der Mittelpunkt des musikalischen Europa, schließlich zu einer Art liberaler Insel inmitten von »Philisterei und Residenzlerei«, wie Hoffmann von Fallersleben das konservativ-spießige Weimarer Umfeld verächtlich nennt, zum gesellschaftlich geächteten Freiraum, den man großen Künstlern gewährt, weil ohne sie die erträumte kulturelle Renaissance Weimars schlecht denkbar ist. Wie einst Goethe unterhält nun auch Liszt seinen eigenen Hof. Nicht nur Schüler wie Hans von Bülow, Komponisten wie Peter Cornelius oder Besucher wie Hector Berlioz oder Smetana verkehren hier, viele Maler und Bildhauer, Dichter und Schauspieler kommen zu den Matineen, Soireen und Künstlerfesten auf die Altenburg. Zu den Gästen zählen Gustav Freytag, Franz Grillparzer und Bettina von Arnim, Alexander von Humboldt und Hoffmann von Fallersleben, Karl Gutzkow und Clara Schumann, Moritz von Schwind und Ernst Rietschel, nicht zu vergessen der Weimarer Schauspieler und Regisseur Eduard Genast sowie Weimars damaliger Kunstpapst, der Maler Friedrich Preller.

Die Gründung des »Neu-Weimar-Vereins« durch Liszt und August Heinrich Hoffmann, der sich nach seinem Geburtsort »von Fallersleben« nennt, zielt auf kulturelle Erneuerung durch gezielte Förderung des Musiktheaters, verstärkt jedoch durch eine Art freiwilliger Ghettoisierung die Isolation dieser illustren Minderheit von der philiströsen Weimarer Gesellschaft wie vom Hof: Union nach innen, Exklusion nach außen, so will es Liszt. Sein Freund Hoffmann legt im zehnten Vereinsgebot fest: »Bleib' Alt-Weimar für sich, wir bleiben für uns und es ist uns jeder Heimische fremd, aber willkommen der Gast.«

Der Dichter des Vormärz und des Deutschlandliedes (aber auch von »Alle Vögel sind schon da« und »Ein Männlein steht im Walde«) wurde 1842 von der preußischen Regierung seines Amtes als Professor für deutsche Literatur in Breslau enthoben und steckbrieflich verfolgt. Nach vielen Umwegen kommt er auf Vermittlung Bettina von Arnims 1853 nach Weimar und wird von Carl Alexander mit der Herausgabe eines »Weimarischen Jahrbuches für deutsche Sprache, Literatur und Kunst« beauftragt – eine Aufgabe, die als erster, wenn auch zögerlicher Schritt in Richtung der Lisztschen »Fondation Goethe« gedacht ist. Der Großherzog trägt sich offenbar mit dem Gedanken, in Weimar eine Akademie für deutsche Geschichte und Literatur zu begründen. Das macht Hoffmann Mut,

»Daß man nicht mehr Weimar
die Stadt der Toten heißt,
Sondern künftig Weimar
Als Stadt der Lebendigen preißt.«

Es währt nicht lange, und der unstete Carl Alexander verliert die Lust an dem Projekt. Es übersteigt seine Mittel, und bald weiß er mit Hoffmann nichts mehr anzufangen, zumal gegen den Liberalen bei Hofe immer wieder Intrigen gesponnen werden. Von Fallersleben verläßt 1860 das »Residenzdorf, diesen Tummelplatz der hungrigen kleinlichen Hofräte« in der Gewißheit:

»Die Firma ›Goethe und Schiller‹ ist
Erloschen schon seit langer Frist.
Doch gibt es hier noch Krämergesellen,
Die wissen so sich anzustellen

Als wäre die Firma von altem Ruhm
Ihr rechtlich erworbenes Eigentum.
Sie bringen zu Markte sonder Scham
Ihren eigenen dürftigen Hökerkram
Und versichern den Leuten noch dabei,
Daß die Firma noch nicht erloschen sei ...

Einmal muß doch abgeschlossen
Unsere Glanzperiode sein;
Drum stehn in Erz gegossen
Weimars Dichter insgemein.
Drum lasse sich auch Niemand
Weiter hier als Dichter sehn:
Göthe, Schiller, Wieland und Herder
Sind genug für Ilmathen.«

Ein Jahr später, 1861, geht auch Liszt. Er folgt seiner Fürstin, die aus Rußland endlich ein Scheidungsdekret erhalten hat und es vom Papst bestätigt sehen will, damit es wirksam werden kann. Aber schon 1859 hat er sein Amt als Hofkapellmeister niedergelegt, weil er bei der Premiere des »Barbier von Bagdad«, einer ihm gewidmeten komischen Oper seines Schülers und Freundes Peter Cornelius, ausgepfiffen wurde. Der für Ilm-Athen unerhörte Theaterskandal, bewußt von »Alt-Weimar« gegen »Neu-Weimar«, gegen die neue Musik und die Freunde und Schüler des ungarischen Maestros inszeniert, verletzt Liszt zutiefst. Weil das Stück zuvor mit durchschlagendem Erfolg in München und Karlsruhe aufgeführt worden war, vermutet Liszt zu Recht, daß es sich um eine organisierte Aktion gegen ihn handele, der ja die Premiere gegen den Widerstand des Theaterintendanten Dingelstedt durchgesetzt und die Vorstellung selbst geleitet hatte. Er erscheine den Weimarern als überflüssig, man begegne ihm allseits mit Mißgunst und sähe ihn nur zu gerne »in einer alltäglichen, spießbürgerlichen Existenz untergehen«, schreibt er dem Großherzog und spielt damit auf das beleidigende Verhalten gegenüber der Fürstin Sayn-Wittgenstein an.

Auch wenn Carl Alexander bei der Aufführung des »Barbiers« lange applaudierte, darf sich Alt-Weimar doch der Unterstützung einflußreicher Hofkreise, der Lokalpresse und der Weimarer Gesellschaft sicher sein, denen die ganze Richtung Liszts nicht mehr schmeckt und denen seine angeblich skandalöse Lebensführung seit langem ein Dorn im Auge ist. Liszt dagegen kann nur auf die Hilfe des eigenen kleinen, elitären Zirkels rechnen. Untergründig aber geht es, wenn auch mit umgekehrtem Vorzeichen, um die gleiche Frage, an der schon der Theaterdirektor Goethe scheiterte: Um die Vorherrschaft von Schauspiel oder Musiktheater an einer Bühne, der nur begrenzte Mittel zur Verfügung stehen. Goethe wollte das Schauspiel als Schwerpunkt und gab auf, weil die Mätresse und Nebenfrau seines Freundes Carl August mehr Singspiele und Opern durchsetzen konnte, als er für richtig hielt. Liszt will den Schwerpunkt Oper und kapituliert, weil der neue Intendant Franz Dingelstedt das Musiktheater zugunsten einer Schauspiel-Renaissance lange vor dem Premierenskandal um den »Barbier von Bagdad« zurückzudrängen versteht.

Zwar söhnt sich Liszt einige Jahre später mit Carl Alexander aus. Im Alter, von Carolyne getrennt, der die Scheidung durch die Kirche nicht bewilligt wurde, kommt er während des Sommers nach Weimar, wohnt in der ehemaligen Hofgärtnerei, gibt Unterricht am Piano und nimmt kein Honorar dafür. Er ist korpulent geworden und spricht dem Alkohol zu, hat große Warzen im Gesicht und die Zähne fallen ihm aus. Weil er Tonsur trägt und die Kleidung des Klerikers, sprechen Spötter von einem Mephisto in der Maske eines Abbé. Doch sein Ruf zieht Schüler aus ganz Europa, ja selbst aus Amerika nach Weimar, die bei dem berühmtem Virtuosen in die Schule gehen wollen. Ein- oder zweimal spielt er auch bei Hofe, aber in der Öffentlichkeit hält er sich zurück. Richtungskämpfe, kulturpolitische Ambitionen, der gescheiterte Aufbruch zu einem neuen Weimar – das alles liegt hinter ihm. Gewiß ist Weimars zweite kulturelle Blüte, das sogenannte silberne Zeitalter, an seinen Namen geknüpft. Aber dieses Zeitalter verliert viel von seinem Glanz, längst ehe der alternde Maestro in der Hofgärtnerei Wohnung nimmt – schon mit seinem Rücktritt im Jahr 1859.

Deutschlands heimliche Kolonialhauptstadt

Carl Alexanders Wandlung
vom Liberalen zum Nationalkonservativen

Anderswo tritt Goethe hinter Schiller zurück, der als Dichter der Rütli-Verse zum Helden der liberalen Opposition und Heiligen der deutschen Nationalbewegung aufrückt – nicht so in Weimar. Wer an der Ilm den Dichter des »Tell« ehren will, zieht unter Böllerschüssen der Schützenkompanie zur Fürstengruft, wo neben Schiller auch Goethe ruht. Oder er legt einen Kranz an Rietschels Doppel-Denkmal vor dem Theater nieder, wo der »Fürstendiener« Goethe und der »Freiheitssänger« Schiller beide in den Lorbeerkranz greifen und sich den Dichterruhm schön paritätisch teilen. Damit der kürzer geratene Goethe dem hochaufgeschossenen Schiller auf dem Denkmal physisch nicht unterlegen erscheint, wurde selbst die Körpergröße angeglichen.

Die Besorgnis, daß die Schillerbegeisterung in Unruhen, Umsturz und Revolution umschlagen könnte, gibt es in Weimar nicht. In Berlin dagegen ist die preußische Polizei über die liberale und nationale Sprengkraft, welche in Schillers Vers hineingedeutet werden, so besorgt, daß sie einen vom Schillerkomitee geplanten Festumzug zum hundertsten Geburtstag untersagt: »Die Demokratie [verbinde] Nebenzwecke mit dieser Feier.« Hat nicht Wilhelm Raabe Schiller zum Retter und politischen Einiger der Deutschen ausgerufen, zum Befreier, der die Bande der Deutschen lösen werde? Nie ist ein Dichter so geehrt worden wie Schiller an seinem hundertsten Geburtstag, urteilt Rainer Noltenius in seiner Studie über »Dichterfeiern in Deutschland«. Auf einer vollen Seite zeigt der »Kladderadatsch« eine Schillerbüste mit strahlender Sonne um des Dichters Haupt, umkränzt und angebetet von andachtsvollem Volk, dazu die Zeilen: »Das Einzige und der Einzige worin Deutschland einig ist.«
Volle drei Tage währt das große Fest – mit Umzügen, Denkmalsenthüllungen, Festaufführungen, lebenden Bildern, Büstenbekränzungen

und Reden in Rathäusern, Universitäten, Schulen und Theatersälen, und die da Schiller huldigen, stellen beinahe einen repräsentativen Querschnitt durch die deutsche Bevölkerung dar. Es sind Großbürger und kleine Kaufleute, Arbeiter und Handwerker, Universitätsprofessoren und Studenten, Buchhändler und Schriftsteller, fast nur die Bauern fehlen. Aber wem wird hier eigentlich zugejubelt – Schiller oder der eigenen Sache, die man für die seine ausgibt?

Natürlich wird auch an der Ilm gefeiert, wo Hobbydichter die Gelegenheit nutzen, mit ihrem Pathos zu brillieren. Das Weimarer »Deutschland« reimt auf der ersten Seite in Anlehnung an Schillers »Freude schöner Götterfunken«:

»Leuchte diesem Jubeltag,
Wo das Knäblein lebenstrunken,
An der Mutter Busen lag ...«

Zu Schillers Hundertstem nimmt die neu gegründete Deutsche Schiller Stiftung ihren ersten Sitz in Weimar. Tatkräftig gefördert von Großherzog Carl Alexander, unterstützt sie notleidende Schriftsteller und damit die zeitgenössische deutsche Literatur.

Auf die große Säkularfeier läßt sich auch die erste Vermarktung der Weimarer Klassik in Form von Souvenirs datieren, ein Handel, der bis heute blüht und gedeiht: Die Porzellanhandlung Reinhard jun. in der Frauenthorstraße offeriert »Miniaturen der sehr schönen Doppelstatue« Rietschels, und der Schriftgießer Hanemann kommt aus Jena herüber und bietet seine eigens gefertigten Schillergedenkmünzen feil. Das Hoftheater unter Franz Dingelstedt gibt am Vorabend ein Festspiel mit lebenden Bildern von Schillers Geburtshaus, von der Karlsschule, aus »Wallensteins Lager« und dem »Wilhelm Tell«. Auch die »Glocke« wird szenisch auf der Bühne zelebriert und zum Abschluß Goethes Epilog im klassischen Stil deklamiert. Am Geburtstag selbst spielt man »Die Braut von Messina«, danach bringen die Theaterbesucher einen Fackelzug zum Schillerhaus, um dann mit ihrem brennenden Pech zum glänzend illuminierten Doppelstandbild auf dem Theaterplatz weiterzuziehen. Zwar fehlt es nicht an nationalen Tönen, aber verglichen mit anderen Eruptionen in deutschen Gauen nehmen sie sich relativ verhalten aus. Wenn irgendein Beweis vom dem tiefen, unsterblichen Drang des deutschen Volks, brüderlich zusammenzuge-

Das Dioskuren-Denkmal für Goethe und Schiller von Ernst Rietschel,
Schüler des Bildhauers Christian Daniel Rauch,
wird zum 100. Geburtstag von Herzog Carl August 1857 eingeweiht.
Als Monument der Deutschen Klassik hatte es zahlreiche Spender gefunden,
unter ihnen selbst Napoleon III. Es erhält seinen Standort
vor dem damaligen Komödienhaus, das im Januar 1919
in Deutsches Nationaltheater umbenannt wird.

hören, gegeben werden müsse, so ein Leitartikel in der Weimarer Zeitung »Deutschland«, dann solle man die »zaudernde und zersetzende Politik an den Sarg Schillers führen und mit den Fingern auf den zehnten Tag des November hinweisen«.

Daß Weimar sich seinen Goethe und seinen Schiller nicht auseinanderdividieren läßt, eben dafür steht jenes Doppeldenkmal, das von Anbeginn als Monument der deutschen Klassik für die ganze Kulturnation gedacht ist – ein Projekt, das Carl Alexander nach dem Willen der Paulowna noch als Erbgroßherzog in die Wege leitet und für das er zahlreiche Spender gewinnt. Ludwig von Bayern stiftet das Erz, der Großherzog von Baden das granitene Postament, die übrigen deutschen Fürsten steuern 2526 Taler bei, Sammlungen in deutschen Städten erbringen 5407 Taler. Ziemlich weit oben auf der Liste der Spender steht auch Napoleon III. mit der erklecklichen Summe von beinahe siebenhundert Talern – Ausdruck seines besonderen Verständnisses für die Nationalbewegungen seiner Zeit. Europas Völker, meint der Kaiser der Franzosen, sollen sich in Nationalstaaten organisieren, die freilich als Satelliten stets um sein nationales französisches Empire zu kreisen hätten.

Weil die fürstlichen Spender über die Gestalt des Denkmals und die Wahl des Bildhauers mitreden konnten, ist es dem Einspruch Ludwigs von Bayern zu verdanken, wenn die deutschen Klassiker vor dem Weimarer Theater im Bürgerrock posieren, was einer Revolution gleichkommt. Christian Daniel Rauch hatte sie in seinem ursprünglichen Entwurf antik kleiden wollen, weil er Dichter in Rock und Hose, dem vorherrschenden Zeitgeschmack entsprechend, als unwürdig empfand. Der Auftrag ging deshalb an seinen Schüler Ernst Rietschel über, der den leidigen Kostümstreit historisch getreu löst und damit zur großen Popularität des Dioskuren-Denkmals weit über Weimar hinaus beigetragen hat.

Weimars silbernes Zeitalter ist unvorstellbar ohne Carl Alexander, der 1853 das Regiment übernimmt. Zeitgenossen schildern ihn, der mit Goethes Enkeln als Spielgefährten groß geworden ist, als einen Mann voll der besten Intentionen, vielseitig interessiert und aufgeschlossen gegenüber neuen Ideen. Wenn er sich in vielem liberaler zeigt als die anderen deutschen Fürsten seiner Zeit, hat dies auch mit dem umfassenden, gründlichen und vor allem polyglotten Bildungsprogramm zu tun, das Maria Paulowna, beraten von Goethe, für den

Sohn und Erbprinzen entworfen hat. Französisch spricht er wie seine Muttersprache, denn die Zarentochter hat sie bei Hofe obligatorisch gemacht; Eckermann unterrichtet ihn in Englisch, deutscher Literatur und Stilistik, zusätzlich wird er später Russisch, Italienisch und Spanisch lesen, wenn auch nicht perfekt sprechen können. Sein Schweizer Erzieher Frédéric Soret, in Rußland als Sohn eines kaiserlichen Hofmalers geboren, gilt bei konservativen Höflingen als Freisinniger, Eckermann nennt ihn einmal einen republikanisch denkenden Mann.

Anders als der Vater, zeigt Carl Alexander poetische Neigungen und einen Hang zum Spekulativen; alles Praktische ist ihm fern, was erklärt, warum so manche seiner hochfliegenden Ideen zum Scheitern verurteilt sind. Sein Interesse gilt vor allem der Kunst, Wissenschaft und Literatur. Er stellt sich Weimar nicht als großes Goethe- und Schillermuseum vor, sondern betrachtet, ähnlich dem liberalen Historiker Gervinus, die Klassik als politische Verpflichtung für die Gegenwart; die Literatur Goethes und Schillers soll identitätsstiftend wirken, den Deutschen Mut einflößen, in der Erinnerung an Weimars goldene Zeit soll sich deutsches Nationalgefühl entwickeln. Für Weimar ist dies kühn und ehrgeizig gedacht; durch Förderung neuer Projekte versucht Carl Alexander, die Stadt erneut zum kulturellen Mittelpunkt Deutschlands zu machen und große Namen nach Weimar zu ziehen. Doch seine Versuche führen nicht weit. Weder der von ihm besonders geschätzte Märchendichter Hans Christian Andersen noch der Dramatiker Friedrich Hebbel lassen sich von ihm in das enge Weimar locken. Auch Viktor Scheffel, der Dichter des »Ekkehard«, der die deutsche Vergangenheit verklärt, will seiner Einladung an die Ilm nicht folgen. Welche Idee Carl Alexander treibt, wird in einem Schreiben an Liszt deutlich, in dem es heißt, die große Zeit Weimars »muß der Gegenwart gebieten, um die Zukunft vorzubereiten«.

Aber gerade das Beispiel Liszt, seines Operntheaters und seiner »Fondation Goethe« lassen neben den Vorzügen des Großherzogs auch seine Charakterschwächen erkennen: Statt sich auf ein oder zwei Hauptziele zu konzentrieren, hat er stets zu viele Ideen gleichzeitig im Kopf; er scheut Entscheidungen, ihm fehlen Geduld, Ausdauer und Beständigkeit, ohne die große Projekte nicht gedeihen wollen. Sprunghaft von Natur, verliert er schnell die Lust und macht Versprechungen, die er nur zu oft nicht halten kann. So versinkt manche Idee laut-

Im Jahr 1853 übernimmt Großherzog Carl Alexander (1818–1901) das Regiment in Weimar. Er will Ilm-Athen wieder zum kulturellen Mittelpunkt Deutschlands machen. Die Klassik soll identitätsstiftend für ein deutsches Nationalgefühl werden. Lithographie Leon-Noel nach R. Lauchert, undatiert.

los, schreibt Adelheid von Schorn, und hinterläßt nichts als »enttäuschte Menschen«. Darüber hinaus fehlt es ihm an Geld. Er zersplittert die bescheidenen Mittel, über die er verfügt, in dem Wunsch, es den unsterblichen Medici gleichzutun. Zwar heiratet er reich wie der Vater: Mit der Prinzessin Sophie, seiner Cousine, kommt eine unerhört vermögende Oranierin in das kleine Weimar, doch ihr Sinn ist ganz aufs Praktische gerichtet. In Holland hat sie Hauswirtschaft, ja sogar das Buttern und Käsen gelernt, bis ins kleinste Detail überwacht sie die Führung des fürstlichen Haushalts. Mehr Wohltäterin denn Mäzenin, gibt sie freigiebig Geld für Soziales, etwa für das Sophienhaus, ein großes Krankenhaus und Diakonissenheim, oder das Sophienstift, eine Erziehungsanstalt für »Töchter höherer Stände«. Ihre Mutter ist eine Schwester der Paulowna, und diese doppelte, nahe Verwandtschaft mit den Romanows erklärt den ausgesprochenen Adelsstolz des Großherzogs, ein Sich-überlegen-Wissen, das im Alter geradezu schrullige Züge annimmt.

Im Urteil des preußischen Gesandten Raschdau ist dieser Carl Alexander um 1895 bereits der »Fürst einer vergangenen Zeit«. In Weimar seien die Regeln so streng, daß selbst eine angesehene ältere bürgerliche Dame, die der Großherzog hochachte und sogar in ihrem Heim besuche, nicht zu den höfischen Gesellschaften eingeladen werde. Noch 1900 klagt der Weimar-Besucher Detlev von Liliencron über die vielen Gesellschaften bei Hofe. Telegraphisch bestellt er bei seinem Schneider einen Frack samt weißer Weste, neuem Zylinder, Lackstiefeln und stöhnt über die vielen Trinkgelder für die Lakaien. Wenn Carl Alexander einen Professor der 1860 von ihm begründeten Weimarer Kunstschule zu sich ruft, muß dieser, sehr zu seinem Verdruß, Hofuniform anlegen: goldbestickten Frack, Kniehosen, Schnallenschuhe und Degen.

Diese Kunstschule ist der Favorit seiner vielen Pläne, und da er sich ob der Tradition Weimars nun einmal als den gottgegebenen ersten und erhabensten Kulturfürsten Deutschlands träumt, möchte er ihr ein Museum für deutsche Kunst an die Seite stellen, dem alle deutschen Fürsten berühmte Werke wenn schon nicht stiften, dann doch leihen sollen.

Um Weimar zum »Strebepunkt deutscher Kunst« zu machen, denkt er an die Gründung eines »Weimarer Vereins deutscher Kunstfreunde«, dem Handwerksvereine korporativ angehören können, weil der kleine Mann den von ihm anvisierten Mitgliedsbeitrag von einem Friedrichdor schwerlich aufbringen dürfte. Deutlich schimmern hier Liszts Überlegungen durch, mit denen er Carl Alexander für seinen Plan einer Goethe-Stiftung gewinnen wollte: Weimar als Parnaß Deutschlands, als Ort des friedlichen Wettstreits der Künste würden der Stadt eine nationale Weihe geben und ihren Stern hoch über denen anderer deutschen Kunstzentren leuchten lassen.

Das sind hochfliegende Pläne für die ganze Nation, welche Carl Alexander sehr großdeutsch versteht und die natürlich Papier bleiben. Aber sein Lieblingsprojekt »Kunstschule« nimmt Gestalt an und gedeiht. Er betreibt es als rein privates Unternehmen, finanziert es aus der persönlichen Schatulle und nimmt für einen Neubau, den er dafür errichten läßt, beim Bankhaus Elkan erhebliche Kredite auf. Heute würde man sagen: Er verschuldet sich bis über den Kragen. Entsprechend selbstherrlich schaltet und waltet er. Gemälde vom ersten Leiter, den er ernennt, hat er zuvor nie gesehen. Graf Stanislaus von Kalckreuth wird bestellt, weil der Großherzog ihn sympathisch findet. Und da ein Verwaltungsjob echten Aristokraten nicht geziemt, setzt der noble Carl Alexander ihm kein Gehalt aus, sondern ernennt ihn zum Kammerherrn und sichert ihm tausend Taler jährlich für den Ankauf seiner Gemälde zu.

Friedrich Preller, heimischer Kunstpapst und spätklassizistischer Maler, der einst in der Zeichenschule des Goethe-Freundes Heinrich Meyer begann, wittert Konkurrenz und nennt Kalckreuth verächtlich einen »talentlosen Grafen«, der viel Unheil anrichte. Dessen liebstes Reiseziel sind die Pyrenäen, er bevorzugt Hochgebirgsmotive im Stil der Salonmalerei, aber bei der Auswahl der Lehrer zeigt er eine glückliche Hand: Er wirbt Franz Lenbach und Arnold Böcklin aus München ab. Zwar zieht es beide schon nach anderthalb Jahren vom provinziellen Weimar in das größere, der Schweiz und Italien nähere München zurück. Doch helfen sie, den Ruhm einer Kunstschule zu begründen, die nach dem Urteil Walter Scheidigs »Wegbereiter für ein neues Sehen der Natur und für eine neue Darstellungsart der Malerei gewesen ist«.

Kalckreuth, aber auch Lenbach gehen mit den Schülern aus dem Atelier hinaus in die freie Natur, lehren das Skizzieren mit Farbe und Pinsel und werden damit zu Begründern der Weimarer Landschaftsmalerei. Als an den Malerakademien in Dresden, Düsseldorf und

München noch konservative Auffassungen vorherrschend sind, wendet sich Carl Alexanders Kunstschule bereits schlichten Naturmotiven zu. Max Liebermann rühmt, daß man hier für geringes Schulgeld täglich viele Stunden nach Modellen, auch nach lebenden Tieren zeichnen könne. Er kommt 1868 nach Weimar, bleibt fünf Jahre, wohnt gegenüber dem Goethehaus am Frauenplan und malt seine berühmten Arbeitsbilder von der Kartoffelernte und den Korbflechtern. Vor allem seine Gänserupferinnen schockieren, denn da wird die Arbeit von einfachen Frauen dargestellt, denen tägliche Fron und Mühsal in den Knochen steckt.

Noch haben solche milieugebundenen, realistischen Darstellungen nach der offiziellen Lehre in der Kunst nichts zu suchen. Fünfzehn Jahre nach Liebermann sorgt Christian Rohlfs, der spätere Expressionist, mit Riesenformaten, die er seinen Gemälden von Landschaften, aber auch von ährenlesenden Frauen gibt, für Aufregung am Weimarer Hof, denn die großen Galerieformate waren bislang den Historienmalern von Schlachten, siegreichen Heerführern oder Fürstlichkeiten vorbehalten.

Nicht später als München und lange vor Harry Graf Kessler wird Weimar durch Ausstellungen in der sogenannten »Permanenten« mit Monet und Degas, Pissaro und Sisley bekannt. Maler der Kunstschule, allen voran der Freiherr von Gleichen-Rußwurm, ein Urenkel Schillers, greifen die Techniken der französischen Impressionisten und Pointillisten auf.

Nun ist Carl Alexanders Kunstgeschmack nicht so weit entfernt von dem Wilhelms II. Wie dieser verachtet er den Impressionismus als Spinat-, den Naturalismus als Armeleute-Malerei und zeigt eine Vorliebe für das Historienbild. Nach seinem Kunstglaubensbekenntnis, das er nach einer Italienreise niederschrieb, schätzt er das Ideale, Schöne, und da er ganz der Klassik verbunden ist, hat dies vor allem harmonisch zu sein. Doch im Gegensatz zu dem mächtigen Großneffen in Berlin läßt er zumeist gewähren; seine vielgerühmte Liberalität besteht vor allem in der Tugend der Toleranz, die er übrigens auch als Patron der Universität Jena zeigt: Dort darf der Zoologe Ernst Haeckel lehren, ein Verfechter des Darwinismus, obschon Carl Alexander sich als Gegner des britischen Evolutions-Theoretikers versteht.

Nicht durch autoritäre Verbote, sondern durch Preisaufgaben sucht er einer Entwicklung in seiner Kunstschule entgegenzuwirken, die

Deutschlands heimliche Kolonialhauptstadt

Fünf Jahre lang lebt der Maler Max Liebermann (1847–1935) in Weimar gegenüber dem Goethehaus am Frauenplan. 1871/72 entstehen dort seine »Gänserupferinnen«, die durch die realistische Darstellung der täglichen Mühsal von einfachen Frauen schockieren.

ihm instinktiv zutiefst zuwider ist. Dreihundert Mark setzt er auf die beste idealistische Komposition der »Rückkehr des verlorenen Sohnes« aus, vierhundert Mark für die beste figürliche Komposition der Decke eines Musiksalons. Der Versuchung, als Betreiber des Privatunternehmens Kunstschule zur Methode des *hire and fire* zu greifen, kann freilich auch er nicht immer widerstehen. So erzwingt er die Demission des zweiten Leiters, des jüngeren Grafen Leopold von Kalckreuth, weil dieser nach seiner Meinung den Naturalismus zu einseitig fördert. Ein anderes Mal müssen die Werke eines Kunstschülers, der mit seiner Pinsel- und Spachteltechnik betont impressionistisch arbeitet, auf großherzoglichen Befehl aus der Permanenten Kunstausstellung entfernt werden. Die Professoren erheben Einwände, weil sie die Lehrfreiheit eingeschränkt sehen, die er selbst in den Statuten verankert hat. Doch es bleibt dabei: Die Werke des Mißliebigen werden verbannt.

Von Charakter ist der Weimarer Fürst ebenso liberal wie autoritär, und oft erweist er nur scheinbar liberalen Mut. Den Vormärzdichter Hoffmann von Fallersleben beruft er erst, als durch Anfragen in Berlin klargestellt ist, daß Preußen keine Bedenken gegen Hoffmanns Aufenthalt in Weimar hat.

Welche Kunst er liebt, wird auf der Wartburg deutlich, die er restaurieren läßt und für die Moritz von Schwind, der Meister spätromantischer Historiengemälde, die wichtigsten Fresken malt. Bei der Restaurierung geht es Carl Alexander um mehr als die Sicherung der Substanz, etwa des romanischen Palas, und die Wiederherstellung im alten Glanz. Er hat ein nationales Denkmal und Museum im Sinn, das um den erhaltenen Kern im neuromanischen und neugotischen Stil entstehen und seinen Kleinstaat in das Zentrum des nationalen Interesses rücken soll. Will er es damit Ludwig I. von Bayern nachtun, der die Walhalla als nationalen Wallfahrtsort und »Beförderungsmittel großer patriotischer Zwecke« bei Regensburg errichten ließ? Fühlt er sich als Nachfolger des Landgrafen Hermann I., der als bedeutendster Mäzen seiner Zeit hier die berühmten Minnesänger versammelt hatte? Anders als die Walhalla ist die Wartburg ein Ort, wo Geschichte geschrieben wurde – mit Walther von der Vogelweide, Heinrich von Ofterdingen und dem Sängerkrieg, mit der heiligen Elisabeth und Luthers Übersetzung des Neuen Testaments. Carl Alexanders Denkmal soll die große nationale Bedeutung der Wartburg für »die Entfaltung des Geistes und namentlich der Poesie, ihre Bedeutung für die Reformation und ihre katholisch-religiöse Bedeutung« in Erinnerung rufen. Als er diese Ziele 1853 bei der Grundsteinlegung für den neuen Bergfried verkündet, spart er das Wartburgfest von 1817, als dessen Schutzpatron sein Großvater Carl August sich ja betrachtet hat, interessanterweise aus.

Zufall ist das nicht, denn noch bestimmt der Deutsche Bund die Grundzüge der Politik im Großherzogtum Sachsen-Weimar-Eisenach. Auch denkt Carl Alexander zwar deutsch und national, aber ein demokratischer Nationalstaat, wie ihn radikale Burschen auf der Wartburg gefordert haben, ist nicht nach seinem Geschmack. Ausgerechnet in Jena, wo ein halbes Jahrhundert zuvor schon der revolutionsverdächtige Fichte gehen mußte, hat sich der Verleger Feodor Streit vor Gericht zu verantworten. Warum, erklärt die Weimarer Zeitung »Deutschland« in ihrer Ausgabe vom 26. Juni 1853: Streit habe eine Broschüre mit dem Titel »Hat das Volk das Recht zur Revolution?« herausgebracht. Daß die oft gelobte Liberalität seiner Regierung Grenzen hat, zeigt sich auch in ihrem Drängen auf Wiedereinführung der Todesstrafe bei Hochverrat, Mordversuchen gegen den Landesfürsten, bei Raubmord und Brandstiftung, die sie gegen erheblichen Widerstand im Landtag durchsetzen kann. Aus »historischen Erinnerungen« spricht sie sich dabei gegen die Einführung der Guillotine aus und möchte auf der Hinrichtung durch das Beil bestehen.

Carl Alexanders politisches Weltbild steckt voller Widersprüche: Er denkt großdeutsch, aber setzt auf die Lösung der deutschen Frage unter Führung des preußischen Königs, den er drängt, nach der deutschen Krone in einem reformierten Deutschen Bund zu greifen; er gibt sich betont monarchisch-konstitutionell, aber besteht nach innen geradezu eigensinnig auf seinen Rechten als souveräner Fürst. Zwar möchte er die deutsche Einheit, aber in einem beinahe Goetheschen Sinne: Die Vielzahl kleiner Souveräne soll im kommenden deutschen Bundesstaat unangetastet bleiben. Als 1857 der Grundstein für das Reiterstandbild Carl Augusts gelegt wird, erblickt eine eigens von ihm in Auftrag gegebene Weimarische Staats- und ernestinische Landeshymne das Licht der Welt, welche eine neue Tradition schaffen und den Landeskindern das Bewußtsein einimpfen soll, in einem ganz besonderen deutschen Staat zu leben:

»Von der Wartburg Zinnen nieder
Weht ein Hauch und wird zu Klängen,
Hallt von Ilm und Saale wieder
Hell in frohen Festgesängen.
Und vom Land wo sie erschallten,
Tönt's in alle Welt hinaus:
Möge Gott Dich stets erhalten,
Weimars edles Fürstenhaus!«

Zwar hat kein geringerer als Liszt die Musik zu dem Text von Peter Cornelius komponiert, auch müssen Schulkinder die Hymne bei allen erdenklichen Anlässen bis zur Revolution von 1918 singen, und doch wird Carl Alexanders Versuch nie populär. Daß er ihn überhaupt unternimmt, hat viel mit dem stolzen Anspruch zu tun, einem ganz besonderen deutschen Geschlecht zu entstammen, das Ernst von Wildenbruch einmal das erste der deutschen Fürstenhäuser genannt hat.

Ohne Friedrich den Weisen keine Bibelübersetzung Luthers und vielleicht keine deutsche Reformation, ohne die Goethe niemals nach Weimar gekommen wäre, ohne Carl August kein Bündnis Goethes und Schillers und kein deutscher Parnaß. So sah es Wildenbruch, der die Weimarer Ernestiner einmal »Torhüter« vor dem »Fruchtland des deutschen Geistes nennt«, und ähnlich wird sein Freund Carl Alexander empfunden haben. Daß es Monarchen künftig nur geben wird, wenn sie ihr Regiment in konstitutionelle Formen umwandeln und eine fruchtbare Kooperation mit dem Großbürgertum suchen, gehört seit der Revolution von 1848 zu seinen Überzeugungen. Dabei geht er von der gutkonservativen Überlegung aus, daß nur, wer die notwendigen Reformen rechtzeitig in die Wege leitet, Umsturz und Revolution verhindern kann. Doch sind seine Vorstellungen von einer konstitutionellen Monarchie noch weit vom Beispiel Englands entfernt, wo das Parlament stetig an Macht gewinnt und den Monarchen langsam, aber sicher in die Rolle eines machtlosen Präsidenten bannt. Wie Großvater Carl August, der dem Land die erste Verfassung gab, will der Enkel die Weichen durch das von ihm berufene Ministerium stellen, auch wenn dieses mit dem Landtag zusammenarbeiten muß. Noch Erbgroßherzog, schreibt er seinem Schwager Wilhelm 1848 nach Berlin: »Such Dich nur recht in die konstitutionellen Verhältnisse einzustudieren, ohne die geht es nun einmal nicht mehr, mit ihnen, glaube mir aber, geht es und muß es gehen. Indem Ihr mit einem großen Beispiel vorangeht, bereitet Ihr Euch den Weg vor, an die Spitze Deutschlands zu kommen.«

Erfolg hat er nicht damit, denn der Kartätschenprinz beruft als preußischer König 1862 Otto von Bismarck zum Premierminister, der die Heeresreform gegen das Parlament durchpeitscht und einen langwährenden Verfassungskonflikt heraufbeschwört. Wer will, mag hier den klassischen Konflikt zwischen dem Geist von Weimar und dem Geist von Potsdam sehen, denn das personifizierte Weimar am Berliner Hof, die Königin Augusta, wird dem Eisernen Kanzler ein Trauma sein wie die englische Kronprinzessin Victoria. Seit Bismarck sie im März 1848 in einem verschwiegenen Dienstbotenzimmer des Potsdamer Schlosses aufforderte, den Namen ihres nach England geflohenen Mannes für eine von ihm geplante Konterrevolution zur Verfügung zu stellen, mißtraut Augusta ihm zutiefst. In Bismarck sieht sie nicht nur den Exponenten einer reaktionären Politik, sondern einen krankhaft reizbaren Mann ohne Grundsätze und fleht ihren Gemahl an, ihn nie zu berufen: »Nur um Gottes willen den nicht zum Minister!«

Ihr Einfluß auf den König ist groß. Wenn Wilhelm den Pariser Gesandten mit innerem Widerwillen beruft und stets eine letzte Reserve gegen ihn bleibt, hat dies vor allem mit der Haltung der Enkelin Carl Augusts zu tun, die zwar durchaus für ein konservatives Regime eintritt – aber eines mit liberalen Ministern.

Bismarck weiß sehr wohl um die Feindschaft, die ihm da entgegenschlägt, bezeichnet er doch Augusta einmal als steinhart und kalt und beklagt in seinen »Gedanken und Erinnerungen«, sie habe die von ihm für notwendig erkannte Politik »bei Sr. Majestät häufig erschwert«. Carl Alexander steht in engem Kontakt mit der Hofopposition, die sich um seine Schwester formiert, und sucht seinen Neffen Fritz, den späteren Kaiser Friedrich, in seiner Gegnerschaft gegen die Bismarcksche Kriegspolitik zu bestärken. Dem großdeutsch denkenden Großherzog ist die Vorstellung von einem preußisch-österreichischen Waffengang, wie ihn Bismarck anstrebt, eine nationale Schande, er sympathisiert mit der Opposition, welche den Bruderkrieg mit allen Mitteln verhindern will.

Von Natur her ein Mann des friedlichen Ausgleichs, versucht er über den Zaren zwischen Österreich und Preußen zu vermitteln. Als es dann doch zum Kampf kommt, den er als *guerre criminelle* empfindet, gibt er sich zunächst bundestreu, schreibt aber dem Schwager Wilhelm nach Berlin, er wolle seine Truppen nicht »gegen Deutsche, namentlich gegen stammverwandte Truppen fechten lassen«. Der souveräne Fürst in ihm siegt über den preußischen Offizier, der seine Feuertaufe im Krieg gegen die Dänen 1864 erhielt; er beschließt, seine Truppen sollen lieber im Westen, in Koblenz, Mainz oder Rastatt bereitstehen – für den Fall, daß Frankreich sich einmische. Wütend fragt Bismarck, für welche Seite Weimar denn Partei ergreife, und droht, des Großherzogs ganzes Ländchen künftig mit zwei preußischen Landräten zu regieren. Nur dank seiner verwandtschaftlichen Beziehungen gelingt Carl Alexander schließlich ein Ausweg aus der Krise, in die er sich durch Mangel an Realitätssinn, durch Überschätzung des österreichischen Militärpotentials und patriotische Blauäugigkeit selbst hineinmanövriert hat. Auf den Rat der Schwester schließt er sich zwar in letzter Minute Preußen an, aber seine Soldaten stehen inzwischen so weit westlich, daß sie in die Kämpfe nicht mehr eingreifen können.

Formell also nicht neutral, gelingt es ihm auf schlitzohrige Weise doch, in der Praxis Neutralität zu wahren. Das hindert ihn allerdings nicht, zur Siegesparade nach Berlin zu eilen, auch wenn ihn der königliche Schwager wissen läßt, daß er beim feierlichen Einzug nicht mit dem König an der Spitze der ruhmreichen Truppen, sondern vor ihm reiten muß – in jener Gruppe also, die von einem Feldmarschall geführt wird und ausschließlich Prinzen umfaßt, die nicht mit den Preußen gefochten haben.

Der preußische Sieg hat die Fronten ein für allemal geklärt: Weimar tritt dem Norddeutschen Bund bei, sein Militär trägt fortan preußische Uniformen und wird von preußischen Offizieren kommandiert. Im Krieg 1870/71 kämpft es unter anderem bei Wörth, Sedan, im französischen Südwesten und erleidet hohe Verluste. In der Klassikerstadt häufen sich die Todesanzeigen, viele davon werden in Versform in die Zeitungen eingerückt – etwa jene auf den Soldaten Hermann Röbel aus Blankenhain, tödlich verwundet in der Schlacht um Orleans:

»Und dreizehnmal bist Du gegangen
In's Treffen gegen diesen Feind,
Bis endlich auch, o Schmerz und Bangen,
Dich eine Kugel hat ereilt.

Bei Orleans, an der Loire Strand,
Traf Dich das Blei für's Vaterland.«

Natürlich hat Carl Alexander kein Kommando, aber er trägt die Uniform eines preußischen Generals und zählt zur stattlichen Entourage des Königs in dessen großem Hauptquartier, auch wenn Distanz zwischen ihm und dem Militär stets spürbar bleibt. Dem Weimarer Fürsten ist alles Laute mitsamt dem preußischen Militärgepränge zutiefst zuwider, die Generäle wiederum betrachten ihn als lästigen Schlachtenbummler, einen jener überflüssigen Schützenkönige oder Kaziken, wie die thüringischen Duodezfürsten im preußischen Offiziersjargon heißen. Die Feindschaft zu Bismarck aber schwindet und weicht gegenseitigem Respekt. Nicht nur, daß der Reichsgründer des Großherzogs verwandtschaftlichen Draht nach Petersburg geschickt zu nutzen weiß. Wenn Rußland der Annexion Elsaß-Lothringens zustimmt, ist dies nach dem Urteil des Historikers Friedrich Facius zum Teil Carl Alexanders Verdienst. Im Auftrag Bismarcks gewinnt er später auch die Zustimmung des Zaren zum deutsch-österreichischen Zweibund 1879. Der Großherzog mausert sich zu einem der getreuesten Gefolgsleute des Eisernen Kanzlers. Sein Besuch in Friedrichsruh 1897 zeigt demonstrativ, daß er Bismarck die Treue hält, auch wenn dieser inzwischen aus dem Amt geschieden ist.

Wie die große Mehrheit der liberalen Opposition in Deutschland, paßt sich auch der Weimarer Großherzog schnell den neuen, mit Blut und Eisen geschaffenen Verhältnissen an und zeigt zunehmend nationalkonservative Züge. Das wird überraschend deutlich in seinem Engagement für den deutschen Kolonialgedanken, der »Weimar schon im Verlauf der 1870er Jahre geradezu zum Mittelpunkt der deutschen Kolonialpolitik« (Friedrich Facius) werden läßt. Am Anfang steht die Übersiedlung des Afrikaforschers Gerhard Rohlfs nach Weimar, den Bismarck später zum deutschen Konsul auf Sansibar ernennt. Rohlfs macht Carl Alexander zum Protektor der »Deutschen Gesellschaft zur wissenschaftlichen Erforschung Äquatorial-Afrikas«, deren Expeditionen der Großherzog aus der eigenen Schatulle unterstützt. Kaum ein deutscher Kolonisator, dem er nicht seinen Hausorden vom Weißen Falken verleiht, heiße er nun Gustav Nachtigall oder Georg Schweinfurth, Adolf Lüderitz oder Carl Peters, Alfred Wissmann oder Joachim Graf Pfeil; sie kommen alle nach Weimar, machen dem

Schutzherrn und Förderer der Kolonialbewegung ihre Aufwartung und tafeln bei Hofe.

Die offiziöse »Weimarische Zeitung«, deren Chefredakteur von Bojanowski sich als Sprachrohr der Weimarer Königlichen Hoheit versteht, versucht ihren Lesern systematisch, die Notwendigkeit einer deutschen Machtprojektion nach Übersee nahezubringen. Mit der Auswanderung lasse Deutschland zu, daß seine Menschen für andere Nationen arbeiten, statt eine planmäßige Ansiedlung in deutschen Kolonialgebieten zu fördern, heißt es da am 19. Juli 1881. Kolonien könnten »aus der Übervölkerung notwendig erwachsende Revolutionsgelüste, das Zunehmen an Verbrechen und Vergehen im Reich« mindern, das Mutterland würde an Wohlstand gewinnen, »und die Kultur hätte einen wirklichen Vorteil, da die germanische Rasse notorisch am geeignetsten ist, die europäische Bildung ohne Gewalt zu verpflanzen«.

Carl Peters soll mit seiner Kolonialpraxis in Ostafrika dieses großmäulige deutsche Selbstlob drastisch widerlegen, aber Carl Alexander bewundert seinen Ritterkreuzträger vom Weißen Falken auch noch, als dieser längst als »Hänge-Peters« vom Reichstag verurteilt worden ist. Die deutsche Flagge wird 1884 in Südwestafrika und Neuguinea, in Togo und Kamerun gehißt, und der Großherzog läßt den inzwischen aus Gesundheitsgründen von Weimar nach Bad Godesberg verzogenen Rohlfs wissen: »Ich jubele in meinem Herzen über dieses alles und finde keine Worte, dies richtig auszudrücken. Gott sei mit dem Vaterlande.«

Als das Großherzogpaar am 8. Oktober 1892 seine Goldene Hochzeit feiert, überbringen Gerhard Rohlfs, Hans Meyer und Ernst von Carnap-Quernheimb wertvolle Bildnisse »deutscher Afrikaner«. Nicht vergessen soll es sein, so die Glückwunschadresse der Kolonialfreunde, »daß unter allen deutschen Fürsten Eure Königliche Hoheit von Anbeginn an so warm für die Ausbreitung der kolonialen Unternehmungen eingetreten sind und wie sie Beide [das Großherzogliche Paar] auch nicht schwere materielle Opfer scheuten, um den kolonialen Gedanken praktisch durchzuführen«.

Weimar hat starke Ortsgruppen des Kolonial- wie des Flottenvereins. Daß Kolonialpolitik einer starken Flotte bedarf, die sie abstützen soll, ist für Carl Alexander selbstverständlich. Als Verfechter deutscher Weltgeltung hat sich der einstige Englandfreund in einen Feind britischer Expansion und Vormachtstellung verwandelt. Auf der Wartburg, die er als Wohnschloß nutzt, empfängt er 1897 Alfred Tirpitz, den Vorkämpfer der deutschen Flottenrüstung, Großadmiral und Staatssekretär im Reichsmarineamt, um sich dessen Pläne für den beschleunigten Bau einer deutschen Hochseeflotte erläutern zu lassen. Am Ende seines Lebens trennt den Großherzog, um dessen Bildung sich noch ein Goethe sorgte und der Weimar erneut zum kulturellen Zentrum Deutschlands zu machen versuchte, wahrlich nicht viel von der imperialistischen Politik eines Wilhelm II., auch wenn ihm dessen säbelrasselnder borussischer Stil mitsamt seinen bombastischen Reden innerlich zuwider bleibt.

Es ist ein ganzes Motivbündel, das Weimar zeitweilig zur deutschen Kolonialhauptstadt werden läßt. Schon Carl Alexanders Onkel Bernhard, der nach den Napoleonischen Kriegen in niederländische Dienste getreten war, hat als General in Holländisch-Ostindien Kolonialerfahrungen gesammelt. Neben dem naiven Idealismus Carl Alexanders, der hofft, durch den Erwerb von Kolonien das Christentum zu verbreiten und die europäische Zivilisation fernen Völkerstämmen anzuerziehen, spielt die Überlegung eine Rolle, die deutschen Auswanderer, deren Ziel die Vereinigten Staaten sind, nach deutschen Kolonien in Afrika umzulenken, um sie nicht für Deutschland zu verlieren und um die überseeische Expansion des Reichs durch feste deutsche Siedlungskerne abzustützen. Da ist drittens der Einfluß seiner Gemahlin Sophie, jener Oranierin, die aus ihrer holländischen Heimat weiß, daß Kolonien unerhörten Reichtum bringen, die nicht zufällig als eine der vermögendsten deutschen Fürstinnen gilt und die ihren Gemahl in seiner Kolonialbegeisterung anfeuert.

Klein von Gestalt, bewegt sich Sophie graziös, ihre Verneigung bei Hofbällen sei so vollendet fürstlich, sagt Richard Wagner, wie er es noch nie gesehen habe. Anders als Wagner urteilt Ludwig Raschdau: Im Umgang trage sie eine derart gezierte Steifheit zur Schau, daß selbst die Hofchargen durch sie immer wieder in Erstaunen versetzt würden. Nüchtern, willensstark und pflichtbewußt, ist sie die dominierende Person der fürstlichen Familie, der sich der charakterschwächere Carl Alexander willig fügt. Doch hat sie sich mit ihrem Gatten bald auseinandergelebt. Die Beziehungen zu ihm, der homoerotische Neigungen hat, sind korrekt, mehr nicht. Als sie im März 1897 stirbt, macht Carl Alexander die unangenehme Entdeckung, daß sie ihn in ihrem Testament überhaupt nicht, Kinder und Enkelkinder dagegen fürstlich bedacht hat. Die posenschen Güter vermacht die Großherzogin dem zweiten Enkel, die holländischen, deren Wert allein man auf zwanzig Millionen Goldmark schätzt, hinterläßt sie beiden. Die Möbel im Schloß, die sie in die Ehe brachte oder aus ihrem Vermögen anschaffte, fallen an zwei verheiratete Prinzessinnen, die nicht zögern, einige Zimmer im Residenzschloß leerzuräumen.

Der enterbte Carl Alexander zieht sich immer häufiger auf seine Wartburg zurück, wo er seinen Großneffen Wilhelm II. häufig als Jagdgast zur Zeit der Auerhahnbalz begrüßt. Nach Sophies Tod muß er sich einschränken, denn es fehlen ihm jetzt die Gelder, weiterhin den großzügigen Mäzen zu spielen.

Carl Alexanders Wendung vom Liberalen zum Nationalkonservativen macht auch vor der Kulturpolitik nicht halt. Nach dem Tod des Herder-Enkels und Nationalliberalen Gottfried Theodor Stichling 1891 werden auswärtige Konservative an die Spitze des wichtigen Kultusdepartements berufen. Ulrich Hess wertet diese Ernennungen, etwa jene des Sachsen Alfred von Boxberg oder des preußischen Oberregierungsrates Rudolf von Pawel, »als ein Armutszeugnis und als Anzeichen für den beginnenden Niedergang des geistigen Lebens Weimars«.

Die Aufmerksamkeit, welche dem Hohenzollern-Dramatiker Ernst von Wildenbruch an der Ilm gewidmet wird, ist geradezu ein Symptom für diese Trendwende vom Liberalen zum Konservativen. Mit seinen »Quitzows« hatte Wildenbruch, Legationsrat im Auswärtigen Amt und ein Enkel des bei Saalfeld gefallenen Prinzen Louis Ferdinand, die Belehnung Friedrichs von Nürnberg mit der Mark Brandenburg gefeiert, was Wilhelm II. nach Ansicht des Stücks zu dem Kommentar veranlaßte: »Lieber Wildenbruch, solche Stücke können wir heutigen Tages brauchen. Ich danke Ihnen, daß Sie mir meine Aufgabe erleichtern.« Als der Dichterdiplomat dann seinen »Neuen Herrn« in Privataudienz im Potsdamer Marmorpalais vorliest, will der Kaiser dieses Stück über den großen Kurfürsten mit den Schauspielern am liebsten selbst einstudieren, denn »das kann eigentlich nur einer spielen, der selbst schon regiert hat«.

Der Chef des Hauses Hohenzollern schlägt einige Änderungen vor, welche sein vaterländischer Dramatiker vor der Uraufführung prompt berücksichtigt. Im Auftrag des Kaisers schreibt Wildenbruch schließlich das Festspiel »Willehalm«, mit dem der hundertste Geburtstag Wilhelms I. in national-chauvinistischer Weise gefeiert wird: Da läßt der von Sedan begeisterte Autor kriegerische Germanenstämme unter Führung eines blonden Helden namens Willehalm (Wilhelm I.) die römisch-französische Zivilisation besiegen – unter Anleitung eines Weisen im Bärenfell, welcher der »Gewaltige« heißt und hinter dem sich kein anderer denn Bismarck verbirgt.

Als Theaterkritiker beklagt Fontane an Wildenbruchs Dramen Verstöße gegen die Gesetze der Wahrscheinlichkeit, logische Brüche und den alten Wildenbruch-Fluch der Phrase; Alfred Kerr schreibt nach Ansicht von »Heinrich und Heinrichs Geschlecht«, ein Historienschinken, der von dem Canossa-Kaiser Heinrich IV. handelt: »Soviel Banalität ist ja nicht zu fassen. Traa! Er bläst einen tot mit Gemeinplätzigkeiten, rasch – traa! – eh' man Luft schnappen kann – traa! traa! – Hilfe!« Franz Mehring nannte Wildenbruch den Klassiker des verpreußten Deutschland, und doch ist dieser, so Bernhard Kellner 1996 in seiner verdienstvollen Würzburger Magisterarbeit, ein Autor, der die Massen ins Theater zieht, ein populärer Star, der mit seinen Historienschinken lebendige Volksszenen auf die Bühne bringt und das Maskenhafte, ja Kostümhafte der Wilhelminischen Epoche repräsentiert.

Schon 1887 hatte Stichling im Auftrag Carl Alexanders ausgerechnet diesem »Trompeter der Hohenzollern« die Position eines Großherzoglichen Intendanten und damit die Leitung der Bühne Goethes angeboten – gegen ein Jahresgehalt von fünftausend Mark. Doch Wildenbruch lehnte in einem Brief an den Großherzog ab, weil er sich als nationaler Erbauungsautor für unabkömmlich hielt: Mit den ihm verliehenen Kräften müsse er dem deutschen Volke noch eine Reihe von Dramen schaffen, »an denen es sich erfreuen, erwärmen und begeistern kann«. Das geistige Klima Weimars sagte ihm damals wenig zu. An der Ilm sei alles stumm und tot, schreibt er seiner Frau Maria, als er zu Besuch in Weimar weilt, es gebe nur das »Gesäusel einiger geistreicher Salons, in denen man Ästhetik treibt – weil man nichts weiter zu tun hat«.

Jahre später, als die Berliner Theater seine Stücke ablehnen und er von der Avantgarde verspottet wird, die Ibsen und Hauptmann, Naturalismus und Realismus zu schätzen beginnt, entdeckt er dieses einst geschmähte, stumme und tote Weimar als Zufluchtsort, als »Oase der

Glückseligkeit« fernab von Berlin, in dem er so lange den »nationalen Lebensatem eines großen Volkes« zu spüren meinte und das er nun als »Politikfabrik« verabscheut. Denn in Weimar wird er gern und häufig aufgeführt und nicht vom »Gesindel ohne Vaterlandsgefühl« verfolgt, jenen Kritikern nämlich, die er bösartige, flachherzige Schreihälse nennt und die keine »Achtung vor den Heiligtümern deutscher Nation« haben.

An einem dufterfüllten Frühlingsmorgen im Ilm-Park, beim Rauschen der grünen Wipfel und unter Blütenbäumen, so Wildenbruch bei einem Diner zu Ehren Bronsarts, der ihn als Weimarer Intendant regelmäßig auf den Spielplan setzt, überkomme ihn das Gefühl: »Deutschland – hier ist Deutschland.«

Zunächst regelmäßiger Sommergast an der Ilm, zieht er schließlich ganz in die verschlafene Residenzstadt und läßt sich von Paul Schultze-Naumburg Am Horn, hoch über Goethes Gartenhaus, seine Villa »Ithaka« in neubarockem Stil erbauen. Im Großherzog erblickt er einen idealen Herrscher, der als besonnener Förderer der Künste die »innere Einheit des Reiches verwirklichen« will. Zwar bringt eine neue Auftragsarbeit über Bernhard von Weimar, den protestantischen Condottieri des Dreißigjährigen Krieges, nur herbe Enttäuschungen. Daß sein großer Vorfahr dramatisch gewürdigt werde, ist ein alter Herzenswunsch Carl Alexanders. Aber bei der Premiere anläßlich seiner Goldenen Hochzeit bekundet er allerhöchste Nichtzufriedenheit, weil sich Wildenbruch über viele seiner Vorschläge und Einwände hinweggesetzt hat. Wildenbruch zeigt sich gekränkt, aber nach einem Versöhnungsbesuch Carl Alexanders ist das freundschaftliche Verhältnis zwischen Fürst und Dichter wiederhergestellt. Beide verbindet nicht nur die tiefe Abneigung gegen England, in dem Wildenbruch eine »transozeanische Weltmacht« und einen Feind des europäischen Kontinents erblickt. Doch in dem deutschnationalen Dichter, als der er sich selbst bezeichnet, ausschließlich den Nationalisten, ja einen »Vorläufer Adolf Hitlers« zu sehen, wie es Hanns Martin Elster in seiner 1934 erschienenen Biographie versucht, ist insofern falsch, als Wildenbruch von der Aussöhnung mit dem Erzfeind Frankreich träumt, von einem Kontinentalblock starker, in sich gefestigter Nationen. Frankreich und Deutschland müßten »Mittelpunkt und Ferment« der »Vereinigten Kontinentalstaaten von Europa« werden, eines Staatengebildes, das er sich wünscht, damit »die Menschheitskultur eine noch nie dagewesene Förderung erfahren wird«. Vor allem verbinden Carl Alexander und Wildenbruch das Festhalten am idealistischen Kunstbegriff und die gemeinsame Abneigung gegen Naturalismus und Realismus. Glaubt Carl Alexander, daß der Naturalismus Ausmaße annehme, die furchtbar seien, weil sie Wahrheit, Schönheit und Pflicht verdrängten, welche die Menschen an das Erhabene fesselten, so klagt sein Verwandter im Geiste Wildenbruch:

»Einst stand die Kunst, weit sichtbar nah und fern,
Hoch überm Haupt der Menschheit wie ein Stern.
Der Weg war steil, des Genius Hände türmten
Die Stufen, drauf zu ihr die Jünger stürmten.
Heut, gleich Arachne, die sich selbst umspinnt,
Liegt sie versteckt im tiefen Labyrinth.
Kein Meister kommt, es will kein Held sich nahn,
und statt des einen, den wir all entbehren,
Soll Theorie uns Weg und Stege lehren.«

Daß in Weimar längst vor der Reichsgründung und Wildenbruch nationalistische Töne zu vernehmen sind, mag ein Kommentar belegen, in welchem das liberale »Deutschland« anläßlich der Gründung der Deutschen Shakespeare-Gesellschaft am dreihundertsten Geburtstag des englischen Dichters in Weimar den großen Engländer schlicht für die deutsche Nation vereinnahmen will: »Ja, Shakespeare ist unser mit mehr Recht, als jeder anderen Nation; denn uns Deutschen gebührt das Verdienst, die unermeßlichen Schätze der Shakespearschen Dichtungen zuerst in ihrer unendlichen Tiefe erforscht und ergründet, der deutschen Wissenschaft und dem deutschen Fleiße der Ruhm, sie zum Gemeingut gemacht zu haben.«

Nun stimmt zwar, daß seit Wielands und Tiecks Übersetzungen sich deutsche Bühnen besonders um Shakespeare bemühten, allen voran das Weimarer Hoftheater unter Liszts altem Gegner Franz Dingelstedt, der Massenszenen und eine prunkvolle Ausstattung liebt und zur Dreihundertjahr-Feier gleich alle sieben Königsdramen Shakespeares aufführt. Unter den zeitgenössischen Dichtern pflegt er besonders Hebbel, dessen »Nibelungen« er an der Weimarer Bühne zur Uraufführung bringt. 1867 geht er an die Hofoper in Wien und übernimmt später das Burgtheater. Sicher erklärt sich der antibritische

Tenor des »Deutschland«-Artikels zu Shakespeares Geburtstag sich auch mit der Tatsache, daß England damals ein ernstzunehmender Gegner des preußisch-österreichischen Vorgehens gegen die Dänen in der Schleswig-Holstein-Frage ist. Aber rechtfertigt dies etwa, von einem »Sieg deutscher Wissenschaft« zu schreiben, welcher den Engländer Shakespeare »zu dem unsrigen gemacht« habe?

Auch die »Mythisierung und Teutonisierung der Goethezeit«, die Klaus L. Berghahn in der »Klassik-Legende« des Second Wisconsin Workshops beklagt, macht vor Weimar nicht halt. Selbst nicht vor der Goethegesellschaft, welche sich die systematische Erforschung des Lebenswerkes Goethes mittels Festvorträgen, Diskussionen und Jahrbüchern zum Ziel setzt. Die Anregung zu ihrer Gründung in Weimar im Juni 1885 geht auf Großherzogin Sophie zurück, die zu ihren Lebzeiten auch die Mittel für den Bau und den Unterhalt des Goethe- und Schiller-Archivs bereitstellt. Anlaß ist ein Testament des Goethe-Enkels Walther Wolfgang von Goethe, in dem er das Goethehaus dem Großherzogtum schenkt, das damit zum Kernstück eines Goethe-Nationalmuseums werden kann. Den Nachlaß des Großvaters glaubt er bei der vermögenden Fürstin in guten Händen und überantwortet ihr Goethes Handschriften samt seiner Korrespondenz. Sophie veranlaßt auch die nach ihr genannte historisch-kritische Gesamtausgabe der Werke, Tagebücher und Briefe Goethes.

Daß die neu gegründete Gesellschaft neben wissenschaftlicher Arbeit auch eine entschiedene Umdeutung Goethes im Sinne des Zeitgeists betreibt und den Klassiker in den Dienst des Bismarckreichs nehmen will, zeigt ihr Aufruf vom 1. Juli 1885 »An alle Verehrer Goethes«. Offenbar soll Goethe endlich vom traditionellen Vorwurf des mangelnden Patriotismus gesäubert und im nachhinein »auf Linie« gebracht werden. Anders läßt sich kaum verstehen, wenn da von der »großen nationalen und politischen Denkart« im neuen Reich die Rede ist, für die jene Vorurteile und Befangenheiten keine Geltung mehr hätten, welche solange die »richtige Würdigung Goethes bei vielen gehemmt« hätten: »Ein großes nationales Reich weiß den größten seiner Dichter in seinem vollen Werte zu schätzen. Die Begründung und Erhaltung der Größe unseres Volkes geht Hand in Hand mit der Pflege und Förderung seiner idealen Güter.« Prompt begibt sich ein ganzes Heer von Germanisten an die Arbeit und besorgt jene geistige Entwurzelung der Klassik, welche der Franzose Robert Min-

Deutschlands heimliche Kolonialhauptstadt

Goethes Wohnhaus am Frauenplan, schon zu seinen Lebzeiten und bis heute Ziel vieler Besucher Weimars, wird zur Keimzelle des Goethe-Nationalmuseums. Auf Anregung von Großherzogin Sophie, die auch Mittel für das Goethe- und Schiller-Archiv bereitstellt, entsteht 1885 die Goethegesellschaft. Links oben Goethes Wohnhaus auf einem Stich L. Schützes nach O. Wagner, 1827. Schon 1828 schrieb Goethe angesichts der vielen Besucher: »Warum stehen sie davor? / Ist nicht Thüre da und Thor? / Kämen sie getrost herein / Würden wohl empfangen seyn.« Links unten das Goethehaus um 1900, oben im Jahr 1994.

der so scharfsinnig analysiert: Aus ihrem historischen Rahmen, dem europäischen 18. Jahrhundert, wird die Goethezeit gelöst und in »das vorgefaßte Schema einer Deutschheit gepreßt, die nicht den Tatsachen entsprach, sondern der Froschperspektive des politisch gegängelten Mittelständlers im Bismarckschen Reich« – so Minder 1964 in seinen vierzehn Antworten auf die Frage: »Sind wir noch das Volk der Dichter und Denker?«

Als ob es darum gehe, der Germanisierungspolitik in den preußischen Provinzen Westpreußen und Posen die Weihen der deutschen Klassiker zu verleihen, veröffentlicht Bernhard Suphan, der Leiter des Goethe- und Schiller-Archivs, im Jahrbuch von 1892 erstmals einen bis dahin unbekannten publizistischen Versuch Goethes: »Vorschlag zur Einführung der deutschen Sprache in Polen.« Herumziehende Theatergesellschaften, so Goethe in seinem unveröffentlicht gebliebenen, 1793 bis 1795 geschriebenen Beitrag, sollten in fließender deutscher Sprache Familienszenen auf die Bühne bringen. Viel sei schon gewonnen, wenn man dem ungebildeten Volk »theils seine eigene Sitte, theils die gebildetere Sitte der herrschenden Nation darstellte« – und zwar so, daß die Handlung schon als Pantomime verständlich sei. Das Aneignen des Deutschen geschehe dabei fast unmerklich.

Suphan war vor seiner Weimarer Zeit Oberlehrer mit dem Titel eines Professors am Friedrich-Werderschen-Gymnasium in Berlin, wo man die Klassik gern als ein »verschönerndes Anhängsel der preußischen Geschichte« (Klaus L. Berghahn) betrachtet. Drei Jahre später, im Jahrbuch 1895, müht sich Suphan um den Nachweis, daß ausgerechnet der »nationale Gedanke« für Goethe ein »entscheidendes Prinzip« gewesen sei. Als mageren Beweis führt er ein ebenfalls bis dato unveröffentlichtes Fragment Goethes ins Feld, in dem dieser erwägt – übrigens ganz wie die Burschenschaftler 1817 auf der Wartburg –, das Fest der Völkerschlacht und die Dreihundertjahrfeier der Reformation auf einen Tag zusammenzulegen. Zwei Feste, so Goethe, machten einander lediglich Konkurrenz, das Gedenken der Völkerschlacht zehre die Kräfte für die Reformationsfeier auf, er aber wolle eine Jubelfeier, die Unfrieden und Erinnerung an konfessionellen Zwiespalt vermeide.

Wie fleißig deutsche Professoren an der unzulässigen, nationalistisch-wahnhaften Vermengung von wilhelminischem Reichsdenken und deutscher Klassik mitwirken, belegt der Festvortrag von Erich

Marcks auf der 26. Generalversammlung der Goethegesellschaft im Juni 1911 in Weimar: »Goethe und Bismarck«. Nicht nur, daß Bismarck den »Götz« geliebt, schlaflos des Nachts Goethes Gedichte gelesen und bei seinem Besuch in Jena die geistigen Vorarbeiten der Klassiker für sein Lebenswerk, die Reichsgründung, besonders hervorgehoben habe. Als ebenbürtig stellt Marcks, einer der angesehensten deutschen Geschichtsprofessoren seiner Zeit, die beiden »Gipfelmenschen« nebeneinander. Wenn das Genie Goethe das Genie Napoleon bewundert habe, hätte es dann nicht das Genie eines Bismarck um so mehr verehrt? Überhaupt hätten beide viele Überzeugungen gemein – den tiefen Gegensatz gegen die große Zahl, gegen die Atomisierung des Volksganzen, gegen den Abbruch innerer Gliederungen und gegen die konsequente Demokratie. Und dann überschlägt sich der Festredner geradezu, wenn er behauptet, Goethe habe Bismarck »wundervoll voraus« formuliert. Habe er nicht zu Eckermann gesagt, »diejenigen Deutschen, die als Geschäfts- und Lebemenschen bloß aufs Praktische gehen, schreiben am besten«? Marcks allen Ernstes: »Wir empfinden in Bismarcks Deutsch, wo es am reifsten ist, die Verwandtschaft mit Goethe.« In vielem scheint der politische Weg, den Marcks geht, typisch für das deutsche Bildungsbürgertum: Vor dem Ersten Weltkrieg nationalkonservativ eingestellt, driftet es in der Weimarer Republik immer weiter nach rechts und findet in der Krise der frühen dreißiger Jahre schließlich den Weg zu Hitler. Daran zerbricht die Freundschaft zu dem liberalkonservativen Historiker Friedrich Meinecke, der einmal kritisch notiert, Marcks sei von einer Audienz beim Führer »bewundernd« heimgekommen.

Wie ein roter Faden ziehen sich die Versuche einer nationalen Dienstverpflichtung Goethes wie auch Schillers bis hin zu jenem Beitrag Hans Gerhard Gräfs im Goethe-Jahrbuch 1915, wo es heißt: »Adel des Menschentums, Freiheit des Geistes, deutsche Größe, wie Schiller sie hatte und betätigte, ›Kultur‹ im Sinne Goethes« – das sei es im Kern, wofür die Feldgrauen Heere kämpften. Den Punkt aufs i setzt dann ein Jahr später ein Gedicht Roseggers:

»Von Schiller geglüht,
Von Goethe geklärt,
Hast du, deutsches Stahlherz,
In Not dich bewährt.«

Auch Anzeichen jener »Faust«-Euphorie fehlen nicht, die in den Jahrzehnten nach der Reichsgründung das Faustische zu einem der »oppositionellen Sinnzeichen gegen die übrige, sogenannte ›westliche‹ Welt« macht, zum »auszeichnenden Schicksalswort«, das dem germanischen Abendland vorbehalten ist, womit freilich verschämt Deutschland umschrieben wird. So Hans Schwerte in seiner ideologiekritischen Auseinandersetzung mit »Faust und das Faustische«. Der nationale Aufschwung und Ausgriff, heißt es dort, wurden faustisch interpretiert – und umgekehrt: »Faustisch« wurde ein »Leitwort nationalen Selbstbewußtseins und ideologischer Selbstberuhigung und Selbstverherrlichung«, bis hin zum berühmten »Faust« im Tornister.

Schwerte, der eigentlich Hans Schneider heißt, und Leiter des »Germanischen Wissenschaftseinsatzes« in Himmlers Stiftung »Ahnenerbe« war, hat sich nach dem Krieg eine neue Identität zugelegt. In »Weimar und die Deutschen«, das Rudolf Wustmann im Auftrag der Goethegesellschaft schreibt und 1915 veröffentlicht, liest man, wie überlegen sich deutsche Soldaten an der Front den Feinden durch die Lektüre des »Faust« fühlten: »So etwas habt ihr doch nicht!«

Das entspricht ganz der These des Germanisten Herman Grimm, welcher 1886 übrigens den allerersten Festvortrag vor der Goethegesellschaft in Weimar hält und der seinen Berliner Studenten allen Ernstes versichert: »Dadurch, daß wir Faust und Gretchen besitzen, stehen die Deutschen in der Dichtkunst aller Zeiten und Nationen an erster Stelle.« Daß Goethe ein großer Ironiker war und selbst von den »sehr ernsten Scherzen« gesprochen hat, die in seinem »Faust« enthalten sind, wird von der Wilhelminischen Epoche negiert, merkt Karl Robert Mandelkow in seiner »Rezeptionsgeschichte eines Klassikers« (»Goethe in Deutschland«) an: Die fast ausschließliche Betonung des »Ernstes« habe die weltanschauliche und pseudoreligiöse Pathetisierung des »Faust« überhaupt erst möglich gemacht.

Nach 1871 zitiert man mit Vorliebe aus jenem Bericht des Jenaer Professors Luden über ein Gespräch mit Goethe im Dezember 1813, in dem der Dichter des »Faust« versicherte, er sei nicht gleichgültig »gegen die großen Ideen Freiheit, Volk, Vaterland«. Ihm liege Deutschland am Herzen, und das deutsche Volk, »so achtbar im einzelnen und so miserabel im ganzen«, habe eine Zukunft vor sich.

Das klingt schön patriotisch und dient der Vereinnahmung. Daß Goethe in demselben Gespräch betonte, für Wissenschaft und Kunst gebe es keine »Schranken der Nationalität«, weil sie der ganzen Welt gehörten, wird geflissentlich unterschlagen. Man spielt gern »Des Epimenides Erwachen«, jenes Festspiel, das Goethe im Auftrag Berlins zur Siegesfeier 1814 schrieb und das von dem antiken Seher handelt, der in siebenundfünfzigjährigem Schlummer geheimnisvolle Kräfte sammelt, um nach dem Erwachen dann große Weissagungen zu machen.

Entschuldigt Goethe, der sich wohl selbst als Epimenides sah, sein Fernbleiben während der Zeit der nationalen Erhebung mit diesem Schlaf, wie Richard Friedenthal vermutet? Das Stück ist als Oper angelegt und zählt gewiß nicht zu seinen Meisterwerken. In Weimar wird es am 1. Juli 1896 zur Generalversammlung der Goethegesellschaft aufgeführt. Am Schluß singen die Priester im Chor:

»So rissen wir uns ringsherum/
Von fremden Banden los,
Nun sind wir Deutschen wiederum/
Nun sind wir wieder groß ...
Und Fürst und Volk und Volk und Fürst
Sind alle frisch und neu.«

Trocken notiert Preußens Gesandter Raschdau über diese Aufführung im Weimarer Hoftheater: »Hier erschien am Schluß in schwarz-weiß-rotem Gewande die ›Germania‹ mit der Kaiserkrone, und wir erwarteten eigentlich alle, die ›Wacht am Rhein‹ zu hören.«

Ästhetisches Bollwerk gegen den Kaiser

Kesslers und van de Veldes Kampf gegen Reichsbeseeler und Heimatkunst

Wird es ein neues, ein »Drittes Weimar« geben, das den Anschluß an die Moderne findet, oder wird Ilm-Athen zum Zentrum einer deutsch-konservativen Renaissance, welche erste völkische Züge trägt? Um die letzte Jahrhundertwende finden sich beide kulturpolitischen Ansätze in der Klassikerstadt, und beide kämpfen um die geistige Vorherrschaft. Für die Avantgarde, die sich bewußt europäisch gibt, stehen die Namen Henry van de Velde und Harry Graf Kessler, für die rückwärtsgewandte deutschtümelnde Vision Namen wie Ernst Wachler, Adolf Bartels oder Friedrich Lienhard, welcher die Klassikerstadt zum Hort deutscher »Reichsbeseelung« machen will. Beide Lager machen Front gegen den Wilhelminismus: Kessler und van de Velde werden zu Speerspitzen der ästhetischen Opposition gegen den epigonalen, nationalen Kunst- und Kulturgeschmack des Kaisers; nach ihrem Willen soll Weimar eine internationale Kunst- und Literaturhochburg werden, ein Sub- oder Gegenzentrum zu Berlin, wo Wilhelm II. Hugo von Tschudi wegen des Ankaufs impressionistischer Bilder als Leiter der Nationalgalerie entläßt. Auch die Bartels, Wachler und Lienhard wollen Weimar wieder zur geistigen Hauptstadt Deutschlands machen, wenn auch auf andere Weise: Sie verstehen sich als konservative Erneuerer im Bismarckreich, ihr Kampf gilt einer angeblich rein materialistisch orientierten, sittenlosen Gesellschaft. Von der Kraft der Provinz, dem wahren Deutschland, erhoffen sie das Heil, von der Wiedergewinnung einer deutschen Innerlichkeit, wie sie sie verstehen, die rechte Medizin gegen die Gefahren des Liberalismus wie des Asphaltdschungels.

Und wie könnte es in Weimar anders sein, betrachten beide, Konservativ-Völkische wie die Kunst- und Kultur-Modernisierer gerade die künstlerische Erziehung als wichtigstes Vehikel zur sittlichen

Erneuerung. Van de Velde versteht seinen »Neuen Stil«, mit dem er alle Bereiche der sozialen Wirklichkeit durchdringen will, letztlich als einen Beitrag zur Lebensreform; Kessler, dem Kunst die neue Religion bedeutet, zielt im Sinne Nietzsches auf eine Erhöhung des Menschen durch die Kraft der Kultur.

Als die berühmte Tragödin Louise Dumont ihm ihre Lieblingsidee vorträgt, in Weimar ein »Dramatisches Nationaltheater« zu gründen, greift er den Gedanken begeistert auf. Umgehend plant er mit van de Velde den Bau eines Mustertheaters für klassische und moderne Schauspielkunst. Auf ein solches »Bayreuth des Schauspiels« in Weimar zielen ironischerweise auch die Verfechter der Antimoderne. Adolf Bartels konzipiert die »Nationalfestspiele für die deutsche Jugend«, die 1909 eröffnet werden, eindeutig als nationales Erziehungs- und Einigungswerk, welches deutschen Gymnasiasten die deutschen Klassiker, dazu Kleist, Grillparzer und den Beinahe-Deutschen Shakespeare nahebringen soll. Ernst Wachler versteht Theater als Mittel einer nordischen Renaissance und sucht für die Volksgesamtheit »nach einem Untergrund der Bildung – in Landschaft, Brauchtum, Mythos«. Beide Ansätze, der modernistische wie der rückwärtsgewandte, sind übrigens keineswegs demokratisch – der Bartels-Wachlersche ist antiwestlich und antiparlamentarisch, der Kesslers, welcher von einem neuen ästhetisch-aristokratischen Orden der Kunstsinnigen träumt, ohne jeden Zweifel elitär.

Überlappend zwischen den beiden Lagern, im Schnittpunkt der Kreise, findet sich um 1900 die Villa Silberblick, in der Elisabeth Förster-Nietzsche seit ihrem Umzug von Naumburg den dahindämmernden Bruder bis zu seinem Tode wie eine lebende Reliquie zur Schau stellt. Rudolf Steiner, damals Mitarbeiter am Goethe- und Schiller-Archiv, zeigt sich vom Anblick des geistig Zusammengebrochenen tief beeindruckt: »Da lag der Umnachtete mit der wunderbar schönen Stirne, Künstler und Denkerstirne zugleich auf einem Ruhesopha ... Eine innere Erschütterung, die meine Seele ergriff, durfte meinen, daß sie sich in Verständnis für den Genius verwandle, dessen Blick auf mich gerichtet war, aber nicht traf.« Dem Nietzsche-Ethusiasten Kessler fallen die Finger des geistig zusammengebrochenen Philosophen auf – »lang und fein gebildet, nur die Farbe ist leichenhaft«. Nichts Irres findet er in Nietzsches Augen, vielmehr einen Ausdruck der »Treue und zugleich des Nicht ganz verstehen könnens, des gei-

Ästhetisches Bollwerk gegen den Kaiser

Rudolf Steiner (1861–1925), der Begründer der Anthroposophie
und an der Jahrhundertwende Mitarbeiter am Goethe- und Schiller-Archiv,
schreibt nach einem Besuch Friedrich Nietzsches in der Villa Silberblick:
»Da lag der Umnachtete mit der wunderbar schönen Stirne, Künstler
und Denkerstirne zugleich auf einem Ruhesopha...«
(Foto von Hans Olde, 1899).

stigen Suchens ohne Resultat«, ein Blick, vergleichbar dem eines großen, schönen Berhardiners. Als der Philosoph des Fin de siècle im August 1900 stirbt, eilt Kessler in die Villa Silberblick, ihm die Totenmaske abzunehmen.

Das Weimar um die Jahrhundertwende, in dem dieser Kampf um die kulturelle Hegemonie entbrennt, lebt vom ermattenden Glanz seines silbernen Zeitalters, das mit dem Weggang von Richard Strauss nach München 1898 definitiv zu Ende ging. Ähnlich Bach, hat der Kapellmeister in seinen vier Weimarer Jahren seinen Durchbruch als Komponist erlebt und seine Oper »Guntram«, auch sinfonische Dichtungen wie »Don Juan« und »Macbeth« zur Uraufführung gebracht.

Die Stadt zählt nun beinahe dreißigtausend Einwohner, aber den Anschluß an das moderne, technische Deutschland hat sie noch immer nicht gefunden. Zwar gibt es seit 1898 eine Waggonfabrik, doch bleibt die Wirtschaft weiter von Klein- und Handwerksbetrieben dominiert. Als van de Velde nach Weimar kommt, findet er eine Welt, deren »patriarchalische Sitten und Vorstellungen noch nicht dem Schock sozialer und ökonomischer Erschütterungen ausgesetzt« sind. Neue Villenviertel entstehen, denn der Ruf der Kulturstadt und die landschaftlich schöne Umgebung ziehen immer mehr hohe Beamte und Offiziere an, die ihren Ruhestand in der Ilm-Stadt verbringen wollen. Vermögende Witwen kommen zuhauf, ihre und der betuchten Ruheständler Dienstmädchen, dazu die zahlreichen Mädchenpensionate, sorgen für einen außerordentlich hohen Frauenüberschuß in der Stadt. Der Zuzug aus dem Reich stärkt jene konservativen Schichten, welche dem Neuen Weimar ohnehin mit äußerster Skepsis gegenüberstehen. Die meisten denken wie Wildenbruch, und der zeigt sich aufs tiefste verstört über den neuen Geist, der mit van de Velde und Kessler in seiner »Oase der Glückseligkeit« Einzug hält.

Wahlergebnisse belegen den Trend nach rechts, der nach der Reichsgründung durch das ganze Großherzogtum geht. Gab es im Landtag zunächst eine nationalliberale Mehrheit, gewinnen bei den Wahlen von 1897 die agrarisch und antisemitisch orientierten Konservativen die Oberhand. Selbst das neue Wahlrecht von 1909 verleugnet noch das Prinzip des *one man one vote*. Nach dem Muster des Königreichs Sachsen geschneidert, zielt es klar darauf ab, die Sozialdemokratie kleinzuhalten. So gewinnen die Konservativen ihre neun Sitze mit weniger Stimmen als die Sozialdemokraten, die sich trotz eines erheblichen Vorsprungs mit nur vier Mandaten begnügen müssen. Ausschlaggebend für die wichtigen Entscheidungen vor allem auf kulturpolitischem Gebiet ist noch immer der Großherzog, der kulturelle Projekte aus dem ihm verbliebenen Anteil am Domänenvermögen, zum Teil auch aus seiner privaten Schatulle finanziert. Und die ist bei Großherzog Wilhelm Ernst, der seit dem Tod Carl Alexanders 1901 das Regiment führt im kleinen Staat, der sich jetzt verkürzt »Großherzogtum Sachsen« nennt, durch das Erbe seiner Großmutter Sophie beträchtlich. Sie hinterließ ihm neben großen Gütern in Posen auch die schlesische Standesherrschaft Heinrichau, auf die er sich nach seiner Abdankung 1918 zurückziehen wird.

Wer ist dieser Wilhelm Ernst, der mit nur fünfundzwanzig Jahren den Weimarer Thron besteigt und im Streit der kulturpolitischen Lager die Schlüsselrolle spielt? In seiner Flugschrift »Ein Wort über Weimar« ruft ihn Ernst von Wildenbruch im März 1903 öffentlich zur Ordnung, weil er den Jahresversammlungen der Goethegesellschaft ferngeblieben ist: Der neue Herr verletze damit die Überlieferung seines Hauses und seine Pflichten als Schirmherr des Goethe- und Schiller-Archivs.

In der Tat fehlt Wilhelm Ernst jedes innere Verständnis für die im Begriff Weimar enthaltene Tradition. Ein Mann wie Wildenbruch, der Carl Alexander als den idealen Herrscher verehrt, ihn als Hüter des »heiligen Grals« Weimar betrachtet und sein Wirken für die »geistige Einheit des Reiches« gepriesen hat, kann deshalb von dem Erben nur bitter enttäuscht werden. Für jene geistige Führerschaft in Deutschland jedenfalls, die der Hohenzollern-Dramatiker von allen Ernestinern erwartet und in seiner Flugschrift anmahnt, zeigt der junge Nachfolger nur Mißachtung und Desinteresse. Nach dem öffentlichen Tadel bei Hofe einbestellt, entlädt sich ein allerhöchstes Donnerwetter über dem Dichterhaupt; der Ton der Königlichen Hoheit ist so schroff wie das Zerwürfnis vollkommen.

Ungezügeltes Temperament steckt dem letzten regierenden Ernestiner in den Genen – er ist heftig wie Carl August, brutal, cholerisch und sadistisch wie sein Vorfahr Zar Paul. Geradezu lustvoll, so Ulrich Hess, habe er die Prügelstrafe an Kindern und Jugendlichen immer wieder selbst vollzogen und am Hof gern Ohrfeigen an Adlige verteilt. Die Jagd und das Militärische liebt er jedenfalls mehr als Kunst und Literatur, wo er sich auf unsicherem Terrain bewegt. Einiges deutet darauf hin, daß er deshalb Komplexe hat, die sich in abstoßendem Hochmut äußern. Barsch und kurzangebunden gibt er sich, die Bilder aus den Jahren seiner Herrschaft zeigen ihn stets in Uniform mit einem riesigen Säbel, den er an der Seite trägt. Beim Besuch nüchterner Industriefirmen von Weltruf wie Zeiss oder Schott in Jena wirkt das so unpassend-grotesk wie bei der Eröffnung einer Klinger-Ausstellung. In seinen Revieren tritt er vor Bauern wie Jagdbediensteten herrisch auf, er genießt den Ruf eines Draufgängers. Wenn er sich in rasender Fahrt im Automobil vom Schloß nach Ettersburg und zurück chauffieren läßt, müssen die braven Weimarer Untertanen beiseite springen, wollen sie nicht unter die Räder kommen.

Wilhelm II., der ihm seit seiner Potsdamer Zeit nahesteht, hat großen Einfluß auf ihn. Historikern wie Facius oder Hess gilt dieser Wilhelm Ernst als unausgeglichen und launisch, zwiespältig und widerspruchsvoll, aber sie bescheinigen ihm schnelle Auffassungsgabe und einen scharfen, durchdringenden Verstand.

Aus seinem privaten Vermögen zahlt er bereitwillig auch für größere, aufwendige Vorhaben, wenn man ihm die Sache nur richtig schmackhaft zu machen weiß. Ist es als Wiedergutmachung für den Affront gegen die Goethegesellschaft gedacht, wenn er die klassischen Erinnerungsstätten in Schloß Tiefurt und seinem Park im Stil Anna Amalias ausstatten und restaurieren läßt? Die Kosten für den Neubau des Hoftheaters, der 1908 eingeweiht wird, übernimmt er zum größten Teil persönlich. Wenn er sich, wenn auch nur wenige Jahre, für die Idee des Neuen Weimar gewinnen läßt, hat dies viel mit der Bonner Borussia zu tun, jenem kleinen, exklusiven Corps, dem nahezu ausschließlich Studenten aus den vornehmsten protestantischen Adelsgeschlechtern Ostelbiens angehörten.

Eberhard von Bodenhausen, Industrieller und Förderer moderner Kunst, ist ein Corpsbruder Wilhelm Ernsts und macht ihn mit seinem Freund Harry Graf Kessler bekannt. Auch Prinz Wilhelm von Preußen, der spätere Kaiser Wilhelm II., war Bonner Borusse, obschon Thronerben nach den ungeschriebenen Gesetzen der Hohenzollern nicht mit scharfen Waffen kämpfen durften und er damit von Mensuren, dem Tauglichkeitsnachweis für wahre Mitgliedschaft, ausgeschlossen blieb. Kessler läßt sich zwar von den Borussen keilen und schlägt sich commentgemäß auf dem Paukboden, wird jedoch nie

Vollmitglied, weil der Vater ihm eine Corpszugehörigkeit untersagt hat.

In seiner Biographie über die Jugend des Kaisers hat John H. G. Röhl errechnet, daß sich unter den Konkneipanten der Borussia von 1871 bis zum Ausbruch des ersten Weltkrieges 44 Fürsten, Herzöge und Prinzen, 99 Grafen und 84 Freiherrn beziehungsweise Barone finden, Katholiken sind kaum, Juden überhaupt nicht vertreten. Da viele Generäle, Staatssekretäre und Abgeordnete von Reichstag wie Preußischem Herrenhaus aus ihr hervorgehen, bezeichnet Kessler, ein großer Tagebuchschreiber vor dem Herrn, diese Borussia einmal als ein »Stück der deutschen oder wenigstens der preußischen Verfassung«.

Die Freunde Kessler und Bodenhausen verbindet mehr als die gemeinsame Zeit bei den Borussen in Bonn: Beide denken über die Grenzen Deutschlands hinaus, denn sie haben angelsächsische Mütter – die Kesslers stammt aus dem angloirischen Adel, jene Bodenhausens aus einer amerikanischen Gelehrtenfamilie; beide gehen von Bonn nach Leipzig und gehören dort der vornehmen Adelsverbindung der »Canitzer« an; beide zeigen sich schon als Studenten von Nietzsches Thesen über die Bedeutung der Kunst für das Leben begeistert, und beide sind führende Mitglieder der PAN-Genossenschaft, deren Zeitschrift allein schon ein Programm darstellt.

Auf Bütten gedruckt und mit einem Signet von Franz Stuck versehen, mit Kunstbeilagen und Illustrationen von Böcklin, Klinger sowie Liebermann ausgestattet und buchkünstlerisch aufwendig gestaltet, steht die »freie Kunstzeitschrift PAN« für Jugendstil, auch wenn sie für andere Kunstrichtungen wie Symbolismus oder Impressionismus bewußt offenbleiben will. Kessler-Biograph Peter Grupp nennt sie die »repräsentativste deutsche Kunstzeitschrift der Jahrhundertwende«.

Die PAN-Genossenschaft ist aus einem Boheme-Kreis in der Berliner Kneipe »Schwarzes Ferkel« um den Schriftsteller Otto Julius Bierbaum und den Kunstkritiker und späteren Kunsthändler Otto Meier-Graefe hervorgegangen, und die Bohemiens verstehen es bestens, sich der vorzüglichen Verbindungen ihrer aristokratischen Mitglieder zu Wirtschaft, Gesellschaft und zum Hofe zu bedienen. Kessler wie Bodenhausen rühren die Werbetrommel, gewinnen Aristokraten und Großbürger als Förderer, Mitglieder und Abonnenten, darunter Walter Rathenau, über den Kessler in den zwanziger Jahren eine Biographie schreiben wird. Zum Aufsichtsrat der PAN-Genossenschaft gehört auch Max Liebermann, mit dem Kessler später in Weimar den Allgemeinen Deutschen Künstlerbund gründen wird. In seine PAN-Zeit fällt Kesslers Entwicklung zum großen Vermittler zwischen den Welten der modernen Kunst und der gesellschaftlichen Elite, zum wahrscheinlich bedeutendsten und erfolgreichsten Kulturmanager seiner Zeit, der er nach heutigen Begriffen unstreitig gewesen ist. Nur sein großes Engagement für den »PAN«, zu dessen Mitherausgeber er schließlich avanciert, hat ihm bei Künstlern, Literaten und Kunstkritikern jenes Maß an persönlicher Anerkennung und Vertrauen beschert, ohne das seine Rolle als genialer Anreger und einflußreicher Kulturagent undenkbar gewesen wäre.

Sein Einsatz für »PAN«, und damit schließt sich der Kreis der einzelnen Netzwerke, welche die Entstehung des Neuen Weimar möglich machen, vermittelt auch erste Kontakte zu Elisabeth Förster-Nietzsche und Henry van de Velde. Von der Schwester des Philosophen erbittet er die Zustimmung zur Publikation von »Nietzsches musikalischen Worten« im »PAN«. Seither verbindet beide ein enges Verhältnis, das auch spätere politische Meinungsdifferenzen überdauern wird.

Den belgischen Maler, Designer, Kunsthandwerker und Architekten, der von sich sagt, er sei vom Dämon der Linie besessen, lernt er über Bodenhausen kennen, der ihn 1897 im Brüsseler Vorort Uccle besucht hat. Kessler zeigt sich von van de Veldes Ideen so begeistert, daß er ihm sofort die gesamte Einrichtung seiner Wohnung im Berliner Westen überträgt. Er führt ihn in die Berliner Salons ein, verschafft ihm Aufträge, beteiligt sich mit Bodenhausen an van de Veldes »Werkstätten für angewandte Kunst« und überredet ihn schließlich zum Umzug nach Berlin. Weil der quirlige, von Ideen übersprudelnde und gesellschaftlich ehrgeizige Kessler viele Tees, Frühstücke und Diners gibt, wird seine Wohnung in der Köthener Straße zu einer Art Möbel-Musterschau, im Urteil Peter Grupps zum »wahren Repräsentationssalon der Arbeiten des Künstlers«.

In Berlin lernt van de Velde auch erstmals Elisabeth Förster-Nietzsche kennen, die ihn einlädt, am Todestag Nietzsches mit ihr eine Wallfahrt nach Roecken zum Grab des Bruders zu unternehmen. Da der belgische Kunsthandwerker und Illustrator Nietzsche als einen »der größten und mutigsten Denker aller Zeiten« verehrt, kostet es

Kessler keine Mühe, ihn für den Buchschmuck einer Prachtausgabe des »Zarathustra« zu gewinnen, die er herausgeben will. Bald verbindet van de Velde Freundschaft mit der Schwester Nietzsches. Geradezu leidenschaftlich, schreibt er rückblickend in seiner Autobiographie, habe sie sich während seiner Weimarer Jahre für sein Schaffen eingesetzt, seine Sache beharrlich verteidigt und nach dem Krieg auf seine Rückkehr nach Weimar gehofft.

So erstaunlich das aus heutiger Sicht auch erscheinen mag: Das Dritte oder das Neue Weimar Kesslers und die Kultstätte für Nietzsche, jenes Weimarer Gegenbayreuth, von dem die Herrin der Villa Silberblick als ewige Rivalin Cosima Wagners träumt, sind zunächst durchaus kein Gegensatz. Zwar zimmert »Zarathustras Schwester« schon damals am Mythos des Bruders auf ihre Art, aber noch ist sie der breiten Öffentlichkeit nicht als die große Fälscherin des »Willens zur Macht« bekannt. Vielmehr sonnt sich Elisabeth Förster-Nietzsche in der Popularität, welche die Werke ihres Bruders bei der intellektuellen Avantgarde Europas genießen, und nutzt sie geschickt für ihre Ziele. Kessler und van de Velde wiederum unterstützen sie bei der Verbreitung von Nietzsches Werken, weil sie in dem Philosophen vor allem den Erzieher zum neuen Menschen, den Europäer und unbarmherzigen Kritiker des Wilhelminismus sehen.

Der erste Anstoß zur Berufung van de Veldes nach Weimar geht denn auch unstreitig von Elisabeth Förster-Nietzsche aus. Sie vermisse, schreibt sie Kessler im März 1901, daß »die »allergeringsten Gebrauchsgegenstände nach guten, künstlerischen Prinzipien hergestellt werden«, und wünscht sich für die vielen Glasbläsereien, Porzellanfabriken und Töpfereien des Großherzogtums Modellwerkstätten, die unter der Leitung eines hervorragendes Künstlers wie van de Velde stehen sollten. Natürlich erhofft sie sich von der Anwesenheit des renommierten Künstlers auch eine Aufwertung ihres Archivs. An Elisabeths Teetisch, wo sie ihre politischen und gesellschaftlichen Fäden spinnt, bespricht sie mit Kessler dann im August 1901 im Detail, wie beide ihre Beziehungen spielen lassen können, um jenen großen Plan zu verwirklichen, der für das kleine Weimar einer personalpolitischen Verschwörung gleichkommt. Für Kessler geht es ja darum, die kulturellen Schlüsselpositionen im Großherzogtum in die Hand zu bekommen, und um das zu erreichen, ventiliert er sogar die Möglichkeit, seinen Freund Bodenhausen als Privatsekretär des Großherzogs zu bestellen, doch der heuert bald bei Krupp in Essen als Direktor an und wird damit für Weimar unbezahlbar.

Nach einem Diner mit dem Großherzog, der ihn prompt auf diesen seinen Corpsbruder Bodenhausen anspricht, fällt dann die positive Entscheidung: Gegen ein Jahresgehalt von sechstausend Mark wird van de Velde zum 1. April 1902 mit dem recht allgemein gehaltenen Auftrag nach Weimar berufen, das Gewerbe und Kunstgewerbe im Lande durch künstlerische Beratung auf ein höheres Niveau zu heben. Sein Freund und großer Förderer Kessler, dessen Bemühungen um Aufnahme in den Auswärtigen Dienst inzwischen endgültig gescheitert sind, folgt ihm im Oktober nach – als ehrenamtlicher Vorsitzender des Kuratoriums des Großherzoglichen Museums für Kunst und Kunstgewerbe. Beider Anfänge in Weimar sind also bescheiden und stehen im Gegensatz zu den kühnen Plänen, mit denen sie an die Ilm kommen. Offen zielt Kessler auf die Oberleitung in Kunstfragen, die alle kulturellen Aktivitäten im Großherzogtum aufeinander abstimmen soll, erhofft für sich also die Rolle eines heimlichen Kultusministers; und van de Velde versteht Weimar als großes Laboratorium, in dem er sämtliche Aspekte der Jugendstilkunst wie in einem Orchester zusammenfassen kann. Für die Weimarer Regierung dagegen steht, wie Alexandre Kostka herausgearbeitet hat, der wirtschaftliche Nutzen im Vordergrund.

Sicher spielt die Konkurrenz zur Darmstädter Mathildenhöhe eine Rolle, wo Großherzog Ernst Ludwig von Hessen Künstler ihre eigenen Häuser bauen und ausstellen läßt. Der Fürst von Hessen und bei Rhein erhofft von der Erneuerung aller Zweige der Kunst durch eine besondere Richtung des Jugendstils eine Ankurbelung der heimischen Wirtschaft. Ähnlich colbertistisch im Ansatz, glaubt auch der zuständige Weimarer Staatsminister Rothe, daß durch van de Velde vermitteltes Design den Absatz des Kunsthandwerks fördern und das Steuersäckel des Fürstentums füllen werde. Um diesen Erwartungen entgegenzukommen, weist Kessler in den Verhandlungen, die seiner Bestallung vorausgehen, immer wieder auf den »Lehrwert« hin, den sein Museum für Kunst und Kunstgewerbe für die heimische Industrie und das Handwerk haben werde.

Die hochfliegenden Pläne in den Köpfen freilich bleiben. Schon halb auf dem Absprung nach Weimar, schreibt er dem Freund, den er als den großen Künstler des Rhythmus preist: »Wir werden aufbauen, was uns vorschwebt: eine klare, gesunde, stärkende und produktive Lehre.« Und rückschauend meint er im Exil auf Mallorca 1934, beide hätten damals an nichts Geringeres gedacht, »als sage und schreibe Germanien in ein modernes Kunstland zu verwandeln, oder vielmehr in den Mittelpunkt einer neuen Weltkunst zu rücken«. Der Bruch mit einer Regierung und mit großherzoglichen Hofchargen, die Handfestes erwarten, nur ja keine kulturelle Revolution, scheint damit von Anfang an vorprogrammiert.

Zunächst jedoch herrschen Harmonie und Aufbruchstimmung. Alles sieht danach aus, als ob das Neue Weimar die kulturelle Hegemonie über die konservativen Barden Lienhard, Bartels und Wachler erringen könnte. Van de Velde erhält den Auftrag, das Tafelsilber für die Vermählung des großherzoglichen Paares zu fertigen, und wird mit dem Titel eines Professors ausgezeichnet, den freilich 1903 auch sein späterer Gegner Paul Schultze-Naumburg und 1905 der rabiate Antisemit Bartels erhalten. Zum Wahrzeichen des neuen Geistes wird das von van de Velde umgebaute, im Oktober 1903 wiedereröffnete Nietzsche-Archiv, welches bis heute als eines der gelungensten Beispiele für den neuen Stil des belgischen Meisters steht.

Van de Velde hat die vielen Zimmer im Erdgeschoß in einen großen, lichtdurchfluteten Empfangssaal verwandelt; das geschwungene, Mobiliar mit der sanftroten, erdbeerfarbenen Polsterung zeigt ihn auf der Höhe seines Schaffens. Barocke Überspitzungen der Jugendzeit sind zurückgenommen und durch schlichte, elegante Linienführung ersetzt. Der Blick des Besuchers wird durch eine große Marmorstele Nietzsches am Ende des Saals gefangen, die Max Klinger im Auftrag und auf Rechnung Kesslers gefertigt hat. Für die Finanzierung des Umbaus hat der Graf seinen Freund, Mitbegründer des Insel-Verlags und Bremer Mäzen Walter Heymel gewonnen, der die damals horrende Summe von fünfzigtausend Mark als Hypothek zur Verfügung stellt. Erst später folgen die Bauten der Kunst- und Kunstgewerbeschule, architektonische Meisterleistungen van de Veldes, die 1919 zur Herberge des Bauhauses werden.

Sein Kunstgewerbliches Seminar, mit dem er beginnt und das zunächst als Beratungsstelle für bessere Produktgestaltung gedacht ist, rühmt er bald als die »fortschrittlichste Zitadelle der neuen künstlerischen Prinzipien«, auf der er die Fahne des Aufstands gegen den tradierten Kunstgeschmack hißt.

*Gegen ein Jahresgehalt von sechstausend Mark
wird der belgische Architekt Henry van de Velde nach Weimar berufen,
um Gewerbe und Kunstgewerbe im Lande durch
künstlerische Beratung auf ein höheres Niveau zu heben.*

Angefangen hat der junge van de Velde einst als Maler, bis er unter den Einfluß von William Morris, des Erneuerers des britischen Kunstgewerbes, und des Oxforder Kunsthistorikers John Ruskin geriet, der äußere Schönheit als Entsprechung einer schönen Seele verstand und den schöpferischen Wert des Handwerks predigte. Sie und das Beispiel der englischen Arts-and-Crafts-Bewegung bringen ihn dazu, sich ganz für die angewandte Kunst, das Kunsthandwerk und die Architektur zu entscheiden. Seither erstrebt van de Velde eine Renaissance des Kunsthandwerks durch die ästhetische Erziehung des Gewerbes. Jedes seiner Möbel hat nach seiner Überzeugung Modellcharakter, weil es durch »die Reinheit seiner inspirativen Herkunft« in die Nähe des »Typus« gelange.

Ist er damit ein Vorläufer des Bauhaus-Funktionalismus, wenn auch gebremst durch die Leidenschaft zur Kraft der Linien und die Liebe zum Ornament? Bei seinen Möbelentwürfen geht er davon aus, »daß es nur eine vollkommene Konstruktion, nur eine vollkommene Struktur« gibt, daß nur eine einzige Lösung seine Anforderungen an ein bestimmtes Stück befriedigen kann. Den Virus der Häßlichkeit und die Verseuchung, die von diesem ausgeht, will er mit der einzigen Waffe bekämpfen, die der Menschheit seiner Meinung nach dafür gegeben ist: einer Gestaltung nach den Prinzipien der Vernunft. Van de Velde wird zum Universalkünstler. Kunst und Leben sollen harmonieren und einander durchdringen, die Ästhetik der Gebrauchswelt, Architektur, Möbel und Dekorationen haben bis hin zu Teekanne, Teller und Besteck ein und demselben Prinzip zu folgen.

Redlich müht er sich in seinem Kunstgeweblichen Seminar, den Verpflichtungen des Anstellungsvertrags nachzukommen und den Geschmack der Handwerker zu heben. Großherzoginmutter Pauline zeigt für seine Arbeit besonderes Interesse; im Vierspänner reist sie mit ihm über Land, um ihn bei Kunsthandwerkern und Fabrikdirektoren einzuführen.

Das Erscheinen der offiziellen Kavalkade mit dem uniformierten Oberstallmeister an der Spitze flößt den braven Handwerkern Respekt vor dem Fremdling ein. Van de Velde fördert den Zusammenschluß der Korbmacher, die um ihre Existenz kämpfen, zu Genossenschaften; als bescheidenen Erfolg seiner Anstrengungen darf er verbuchen, daß die Korbmöbel, welche in Tannroda nach seinen Entwürfen gefertigt werden, in Berlin reißenden Absatz finden. Doch spürt er sehr bald, daß für eine tiefergreifende Verbesserung der Produktkultur Seminare allein nicht genügen, sondern eine künstlerische Ausbildung der Entwerfer in eigens dafür eingerichteten Lehrstätten vonnöten ist. So entsteht 1907, was den Ruf des modernen Weimar in ganz Deutschland begründen soll: die großherzogliche Kunstgewerbeschule mit ihren vielen Werkstätten – den für Goldschmiedearbeiten und Emailbrennerei, Keramik und Buchbinderei, Metallarbeit und Ziselierkunst, den Ateliers für Weben, Sticken und Teppichknüpfen, nicht zu vergessen jenes für Gestaltungslehre, welche alle Einzelfächer übergreift und auf einen Stil verpflichten soll. Damit schafft er wesentliche Elemente, die Gropius für das Bauhaus nutzen wird.

Doch geradezu sensationellen Auftrieb im verschlafenen Weimar erhält die Sache der Moderne durch die Ausstellungen und Vorträge, die sein Freund Kessler organisiert – laut van de Velde »der eigentliche Urheber jenes Experiments, das in Weimar zu einer künstlerischen und geistigen Erneuerung führen sollte«. Der neue, ehrenamtliche Museumschef zeigt Klinger, danach werden französische Impressionisten und Pointillisten, Kandinsky und Nolde, Renoir und Rodin präsentiert, 1905 dann neben Monet auch Gauguin, der mit seinen Südsee-Motiven indes auf offene Ablehnung durch konservative Kreise stößt. Zwar sei in der kleinen Stadt und bei Hofe alles von Intrigen und Arriviertheit beherrscht, notiert Kessler in seinem Tagebuch, aber die Kreise, auf die es ankommt, lassen ihn anfangs gewähren oder unterstützen ihn gar.

Von Kessler inspiriert, erwirbt die kunstverständige Großherzogin Caroline eine Rodin-Skulptur. Nicht nur, daß van de Velde durch seine Bauten Weimar in eine Hochburg des Neuen Stils verwandeln soll, Kessler denkt auch, alljährlich zwanzig Köpfe der geistigen Elite Deutschlands und Europas zu versammeln, die »aus Weimar 15 Tage lang einen Hof der Renaissance machen« sollen. Zwar wird er diese Idee nicht mehr in die Tat umsetzen können. Aber er verpflichtet Künstler und Schriftsteller von europäischem Rang zu Vorträgen, in denen sie den Hof auf sein Neues Weimar einschwören sollen. Der belgische Maler Théo van Rysselsberg, ein Freund van de Veldes kommt, Gerhart Hauptmann, Richard Dehmel und Rainer Maria Rilke lesen aus ihren Werken, Hugo von Hofmannsthal trägt aus seinem »Kleinen Welttheater« vor.

Meist finden die Veranstaltungen bei der Herzoginmutter Pauline

Ästhetisches Bollwerk gegen den Kaiser

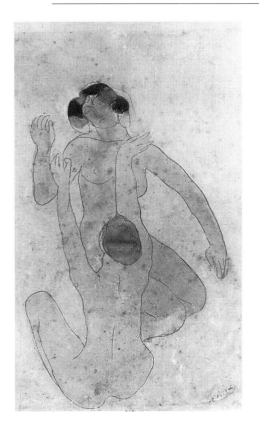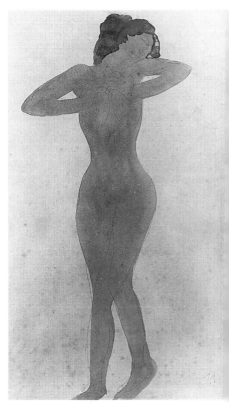

Auftrieb im verschlafenen Weimar erhält das Projekt der Moderne
durch Ausstellungen Harry Graf Kesslers, in denen Künstler
wie Nolde, Renoir, Rodin, Monet und Gauguin präsentiert werden.
Die Ausstellung weiblicher Akte von Auguste Rodin mit einer
Widmung an Großherzog Wilhelm Ernst führt 1906 zum Skandal
und schließlich zum Abschied Kesslers.

in deren Wohnsitz Belvedere statt. »Über den Durchschnitt groß, elegant in der Haltung, die gut proportionierten Glieder in einem engen schwarzen Anzug von strengem Schnitt, wie ihn anglikanische Priester zu tragen pflegen« – so beschreibt Henry van de Velde den Besucher André Gide und zeigt sich von seinem langen, schwarzen Schnurrbart beeindruckt, dessen Fransen über die Lippen fielen. Hat Gide seinen Vortrag »De l'importance du public« (»Über die Bedeutung der Öffentlichkeit«) im Auftrag Kesslers so konzipiert, daß die Erben des klassischen Weimar ihre Verpflichtungen gegen ihn und van de Velde endlich besser verstehen und würdigen? Elitekünstler, so der französische Schriftsteller im August 1903 am Weimarer Hof, brauchen ein Elitepublikum, das nicht im tradierten Geschmack verhaftet ist. Gides ideale Öffentlichkeit darf nicht hungrig, sie muß kultiviert sein und vor allem – klein: »Eine kleine Schar war das Publikum Perikles', die ›honnêtes gens‹ um Ludwig den Vierzehnten, die edlen Italiener der Renaissance, und die Großen des Weimarer Hofs.«

Was der Autor des Romans »L'Immoraliste« vorträgt, der Nietzsche bewundert und die rauschhafte Liebe zum Leben verklärt, entspricht ganz dem elitären Ansatz des Grafen Kessler, der im schlechten Geschmack der unteren Stände lediglich ein Spiegelbild sieht: »Sie gucken es sich ab von den oberen Ständen ... Die einzige Art, sie [die unteren Stände] zu leiten, ist, das Vorbild zu verbessern.«

Hat er das Beispiel der Fürstenerziehung vor Augen, wie sein Biograph Burkhard Stenzel vermutet? Daß Kessler, anders als der Hamburger Museumsdirektor Lichtwark, nicht auf Erziehung in der Breite, sondern ausschließlich auf jene der Eliten setzt, macht seine besondere Verwundbarkeit aus. Wenn er die tonangebenden Kreise des Großherzogtums mit seinem gesellschaftlichen Charme einige wenige Jahre geschickt in Richtung Moderne manipuliert, kann dies nur mit Billigung des Regenten geschehen. Er unterschätzt die Gefahr, daß die Hofchargen auf einen Wink des launischen Referenten den Kurs abrupt um hundertachtzig Grad ändern und zu erklärten Gegnern werden können. Burkhard Stenzel bringt dies auf die Formel, die beabsichtigte umfassende Erneuerung durch den »Weimarer Kreis« um Kessler und van de Velde, dieser »widersprüchliche Reformversuch der Moderne«, sei »ohne Berücksichtigung der Trennung von Macht und Geist im Kaiserreich erfolgt« und daran letztlich gescheitert.

Seinen unverwüstlichen Charme eines umfassend gebildeten, vollkommenen Gentleman verdankt Kessler seiner Mutter Alice Harriet Blosse Lynch. Sie stammt aus altem angloirischen Adel, der sich voller Stolz auf Wilhelm den Eroberer zurückführt, und zählt – so Peter Grupp – auch Verwandte des persischen Herrscherhauses zu ihren Vorfahren. Wie Söhne besonders schöner und dominierender Mütter häufig, hat auch Kessler Schwierigkeiten mit dem anderen Geschlecht. Die strahlende, vollkommene Schönheit der Alice Kessler verzaubert selbst den alten Wilhelm, als er, noch König von Preußen, ihr 1870 vor Erhalt der berühmtem Emser Depesche auf der Kurpromenade begegnet. Sie trägt ein »allerliebstes türkisblaues Kleid, ein Meisterwerk von Rodrigues, dem damaligen großen Pariser Modeschneider«, beschreibt der Sohn diese Episode in seinen »Gesichter und Zeiten«, dazu einen weichen, grauen, mit blauer Straußenfeder garnierten Filzhut, wie er bei Reitern zu Wallensteins oder Cromwells Zeiten üblich war. Der König geht auf sie zu, macht Komplimente und sagt sich einige Tage darauf zum Besuch bei ihr an. 1877 wird er Pate von Harrys Schwester Wilma, 1879 erhebt er Vater Adolf Kessler, einen erfolgreichen Hamburger Kaufmann und Bankier aus altem Schweizer Patriziergeschlecht, in den erblichen Adelsstand. Auf Kaiser Wilhelms Bitte schafft Fürst Heinrich XIV. Reuß jüngere Linie, Herr über nur 827 Quadratkilometer Boden und knappe hundertfünfzigtausend Untertanen, für Kessler und seine leiblichen Nachkommen 1881 gar das erste und einzige reußische Grafenhaus.

Um viel mehr als eine harmlose Großvater-Enkelin-Beziehung zwischen der schönen Alice, Jahrgang 1852, und dem greisen Hohenzollern-Herrscher, Jahrgang 1797, wird es sich kaum gehandelt haben. Der Altersabstand beträgt immerhin fünfundfünfzig Jahre. Und doch hält sich hartnäckig das pikante Gerücht, Harry Graf Kessler sei ein illegitimer Onkel ausgerechnet jenes Mannes, der zu seinem wichtigsten Gegner in der Auseinandersetzung um den Kunstgeschmack in Deutschland werden soll – von Wilhelm II. Kessler selbst spricht von bösartiger Verleumdung und muß sich gegen derlei süffisante Unterstellung immer wieder zur Wehr setzen. Von einem anrüchigen Hauch umweht, wird der junge Grafentitel im preußischen Berlin eher belächelt denn ernst genommen, eine Tatsache, welche die Weigerung der Wilhelmstraße wohl beeinflußt hat, Kessler trotz glänzender juristischer Examen und perfekter Sprachkenntnisse im Englischen wie

Französischen die Aufnahme in den diplomatischen Dienst zu verweigern. Die definitive Absage wird ihm im Frühjahr 1902 mitgeteilt. So kommt es, daß der vierunddreißigjährige nach einer anderen Lebensaufgabe sucht und zum Glücksfall für Weimar wird.

Weiße Schleiflackmöbel, Frauengestalten Maillols in Glasvitrinen, Skulpturen von Rodin, Gemälde von van Gogh, Edvard Munch und den bedeutendsten französischen Impressionisten und Neoimpressionisten – so erinnern Besucher die Wohnung Harry Graf Kesslers in der Cranachstraße 15, die van de Velde für den Freund eingerichtet hat. Nichts haftet diesem Salon von der typischen deutschen Gemütlichkeit an, schreibt Helene von Nostitz, sondern viel vom »Geist der Unrast, der Vielheit, des Umspannenden«, der auch im Weimar Goethes lebte und der »fälschlich jetzt oft eine enge deutsche Farbe erhält«. Hier verkehren Literaten, Musiker und Schauspieler, André Gide und der norwegische Maler Edvard Munch, Rainer Maria Rilke und Hugo von Hofmannsthal, der dem Hausherrn das Libretto zum »Rosenkavalier« widmet, weil Kessler daran mitgearbeitet hat. Ein wenig Dandy, ein wenig Snob, so bannt ihn Munch 1906 in Weimar auf die Leinwand: hochaufgeschossen, schlank und auf den Spazierstock gelehnt, die Kleidung erlesen und comme il faut, kühler, scharfer und sehr selbstbewußter Blick, das lange, schmale Gesicht mit dem dicken schwarzem Schnurrbart unter einem breitkrempigen Sonnenhut.

Den Kunstsinn wie das Weltmännische hat Kessler schon mit der Muttermilch eingesogen. Alice Kessler, begabte Sängerin und passionierte Laienschauspielerin, baute sich in jenem Pariser Haus, in dem Harry 1868 das Licht der Welt erblickt, ein eigenes kleines Theater ein. Erzogen in Frankreich, im britischen Ascot und am renommierten Hamburger Johanneum, reist der junge Kavalier nach Abschluß seines Studiums um die Welt – über die USA nach Japan, China, Indien und Ägypten und von dort nach Deutschland zurück. Mit dem Tod des Vaters erbt er 1895 ein riesiges Vermögen, das ihn unabhängig macht und die Rolle des Mäzens erlaubt.

Aber Vorsicht – der Kessler des Neuen Weimar vor dem Krieg ist keineswegs mit dem des Roten Grafen identisch. Der tritt nach 1918 für die Republik ein, lernt als Reichstagskandidat der Deutschen Demokratischen Partei 1924 die »ranzige Atmosphäre« ostwestfälischer Kleinstädte ertragen und entwirft das Programm eines »Wah-

Ästhetisches Bollwerk gegen den Kaiser

 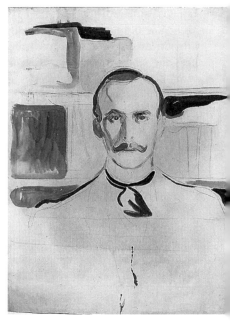

Der Diplomat und Schriftsteller Harry Graf Kessler (1868–1937)
ist als ehrenamtlicher Direktor des Weimarer Museums
für Kunst und Kunstgewerbe »der eigentliche Urheber jenes Experiments,
das in Weimar zu einer künstlerischen und geistigen Erneuerung
führen sollte«; links auf einem undatieren Foto,
rechts auf einem Gemälde von Edvard Munch.

ren Völkerbunds«, der von Vertretern von Hand- und Kopfarbeitern aller Nationen zu bilden ist. Der Kessler der Vorkriegszeit denkt bei aller Weltoffenheit national, auch und gerade wenn er entschlossen für den Anschluß des eigenen Volkes an den westlichen Kunststandard kämpft. Ein guter Deutscher und guter Europäer zu sein, sind für ihn keine Gegensätze. Kessler bezeichnet sich 1888 gar als einen *conservative at heart*. Er reitet Parforcejagden in Anwesenheit des Kaisers, läßt sich bei Hofe einführen und dient bei den vornehmen 3. Garde-Ulanen in Potsdam. Dort bringt er es zum Rittmeister der Reserve und findet soviel Gefallen am militärischen Milieu, daß er in Zeiten persönlicher Krisen sich immer wieder zum Regiment begibt und die Nähe der Offizierskameraden sucht.

Kein Zweifel: Seine Opposition gegen den Wilhelminismus ist vorwiegend ästhetischer Natur, sie richtet sich nicht gegen das hierarchische oder gesellschaftliche System, sondern gegen den Kunstgeschmack des Herrschers. Wilhelm II. hat ein durch und durch politisches Verständnis von Kunst. Er verlangt nach Werken, die durch ihre Schönheit und Harmonie erzieherisch auf die unteren Stände wirken, nach einer »Kunst dem Volk« à la Hohenzollern, die Vaterlandsliebe, Pflichterfüllung und Respekt vor der Dynastie bestärkt. Und das kann Kunst nur, meint der Kaiser, wenn sie den Betrachter durch die Pflege von Idealen erhebt, statt »daß sie in den Rinnstein niedersteigt« wie der Naturalismus, den er erbittert bekämpft, weil er eine scheußliche Welt angeblich noch scheußlicher macht.

Aber auch den Impressionismus fürchtet er, und der amerikanische Kunsthistoriker Peter Paret nennt auch den Grund dafür: ein instinktives Gefühl, daß die Moderne, selbst wenn sie unpolitisch ist, »Zweifel an der Gültigkeit des allgemein Anerkannten, des Gebräuchlichen, nicht nur in der Kunst, weckte und die Möglichkeit radikaler Veränderungen in Aussicht stellte«.

Selbstredend steht des Kaisers Kunstauffassung dem Geschmack des Volkes näher als die Kesslers, nach dessen Glaubensbekenntnis in der Kunst nur die Ausnahme wertvoll ist. Als auf des Kaisers Geheiß Künstler der Münchner und Berliner Sezessionen für die Weltausstellung in St. Louis nicht genügend berücksichtigt werden, formiert sich dank Kesslers Verhandlungsgeschick 1903 in Weimar ein Kampfbund gegen die offiziöse preußische Kunstpolitik: der Allgemeine Deutsche Künstlerbund, in dem sich Vertreter der verschiedenen Sezessionen zusammenschließen. Präsident wird Leopold Graf Kalckreuth, das langjährige Haupt der Karlsruher Sezession, zu den Vizepräsidenten zählen Max Liebermann und Max Klinger, die Leitungsvollmacht aber liegt bei dem geschäftsführenden Vizepräsidenten Kessler, der die Aktivitäten des Bundes von seinem Museum aus lenkt. Bodenhausen wird Schriftführer, van de Velde ist im Vorstand vertreten. Als Ziel proklamiert Kessler den kunstneutralen Staat, der keinen Einfluß auf Kunst oder Künstler ausübt, sondern ihnen völlige Freiheit der Gestaltung und Entwicklung läßt.

Kaum wird ruchbar, daß der Reichstag die fragwürdigen Auswahlkriterien für St. Louis während der Budgetdebatte aufgreifen wird, eilt Kessler nach Berlin, um dem Angriff gegen die preußische Hofästhetik die nötige Stoßkraft zu verleihen. Sprecher der Freisinnigen, Nationalliberalen und des Zentrums werden von ihm beraten und mit Material versorgt – nicht jedoch die Sozialdemokraten, die für ihn, damals noch ganz im aristokratisch-elitären Denken verhaftet, die Masse mit all ihren Gefahren repräsentieren. Was das »Berliner Tageblatt« dann als einen »großen parlamentarischen Tag« bezeichnet, wird zum Scherbengericht über die Geschmacksdiktatur der kaiserlichen Majestät. Selbst die Londoner »Times« nimmt sich der Auseinandersetzung an und rühmt eine bemerkenswerte Einmütigkeit quer durch die Parteien. Nationalliberale Redner sind mit Radikalen und Sozialisten plötzlich einig in der Kritik am »obersten Kunstherrn«; selbst der Freikonservative Wilhelm von Kardorff aus Mecklenburg setzt sich vehement für die künstlerische Freiheit ein: »... wie die Geschmacksrichtung selbst von den allergenialsten Herrschern unter Umständen fehlgegangen ist, dafür erinnere ich nur an das Urteil Friedrichs des Großen über Shakespeare.«

Im Urteil der öffentlichen Meinung hat die Sache des Künstlerbunds einen glanzvollen Sieg errungen, ein Triumph, der Kessler in gefährliche Illusionen wiegt. Noch 1905 wähnt er sich nahezu unangreifbar, wenn er in seinem Tagebuch vermerkt: »Niemand anders in Deutschland hat eine so starke, nach so vielen Seiten reichende Stellung. Diese auszunutzen im Dienste einer Erneuerung Deutscher Kultur: mirage oder Möglichkeit?«

Er macht seine Rechnung ohne Wilhelm II., der seine Aktivitäten in Weimar seit langem argwöhnisch verfolgt, zumal der preußische Gesandte Felix von Müller mit kritischen Berichten nicht spart. Als

Kesslers und van de Veldes Kampf gegen Reichsbeseeler und Heimatkunst

er nach seinem Antrittsbesuch beim Großherzog nach Berlin meldet, Wilhelm Ernst habe lebhaftes Interesse an den kunstgewerblichen Bestrebungen van de Veldes und eine unverkennbare »Vorliebe für die moderne Richtung« geäußert, kritzelt Wilhelm »ultramoderner Unsinn« und »abscheulich!« an den Rand des Berichts. Im Künstlerbund vermutet der Gesandte völlig zu Recht eine »Opposition gegen die von unserer Regierung begünstigte Richtung«, worauf ihm der Kaiser im Gespräch versichert, er werde dies Kessler nie vergessen: »Er soll noch denken an mich in meinem Leben.«

Seine erbitterte Ablehnung van de Veldes ist kein Geheimnis, seit er auf der Düsseldorfer Industrie-Ausstellung 1902 vor dem Salon des Belgiers mit den Worten kehrtmachte: »Nein, meine Herren, ich verzichte darauf, seekrank zu werden.« Er spielte damit auf den Begriff der »Wellenlinien« an, der in Kritiken über Arbeiten des belgischen Künstlers immer wieder eine Rolle spielt. »Das Gefolge trat beiseite, um den Kaiser vorbeizulassen, der mit triumphierender Geste den Arm hob. Unter den Herren in Frack und Uniform entstand Betroffenheit und einige Unordnung« – so beschreibt van de Velde den kaiserlichen Affront in seinen Memoiren. »Ich befand mich mitten unter ihnen, blaß vor Wut, beleidigt, von einem heimtückischen Hieb getroffen, gegen den ich mich nicht wehren konnte. Der Zug ging weiter. Gedemütigt blieb ich allein zurück. Ich brauchte einige Zeit, um mich von der Beleidigung zu erholen. Und von der Erkenntnis, daß niemand aus dem Gefolge oder der Menge gewagt hatte, mir die Hand zu reichen, hätte er es auch von Herzen gewünscht.«

Kessler verläßt sich auf die Unterstützung des Großherzogs, jenes jungen Fürsten aus dem »edlen Geschlecht der Wettiner«, den er in einem Aufsatz über den Künstlerbund als einen Förderer moderner Kunstbestrebungen, ja als kulturpolitisches Vorbild preist, gegen den Kaiser aufbaut und in Stellung bringt. Zwar weiß er genau, wie schwer es Wilhelm Ernst fällt, gewisse moderne Maler zu verstehen und zu schätzen. In seinem Tagebuch bescheinigt er dem Herrscher gelegentlich sogar Schwachsinn; als er von ihm fallengelassen wird, schreibt er von einer »fast pathologischen inneren Roheit, die keine Erziehung oder Erfahrung beheben kann«. Aber bis zum Bruch glaubt er an die Ehrenhaftigkeit Wilhelm Ernsts und meint, ihn durch persönlichen Charme und Verhandlungsgeschick auf dem einmal eingeschlagenen Kurs zu halten, genauer: ihn weiterhin als einen Förderer moderner

Kunst manipulieren zu können. Doch bewegt sich Kessler damit auf äußerst dünnem Eis. Denn dieser Weimarer Regent, in Fragen der Künste ebenso unsicher wie ungebildet und deshalb beeinflußbar, ist auch anderen Einflüsterungen offen, wie sich nur zu bald zeigen wird.

Als die Großherzogin 1905 einer Lungenentzündung erliegt, verlieren van de Velde und Kessler ihre wichtigste Stütze am Weimarer Hof. Daß sie in dieser Ehe mit einem Rabiaticus zutiefst unglücklich war und sie deshalb stets Selbstmordgedanken verfolgten, haben in Weimar die Spatzen von den Dächern gepfiffen. Nun sagt die Fama, die fiebrige Caroline habe mit einem langen Ritt durch verschneite Wälder bei eisiger Kälte bewußt den Tod gesucht, weil sie die grobe Behandlung durch den Gemahl nicht verwinden konnte. »Skandalöse Ereignisse«, schreibt van de Velde, »sollen sich in dem Leipziger Hotel abgespielt haben, in dem das junge Paar nach den [Hochzeits-]Festlichkeiten die Nacht verbrachte.«

Den Kunstgeschmack des Fürsten bestimmt nun vorwiegend Aimée Charles Vincent de Palézieux-Falconnet, seines Zeichens Oberhofmarschall, der in Weimarer Diensten steht, seit der Berliner Hof ihn 1870 als guten Tänzer, glänzenden Gesellschafter und hervorragenden Flügeladjutanten an Carl Alexander empfahl. Seine Impulsivität ist gefürchtet, der Welschschweizer verwaltet die private Schatulle des Großherzogs und gilt als mächtigster Mann am Hof. Vor allem wünscht er keine Konflikte zwischen Weimar und Berlin, denn er steht im Rang eines preußischen Generalleutnants und verfügt über gute persönliche Beziehungen zu Wilhelm II. Seit Kessler im Museum für Kunst und Kunstgewerbe regiert, beklagt Palézieux die systematische Zerstörung seines Lebenswerks. Hat nicht er, der Kunstliebhaber Palézieux, jene Permanente Kunstausstellung begründet, über die nun der Graf aus Berlin nach eigenem Gusto verfügt? Veräußert der neue Herr nicht geradezu schamlos jene Bilder, die er einmal angekauft hat, nur um den Platz und die Mittel für den Erwerb französischer Impressionisten zu beschaffen? Hat der preußische Gesandte nicht recht, wenn er an diesem Grafen Kessler das Fehlen jeder »feineren Empfindung für die deutsche Eigenart« kritisiert? Die Intrige, die seinen Feind stürzen soll, ist feingesponnen. Und sie enthält all die gemeinen, borniertan, nicht zuletzt xenophoben Spießigkeiten, die so kennzeichnend sind für das muffige Krähwinkel eines Kotzebue.

Das Signal zum Halali auf Kessler kommt mit einem Leserbrief. Rodin hat dem Grafen einige aquarellierte Zeichnungen zukommen lassen – ein Dank für dessen Vermittlung der Ehrendoktorwürde, welche der französische Künstler von der Universität Jena erhalten hat und die er offenbar sehr zu schätzen weiß. Es handelt sich um leicht aufs Papier geworfene Aktskizzen, die im Januar 1906 ausgestellt werden. Ein Blatt hat Rodin mit einer Widmung an den Großherzog versehen. Nach Meinung van de Veldes gehören diese Zeichnungen »zum Schönsten und Eindrucksvollsten aus den Mappen des Rodinschen Ateliers«. Hans Behmer dagegen, Senior der Weimarer Maler und Professor an der Kunstschule, spricht in einem »Eingesandt« in der Weimarer Zeitung »Deutschland« von einem »Tiefstand der Sittlichkeit« und rückt die »ekelhaften« Rodin-Zeichnungen in die Nähe der Pornographie: Das Gebotene sei so anstößig, daß Frauen und Töchter die Ausstellung besser nicht besuchen sollten. Die Widmung an den Großherzog bezeichnet er als Schmach für alle Weimarer und beschließt seinen prüden Leserbrief mit einem gewaltig chauvinistisch dröhnenden Pfui: »Möge der Franzose aus seinem Künstlerkloakenleben sich ins Fäustchen lachen, so etwas in Deutschland an den Mann gebracht zu haben; wir wollen uns das nicht ruhig gefallen lassen und rufen Pfui und tausendmal Pfui über den Urheber und seine Helfershelfer, die solche Abscheulichkeiten uns vor Augen stellen.«

Wichtigster Helfershelfer ist natürlich Harry Graf Kessler, und wenn dessen ärgster Feind Aimée de Palézieux-Falconnet den Herrn Kunstprofessor Behmer nicht selbst zu seinem »Eingesandt« angestiftet haben sollte, dann weiß er doch die Chance glänzend zu nutzen, die ihm damit geboten wird. Der Großherzog weilt auf Indienreise, in seiner Abwesenheit spielt sich sein Oberhofmarschall jetzt als Hüter der öffentlichen Sittlichkeit und Verteidiger der verletzten Ehre seines Herrn auf. Durch telegraphische Kommuniqués unterrichtet er ihn über jede Phase des Skandals, veröffentlicht sie in Weimar und bläst damit die Kleinstadtposse erst zur Staatsaffäre auf. Kessler geht zum Gegenangriff über und beharrt darauf, daß der Großherzog durch sein persönliches Sekretariat die Schenkung Rodins angenommen habe. Damit wird er am Ende recht behalten, auch wenn der entsprechende Brief wegen des chronischen Schreibtischchaos in Kesslers vielen Wohnungen lange Zeit unauffindbar ist und der Privatsekretär des Großherzogs sich partout nicht an ihn erinnern will. Was danach geschieht,

liest sich wie ein Lore-Roman der gehobenen Stände im Wilhelminischen Deutschland:
Der Reserveoffizier der 3. Garde-Ulanen bespricht den Fall mit dem Ehrenrat seines Regiments und fordert den preußischen Generalleutnant zum Duell, doch der Oberhofmarschall nimmt die Forderung nicht an und informiert wider allen Comment das Ministerium des Großherzogtums. Bei einem Rundgang durch die dritte Ausstellung des Künstlerbunds verweigert der Großherzog Kessler demonstrativ den Gruß und spricht ihm damit sein allerhöchstes Mißfallen aus. Die Demission, die Kessler danach anbieten muß, wird ohne Bedauern angenommen, und Wilhelm II. kritzelt ein »Sehr erfreulich!« auf den Bericht seines Weimarer Gesandten.

Der ragende Pfeiler des Neuen Weimar ist damit eingestürzt. Zwar kostet Palézieux den Triumph aus und organisiert sein altes Museum neu, aber Kessler zerrt sein commentwidriges Verhalten vor Ehrengerichte. Als der Oberhofmarschall am 10. Februar 1910 stirbt, will die Fama wissen, er habe seinem Leben durch Arsen selbst ein Ende gesetzt. Ironischerweise sagt man Palézieux genauso wie Kessler nach, daß er ein illegitimer Sohn des alten Kaiser Wilhelm sei. Wäre es also zu dem Duell gekommen, hätte der Gesellschaftsklatsch des kaiserlichen Deutschland mit Sicherheit die Mär verbreitet, daß in Weimar zwei Halbbrüder als Rivalen mit der Waffe gegeneinander gestanden hätten.

Kessler behält zwar Weimar als Wohnsitz bei, bringt hier mehrere Monate des Jahres zu und ediert die bibliophilen Drucke seiner Cranach-Presse. Aber die kulturelle Hegemonie, die er für sein Konzept des Dritten oder Neuen Weimar zu erringen hoffte, ist eindeutig dahin. Zum Teil hat er diese persönliche Niederlage mitverschuldet – durch die vielen, oft monatelangen Reisen, die den Weltmann immer wieder nach Paris, London oder Italien führen und ihn daran hindern, seine Stellung in Weimar zu befestigen. So können seine Feinde behaupten, der Museumsdirektor habe zu viele andere Interessen. Wie sehr er diese Feinde in beinahe sträflichem Hochmut unterschätzt, geht aus einer Tagebuchnotiz hervor, die besagt: Diese »kleinen Spießbürger hier fangen an, sich wirklich wichtig zu nehmen, seitdem man ihnen so viele berühmte Leute zuführt.« Sein Biograph Peter Grupp jedenfalls sieht ihn auch als Opfer eigenen Wunschdenkens: Kessler habe nie »die Basis seiner Weimarer Stellung nüchtern analysiert«, sondern in falscher Einschätzung der Verhältnisse sein Spiel ständig überreizt.

Der Geist, der nach Kesslers Sturz Schritt für Schritt von Weimar Besitz ergreift, gleicht einem gefährlichen Gemisch, das sich aus einem politisch verfälschten Nietzschebild, aggressivem Rassenwahn, deutschtümelnder Innerlichkeit und einem programmatischen Bekenntnis zur Provinz als Heimat zusammensetzt. Mit seinen »Wegen nach Weimar« steht der Elsässer Friedrich Lienhard noch für das harmloseste Element dieses antimodernistischen Sprengsatzes – »tout Deutschtum und Lindenblütentee und Zuckerware«, wie sein Elsässischer Landsmann René Schickele über ihn gespottet hat. Als Dichter und Dramatiker bevorzugt Lienhard deutsche Sagengestalten wie »Wieland den Schmied«, wie viele Grenzlanddeutsche neigt er zur Überbetonung und Verklärung alles Deutschen, und wie der späte Wildenbruch empfindet er Abscheu gegen die literarische Moderne und Berlin mit seinem »Literatengeschmeiß«.

Der Dorfschulmeistersohn aus dem elsässischen Rothbach wächst in pietistisch-protestantischer Atmosphäre auf. Der Vater wünscht, daß aus dem Sohn ein Pastor werde. Also studiert dieser Theologie in Berlin, entschließt sich dann jedoch zum Schriftstellerberuf und wird damit, wie er selbst es versteht, »ein geistiger Priester in unendlich höherem Sinn« – Priester einer neuen, nationalen Innerlichkeit. In Berlin schwimmt er gegen den Zeitgeist der Feuilletons, lehnt von ihnen gepriesene Autoren wie Ibsen, Zola oder Sudermann ab. Als erbitterter Feind des Naturalismus verdammt er Hauptmanns »Weber« als Armeleute-Literatur. Die moderne Großstadt wird ihm zum Trauma, zum Symbol für das Heraufdämmern eines seelenlosen, materialistisch verseuchten Zeitalters, das sich auf scheußlichste Art und Weise in der Kunst der Moderne widerspiegelt. Nicht Aufpeitscher der Sinnlichkeit brauche Deutschland, sondern Propheten des Idealismus und der Ehrfurcht: »Verflacht, versinnlicht, veräußerlicht, soviel ihr wollt ... laßt eure Maschinen und Hämmer dröhnen, daß die Gebirge zittern und die Tiere des Waldes fliehen; laßt eure Fabriken rauchen, daß die Städte in Qualm zu ersticken drohen – ich sage Euch, den Idealismus werdet ihr nie und nimmer ersticken noch übertäuben.« Wenn er ein vermeintlich apolitisches deutsches Innerlichkeitsideal vertritt, macht ihn das beim protestantischen deutschen Bildungsbürger um so attraktiver: Seine Werke haben einen stolzen

Absatz, allein sein Roman »Oberlin« wird einhundertzwanzigmal aufgelegt.

Heute springt manche Parallele zu dem Thomas Mann der »Betrachtungen eines Unpolitischen« ins Auge. Gegen Literatentum setzt der Elsässer die heilige Dichtersendung, gegen Zivilisation stellt er Kultur, gegen den formalistischen gallischen Geist die Tiefe der deutschen Seele – Stereotypen, die über Jahrzehnte das kulturelle Weltbild des deutschen Bürgers bestimmen und in der nationalsozialistischen Kulturpropaganda dann eine entscheidende Rolle spielen werden.

Zwar kommt der Alemanne Lienhard aus dem Westen, aber er ist kein Mann des Westens, ganz im Gegenteil: Liberalismus bedeutet ihm ein Graus, Demokratie den Vormarsch der Masse, Sozialismus die Herrschaft der Plebejer. Aus Berlin mit seinem »Dunstgewoge und Menschengedränge,« seinen »zerrütteten Nerven, Cafés, Boudoirs und Versammlungssälen« flieht er in die Einsamkeit des Thüringer Waldes und schreibt jenen programmatischen Artikel »Gegen die Vorherrschaft Berlins«, der für viele seiner Zeitgenossen den Anfang der reaktionär-nationalen Heimatkunst-Bewegung markiert. Und bei alledem versteht auch er sich als Opponent gegen den Wilhelminismus, dessen Konventionen, Materialismus und Verflachung er durch die Rückbesinnung auf die Tiefe der deutschen Seele, durch die Kraft der Provinz zu überwinden sucht. Als ein Feind des plakativ-grob Nationalen und Anwalt des Innerlich-Nationalen propagiert er den »Weimar-Wartburg-Lebensbegriff«: Weimar, das Herz deutscher Kultur ist ihm »heiliger Gral« und Wallfahrtsort für alle Deutschen, die Wartburg, Symbol edlen Rittertums und lutherischen Protestantismus, nennt er einen »heiligen Hain«. Er lobt »die Stillen im lauten Land«, wie es in einem seiner Gedichte einmal heißt, sein Nationalismus hat nichts mit militärischem Imperialismus zu tun, sondern kommt idealistisch verklärt daherstolziert.

»Wenn Deutschland seine Sendung vergißt,
Wenn Deutschland, nachdem es die Meere befahren,
Den Völkern nicht mehr Führer ist
Zum Innenland des Unsichtbaren,
Zu Gott und Geist – Wenn Deutschland versäumt seine
   heilige Sendung
Und nicht mehr voran geht im Drang nach Vollendung,

Wenn es vom Haß, der in Spannung hält
Die eiserne Welt,
Zu neuer Liebe den Weg nicht weist –
So wisse: dein Glück und dein Reich zerschellt.«
(»Lebensfrucht«, 1911)

Nicht nur Idealismus und Deutschtum sind für ihn deckungsgleich, Justus H. Ulbricht verweist auch darauf, daß in seinem Werk deutschnationale und nationalprotestantische Positionen einander sehr nahe kommen. Aber auch wenn er aus dem »Brunnen deutschen Volkstums« schöpft, wenn er bei aller Verehrung Schillers den Volkston der Grimmschen Märchen höher schätzt, trennen ihn doch Welten von jenen rassistischen Völkischen, für die allein der Arier edel und vornehm, rein und ritterlich ist. Ein Arier kann verlumpt, ein Nichtarier vornehm sein, schreibt Lienhard in einem Artikel über »Gobineaus Amadis und die Rassenfrage«. Wenn er von Rasse spricht, dann nicht im biologischen Sinn, er meint die »Edelrasse großer Seelen«: Allein die Art, »wie wir uns zu den Widerständen der Welt stellen, ob wir verärgert oder geläutert, verkümmert oder veredelt daraus hervorgehen, gibt den Ausweis, ob wir Sklaven oder Herrengeister sind«. Daß Kriterien der neuen Rassenlehre »in den reingeistigen Sprachschatz der Ethik« hineingetragen werden, hält er weder für segensreich noch für philosophisch haltbar. Das steht für innere Distanz zu einem Adolf Bartels.

Kritik meldet Lienhard auch am Gesamtkunstwerk Richard Wagners an, wenn er sich gegen jene Bayreuth-Schwärmer und -Dogmatiker wendet, die behaupten, Shakespeare und Schiller, Mozart und Beethoven seien gleichsam nur Ansätze gewesen, Vorläufer auf dem Wege zum dramatischen Gipfelpunkt, der da heißt: »Wagners erfüllendes Gesamtkunstwerk.«

Immer wieder bricht er aus seiner Waldeinsamkeit nach Weimar auf, bis er schließlich ganz in die Ilm-Stadt übersiedelt. Enge Freundschaft verbindet ihn mit Ernst Wachler, einem völkischen Dramatiker, der um die Jahrhundertwende als Redakteur bei den »Weimarer Nachrichten« tätig ist. Mit ihm teilt er die Abneigung gegen die »Zwingherrschaft« Berlins im deutschen Theaterbetrieb, vor allem aber schätzt er, daß der Regisseur Wachler seine Stücke aufführt.

Wachlers Leitsterne heißen Richard Wagner, Gobineau und Nietzsche, allein der Titel seines wichtigsten Werks – »Die Läuterung deutscher Dichtkunst im Volksgeiste« – spricht Bände. Sein Thüringischer Theaterbund soll ein Gegengewicht zum dominierenden großstädtischen Spielbetrieb schaffen; die 1903 von ihm in Thale gegründete Freilichtbühne, das »Harzer Bergtheater«, ist von Bayreuth inspiriert. Ein »Heiligtum des Volkes« nennt er es, in dem er Klassiker aufführt, aber auch völkische Weihedramen von sich selbst oder Ludwig Fahrenkrog. Er präsentiert dramatisch gestaltete deutsche Mythen, damit das zuschauende Volk sich selbst zurückfinden und die Identität wiedererlangen kann, die in den Strudeln der Moderne abhanden zu kommen droht – so Justus H. Ulbricht, der ihn zu den »führenden Theologen des Neuheidentums« zählt.

In der Tat will Wachler beenden, was er die »Überfremdung im Religiösen« nennt. Er träumt er von einer »nordischen Renaissance«, einer arteigenen germanischen Religion, also einem deutschen Glauben ohne Christentum, ein Weg, auf dem ihm der Freund und studierte Theologe Lienhard nicht mehr folgen kann.

Ob die »Edda« das Religionsbuch der Deutschen werden könne, fragt Wachler 1905 in der antisemitischen Zeitschrift »Hammer«. In Thale inszeniert er germanische Thingspiele und veranstaltet »Edda«-Abende am Wotansaltar, an seinem »Jungbrunnentisch« in Weimar versammeln sich Elisabeth Förster-Nietzsche und Peter Gast, der mit ihr den »Willen zur Macht« aus Nietzsche-Fragmenten zusammenstellte und für Wachlers Stück »Walpurgis« zur Eröffnung des »Harzer Bergtheaters« die musikalische Untermalung schrieb. Mit am Tisch sitzt natürlich Adolf Bartels, den Kurt Tucholsky einmal den »im Irrgarten der deutschen Literatur herumtaumelnden Pogromdepp« nennt.

Bartels siedelt Pfingsten 1896 nach Weimar über, weil ihm das Thüringer Land nach seiner Heimat Dithmarschen »das sympathischste Deutschlands« ist. Der geschichtsträchtige Boden und die literarische Tradition Weimars ziehen ihn an, aber auch die mäzenatische Haltung der Regierungskreise, wie Thomas Neumann in seiner Studie über Bartels und die Weimarer Nationalfestspiele betont. Seine Hoffnung erfüllt sich, denn Julius Grosse, der ihn zum Umzug an die Ilm aufgefordert hat, ist Generalsekretär der Schillerstiftung und verhilft ihm zu einer Unterstützung.

Neben Lienhard wird Bartels zum wichtigsten Theoretiker der Heimatkunstbewegung, aber anders als dieser ist er ein geradezu wütender Vorkämpfer rassistischer Ideen. Als seine Leitsterne nennt er selbst »Heimat, Stammestum, Volkstum, Rasse«; jeder Internationalismus, der Politik, Wirtschaft und Kunst regiert, ist ihm verhaßt wie die dekadente Großstadtkultur, gegen die auch er den Heimatgedanken setzt: »... überall wahrhaft bodenständiges Deutschtum mit ausgeprägtem Sondercharakter«.

Bartels in der Klassiker-Stadt, das bedeutet die Vorwegnahme von Blut-und-Boden-Ideen und den Rückgriff auf jene radikalen nationalistischen Vorstellungen, wie sie eine Minderheit der Studenten schon beim Wartburgfest 1817 artikuliert hat. Nicht die Klassiker repräsentierten ja seinen »heutigen Nationalismus«, sagt er und hat gottlob recht damit. Bartels beruft sich vielmehr auf Fichtes »Reden an die deutsche Nation«, Ernst Moritz Arndts »Geist der Zeit« und Friedrich Ludwig Jahns »Deutsches Volkstum«. Bereits beim Turnvater findet er, wie Thomas Rösner nachgewiesen hat, den Begriff »Erhaltung des Volkstums«. Schon bei Jahn also ist jener völkische Konservatismus angelegt, den Bartels jenseits des politischen Parteibegriffs als »Erhaltung und Zusammenfassung der Volkskraft« definiert. Seit 1907 gehört er dem »Deutschbund« an, der sich als »Kernschar aller wirklichen Deutschen« versteht, 1912 entwirft er die Satzung des Deutsch-völkischen Schriftstellerverbands, dessen Mitglieder eidesstattlich versichern müssen, daß kein Tropfen jüdischen Bluts in ihren Adern fließt. Diesem Verband engstens liiert ist die Zeitschrift »Deutsches Schrifttum«, die Bartels 1909 herausgibt und die im völkischen Dunker-Verlag in Weimar erscheint.

Mit Wilhelm Schäfer, der später die »Dreizehn Bücher der deutschen Seele« schreiben wird, zählt er zu den wesentlichen Organisatoren des deutschen Tages in Eisenach 1913, auf dem sich verschiedene völkische Bünde zur Deutschvölkischen Vereinigung zusammenschließen. Nicht zu vergessen jene antisemitische »Geschichte der deutschen Literatur«, im Weimar der Jahrhundertwende verfaßt und immer wieder neu aufgelegt. Ihre Lektüre läßt Johannes R. Becher 1920 an Bartels schreiben: »Seit drei Tagen bin ich gezwungen, mir ununterbrochen die Hände zu waschen, da mir ... nicht erspart blieb, daß ich eines der schmutzigsten Sudelwerke dieses Jahrhunderts noch kennenlernen mußte.«

Jüdische Autoren werden von Bartels abqualifiziert, selbst den nationalsozialistischen Begriff des »Gesinnungsjuden« nimmt er vorweg, wenn er Schriftsteller, die nicht seinem Geschmack entsprechen, einfach jüdisch nennt – etwa die »Gebrüder Mann aus Lübeck«. Heinrich Mann nimmt sich nicht die Mühe einer Antwort, aber sein Bruder Thomas bestreitet die jüdische Herkunft und schreibt nicht ohne Ironie, was Bartels an seiner und seines Bruders Produktion fremd anmute, sei wohl auf eine »lateinische (portugiesische) Blutmischung« zurückzuführen, der Antisemit möge die Brüder deshalb korrekter als »romanische Artisten« bezeichnen. Bartels veröffentlicht Manns Brief mit dem Kommentar: Auch diese portugiesische Blutzumischung sei »ziemlich bedenklich, da das portugiesische Volk von allen europäischen das rassenhaft schlechteste ist«. Wer möchte, der dies heute liest, nicht sofort nach dem Speikübel rufen?

Zum bekanntesten Antisemiten im Reich wird Bartels 1906 durch seine Heine-Biographie, in der er gegen das geplante Heine-Denkmal in Hamburg zu Felde zieht. Ein Denkmal des deutschen Volkes für den Dichter der »Loreley«? Pfui! Die Anregung dazu war am fünfzigsten Todestag Heines von Alfred Kerr ausgegangen; seinen Aufruf hatten namhafte Künstler wie Klinger, Hauptmann, Hofmannsthal, Liebermann und Humperdinck unterzeichnet. Da Bartels glaubt, das Denkmal im »Zeitalter Ballins«, des jüdischen Großreeders und Freund Kaiser Wilhelms II., sei kaum zu verhindern, nimmt er sich vor, mit seiner Biographie dem deutschen Volk zu zeigen, wer Heine wirklich gewesen sei. Habe dieses »Jüdchen« nicht gewagt, sich gar gegen Goethe aufzuspielen? Heine-Geist sieht Bartels im »Simplizissimus« verkörpert – tollen »Haß gegen Deutschland, perverse Frivolität, grenzenlosen Cynismus« und dazu die Heuchelei, als sei man zum Richter des deutschen Volkes berufen, kämpfe für wahre Kunst wie höhere Sittlichkeit. Die Inschrift zu diesem Denkmal habe allenfalls zu heißen: »Heinrich Heine, ihrem grossen Dichter und Vorkämpfer, die deutschen Juden.« Sollte es jedoch heißen: »Heinrich Heine, das deutsche Volk«, dann könne niemand dafür stehen, daß dieses Denkmal nicht eines Tages in die Luft fliege. Nimmt er damit prophetisch Hitlers SA vorweg? Er sagt auch, wie sich eine solche Explosion bewerkstelligen ließe: »Wenn nun aber wirklich das deutsche Volk, der zur Zeit maßgebende Teil desselben, Heine ein Denkmal setzen, das heißt, den Kotau vor dem Judentum, den dieses verlangt, machen wollte? Nun, dann würden wir Nationalen einen starken Anstoß erhalten, in unserem guten Kampfe um die Gesundung und Reinigung des Deutschtums erst recht fortzufahren, die Kraft und den Willen, das ist bereits bewiesen, haben wir ja.« Geschrieben in Weimar in jenem Jahr, in dem ihm der Großherzog in Anerkennung seiner literaturgeschichtlichen Arbeiten den Professorentitel verleiht!

Ebenfalls 1905 veröffentlicht er den Plan, das Weimarische Hoftheater in eine Nationalbühne für die deutsche Jugend zu verwandeln, die seinem Programm zur »Gesundung und Reinigung des Deutschtums« zu dienen hat. Damit das deutsche Volk nicht weiter hinter den Franzosen zurücksteht, soll sich für einige Sommerwochen wenigstens für die Jugend die deutsche Sehnsucht nach einem Nationaltheater erfüllen. Seine Idee findet Anklang, der eigens zur Verwirklichung 1906 in Weimar gegründete Deutsche Schillerbund wendet sich in einem Aufruf an alle Deutschen und findet zahlungskräftige Spender. Der Großherzog übernimmt die Schirmherrschaft, der neue Hoftheater-Intendant Carl von Schirach, ein ehemaliger Offizier und Vater des späteren Reichsjugendführers, zeigt Entgegenkommen bei den Vorstellungspreisen, und so dauert es nicht einmal drei Jahre, bis die ersten Nationalfestspiele der deutschen Jugend im Juli 1909 mit Schillers »Wilhelm Tell« eröffnet werden. Sie währen drei Wochen und sind als »nationales Erziehungs- und Einigungswerk« konzipiert.

Die hier gesäte Saat, hofft Bartels, werde »keimen, wachsen und Ähren tragen zum Heil des deutschen Volkes«. Aus allen Teilen Deutschlands reisen Gymnasiasten in kleinen Gruppen für je eine Woche nach Weimar, um die Stadt Goethes und Schillers kennenzulernen, die klassischen Gedenkstätten zu besichtigen und mit den Meisterwerken der deutschen Dramatik vertraut zu werden. Auf dem Spielplan stehen außer dem »Tell« Goethes »Egmont«, Lessings »Minna von Barnhelm« und Kleists »Prinz von Homburg«. Bei den Festspielen 1911 wird auch der »Othello« gezeigt, denn Bartels hat Shakespeare, wie Thomas Neumann bemerkt, in seinen »deutschen Dramenkanon« aufgenommen, ja ihn aufgrund seiner nordischen Herkunft sogar zum »deutschen« Dramatiker ernannt.

Nietzsche gegenüber zeigt sich der Heimatkunst-Barde noch 1897 bedeckt, sieht er doch im Philosophen des Verfalls der Werte zunächst »eine Decadencenatur wie wenige«. In der Tat wurde dieser um 1900, wie Kessler schreibt, nicht nur als »Revolutionär«, sondern beinahe als ein vaterlandsloser Geselle wie die Sozis betrachtet. Scharf verurteilt Bartels das Europäertum Nietzsches, kapituliert indes bald vor seiner wachsenden Anziehungskraft auf die intellektuelle Rechte und erkennt ihn als überragenden Moralpsychologen an. Ihn innerlich ganz ohne Vorbehalte zu akzeptieren, fällt ihm allerdings schon wegen Nietzsches Deutschfeindlichkeit schwer. Ein Volk müsse sich auch dann an seine großen Männer halten, schreibt er 1902 vieldeutig in einem Artikel über »Nietzsche und das Deutschtum«, wenn diese sich von ihm abzuwenden suchten oder ihm unbequeme Wahrheiten sagten. Und dann stellt er die geradezu phantastisch anmutende These auf, Nietzsche habe nur deshalb vom Deutschtum nichts wissen wollen, weil er den »tieferen und freieren Nationalismus« der Völkischen, wie ihn Paul de Lagarde, der Deutschbund und er, Adolf Bartels, vertrete, nicht habe voraussahnen können. Nach Steven E. Aschheim sind es vom völkischen Weimarer Dreigestirn jener Jahre nicht Bartels oder Lienhard, es ist der »Edda«-Religiöse und Freund Elisabeth Förster-Nietzsches, Ernst Wachler, welcher »das enthusiastische Bild von Nietzsche als germanischem Propheten einer neugeborenen Herrenrasse« entwirft. Mit der Herrin der Villa Silberblick strickt er nach Kräften an der patriotischen und konservativen Deutung, ja an der Wiedereindeutschung eines Nietzsche mit, der doch nach eigenen Bekundungen tausendmal lieber Pole als Deutscher gewesen wäre.

Daß die Schwester des Philosophen sich bei alledem bewußt ist, wie sehr sie ihrem Bruder damit Unrecht tut, ist wohl kaum anzunehmen. Als Kind hatte sie den zwei Jahre älteren Fritz vergöttert, seit ihrer Jugend verband sie eine beinahe inzestuöse Beziehung zum Bruder, der für sie eine Lichtgestalt, eine Art Heiliger ist und den sie, schon aus Familiensolidarität, in ihrer Weimarer Kultstätte gegen alle Anfeindungen verteidigt, so wahr sie auch immer sein mögen: gegen den Vorwurf der Geschlechtskrankheit, die Zusammenbruch und Wahnsinn bewirkte; gegen die These von einer Erbkrankheit, die sich auf die epileptischen Anfälle des Vaters stützt und die ja Eltern, Großeltern und sie selbst belastet hätte; vor allem gegen seine Deutschen- und Hohenzollernfeindlichkeit. In ihrer Nietzsche-Biographie stellt sie ihn als selbstlos liebenden Sohn, Bruder und Freund, als guten Preußen und kriegerischen Menschen dar, der aus Vaterlandsliebe beim Kriegsausbruch 1870 freiwillig zu den Waffen eilte.

Von süßlichem Idealismus sei ihr Werk beherrscht, von jener kleinbürgerlichen Pfarrhausmoral, eben der »Naumburger Tugend«, meint Mazzino Montinari, gegen die Nietzsche allezeit Front gemacht habe. Wenn es im »Zarathustra« heiße, die Guten oder die Gerechten sprächen nie die Wahrheit, dann lassen sich nach Meinung des italienischen Nietzscheexperten diese Worte ohne weiteres durch »meine Mutter und meine Schwester« ersetzen. Als »fade Brühe« und »hagiographische Karikatur« bezeichnet er die eintausenddreihundert Oktavseiten der Schwester über das Leben des Bruders, man könne sie nicht lesen, ohne abwechselnd von Ekel und Verwunderung gepackt zu werden, und doch hätten sie das Bild von Nietzscheanern wie Nietzschegegnern bis zur Öffnung der Archive nach 1945 entscheidend bestimmt. Dabei unterstellt Montinari der Herrin der Kultstätte Silberblick nicht bewußten Fälschungswillen, er zeigt sich eher verwundert über die naive und »absolute Gutgläubigkeit« der Schwester. Eine geradezu unglaubliche Naivität bescheinigt ihr auch Kessler, wenn er 1919 in seinem Tagebuch notiert, noch in ihrem siebten Lebensjahrzehnt schwärme sie für diesen oder jenen »wie ein siebzehnjähriges Mädchen«.

Die am Teetisch in Weimar ihre Fäden spinnt, wurde von Nietzsche einst zärtlich Lama, später kritisch »Naumburger Tugend«, schließlich empört eine hinterhältige Gans genannt. Elisabeth Förster-Nietzsche ist eine freundliche, keineswegs dumme Frau, die als Schülerin außer im Englischen sehr gute Noten nach Hause brachte. Wäre sie nicht eine halbwegs gescheite, höfliche und kultivierte Person gewesen, hätten wohl weder ein Henry van de Velde noch ein Harry Graf Kessler zu ihren Freunden gezählt. Beide honorieren ihren Einsatz für das Werk des Bruders, ohne den die Sammlung seiner verstreuten Manuskripte und Fragmente wahrscheinlich nie erfolgt wäre. Vom Hof bis zur Abdankung des Großherzogs konsequent geschnitten, weil der deutsche Adel in Nietzsches radikalem geistigen Aristokratismus eine Absage an die überkommene Gesellschaftsordnung und eine Unterminierung der eigenen Vorrangstellung sieht, hält sie selbst Hof in ihrer Villa Silberblick. Daß Künstler und Schriftsteller, die nach Weimar kommen, bei ihr vorsprechen, versteht sich angesichts der wachsenden Beachtung, die Nietzsche in ganz Europa widerfährt, beinahe von selbst. Edvard Munch porträtiert sie, Gabriele d'Annunzio widmet ihr ein Gedicht und nennt sie die »Antigone des Nordens«.

Ästhetisches Bollwerk gegen den Kaiser

Elisabeth Förster-Nietzsche (1846–1935), die Schwester des Philosophen
(in der Tür des Nietzsche-Archivs stehend), verfälscht
dessen Philosophie durch die »Wiedereinbürgerung Nietzsches ins
Bismarck- und Hohenzollernreich«, so als habe dieser nie gegen Bismarck
gekämpft und vor dem deutschen Einheitsstaat gewarnt.

In Elisabeths Gästebuch tragen sich Stefan George und Richard Dehmel, Gerhart Hauptmann und Hugo von Hofmannsthal, Paul Ernst und Hermann Graf Keyserling ein, doch auch viele Mitglieder des Hofstaates besuchen sie. Weimars Staatsminister Rothe verkehrt in ihrem Haus; wer zu Besuch bei Großherzoginmutter Pauline war, macht in aller Regel auch Elisabeth Förster-Nietzsche seine Aufwartung. Die kleine, rundliche Dame hat rosige Wangen und einen festen Dutt, zählt zur Jahrhundertwende vierundfünfzig Jahre, lebt mit Equipage und Dienerschaft auf großem Fuße und will ihren Bruder, den Zerstörer der Mythen, selbst zum Mythos machen: Der Seher-Heilige soll die lichte Zentralgestalt eines Dritten Weimar werden. Nur hat sie, die den Schlüssel zu seinen nachgelassenen Werken in Händen hält und sich als Hüterin seiner heiligen Flamme versteht, nie ein Studium absolviert und keinen blassen Schimmer von Philosophie.

Dabei hat auch Rudolf Steiner, der Ende der neunziger Jahre Nietzsche als den modernsten Geist preist und zu seinen beredtsten Anwälten zählt, ursprünglich Hochachtung vor ihr. Elisabeth sucht ihn als Herausgeber für die Werke des Bruders zu gewinnen, zerstreitet sich aber bald mit ihm. Vor dem Zerwürfnis gibt er, übrigens selbst ein philosophischer Autodidakt, ihr private Nachhilfestunden, um sie in die Philosophie einzuführen. Dabei überzeugt er sich, daß sie »nicht einmal über das Einfachste dieser Lehre« ein selbständiges Urteil hat: »Frau Förster-Nietzsche fehlt aller Sinn für feinere, ja selbst für gröbere logische Unterscheidungen; ihrem Denken wohnt auch nicht die geringste Folgerichtigkeit inne; es geht ihr jeder Sinn für Sachlichkeit und Objektivität ab. Ein Ereignis, das heute stattfindet, hat morgen bei ihr eine Gestalt angenommen, die mit der wirklichen keine Ähnlichkeit zu haben braucht; sondern die so gebildet ist, wie sie sie eben zu dem braucht, was sie erreichen will.« Wie Montinari bezichtigt auch Steiner sie nicht der vorsätzlichen Fälschung. Er habe Frau Förster-Nietzsche nicht in dem Verdacht, »Tatsachen *absichtlich* zu entstellen«, nur schlimmer noch: »Sie *glaubt* in jedem Augenblicke, was sie sagt.« Steiner war der erste, der die zweifelhaften Editionspraktiken des Nietzsche-Archivs anprangerte, schreibt David Marc Hoffmann. Trotzdem habe sich ihr Nietzsche-Archiv bis ins »Dritte Reich« hinein unbeschadet gehalten und »seine zweifelhaften Ausgaben und Machenschaften sogar mit Unterstützung aus Wirtschaft, Wissenschaft und Bildungsbürgertum fortsetzen« können.

Zum Geheimnis ihres Erfolgs zählt zweifellos die Ambivalenz von Nietzsches Philosophie, die nur angemessen zu verstehen ist, wenn man sie nicht auf einen elementaren Bestandteil reduziert und behauptet, sie »besitze nur einen einzigen, endgültigen Sinn«. Was der Kulturhistoriker Aschheim bedachtsam formuliert, der streitbare Feuilletonist Tucholsky bringt es auf die drastische Formel: »Wer kann ihn [Nietzsche] nicht in Anspruch nehmen! Sage mir, was du brauchst, und ich will dir dafür ein Nietzsche-Zitat besorgen ... Für Deutschland und gegen Deutschland; für den Frieden und gegen den Frieden; für die Literatur und gegen die Literatur – was sie wollen.«

Anders als Ernst Wachler, der den Nietzsche der blonden Bestie, den Propheten der Edelrasse und den vermeintlichen Künder des germanischen Übermenschen schätzt, sieht van de Velde vor allem den Verteidiger der schöpferischen Freiheit, der Kunst und des Geistes in ihm, den Europäer und schärfsten Kritiker gesellschaftlicher Heuchelei. Kessler nennt ihn gar einen Messias, versteht ihn als Erlöser aus wilhelminischer Mediokrität, der nicht nur Verstand und Phantasie anspricht: »Seine Wirkung war umfassender, tiefer, geheimnisvoller. Sein immer stärker anschwellender Widerhall bedeutete den Einbruch einer Mystik in die rationalisierte und mechanisierte Zeit. Er spannte zwischen uns und dem Abgrund der Wirklichkeit den Schleier des Heroismus. Wir wurden durch ihn aus dieser eisigen Epoche wie fortgezaubert und entrückt.«

In seinem Nietzsche-Überschwang plant der Graf mit van de Velde ein monumentales, ja bombastisches Nietzsche-Heiligtum in Weimar und gewinnt für das 1911 gegründete Organisationskomitee große Namen: Gustav Mahler und Hugo von Hofmannsthal, Walter Rathenau und Hugo von Tschudi, André Gide und Anatole France, Gabriele d'Annunzio und H. G. Wells. Wir wollen, schreibt Kessler, an einer Berglehne »eine Art von Hain schaffen, durch den eine ›Feststraße‹, eine feierliche Allee, hinaufführt zu einer Art von Tempel. Vor diesem Tempel auf einer Art Terrasse, die den Blick auf Weimar und das Weimarer Tal bietet, soll Maillol in einer überlebensgroßen Jünglingsfigur das Apollinische Prinzip verkörpern ... *Hinter* dem Tempel denke ich mir ein Stadion, in dem jährlich Fußrennen, Turnspiele, Wettkämpfe jeder Art, kurz die Kraft und Schönheit des Körpers, die Nietzsche als erster moderner Philosoph wieder mit den höchsten geistigen Dingen in Verbindung gebracht hat, sich offenbaren kön-

nen.« Im Innern des Tempels sollen Reliefs von Klinger das Dionysische ausdrücken.
Kessler plant die feierliche Eröffnung für den 15. Oktober 1914, den siebzigsten Geburtstag Nietzsches. Wer um die kläglichen Leistungen des Schülers Nietzsche an Reck und Barren in Schulpforta weiß, mag sich über Kesslers Athleten-Stadion wundern, das sportliche Wettkämpfe und festliche Feiern ermöglichen und dem vagen Konzept eines »Nietzsche für die Massen« dienen soll – als ob nicht gerade der Philosoph des »Zarathustra« und des Übermenschen die Massen verabscheut hätte. Doch der Graf meint, zusammen mit dem Tempel stehe sein Stadion für die von Nietzsche gewollte Einheit von Kunst, Tanz und Sport und damit für griechisch-antiken Geist. Als der Plan, Kesslers ganzer Stolz, einer breiteren Öffentlichkeit bekannt wird, überreichen nationalgesinnte Künstler der Schwester einen Protest mit der Abschrift eines Nietzschebriefs, in dem es heißt: »Die Nachäfferei des Griechentums durch dieses reiche, müßiggängerische Gesindel aus ganz Europa ist mir ein Greuel.« Da Elisabeth Förster-Nietzsche der Idee ohnehin skeptisch gegenübersteht, bittet sie Kessler, den Plan wenn nicht ganz aufzugeben, dann doch ein paar Jahre aufzuschieben. Im Krieg fällt er der Vergessenheit anheim, die er verdient.

Daß ein Mann wie Kessler, der seit 1908 im Vorstand der »Stiftung Nietzsche-Archiv« vertreten ist, der Schwester des Philosophen auch die Treue hält, als Rudolf Steiner längst ihre zweifelhafte Editionspraxis publik gemacht hat, überrascht. Offenbar hat er nie die Kriterien hinterfragt, die sie bei der Herausgabe der Werke Nietzsches walten läßt. Erst 1919 notiert er in seinem Tagebuch, sie sei »die Verkörperung gerade dessen, was ihr Bruder bekämpft hat«. Das beginnt mit ihrem Antisemitismus, den der Bruder so verabscheute wie ihren Ehemann, den Schulmeister und Vegetarier Bernhard Förster, einen »Anführer der antisemitischen Hetze in Deutschland«, wie die Londoner »Times« ihn einmal nannte.

Freund des Berliner Hofpredigers Adolph Stöcker und Pfarrersohn wie Nietzsche selbst, hat Förster in einer Petition an Bismarck gefordert, Juden von der Börse auszuschließen, jede jüdische Einwanderung nach Deutschland zu unterbinden und, als diese Eingabe wirkungslos verpufft, schließlich selbst eine antisemitische Partei namens »Die deutschen Sieben« gegründet. Um seinen Traum von einem judenfreien Deutschland zu verwirklichen, siedelte er im Urwald von Paraguay auf sechshundert Quadratkilometern deutsche Familien in seiner Kolonie Neues Deutschland an. Als seine südamerikanischen Geschäfte nicht florieren und der Bankrott droht, trinkt er einen Cocktail aus Strychnin und Morphium und setzt seinem Leben ein Ende.

»Diese verfluchte Antisemiterei«, so Nietzsche an seine Mutter Katharina, »ist die Ursache eines radikalen Bruchs zwischen mir und meiner Schwester.« Nicht so sehr Freund der Juden denn Feind ihrer blindwütigen Gegner, schreibt der Anti-Antisemit Nietzsche schon im Wahn aus Turin an seinen Freund Overbeck: »... ich lasse eben alle Antisemiten erschießen.« Der Antisemitismus der Priesterin des Nietzsche-Kults ist freilich von der opportunistischen Art, denn er hindert sie nicht, eine 300000-Mark-Spende anzunehmen, die ihr der Stockholmer Bankier und Nietzsche-Verehrer Ernest Thiel anbietet. Wie eine Detektei in ihrem Auftrag herausfindet, ist Thiel orthodoxer Jude. Da sie das Geld braucht, läßt sie sich dennoch mit seiner Familie vor Klingers Nietzsche-Stele fotografieren.

Entscheidend für das bald vorherrschende Nietzschebild wird ihre patriotische und nationale Umdeutung, jene Wiedereinbürgerung Nietzsches ins Bismarck- und Hohenzollernreich, die Elisabeth konsequent betreibt und die allem Hohn spricht, was der Bruder über die Folgen der Reichsgründung gedacht hat. Obschon Nietzsche von den Trägern der politischen Gewalt im Kaiserreich nichts, aber auch gar nichts hielt, weist sie Peter Gast schriftlich an, einen seiner wenig schmeichelhaften Kommentare über das Hohenzollernhaus zu entfernen, weil sie die Dynastie sehr hochachte. Folgt man Manfred Riedels geradezu vehementer Verteidigung des Philosophen gegen die Verfälschungen durch die Schwester, dann handelt das Nietzsche-Archiv nach außen hin so, als habe Nietzsche niemals gegen Bismarck gekämpft und im deutschen Einheitsstaat keinen Gegensatz zum deutschen Geist gesehen. Dabei hat gerade Nietzsche ein untrügliches Gespür für das Unheil gehabt, das aus dem Gift des Nationalismus, aus dem Glauben des deutschen Bildungsphilisters erwachsen mußte; mit dem preußisch-deutschen Sieg über Frankreich 1870/71 habe sich die Überlegenheit der »deutsche Kultur« erwiesen. Er sah voraus, daß die Deutschen durch die Macht des neuen Reiches verblendet würden, ja er beschwor die Gefahr der »Extirpation des deutschen Geistes zugunsten des deutschen Reiches« herauf. Den »Willen zur Macht«, von Elisabeth mit Hilfe von Peter Gast aus Aphorismen, Fragmenten und Kritzeleien zusammengestückelt, die aus dem Nachlaß stammen, und danach zu Nietzsches Haupt- und Meisterwerk erklärt, datiert sie auf die Zeit des Deutsch-Französischen Krieges zurück, obschon die wichtigsten Teilstücke ein Jahrzehnt später entstanden sind. Angesichts des Aufmarschs der deutschen Armeen bei Metz, behauptet sie, die seit jeher eine Vorliebe für marschierende Soldaten und bunte Uniformen hat, sei dem Bruder die Einsicht gekommen, daß der »stärkste und höchste Wille zum Leben nicht in einem ewigen Ringen ums Dasein zum Ausdruck kommt, sondern als Wille zum Kampf, als Wille zur Macht und Übermacht«.

Mit ihrer tornistertauglichen Feldausgabe des »Zarathustra«, die mit 165 000 verkauften Exemplaren zu einem Bestseller im Krieg wird, setzt sie 1914 der Umdeutung des Bruders in einen »wahren Preußen« der Zucht und Ordnung, der Disziplin und Pflichterfüllung schließlich die Krone auf. Dem ungekürzten Werk stellt sie ein Sammelsurium aus den verschiedensten Nietzschesätzen voran, die mit dem »Zarathustra« überhaupt nichts zu tun haben, die sie mit »Für Krieg und Frieden« überschreibt und die eindeutig der Kriegs- und Wehrertüchtigung dienen. »Ganz gegen Nietzsches Ratschlag, seine Worte langsam und im Zusammenhang zu lesen«, so der vernichtende Kommentar Manfred Riedels, »folgt dort rasch ein Satz dem anderen: vom Paradies, das unter dem Schatten der Schwerter stehe, über die Wehrpflicht als harte Schule des Gehorchens und Befehlens bis hin zu den bekannten Prophezeiungen, daß Europa in ein Zeitalter der Kriege eintrete und es darauf ankomme, sich nach dem Grundsatz des ›Willens zur Macht‹ zu behaupten.« Daß für Zarathustra Krieg ein Denkkampf im Sinne des griechischen Agon ist, Wettkampf und Ratespiel der besten Gedanken, daß Nietzsche Soldaten als Kriegsmänner der Erkenntnis sieht, gerät beim Lesen dieser Rubrik völlig aus den Augen: »Unter Berufung auf solche Textmanipulationen betrachten es die westlichen *Entente*-Mächte 1918 als ihre ›Mission‹, das Prinzip jenes Machtwillens, die ›Teufelslehre der Deutschen‹, durch den ›Willen zum Frieden‹ zu ersetzen.« Dabei, sagt Riedel, ist in Wahrheit diese »deutsche Lehre« erst mit der Editionspraxis von Nietzsches Schwester in die Welt gesetzt worden.

Lange vor Kriegsausbruch bekommt van de Velde in Weimar die Folgen des nationalistischen Wahns zu spüren, der die ganze Nation befällt und vor dem der echte, nicht von der Schwester verfälschte Nietzsche vergebens gewarnt hatte. Nach der Dresdner Kunstgewerbe-Ausstellung 1906 mehren sich die Presseangriffe auf den Leiter der Weimarer Kunstgewerbeschule. Fritz Stahl, ein hochangesehener Kritiker des »Berliner Tageblatts«, beschimpft ihn als einen eingedrungenen Fremdling und fordert seine Vertreibung aus Deutschland. Und die »Welt am Montag« nennt seine Dekorationen »schwüle Träume«, denen er besser im heimischen Belgien fröne als in »unserem schlichten Weimar«. Er solle sich gefälligst aus dem Staub machen, ehe er seinen Ruf als Reformator des Kunstgewerbes in den eines großen Destruktors umgewandelt habe.

Kessler fordert ihn zwar zum Durchhalten auf, aber es währt nicht lange, und van de Velde fühlt sich »in der Atmosphäre tödlicher Mittelmäßigkeit isoliert«, abgestoßen von der Teilnahmslosigkeit der Hofleute und ihrem Dünkel. Selbst ihm wohlgesonnene Kritiker betonen mittlerweile das Fremdartige in seiner Kunst – etwa Karl Scheffler, der für die »Vossische«, die »Frankfurter Zeitung« und die »Weltbühne« schreibt und den »Rassendualismus« in van de Velde hervorhebt: In Brüssel betone er mehr das Deutsche, in Berlin und Weimar aus »Rassetrotz« das Gallo-Romanische in seiner Natur und entfremde sich damit »deutschem Wesen«. Noch deutlicher distanziert sich Rudolf Wustmann in seinem 1915 veröffentlichten, im Auftrag der Goethegesellschaft geschriebenen Werk »Weimar und die Deutschen 1815 – 1915«: Van de Veldes »Augengier nach schwellendem Linienfluß«, seine »vorwiegend romanische Abstraktion und Sensitivität«, heißt es da, »wurden mehr und mehr als fremder Tropfen in unserem Blut empfunden«.

In der Tat verliert der Großherzog bald nach ihrer Gründung das Interesse an der Kunstgewerbeschule und ihrem ausländischen Leiter. Seine Gunst gilt jetzt der Kunstschule, die er in den Rang einer staatlichen »Hochschule für bildende Kunst« erhebt und in die längst konservativer Geist eingezogen ist. Der Osttiroler Maler und Lehrer Albin Egger-Lienz malt Bilder aus einer bäuerlich-deutschtümelnden Welt, ihr Leiter Fritz Mackensen, Mitbegründer der Worpsweder Künstlerkolonie und erklärter Gegner van de Veldes, widmet sich heimatlichen Motiven, und Paul Schultze-Naumburg, der bald zum einfluß-

Kesslers und van de Veldes Kampf gegen Reichsbeseeler und Heimatkunst

reichsten Gegner des Bauhauses werden soll, hält Vorträge über Architektur und unterrichtet Farbenlehre. Übrigens hat auch er, der spätere Leiter des nationalsozialistischen »Kampfbundes deutscher Architekten«, einmal als Reformer begonnen und von seiner Entwicklung her manches mit van de Velde gemein. Das betrifft natürlich nicht seine Architektur und den dekorativen Geschmack, denn Schultze-Naumburg knüpft am Bauen der Goethezeit an, das er durch eine Art Neo-Biedermeier modernisieren und fortschreiben will. Aber beide beginnen als Maler und werden zu Kunsthandwerkern und Architekten, beide sind Gründungsmitglieder des Deutschen Werkbunds, beide wollen durch ihre Reformkleider die Frauen von Reifrock, Fischbeinpanzer und Taillenschnürung befreien.

Protest gegen den Standeshochmut, die Großmäuligkeit und die muffige Plüschatmosphäre des Wilhelminismus kommt eben nicht nur von links, er äußert sich auch auf völkische Art. Konservative und liberale Reformer werden zwar bald verschiedene Wege gehen und sich als erbitterte Feinde gegenüberstehen, doch am Anfang des Jahrhunderts sind sie vereint in der gemeinsamen Frontstellung gegen Historismus, Gründerzeit und den trivialen kaiserlichen Kunstgeschmack.

Schultze-Naumburg bekennt sich erst zur Münchner, dann zur Berliner Sezession. Ähnlich van de Velde gründet er eigene Kunstwerkstätten in Saaleck und gilt, bis er 1913 den Bau des Potsdamer Schlosses Cäcilienhof übernimmt, als intimer Feind der preußischen Hofästhetik. Seine Mitarbeit am »Kunstwart«, der zu den publizistischen Gegnern der Kunstauffassung Wilhelms II. zählt, bringt ihn in Kontakt mit Adolf Bartels, der für das betont nationale und konservative Blatt als Literaturkritiker tätig ist. Beide schließen Freundschaft, gründen 1905 die Weimarer Ortsgruppe des Heimatbunds und werden zu Schlüsselfiguren jenes völkischen Netzwerks, das ab Mitte der zwanziger Jahre die Kulturpolitik in Ilm-Athen bestimmt.

Ablehnung ausländischer Einflüsse und eine wachsende Ausländerfeindlichkeit sind kennzeichnend für den Geist der Vorkriegszeit und machen vor Weimar nicht halt. Wenn Staatsminister Rothe den Leiter der Kunsthochschule, Fritz Mackensen, im September 1913 telegraphisch um Vorschläge für die Neubesetzung des Direktors der Kunstgewerbeschule bittet, zeigt dies nur, daß der Großherzog und seine Regierung längst zur Kündigung van de Veldes entschlossen sind. Und es ist gewiß kein Zufall, wenn auf Rothes Kandidatenliste auch der Name des betont national orientierten Paul Schultze-Naumburg steht.

Der demütigenden und zermürbenden Angriffe müde, kommt van de Velde seiner Entlassung zuvor, kündigt wenige Tage vor Kriegsausbruch selbst und empfiehlt Walter Gropius als seinen Nachfolger. Kaum ist der Weltkrieg entbrannt, werden Frau und Kinder in Anrufen anonymer patriotischer Fanatiker mit dem Tode bedroht. Van de Velde selbst muß vorübergehend Zuflucht in der Psychiatrischen Universitätsklinik seines Freundes Professor Binswanger in Jena suchen. Als der Chef der Klinik sich beim Großherzog für den Künstler verwenden will, brüllt der Weimarer Regent durchs Telefon: »Wie sagen Herr Geheimrat, van de Velde ist noch auf freiem Fuß? Den Kerl soll man einsperren!«

Soweit kommt es zwar nicht, doch als ob im winzigen Weimar jeder Schritt unbeobachtet bliebe, hat sich van den Velde zweimal täglich auf der Polizeidienststelle zum Rapport zu melden. Durch Hilfe eines befreundeten Galeristen in Berlin gelingt es ihm, in die Schweiz auszureisen und sich den Demütigungen zu entziehen. Mit diesem wahrhaft beschämenden Abschied des weltbekannten Meisters des Jugendstils endet der erste Anlauf Weimars zur Moderne im zwanzigsten Jahrhundert. Der zweite folgt vier Jahre später, doch auch er soll keinen glücklicheren Abschluß finden.

... und man kann kein Quadrat mehr sehen

Geburtsort der Republik und des modernen Bauens

A lles im Bratenrock, Orgelvorspiel auf der mit Blumen und den Reichsfarben geschmückten Bühne, alles sehr anständig, aber schwunglos wie bei einer Konfirmation in einem gutbürgerlichen Haus. So schildert der Augenzeuge Harry Graf Kessler die Vereidigung Friedrich Eberts als Reichspräsident am 21. August 1919 im Weimarer Hoftheater und meint, die Republik solle besser allen Zeremonien aus dem Wege gehen, diese Staatsform eigne sich nicht dazu. Als Ebert den Eid leisten soll, fehlt das Manuskript, und es kommt zu einer peinlichen Pause, denn das Orgelspiel hat inzwischen aufgehört. Weil die Nationalversammlung am 6. Februar 1919 im tief verschneiten Weimar zusammengetreten ist, um eine Verfassung für die neue Republik zu entwerfen, heißt man gleich den ganzen neuen Staat nach der Klassikerstadt.

Geschichte ist unfair wie das Leben, nicht der gute Vorsatz, sondern das Ergebnis zählt. Die neue Republik, die erste deutsche Demokratie, der Staat mit der angeblich perfektesten demokratischen Verfassung der Welt, wie immer man will – im Buch der Geschichte stehen sie nicht für strahlenden Aufbruch zu neuen Ufern, nicht für die großen Hoffnungen, die anfangs doch viele in sie gesetzt haben, auch nicht für die Chancen, die sie zweifellos enthielten, denn der klägliche Untergang war dieser Republik vom Schicksal ja nicht in die Wiege gelegt. Der Name Weimar wird Synonym für Parteienstreit, Unfähigkeit und klägliches Scheitern der ersten deutschen Demokratie.

Das hatte der Volksbeauftragte Friedrich Ebert gewiß nicht im Sinn, als er am Eröffnungstag vor den neugewählten Parlamentariern erklärte: »Jetzt muß der Geist von Weimar, der Geist der großen Philosophen und Dichter wiederum unser Leben erfüllen.« Die Deut-

... und man kann kein Quadrat mehr sehen

Am 6. Februar 1919 tritt die Nationalversammlung im
Deutschen Nationaltheater zusammen, um für die neue Republik
eine Verfassung zu entwerfen.

schen, so beschwor er die Abgeordneten, hätten jetzt die Wendung »vom Imperialismus zum Idealismus, von der Weltmacht zur geistigen Größe« zu vollziehen, sie müßten die großen Gesellschaftsprobleme in dem Geist behandeln, in dem Goethe sie im zweiten Teil des »Faust« und in »Wilhelm Meisters Wanderjahren« erfaßt habe. Will er das abseits stehende Bildungsbürgertum für die Sache der Republik gewinnen, wenn er Schiller und Goethe für die neue Demokratie reklamiert? Sein kurzer Ausflug in die Geistesgeschichte war sicher gut gemeint, und gewiß hat er die sozialdemokratische Deutung des »Wilhelm Meister« als soziale Dichtung im Gedächtnis, auch jene »Faust-II«-Interpretation, nach der Goethe im letzten Akt seinen Faust als Verherrlicher der Arbeit feierte.

Doch nicht nur bei der Linken erntet Ebert vehementen Widerspruch, etwa wenn Egon Erwin Kisch den Geniekult von Weimar lächerlich nennt oder der Expressionist Max Hermann-Neiße schreibt, Kern des ganzen Klassikertums sei »das Totschweigen des Mißlichen und die Verklärung des Bestehenden«. Reagiert Ebert auf Kritik von links, als er sich nach seiner Vereidigung vom Balkon des Theaters aus an die Weimarer Bevölkerung wendet? Er hat das Dioskurenstandbild im Blick, aber ausdrücklich nennt er als drittes erlauchtes Haupt im Bunde Ludwig Uhland, den »unsterblichen Redner der Frankfurter Paulskirche«, und zieht damit die Traditionslinie über die Klassik hin zur Revolution von 1848. Aber es handelt sich um ein problematisches Dreigestirn, das der frisch gekürte Reichspräsident da beschwört. Gewiß ist der schwäbische Balladendichter von jener raren Sorte Deutscher, die ihren Landsleuten als urdemokratisches Vorbild dienen können. Schließlich hat er in der Paulskirche den berühmten Satz gesagt, es werde »kein Haupt über Deutschland leuchten, das nicht mit einem vollen Tropfen demokratischen Öls gesalbt« sei. Nur hatte Goethe für sein politische Engagement schon um 1830 nicht das geringste Verständnis; er befürchtet, der Politiker werde dem von ihm geschätzten Poeten in Uhland den Garaus machen.

Daß die Rechte jeden Versuch ablehnt, die Weimarer Großen zu Wahrzeichen der Republik zu machen, versteht sich von selbst. Für sie ist die junge deutsche Demokratie die bittere Frucht von Revolution und Niederlage, die man nicht mit dem Parnaß des deutschen Geistes krönt. Und überhaupt: War Goethe nicht ein überzeugter Aristokrat, Gegner der Demokratie und eingefleischter Royalist? Daß den

Meister das Grausen packt, wenn er an die Herrschaft der Unwürdigen, Unfähigen, Ungeschulten denkt, welche »die Revolution nach oben trägt«, daß er Gleichmacherei verabscheut und die Herrschaft der wahren Sachkunde allein durch die Monarchie gewährleistet sieht? – das lesen wir im Goethejahrbuch von 1924.

Was der vermeintlich apolitische Autor Gustav Roethe da schreibt, entspricht dem Denken des durchschnittlichen deutschen Bildungsbürgers und kommt einer unverhohlenen Kampfansage an die deutsche Demokratie gleich: »Die Schande unserer Tage, da wir Unfreie sind durch eigene sittliche Schwäche und nicht durch eines schöpferischen Helden Überlegenheit, würde er [Goethe] tiefer empfinden wie wir«, behauptet der Autor und zitiert den Goethe-Vers: »Wenn du dich selbst machst zum Knecht, bedauert dich niemand und es geht dir schlecht.« Nun hat Goethe sicher auch dies gesagt, aber er meinte zweifellos die Person und nicht die Nation. Was er von letzterer hielt, dafür steht eher seine Bemerkung, die Einäscherung eines Bauernhofes stelle eine echte Katastrophe, der Untergang des Vaterlands dagegen nur eine Phrase dar. Roethe kümmert das wenig, ähnlich wie Elisabeth Förster-Nietzsche ihren Bruder manipuliert er Goethe vom großen Nationalskeptiker zum Deutschpatrioten um, dem das deutsche Volk für seine nationale Gesinnung zutiefst verpflichtet sei: »Wir danken Dir, Du unser Freund, unser Held, unser Führer!«

Zwar hatte Ebert den Geist von Potsdam als Gegenpol seines Geistes von Weimar überhaupt nicht genannt, und doch greifen sogleich jene Interpreten in ihre professoralen Leiern, die in zweierlei Geist nicht verschiedene Welten sehen wollen, sondern eigensinnig ein Mixtum Kompositum daraus schaffen, den »deutschen Geist« als die vermeintlich ideale Symbiose von beiden. Bruno Bauch etwa, Philosophieprofessor in Jena und Freund Elisabeth Förster-Nietzsches, der sich zur Reichsgründungsfeier 1926 gegen den atomistischen Staat der Gleichheit aller wendet und erklärt, der Aristokratismus finde seine Stütze in der deutschen Philosophie. In der Einheit des Geistes von Potsdam und des Geists von Weimar sieht er die Einheit von Gedanke und Tat, die Aufhebung des Zwiespalts von Geist und Macht. Weimar als Schule, Potsdam als Pflicht – die Trennung von beidem sei durch »unselige, teuflische Suggestion« von fremder Seite aufgezwungen. Erst die Wiedergewinnung der organischen Einheit beider Elemente werde die Deutschen wieder in die Höhe führen.

Für den politischen Hausgebrauch vergröbert und zum Kampfbegriff ausgebaut, steht diese vorgebliche Symbiose schließlich als reaktionäres »Potsdam-Weimar-Lebensgefühl« gegen den liberalen »Weimar-Geist«, den die Republik verkörpert. Justus H. Ulbricht führt das Beispiel des Generals von Kessinger an, der in Weimar zu den Führern der Veteranenverbände und Kriegervereinigungen zählt. Als der alte Haudegen im Mai 1928 vor ehemaligen Angehörigen der kaiserlichen Gardetruppen spricht, die sich zu Tausenden ausgerechnet in Ilm-Athen versammelt haben, zieht er »Vergleiche zwischen Potsdam und Weimar«, zwischen Friedrich II. und Carl August, die jeder auf seine Art ja zweifellos aufgeklärte Despoten waren. Und sein Kriegskamerad, der Generalleutnant von Friedeburg, stellt bei diesem Traditionsaufmarsch der Kaiser-Gardisten ausdrücklich das von Kessinger gezeichnete »Potsdam-Weimar-Lebensgefühl« gegen jenen »Weimar-Geist«, der »mit der Lüge von der deutschen Kriegsschuld und dem Verlust unserer Kolonien aussöhnen wolle«. Vom Anbeginn der Republik hat für die radikale Rechte der Geist von Weimar nichts mit den von Ebert beschworenen Humanitätsidealen der Klassik und schon gar nichts mit Goethe zu tun, für sie ist er schlicht der Geist des Verrats und der Erfüllungspolitik, denn die Mehrheit der Nationalversammlung muß sich in Weimar einem Ultimatum der Alliierten beugen und den Frieden von Versailles annehmen. Und die radikale Linke, die schon die Wahlen zu dieser Nationalversammlung boykottiert hat, weil ihr die Sozialdemokratie damit den Weg zu einem deutschen roten Oktober nach bolschewistischem Vorbild verlegt? Sie sieht in der Weimarer Verfassung nur das »bürgerlich-parlamentarische Mäntelchen«, mit dem sich die nackte, brutale »Diktatur der Monopolbourgeoisie« verbrämt, um in Ruhe einen neuen Aggressions- und Revanchekrieg vorzubereiten – so nachzulesen in einer Geschichte der Stadt Weimar, die ein DDR-Autorenkollektiv 1975 publiziert. In einem von der ständigen Kommission für Kultur bei der Stadtverordnetenversammlung in Weimar 1969 veröffentlichten Heft über die Nationalversammlung wird die in Weimar ausgearbeitete Verfassung schlicht als »Verräterwerk« abqualifiziert.

Seit Eberts Rede spukt der Geist von Weimar durch die politische Geschichte, aber daß die Stadt der Klassiker in bewußter Frontstellung gegen den Geist von Potsdam zum Sitz der Nationalversammlung bestimmt worden wäre, ist nichts als fromme Legende. Aus der

Not wird da eine Tugend gemacht und Flucht in ein Bekenntnis zu Idealen umgedeutet. Angst vor dem Druck der Straße, vor dem Spartakusbund und den von ihm mobilisierten Arbeitermassen ist das entscheidende Motiv, die Konstituante in die Provinz zu verlegen. Hinzu kommt die Abneigung der süddeutschen Staaten gegenüber Berlin, die Ebert zu der Überzeugung bringt, sie würden freudiger an einen Tagungsort im Herzen Deutschlands gehen. Frankfurt als Sitz des Paulskirchenparlaments hätte sich angeboten, wenn die Mainmetropole nicht von nahe gelegenen Industriegebieten umgeben wäre. Das isolierte Weimar gilt als politisch ruhig und zuverlässig, es läßt sich leicht gegen große Demonstrationszüge abschirmen und hat als Touristen- und Residenzstadt zudem den Vorzug, über Tagungsstätten und Hotels zu verfügen. Daß die ganze Welt es als angenehm empfinden werde, wenn sich der »Geist von Weimar mit dem Aufbau des neuen Deutschen Reiches verbinde«, wird bei der Entscheidung zwar einkalkuliert, aber eher als angenehmer Nebeneffekt. So hofft der erste Außenminister Ulrich Graf Brockdorf-Rantzau, von Weimar aus, das ja nun wahrlich nicht für den preußischen Militarismus steht, lasse sich den Siegern ein besserer Frieden abhandeln als von Berlin. Daß es so gut wie nichts mehr ab- oder auszuhandeln gibt, muß er in Versailles bald erfahren.

Vor der »Übertragung der künstlerischen Gefühle auf die Politik« warnt übrigens schon die »Weimarische Zeitung« am 22. Januar und schreibt, ein solcher Versuch könne nur Unglück bringen: Wenn der Stadt Goethes das Schicksal Frankfurts und ihres Paulskirchenparlaments erspart bleiben solle, müßten die Abgeordneten aus dem Reich den (Orts-)»Geist von Weimar« mit »Bismarckschem Staats- und Kraftbewußtsein« durchdringen. Aber wo ist schon der Bismarck der neuen Republik? Kessler schläft ein, als Hugo Preuß in schleppender, unendlich langweiliger Rede die von ihm entworfene Verfassung erläutert. Er vermißt das Grandiose, das die Volksmassen der Revolution an den historischen Stätten in Berlin gegeben haben. Die Atmosphäre in der Nationalversammlung, notiert er am 24. Februar in seinem Tagebuch, sei nicht feierlich, sondern gemütlich, kleinstädtisch und solide: »Zu hohen Geistesflügen reizt es nicht an, auch nicht zu revolutionären oder verzweifelten historischen Entschlüssen. Danton oder Bismarck würden in diesem niedlichen Rahmen ungeheuerlich wirken ... Es müßte viel Blut in diesem Hause fließen, um es zu weihen. Bisher ist der Eindruck der einer Sonntagnachmittagsvorstellung in einer kleinen Residenz.«

Zum Einzug der Abgeordneten in das frühere Hoftheater werden an der Ilm feierlich die Glocken geläutet, aber daß die Masse der Bevölkerung die Wahl ihrer Stadt zum Sitz der Nationalversammlung als Ehre empfunden oder gar mit Freude quittiert hätte, läßt sich wahrlich nicht behaupten. Schon die Beflaggung demonstriert eine erhebliche Distanz zur neuen Staatsform, die sich in den kommenden Jahren ständig vergrößern wird: Zwischen die schwarz-rot-goldenen Fahnen mischen sich viele schwarz-weiß-rote und verraten die monarchistische Gesinnung ihrer Besitzer. Wenn Schwarz-rot-gold in der Minderheit bleibt, spiegelt dies nur die wahren politischen Kräfteverhältnisse in der Stadt wider.

Bei den Wahlen zur Nationalversammlung hatten die bürgerlichen und konservativen Parteien mit 12647 Stimmen die Nase deutlich vor SPD und USPD mit zusammen nur 7864 Wählern, wenig später ergibt sich bei Gemeindewahlen auch für den Stadtrat eine klare konservative Mehrheit. Weimar nach der Revolution gleicht einer bürgerlichen Insel im roten Meer Thüringens. Als der Großherzog nach einem Ultimatum des Arbeiter- und Soldatenrats abdankt und die Urkunde unterzeichnet, die ein SPD-Redakteur entworfen hat, streicht er den Hinweis darauf, daß der Thronverzicht auch auf den Wunsch der Bürger in Weimar erfolge. Ist es der Stolz auf die Tradition eines liberalen Fürstenhauses oder Wahrheitswille, die Wilhelm Ernst darauf beharren lassen, daß er seine Bürger besser kenne und ausschließlich dem Druck der Arbeiter- und Soldatenräte weiche? Als »Quasi-Revolutionsregierung« bezeichnet Friedrich Facius das neue Gouvernement des Staatskommissars Baudert, dem die Geschäfte vom Großherzoglichen Staatsminister Rothe in aller Ordnung übergeben werden, als handele es sich um den vom Fürsten bestellten legitimen Nachfolger. Schon Carl Alexander hatte liebevoll-ironisch von Baudert als »meinem Sozialdemokraten« gesprochen.

Ursprünglich Webermeister aus Apolda, dann Parteifunktionär, Landtags- und Reichstagsabgeordneter, gehört August Baudert zu jenen sozialdemokratischen Revisionisten, die einer Totalverweigerung in der Opposition nichts abgewinnen konnten. Wie viele süddeutsche Sozialdemokraten hat er im Landtag deshalb entgegen der Berliner Parteilinie auch einmal für das Budget der Regierung gestimmt. Wenn schon Revolution, denkt Baudert im November 1918, dann soll sie sich deutsch, nämlich anständig, in Ruhe und Ordnung vollziehen, ohne daß der Pöbel je die Chance erhielte, die Macht zu ergreifen. Er ist ein Mann der klassischen Handwerkertugenden, praktisch, bedächtig, grundsolide und auf das Naheliegende orientiert. So setzt er sich an die Spitze der Bewegung, ruft vor der Hauptwache des Residenzschlosses die Republik aus und hält damit die radikaleren Soldatenräte der Garnison im Zaum. Bei den Übergabeverhandlungen mit der alten Regierung Sachsen-Weimar-Eisenachs sorgt er für das, was Ralf Dahrendorf später einmal als Seßhaftigkeit der Elite in Deutschland bezeichnen wird: Baudert besteht darauf, alle Fachleute bis zu den Leitern der Departements hinauf hätten erst einmal im Amt zu bleiben, damit bis zur Berufung qualifizierter Nachfolger eine ordnungsgemäße Verwaltung gewährleistet sei. Als Staatskommissar führt er den republikanischen Freistaat Sachsen-Weimar-Eisenach bis zur Bildung des Landes Thüringen, in dem die winzigen Duodezfürstentümer der Reuß jüngere und ältere Linie, der Fürsten in Rudolstadt oder der verschiedenen Ernestiner in Coburg, Gotha und Meiningen aufgehen und in dem Weimar die Hauptstadt stellt.

Begeistert sind die Weimaraner wahrlich nicht über den Zustrom der Berliner Prominenz. Die 423 Deputierten und ihr Troß von dreitausend Beamten und Journalisten schaffen Quartiernöte und verschärfen die angespannte Versorgungslage. Das Theater wird ausquartiert und muß mit dem Saal der Armbrust-Schützen-Gesellschaft vorliebnehmen. Die Reichstagsverwaltung hat das Gestühl im Hoftheater aus- und die Reichstagssitze einbauen lassen. Preußische Schutzleute in blauen Uniformen mit Pickelhauben sperren den Theaterplatz und überprüfen Sonderausweise, ohne die das Tagungsgebäude, das Hoftheater, nicht betreten werden darf. Ihnen assistieren fünfundzwanzig Berliner Kriminalbeamte, die verdächtige Attentäter vorbeugend im Auge behalten sollen. Auf den Balkonen und hinter den Fenstern der angrenzenden Gebäude wachen Soldaten des Freiwilligen Landjägerkorps, das Gewehr im Arm. »Versteckt in den Hauseingängen und getarnt hinter Büschen«, so erinnert sich Walter Oehme, »standen Maschinengewehre und ihre Bedienungsmannschaften. Oh, Noske macht alles gründlich!« Gustav Noske, der militärische Volksbeauftragte, der den Januaraufstand in Berlin niederschlug, hat den Schutz der Nationalversammlung dem Generalmajor Georg Maerker anvertraut, weil dessen Freiwilligen-Korps als besonders diszipliniert und loyal gilt.

Ebert und seine Mitarbeiter arbeiten im Residenzschloß, der General bezieht mit seinem Stab in Schloß Belvedere Quartier. Seine sechstausend Mann sind kriegsmäßig bewaffnet, ziehen einen zehn Kilometer tiefen Sperrbezirk um Weimar und besetzen alle wichtigen öffentlichen Gebäude. Das alles hört sich heute ziemlich martialisch an, doch sollte man nicht vergessen, daß damals Bürgerkrieg in der Luft gelegen hat. Nach dem Mord an Rosa Luxemburg und Karl Liebknecht kommt es im ganzen Reich zu Unruhen, die auch vor Thüringen nicht haltmachen. In Gotha fordern linksradikale Soldatenräte den Abzug Maerkers aus Weimar, drohen mit Generalstreik und wollen die Landjäger notfalls mit Waffengewalt vertreiben. Wenig später entwickelt sich aus einem Streik im Zeitzer Braunkohlenrevier der erste mitteldeutsche Aufstand, der auf die Beseitigung der Nationalversammlung, die Einführung der Rätediktatur und die konsequente Sozialisierung zielt. Ein Zug Leipziger Spartakisten, der gegen Weimar zieht, wird von Maerkers Einheiten auf halber Strecke in Großkorbetha aufgehalten. Es zählt zu den Paradoxien jener Zeit, daß es nur im Schutz eines von kaiserlichen Condottieris kommandierten Freikorps gelingt, der neuen Republik eine Verfassung zu geben, die zu den stolzesten Dokumenten der deutschen Geschichte gehört.

Auf welch dünnem Eis die republikanische Führung sich damals bewegt, wird offenbar, als Maerker-Soldaten im Juni Flugblätter über der Stadt abwerfen, in denen zur Ablehnung des Versailler Vertrages aufgerufen und mit einem Putsch gegen die Konstituante gedroht wird. Nur durch die Intervention des Generals und Hindenburg-Nachfolgers Wilhelm Groener und eine patriotische Ansprache Eberts kann ein Aufstand verhindert werden.

Kaum hat die Nationalversammlung ihre Sitzungen nach Berlin verlegt, wird das bürgerlich-geruhsame Weimar von einer neuen Invasion aufgeschreckt. Über das Pflaster des Markts, das die Einheimischen durch die gemessenen Schritte des Dichters der »Iphigenie« geheiligt wähnen, ziehen plötzlich Rudel wilder Gestalten, schrilltönend und in den grellsten Farben. Sie tragen Russenkittel und Trichterhosen, die an den Hüften unförmig-weit geschnitten sind, an den Knöcheln aber eng anliegen. Die bloßen Füße stecken in Sandalen, viele haben sich den Kopf zur Glatze geschoren und ihre glänzenden Schädel mit schwarzen Quadraten oder Dreiecken bemalt. Sie sind respektlos und haben Lust an der Provokation. Aber im Grunde ist es ein friedliches, fröhliches Völkchen, das da nachts laut singend und laternenbewehrt in langen Ketten durch den Ilmpark zieht und rauschende Feste oder wilde Gelage feiert. Drachen lassen diese Russenkittel steigen, die wie »schillernde, vieleckige Ungeheuer« am Himmel stehen, »Fischchen mit langen, glitzernden Schweifen, sich drehend und schwänzelnd, eigenartig kubistische Urformen, Kristalle, Schlangen, Ballons, Sonnen, Sterne, Luftschiffe, Muscheln, Ampeln«, meldet das »Berliner Tageblatt« am 18. Oktober 1922. Als besondere Attraktion vermerkt es »quietschvergnügte drollige Drachenmännlein« mit Goldpapierhaaren und fett gezeichneten Leibern.

Jugendbewegt, lebensreformerisch und antibürgerlich, wirkt diese Invasion wie ein Einbruch der Anarchie in die wohlbehütete, philiströse Bürgerlichkeit einer Stadt, die doch allein von Ordnung und Maß beherrscht sein dürfte, wenn man den örtlichen Bibelauslegern des Weimarer Beinahe-Gottes Goethe Glauben schenkt. An gar nicht so verschwiegenen Seen oder Saaleständen baden Männlein und Weiblein, wie Gott sie geschaffen hat; die Ehe als bürgerliche Institution wird mit Hohn und Verachtung bedacht, freie Liebe ist angesagt, und ledige Mütter gelten keineswegs als Schande. Wenn eine der Gespielinnen schwanger wird, feiern Freundinnen und Freunde diese Mutterschaft öffentlich »mit allerlei Tamtam«, fertigen eine Wiege und rollen sie »in einer Art Triumph zur Wohnung der Hereingefallenen«. So zu lesen in der konservativen »Weimarer Zeitung« 1924, die solches Treiben als »Ausfluß eines völlig verwahrlosten Empfindens« geißelt und als »Niederschlag der destruktiven Lehr- und Erziehungsmethoden« verwirft. Wer seinerzeit Goethe und seine Christiane in solch destruktiver Pädagogik unterrichtet hat, fragt die Zeitung nicht.

Natürlich ist vom Staatlichen Bauhaus und seinen Studenten die Rede, von jenem zweiten Versuch einer Weimarer Moderne, der im Ansatz international ist wie der erste von Harry Graf Kessler, nicht länger währen und wie dieser am Widerstand der reaktionären Kräfte scheitern wird. Der Unterschied ist freilich, daß der Kampf um die kulturelle Hegemonie diesmal nicht in Form von Hofintrigen, sondern offen über Parteien ausgetragen wird, wobei sich die erklärten

Bauhaus-Gegner schon sehr früh zum Kampf formieren. Walter Gropius wird im April 1919 von der neuen Regierung zum Leiter der staatlichen Kunsthochschule und der früheren van de Veldeschen Kunstgewerbeschule berufen. Zu einer neuen Einheit zusammengefügt, nennt sich die neue Anstalt nach seinem Vorschlag »Staatliches Bauhaus in Weimar«. Doch kaum hat er den Lehrbetrieb in Gang gesetzt, macht die national-bürgerliche Opposition gegen ihn mobil. Unter Anführung konservativer Professoren, die sich als Vertreter eines national-bodenständigen Kunstwollens bezeichnen, ruft sie zum 12. Dezember in die Gaststätte »Erholung« zur Protestversammlung und zetert darüber, daß der neue Leiter »fremdstämmige Elemente« und Vertreter der »kommunistisch-spartakistischen Richtung« an seine Hochschule berufe. Seit dieser Tagung ist Gropius bis an das Ende der Weimarer Bauhauszeit in die heftigsten Verteidigungskämpfe gegen spießbürgerliche Petitionen und deutschnationale Landtags-Interpellationen verstrickt, die einen großen Teil seiner Kräfte binden. Verächtlich wird er von Weimar nur mehr als einem »rückständigen Bierdorf« reden. Als die Bauhaus-Gegner am 22. Januar 1920 alle »Weimaraner, denen unsere Kunst- und Kulturstätten heilig sind«, zum Protest in den größten Versammlungssaal der Stadt laden, schreibt er an Theodor Heuss von einer Massenversammlung des Spießertums, die zum reinen deutschnationalen Parteitag geworden sei.

Die Pläne, mit denen Gropius von Berlin in die Ilm-Stadt übersiedelt, sind nicht minder hochfliegend wie die Kesslers: Wollte dieser Weimar in ein europäisches Zentrum moderner Kunst und Literatur verwandeln, träumt Gropius davon, daß er mit seinem Bauhaus den »Grundstein zu einer Republik der Geister« legen kann. Als ob er von Kesslers bösen Erfahrungen nie gehört hätte, glaubt er ernsthaft, sein »Bierdorf« sei »um seiner Weltbekanntheit willen« der geeignete Boden dafür. Auch den elitären Ansatz haben beide gemein, denn Gropius setzt sich zum Ziel, »durch Zusammenschluß einer kleinen Minorität einem radikalen künstlerischen Bekenntnisse zum Sieg ... zu verhelfen«. So jedenfalls hat er seine Vorstellungen im »Arbeitsrat für Kunst« formuliert, der sich parallel zu den Arbeiter- und Soldatenräten im November 1918 in Berlin gebildet und den Gropius nach dem Rücktritt Bruno Tauts einige Monate geleitet hat.

Utopisches ist bei der heimgekehrten Kriegsgeneration gefragt, radi-

... und man kann kein Quadrat mehr sehen

Unter Leitung des Architekten Walter Gropius (1883–1969) werden die staatliche Kunstschule (oben) und die frühere van de Veldesche Kunstgewerbeschule zum »Staatlichen Bauhaus in Weimar« zusammengefaßt. Gropius (rechts) erstrebt die Wiedervereinigung von Bildhauerei, Malerei, Kunstgewerbe und Handwerk. Ziel ist der »große Bau«, auch »Kathedrale der Zukunft« genannt.

kaler Umbruch und Absage an die Wertewelt der Väter, und auch Gropius meint, daß diese »ungeheuer interessante, ideengeschwängerte Zeit« reif dafür sei, »zu etwas positiv Neuem zusammengehämmert zu werden«. Aber was stellt dieses Neue dar? Eher tastend denn entschieden bewegt er sich in Weimar auf jenen Bau der Zukunft zu, der nach seinem Manifest alles in einer Gestalt sein wird: »Architektur und Plastik und Malerei, der aus Millionen Händen der Handwerker einst gen Himmel steigen wird als kristallenes Sinnbild eines neuen kommenden Glaubens.« Dabei ist Gropius kein Dogmatiker, sondern ein Mann der Diskussion, der sein frühes Bauhaus als Schmelztiegel der verschiedensten Strömungen der Moderne versteht und als guter Pädagoge auch gewähren läßt. Wenn er in seiner ersten Ansprache vor den Studenten in Weimar allem Akademischen den Fehdehandschuh hinwirft und fordert: »Versuchen, probieren, entwerfen, wieder verwerfen«, bekennt er sich zum dem, was man heute die Methode des *trial and error* nennt. Erst in Dessau wird dem Bauhaus die angestrebte Einheit von Kunst und Technik gelingen, erst hier wird es über jenen reifen, unverwechselbar funktionalen Stil verfügen, der in der ganzen Welt Beachtung finden und Schule machen wird.

In Weimar durchlebt es seine chaotische, seine expressionistisch-romantische Anfangszeit, es befindet sich in einer Gärungs- oder Findungsphase, an deren Ende allerdings schon die Tendenzwende zum Technisch-Funktionalen steht. Gropius beruft Maler oder Bildhauer als Lehrer, von denen viele ursprünglich vom Expressionismus herkommen: den Deutschamerikaner Lyonel Feininger, die Schweizer Johannes Itten und Paul Klee, die Deutschen Gerhard Marcks und Oskar Schlemmer, den Russen Wassily Kandinsky und, nicht zu vergessen, den Ungarn László Moholy-Nagy.

Die frühen, schwärmerisch-expressiven Bauhausjahre bis 1923 sind weitgehend geprägt durch Johannes Itten, einen Anhänger der Mazdaznan-Lehre, die persische, indische und buddhistische Elemente in sich vereint und ihre Anhänger auf vegetarische Ernährung verpflichtet, die zeitweise in der Bauhaus-Kantine auch zur Regel wird.

Gropius hat Itten in Wien durch seine Frau Alma Mahler (spätere Werfel) kennen- und schätzengelernt. Der Schweizer Lehrersohn, der zwischen Schweinen, Kühen und Ziegen bei einem Bergbauern aufgewachsen ist, steht für eine seltsame Mischung von chiliastisch-religiösen Vorstellungen und strengen Form- und Farbkompositionen. In beinahe klösterlicher Abgeschiedenheit sucht er einen »neuen Menschen« heranzubilden, in seinen Vorkursen schwört er die Schüler auf die formalen Grundelemente Kreis, Quadrat und Dreieck ein. Mit Nagy, der nicht in der von Itten entworfenen avantgardistischen und doch beinahe priesterlichen Bauhaustracht herumspaziert, sondern stets im roten Monteuranzug, kommt dann die Formenwelt des Konstruktivismus an die Ilm. Und der Holländer Theo van Doesburg, der die biederen Weimaraner mit steifem Hut, schwarzem Hemd, weißer Fliege und Monokel nicht minder verwirrt, bringt die radikalen Prinzipien des *Stijl*.

Doesburg hält in Weimar 1921/22 Vorlesungen, welche die Bauhausschüler in hellen Scharen anziehen. Seine Popularität wird für Gropius, der erstmals einen ernstzunehmenden Rivalen wittert, zum Problem. Die frühen Anfänge des Bauhauses nennt Doesburg »expressionistische Konfitüre« und vermißt ein verbindliches Generalprinzip, nach dem inzwischen freilich auch Gropius sucht. Zum »Meister« des Bauhauses wird der Niederländer nie berufen, und doch hat er mit seiner Einwirkung von außen die Entwicklung des funktionalen und klassischen Bauhausstils maßgeblich mitbestimmt.

Vor allem bestärkt er den Bauhaus-Chef in der Abwendung vom Handwerk und der Hinwendung zur Maschine und zur industriellen Fertigung, die einem Architekten nicht schwerfallen kann, der sein Renommee schon vor dem Krieg durch Industriebauten erworben hat. Im Rückblick hat Gropius die Weimarer Frühzeit des Bauhauses, in der er selbst den Schwerpunkt auf die Einheit von Künstler und Handwerker legte, auch als Entgegenkommen gegenüber der Regierung eines Landes gedeutet, in dem fast die Hälfte aller Berufstätigen in Handwerks- und Kleinbetrieben beschäftigt war. In dieser These von der diplomatischen Verhüllung seiner originären Absichten steckt sicher ein stattliches Körnchen Wahrheit, zumal schon Kessler und van de Velde auf diese speziellen ökonomischen Bedürfnisse Sachsen-Weimars hatten Rücksicht nehmen müssen. Doch wenn es im Bauhaus-Manifest von 1919 heißt, der Künstler sei lediglich die Steigerung des Handwerkers, aber diese höhere Stufe lasse sich nur erreichen, wenn zuvor alle Bildhauer, Architekten und Maler wieder zum Handwerk zurückgefunden hätten, dann hat das auch mit Überzeugung zu tun. Der pointierte Handwerksgedanke, meint der Architektur-Historiker Peter Hahn, wurde von Gropius bereits Ende 1918 im Berliner

Geburtsort der Republik und des modernen Bauens

Lyonel Feiningers Holzschnitt-Illustration
für Manifest und Programm des Bauhauses (1919)
nennt Oskar Schlemmer später
»Die Kathedrale des Sozialismus«.

Arbeitsrat für Kunst vertreten, als er die Umwandlung sämtlicher Kunstschulen in staatliche Lehrwerkstätten und die gründliche handwerkliche Ausbildung an Probier- und Werkplätzen als »unerläßliche Grundlage für alles bildnerische Schaffen« forderte. Sein Bauhausgedanke steht für ein Ganzheitskonzept, das nicht zufällig auf das Vorbild der mittelalterlichen Dombau-Hütten zurückgreift, in denen sich die verschiedensten Handwerke und Künste zum letzten Ziel, dem großen Bau zum Lobe des Herrn, zusammengefunden hatten.

Programmatisch schmückt Feinigers Zukunftskathedrale das Titelblatt des Bauhaus-Manifests, mit dem sich Gropius erstmals an die Öffentlichkeit wendet – an der Turmspitze treffen drei Strahlen aufeinander, die für die Künste der Malerei, Architektur und Bildhauerei stehen. Expressionismus und eine neue Deutung der Gotik sind einander damals nahe; Gropius wird einmal von der eruptiv aufbrechenden »neuen gotischen Weltanschauung« sprechen, der die Bauhäusler sich zurechnen müßten. Für ihn und seine Mitarbeiter ist die Kathedrale ein Symbol für das große Gesamtkunstwerk, das sich nur in gemeinsamer Arbeit aller künstlerischen Disziplinen, in einer Arbeitsgemeinschaft führender und werdender Werkkünstler errichten läßt. In Deutschland wie später im amerikanischen Exil hängt an einer Wand seines Arbeitszimmers stets eine Skizze vom Ulmer Münsterturm.

Was macht dieses Bauhaus zum Weimarer Bürgerschreck? Nicht nur die Formsprache der Bauhauskünstler wirkt befremdend und irritierend, auch die Tatsache, daß es nicht die herkömmliche akademische Scheidung von Professoren und Studenten kennt, sondern nur Meister, Gesellen und Lehrlinge. Als beinahe anarchistisch gilt das Mitbestimmungsrecht, das Gropius seinen Schülern, also Lehrlingen und Gesellen, im Meisterrat einräumt, als allzu frei, wenn nicht zügellos der Umgang zwischen Lehrern und Studierenden – auf Kostümfesten etwa, bei denen Kandinsky als Antenne und Feininger als zwei rechtwinklige Dreiecke, Itten als amorphes Ungeheuer und Klee als »Gesang des blauen Baumes« auftreten. Ein Meister kommt gar als ungewaschener Apostel, Gropius verkleidet sich als Le Corbusier. Dazu haben einige Lehrlinge sich zu einer Jazzband zusammengetan, die mit ihren Rhythmen auch den größten Saal in tobende Ekstase versetzt und damit ausgerechnet jene Musik populär macht, die Wilhelm Frick als nationalsozialistischer Innenminister Thüringens in Weimar 1930 mit seinem Erlaß gegen die »Negerkultur« verbieten will. Gropius-Feinde klagen darüber, das Bauhaus bringe Veranstaltungen in die Stadt, die mit einem konservativen Weimar-Verständnis schwerlich zu vereinbaren seien – etwa den Kongreß der Dadaisten und Konstruktivisten im September 1922. Daß Dadaisten in Weimar nicht gerade mit offenen Armen aufgenommen werden, hat wohl auch mit jenem »Pamphlet gegen die Weimarische Lebensauffassung« zu tun, in dem der Dadaist Raoul Hausmann 1919 in der Attitüde des proletarischen Revolutionärs die Regierung Ebert-Scheidemann als »eine Selbstverständlichkeit aus der dummen und habgierigen Haltlosigkeit dichterischen Klassizismus« bezeichnete. Eine Bewerbung des Oberdadas Johannes Baader als Lehrer lehnt Gropius ironisch-geschickt mit dem Bemerken ab, sein Bauhaus habe »die völlige Dadareife noch nicht erreicht«.

Immer wieder beharrt der Bauhauschef auf strikter parteipolitischer Neutralität. Als Oskar Schlemmer Feiningers Titelblatt von der Zukunftskathedrale einmal als »Kathedrale des Sozialismus« bezeichnet, weist Gropius den Ausdruck sofort zurück; und als der Maler und Kommunist Heinrich Vogeler über die religiöse Bewegung der Revolution am Baushaus sprechen will, lehnt er mit den Worten ab: »Ich habe ... weder Interesse noch Kenntnis an praktischer Parteipolitik, sie ist mir in allen Lagern unsympathisch.« Ihn als einen Mann der bewußten Linken einzuordnen, fällt schwer, auch wenn er in Weimar im Auftrag der Gewerkschaften jenes Denkmal für die Märzgefallenen und Kapp-Putschopfer entwirft, das ein Kritiker in »De Stijl« verächtlich als »Erzeugnis eines billigen literarischen Einfalls« abtut. Ist sein »Blitz«, wie man das Denkmal nennt, auch als Akt einer moralischen Wiedergutmachung zu verstehen? Ein böswilliges Gerücht besagt, er habe beim Kapp-Putsch den Reaktionären seine Dienste anbieten wollen und sei nur durch einen Bauhausschüler von dieser Idee abgebracht worden. Zuverlässiger ist da schon Alma Mahler, wenn sie berichtet, beim Leichenbegängnis für die Arbeiteropfer sei er vorsichtigerweise zu Hause geblieben und habe den Demonstrationszug verstohlen aus dem Fenster beobachtet. Erst als er das Bauhaus nahezu vollständig vertreten sah, habe er bedauert, nicht selbst dabeizusein. Seine ideologische Einstellung zielt auf »Ablösung vieler kranker und morsch gewordener Einrichtungen«, wie er Vogeler

... und man kann kein Quadrat mehr sehen

Das Denkmal der Märzgefallenen (»Blitz«)
für die Opfer des Kapp-Putsches wird am 1. Mai 1922
auf dem Weimarer Hauptfriedhof enthüllt
(Entwurf: Walter Gropius).

wissen läßt. Aber wonach er sich sehnt, nämlich »Gemeinschaft«, schreibt er dem Kunstkritiker der »Weltbühne«, Adolf Behne, sei »nur unter Menschen möglich, die die Partei ablehnen und sich einer Idee hingeben und dafür kämpfen«.

Der Bauhausgedanke ist bei Gropius keineswegs marxistisch inspiriert, aber die meisten Bauhäusler fühlen links und denken links, ihr Bekenntnis zur Avantgarde und ihr Internationalismus sind ein gewaltiger Stachel im traditionell orientierten Weimarer Kulturmilieu. Zwar gibt es um diese Zeit auch an der Ilm modern eingestellte Maler und Kunstfreunde, Johannes Molzahn etwa oder Karl Peter Röhl, aber sie stellen eine winzige Minderheit dar und spielen in der öffentlichen Auseinandersetzung kaum eine Rolle.

In einer »Offenen Erklärung der Künstlerschaft Weimars« protestieren Professoren der früheren Kunsthochschule und Mitglieder der örtlichen »Allgemeinen Deutschen Kunstgenossenschaft« gegen das Bauhaus. An die Spitze der Antibauhaus-Fronde aber stellt sich der völkische Schriftsteller Leonhard Schrickel, der zum Kreis um Adolf Bartels gehört und in der Weimarischen Landeszeitung »Deutschland« gegen die »embryonale, antinationale Kunst« des Bauhauses auf dem Niveau des Streicherschen »Stürmer« vom Leder zieht: Da ist von einem »Attentat auf das unter der Faust des Feindes röchelnde Vaterland« die Rede, von einem »Krankheitsherd«, der einzig und allein unseren Untergang befördern kann und folglich »mit Stumpf und Stiel« ausgerottet und »wie ein Pestbazillus vertilgt« werden muß. Eine Petition, welche die Erhaltung beziehungsweise Abspaltung der alten Kunsthochschule fordert, liest sich zunächst maßvoller. Auch die Unterzeichner wünschten die Weiterentwicklung Weimars als Kultur- und Kunststadt, heißt es da, nur dürfe sich diese »nicht in Gegensatz stellen zu dem, was Weimar groß gemacht hat und uns heilig ist«.

Besonders die Lebensführung der Bauhäusler wird beklagt, die sich nicht der großen Tradition und den »Lebensformen Weimars« einfüge. Zwar fehlt das Adjektiv »gesund«, aber wenn schließlich davon die Rede ist, das Bauhaus sei über die Köpfe der Weimarer Bevölkerung und »ohne Rücksicht auf das Volksempfinden« gegründet worden, findet sich schon in dieser Eingabe, die immerhin wichtige Mitglieder des bildungsbürgerlichen Establishments der Stadt unterstützen, die Vorwegnahme eines Schlüsselbegriffs der nationalsozialistischen Kulturpolitik.

Thüringens linke Regierung stützt Gropius, auch wenn sie dem Wunsch nach Trennung von Bauhaus und Kunstschule stattgibt. Das bedeutet zwar ein Splitting der Fördermittel, in die sich nun eine progressive und eine konservative Hochschule teilen müssen. Damit sind endlose Etatkämpfe verknüpft, welche die Konservativen im Landtag nutzen, dem Bauhaus den Garaus zu machen. Aber ernsthaft setzen sich die Bauhäusler gegen die Trennung nicht zur Wehr, ja sie begrüßen sie sogar, weil sie mit der Abwanderung der konservativen Kunstschul-Professoren ihrer erbittertsten inneren Feinde ledig sind.

Um Angriffen künftig wirksamer begegnen zu können, bindet die Regierung neue Kredite an eine Bauhaus-Leistungsschau, die für die Ideen der Weimarer Avantgarde werben soll. Was Gropius und seine Mitstreiter im Sommer 1923 aufbieten, findet publizistisch ein unerhörtes Echo und zieht Journalisten aus allen europäischen Ländern an die Ilm. Einige Wochen wird Weimar Gastgeber für ein Festival der europäischen Avantgarde. »Drei Tage in Weimar, und man kann kein Quadrat mehr sehen«, spottet Paul Westheim, ein der Moderne durchaus zugetaner Kritiker der progressiven Berliner Zeitschrift »Das Kunstblatt«. Bauhaus-Meister und -Lehrlinge haben die Gänge und Treppenhäuser der alten Van-de-Velde-Bauten mit Fresken und Wandgemälden versehen; Strawinsky kommt aus Paris zur Aufführung seiner tragikomischen Oper »Geschichte vom Soldaten« im Nationaltheater, Busoni wird gespielt und Hindemiths »Marienlieder« erstaufgeführt; als Glanz- und Höhepunkt bietet die Bauhausbühne Schlemmers »Triadisches Ballett«. Aber gegen das »Haus am Horn«, als vollständig eingerichtetes Musterhaus gedacht, das erstmals die Bauhaus-Ideen für neues Wohnen in Deutschland zeigen soll, haben selbst Sympathisanten Vorbehalte. Zwar wird hier vorgeführt, was heute längst zum selbstverständlichen Komfort gehört – so die erste Kücheneinrichtung mit durchgehenden Arbeitsflächen, platzsparenden Stühlen und modernsten elektrischen Geräten. Indes distanziert sich selbst Gropius vorsichtig mit dem Hinweis, der Bau sei von der Mehrheit der Schüler zur Ausführung bestimmt. Der Grundriß stammt vom Bauhaus-Maler Georg Muche und ist alles andere denn perfekt: Keine der Eß- und Schlafstellen hat einen eigenen Zugang. Sein Flachdach, von Gropius selbst zum Symbol neuen Bauens stilisiert, ist keineswegs ausgereift und äußerst reparaturanfällig. Brecht mokiert sich später, die »reformatorische Zweckdienlichkeit« einer modernen Bauhauswohnung sei nicht auszuhalten. In der »Weltbühne« vom 20. September 1923 moniert Adolf Behne, das Haus am Horn sei »halb luxuriös, halb primitiv, halb ideale Forderung, halb Zeitergebnis, halb Handwerk und halb Industrie, halb Typus, halb Idylle – aber in keinem Punkte rein und überzeugend ...« Eben Bauhaus im Übergang, auf der Suche zu jenem endgültigen Stil, den es erst in Dessau finden wird. Das Äußere bezeichnen selbst wohlwollende Kritiker mal als weiße Bonbonschachtel, mal als weißgetünchten Würfel oder Nordpolstation. Nicht das Weimarer Bauhaus, wie es ist, schreibt Behne, »aber das Weimarer Bauhaus, daß es ist und arbeitet, hat Deutschlands künstlerische Ehre in schwierigster aber auch wichtigster Zeit verteidigt. In einer Zeit allgemeinster künstlerischer Indolenz an allen offiziellen Stellen war das Bauhaus ein Platz unabhängiger Arbeit, und dafür muß ihm gedankt werden.«

Anders sieht das natürlich das in Weimar tonangebende konservativ-spießige Milieu, für das die Stimme des Obermeisters der Schlosserinnung steht. »Die ganze niedere Bauweise des Hauses am Horn«, so nachzulesen in der Weimarischen Landeszeitung »Deutschland« vom 10. September 1923, »kann wohl nur für den Orient in Frage kommen, denn für Weimar und andere deutsche Städte dürfte diese extreme Bauweise kaum Erlaubnis erlangen ... Eine Kunst oder irgendwelche praktische künstlerische Befähigung muß denen abgesprochen werden, die alte Konservenbüchsen auftürmen, Scherben, Tuch- und Papierfetzen zu einem irren Chaos zusammensetzen und dulden, daß so etwas in der Öffentlichkeit gezeigt wird als sogenannte Lehrlingsarbeiten.« Etwas vornehmer im Ton hatte der Weimarer Gymnasiallehrer Emil Herfurth im Frühjahr 1923 als Abgeordneter der Deutschnationalen Volkspartei im Landtag gefordert, das Bauhaus solle sich endlich in den Gesamtorganismus der Kultur Thüringens eingliedern, zur thüringischen bildenden Kunst und zum thüringischen Handwerk ein fruchtbares Verhältnis finden und nicht auf seiner selbstbewußten Sonderstellung beharren. Und in einem Pamphlet, »Weimar und das Staatliche Bauhaus«, nannte er es »unerträglich«, daß Gropius und seine Schüler den Expressionismus »in seiner schärfsten Ausprägung« zur Richtschnur der modernen Kunst machten und damit in völligem Gegensatz zu allem stünden, was die traditionelle Kunst Weimars bedeute: Sie nämlich sei bodenständig, »gesund im Innersten« und »im besten Sinne deutsch«.

Gropius zählt Herfurth zu jener kleinen »Clique eingesessener Kulturmumien«, gegen die er immer wieder Hilfe von außen organisieren kann – so eine »Kundgebung der Direktoren und Professoren deutscher und österreichischer Kunstschulen«, Unterstützungsadressen des »Deutschen Werkbunds« oder Interventionen des »Reichskunstwarts« Edwin Redslob, eines Sohnes Weimars, der nach dem Krieg an der Freien Universität Berlin lehrt und dort einige Jahre als Rektor amtiert. Damit werden die lokalen Weimarer Auseinandersetzungen um die kulturelle Hegemonie zu einem reichsweiten Kulturkampf ausgeweitet, in dem die Gropius-Schule als Chiffre für den Aufbruch zur Moderne im Nachkriegsdeutschland der frühen zwanziger Jahre steht.

Ist sie gar ein Synonym für das neue perikleische Zeitalter, von dem Alfred Kerr einmal überschwenglich spricht? Unstreitig ist das Bauhaus das wichtigste kulturpolitische Symbol der demokratischen Republik. Gegründet, als die erste deutsche Demokratie sich in Weimar eine Verfassung gibt, wird das letzte Bauhaus, das Mies van der Rohe nach der Vertreibung aus Dessau 1932 in Berlin eröffnet, von der Gestapo als »Keimzelle des Kulturbolschewismus« geschlossen. Die das Bauhaus groß gemacht haben, verlassen nun Deutschland: Walter Gropius und Johannes Albers, Mies van der Rohe und Marcel Breuer gehen in die USA, auch László Moholy-Nagy, der in Chicago ein »new bauhaus« als Designschule gründet. Kandinsky weicht nach Paris aus, Hannes Meyer nach Moskau.

Während in Deutschland faschistische Herrschaftsarchitektur triumphiert und ein Hermann Giesler im klassischen Weimar sein pompös-brutales nationalsozialistisches Gauforum errichtet, feiert der Bauhaus-Funktionalismus Triumphe in der westlichen Welt. Getragen und verteidigt von den demokratischen Kräften der Republik, kann das Bauhaus in Deutschland deren Niedergang überleben. Und wenn dieser in Weimar sehr viel früher einsetzt als anderswo im Reich, hat dies viel mit den Fehlern der demokratischen Linken im neu gegründeten Land Thüringen zu tun.

Nach dem Magdeburger Modell, wie wir heute sagen würden, regiert in den Jahren 1921 bis 1923 eine Koalition von SPD und USPD, die ohne Duldung oder Unterstützung durch die Kommunisten im Landtag gegen die vereinten Bürgerlichen keine Mehrheit fände. Trotz dieser parlamentarischen Verwundbarkeit schlägt sie, unter dem Einfluß der in Thüringen von jeher besonders starken Unabhängigen, einen scharfen Linkskurs ein, der sich vor allem da zeigt, wo Landespolitik auch in der Weimarer Republik unbestritten verantwortlich ist – in der Kulturpolitik. Für das Ressort Volksbildung zeichnet Max Greil, ein entschiedener Schulreformer und linker Sozialdemokrat, der sich das ehrgeizige Ziel setzt, Thüringen zum Modell für den »Kulturstaat der Zukunft« auszubauen.

Viele Ideen dieses sächsischen Volksschullehrers sind durchaus vernünftig. Er geht davon aus, daß der überkommene, monarchistisch-verkrustete Lehrkörper an den höhere Schulen republikanische Ideale nur mit größten inneren Vorbehalten vermitteln kann, und macht deshalb eine Personalpolitik, die überzeugte Sozialisten in Führungspositionen schleusen soll. Nur gehört er leider zur Sorte der dogmatischen Eiferer. Ausgerechnet im Kernland der Reformation steuert er einen scharfen Konfliktkurs mit der evangelischen Kirche und schafft die zwei Bekenntnis-Feiertage der Lutherischen ab. Das Reformationsfest und der Buß- und Bettag werden durch den 1. Mai und den 9. November ersetzt – »eine gewaltige Kampfansage an die gewachsene Mentalität weiter Kreise Thüringens«, urteilt Manfred Overesch. Ungeduldig und hochfahrend ist auch Greils Schulpolitik, die ein Einheitsschulsystem vom Kindergarten bis zur Universität gegen den erklärten Willen der gewählten Elternbeiräte durchpeitschen will, die sich mit Schulboykotten und Demonstrationen zu Wehr setzen. Angesichts der Tatsache, daß die knappe sozialistische Mehrheit im Landtag auf einem Stimmenüberhang von nur 1768 Stimmen im ganzen Land beruht, scheint Greils Politik mehr als waghalsig.

Wie schnell sich gerade wegen seines überstürzten Vorgehens die Stimmung in Thüringen wandelt, zeigen im Jahr darauf die Gemeindewahlen, bei denen alle Linksparteien nur noch 45,5 Prozent aller Stimmen erhalten. Als die thüringischen Sozialdemokraten im »deutschen Herbst« 1923 nach dem Modell der sächsischen Regierung Zeigner mit den Kommunisten eine »Regierung der republikanischen und proletarischen Verteidigung« bilden, wird der Stimmungsumschwung besiegelt.

Welches Problem sich die Sozialdemokratie durch diese Öffnung gegenüber der kommunistischen Einheitsfronttaktik eingehandelt hat, spricht der sozialdemokratische Abgeordnete Hermann Brill im Landtag offen an: Mit ihren proletarischen Hundertschaften wollten die Kommunisten nicht die Republik verteidigen, sondern einen Putsch zu ihrer endgültigen Beseitigung vorbereiten. So schrumpft der Anteil aller Linksparteien bei den Wahlen vom Februar 1924 auf 41,5 Prozent. Sieger wird ein »Ordnungsbund« als Sammlungsbewegung aller links- und rechtsbürgerlichen Parteien, die mit dem Schlachtruf angetreten ist: »Das ganze Land kommt auf den Hund, nun rettet nur der Ordnungsbund.« Zur Rechten dieser bürgerlichen Formation sitzt jetzt allerdings eine extreme völkische Gruppierung, der – trauriger Rekord für das Land Thüringen – erstmals der Einzug in ein deutsches Landesparlament gelungen ist.

Gegen die Angriffe der Deutschnationalen hat Max Greil das Bauhaus stets tapfer mit meist treffenden Argumenten verteidigt: Wer den Fortschritt wolle, müsse den Mut haben, Versuche zu wagen, zudem seien im Bauhaus Künstler von Weltruf am Werk, um die Weimar überall beneidet werde und auf die es stolz sein sollte. Wenn er freilich im gleichen Atemzug diese »radikalste Kunstschule« Deutschlands als einen wichtigen Teil jener »radikalen Schulreform« bezeichnet, die er der Mehrheit der Bevölkerung im Eilverfahren aufzwingen will, assoziiert er die Sache der Bauhäusler mit der eigenen unbedachten Politik. In den Augen der Bauhausgegner wird Gropius damit noch verwundbarer: Er steht jetzt nicht nur für eine Moderne, die ohnehin ihre tiefsten Instinkte verletzt, sein Bauhaus wird zum wichtigen Schaustück einer ideologisch eifernden Parteipolitik erklärt, für die er, der seine Schüler immer wieder zu parteipolitischer Zurückhaltung mahnt, sich nicht in Anspruch genommen sehen will.

Die Demontage folgt der Abwahl Greils denn auch auf dem Fuß: Kaum hat die Ordnungsbundregierung ihr Amt angetreten, kürzt sie die Mittel für das Bauhaus um die Hälfte und droht Gropius die Kündigung an. Administrativ und finanziell soll das Bauhaus Schritt für Schritt erdrosselt werden – eine Politik, der es schließlich mit der Selbstauflösung zum Frühjahr 1925 zuvorkommt.

Freilich zeigt Thüringens neuer Regierungschef und Staatsminister Richard Leutheußer, ein Mann der Stresemannschen Deutschen Volks-Partei, einiges Fingerspitzengefühl, wenn er das Bauhaus als »Staatliche Hochschule für Handwerk und Baukunst« weiterführt und Otto Bartning an ihre Spitze beruft. Der neue Leiter der umbenannten Schule, der mit Gropius und Taut 1918/19 im Berliner »Arbeitsrat für Kunst« gesessen hat, gilt selbst als einer der Väter des Bauhaus-Gedankens. Er bekennt sich eindeutig zur Moderne und hat sich mit seinen Gesellschaftsbauten großen Ruf erworben. Mit Meistern und Gesellen, die Gropius nicht nach Dessau folgen, versucht er, an die Arbeit des Vorgängers anzuknüpfen, freilich sachlicher und ohne jenen »Hang zu Programmen und Doktrinen«, der aus seiner Sicht die Arbeit der ersten Bauhaus-Jahre bestimmt und behindert hat. Anhänger der Moderne wie der Kulturhistoriker Justus Bier bescheinigen ihm, die unter seiner Leitung entworfenen Möbel, Lampen oder Beschläge gehörten zum »Besten und künstlerisch Reinsten, was für den modernen Innenausbau auf dem Markt greifbar ist« – so nachzulesen in einem Nachruf auf diese Bauhochschule, den die Zeitschrift »Die Form« veröffentlicht. Denn auch die Arbeit Bartnings, im Stil weniger spektakulär, sehr viel moderater und mit einem Einschlag zum Mittelmaß, erregt Anstoß bei der radikalen Rechten, die in Weimar 1930 das Innen- und Volksbildungsministerium in die Hand bekommt und Bartnings Vertrag nicht verlängert. Denn Weimar hält auch den unrühmlichen Rekord, den ersten nationalsozialistischen Minister in seinen Mauern zu sehen: Wilhelm Frick, Innen- und Volksbildungsminister, beauftragt Paul Schultze-Naumburg, die Bauhochschule mit der Kunstschule erneut zusammenzuführen und die vereinigten Kunstlehranstalten wieder zu »einem Mittelpunkt deutscher Kultur« zu machen, wie er sie versteht. Selbst die Erinnerung an das Bauhaus wird nun in Weimar getilgt: Als eine seiner ersten Amtshandlungen läßt Schultze-Naumburg die berühmten Wandfresken Oskar Schlemmers im Treppenhaus des alten Van-de-Velde-Baus entfernen.

Die erste Aktion »Entartete Kunst«

Weimar als nationalsozialistisches Experimentier- und Paradefeld

Schleichend vollzieht sich die Machtergreifung der völkischen Rechten in Weimar, die Schritt für Schritt Herr wird über die Seelen des hier so tief in Goethe verwurzelten konservativen Bildungsbürgertums. Gerade die Ablehnung der Moderne macht es empfänglich für Sirenenklänge der Extremen, die Weimar als Kern aller echten Bildung, als Gral aller Kultur für Deutschland rein erhalten wollen. Verunsichert durch Revolution, Bürgerkrieg und die rasch voranschreitende industrielle Umwälzung, wird der Bürger nicht nur von materiellen Existenzängsten beherrscht, er fürchtet auch Entwurzelung, Atomisierung, die totale Vereinzelung in einer immer arbeitsteiligeren, von Kapitalismus und Liberalismus geprägten Gesellschaft. Nicht die Chancen des Neuen sieht dieser Bürger, er schaut nostalgisch zurück, und die Völkischen bieten ihm das trügerische Konzept einer Ganzheit, einer Gemeinschaft, nach der er sich unbewußt sehnt und zu der er flüchten soll.

Finden ihre Sirenentöne in Weimar besonderes Gehör, weil die deutsche Klassik Ideal und Wirklichkeit durch eine tiefe, nahezu unüberbrückbare Kluft getrennt sah? Für die Deutschen habe die parlamentarische Ordnung nicht zu ihren Nationalidealen gehört, meint Norbert Elias, sondern zum faden, schmutzigen, alltäglichen Leben, eine Einstellung, die eine Rolle spielen mag, wenn ausgerechnet in der Stadt, in der sich die erste Republik ihre demokratische Verfassung gegeben hat, die parlamentarische Demokratie besonders heftig abgelehnt wird. Eingebaut in diese deutsche Tradition sieht Elias die Sehnsucht nach der außergewöhnlichen Stunde, dem ungewöhnlichen Ereignis, nach dem Spektakulären, das die Kraft hat, die Schranken zwischen Ideal und Wirklichkeit einzureißen und eine wahre »Gemeinschaft« wiederherzustellen. Das vermag nur das Genie, der große Nationalheld, aber das deutsche Pantheon hat nach der Tradition des Kaiserreichs, die ja so nah und in Weimar so lebendig ist, nur autokratische Helden zu bieten, Friedrich den Großen oder Bismarck. Jenseits aller Politik vermögen dies auch jene Kulturgenies, zu denen die Weimarer Großen zählen.

Die Völkischen artikulieren das Unbehagen an der Moderne, das in Weimar grassiert, am Aggressivsten. Nach der Nationalisierung Goethes durch die Goethe-Philologie des Kaiserreichs erfolgt nun die Aufnahme des Weimarer Olympiers ins rassisch gereinigte germanische Walhall. »Irgendein Umstand, der bewiese, daß die Freimaurerei Goethes Deutschtum beeinträchtigt habe, ist nicht vorhanden«, schreibt Adolf Bartels in »Goethe der Deutsche«. Für ihn, der Goethes Stammbaum über Jahrhunderte zurückverfolgt hat, gibt es keine Zweifel, »daß der große Dichter rassisch, wenn nicht den Eindruck eines reinen Germanen (nordischen Menschen), doch den eines ausgesprochenen Deutschen macht«.

Weimars Schlüsseljahr 1924, das die Vertreibung des Bauhauses und den Einzug von sieben Abgeordneten des Völkisch-Sozialen Blocks in das Fürstenhaus sieht, erlebt am 18. Januar einen martialischen Aufmarsch auf dem Marktplatz, wo sonst nur Buden mit Zwiebelzöpfen und Rostbratwürsten stehen. Eine schier unzählbare Zuschauermenge, so die »Allgemeine Thüringische Landeszeitung«, läßt diese Veranstaltung zur machtvollen und unvergeßlichen Kundgebung der weimarischen Bevölkerung für Reich und Ordnung werden. Da sind am Jahrestag der Reichsgründung die drei Kompanien der Reichswehrgarnison vor dem Rathaus zur Parade angetreten, ihnen gegenüber stehen, mit dem Rücken zum Cranach-Haus, die Abordnungen der Kriegervereine mit ihren sieben Fahnen. Etliche frühere Offiziere, das Uniformtuch angelegt, sind ebenfalls erschienen und hören genüßlich zu, wie der kommandierende General Hasse, immerhin ein Beamter des neuen Staates, die Begründer der Republik in seiner revanchistischen Rede schmäht. In Versailles, sagt der General, sei einmal das Reich geschmiedet worden, aber »Männer der neuen Zeit« hätten vor fünf Jahren eben dort einen schimpflichen Vertrag unterzeichnet. »Wenn es dem deutschen Volke einmal wieder beschieden sein sollte, nach Versailles zu ziehen«, so trutzig der Kommandierende von Weimar, dann »möge es nicht wieder geschehen wie vor fünf Jahren, sondern so, wie unsere Väter einst gestanden haben noch 1870 und 1871«.

Rechte Paraden, Fahnen, Uniformen und Fackelzüge prägen das Bild Weimars in den zwanziger Jahren. Als Admiral Reinhard Scheer, der die deutsche Hochseeflotte in der Skagerrak-Schlacht kommandierte, 1928 mit militärischem Gepränge zu Grabe getragen wird, marschiert die Reichswehr mitsamt den alten Eliten auf, man trägt Uniform von den Kriegervereinen über die Verbindungen bis zum Schützenkorps, die Häuser entlang des Trauerkondukts sind beflaggt und haben Girlandenschmuck, doch die Farben der Republik sind nicht zu sehen.

Bei Wahlen erhalten in der Klassikerstadt erst die Völkischen, dann die Nationalsozialisten jeweils mehr Stimmenanteile als im thüringischen Durchschnitt, und der liegt schon erheblich über dem im Reich. So wählen immerhin 9,3 Prozent der Thüringer bei den Landtagswahlen am 10. Februar 1924 den Völkisch-Sozialen Block, in der Stadt Weimar sind es doppelt soviel, nämlich stattliche 18,6 Prozent. Wäre es nach den Bürgern der Ilm-Stadt gegangen, hätte Hitler schon am 6. November 1932 die Macht übertragen werden müssen, denn da erzielen NSDAP und Deutschnationale bei den Reichstagswahlen zusammen mit 52,2 Prozent die absolute Mehrheit der Stimmen, im thüringischen Durchschnitt sind es 43,9, im ganzen Reich nur 42 Prozent. Wenn der Ordnungsbund, zu dem sich die Deutsche Volkspartei, die Deutschnationalen, die Demokraten und der Thüringer Landbund zusammengetan haben – mit Ausnahme der Demokraten ein Bündnis von durchweg monarchistisch Gesonnenen –, wenn diese rechtsbürgerliche Gruppierung nach den Wahlen von 1924 überhaupt regieren kann, dann nur unter Umkehrung des zuvor praktizierten roten Magdeburger Modells: Jetzt ist die Mitte-Rechtsregierung Leutheußer von der Duldung der extremen Rechten abhängig, die unter ihrem Fraktionschef Artur Dinter handfeste Auflagen macht: Wenn die Regierung vom Völkisch-Sozialen Block geduldet werden solle, dann müsse sie aus »rein deutschblütigen, nicht-marxistischen Männern« bestehen. Und wenn der Anführer der Völkischen in seiner Jungfernrede die bedingungslose Entfernung von Juden aus allen Regierungs- und Beamtenstellen sowie die Entlassung von politischen Beamten fordert, nimmt er jenes Gesetz zur Wiederherstellung des Berufsbeamtentums voraus, mit dem Hitler 1933 alle diese Ziele durchsetzen wird. Namens der Völkischen fordert Dinter das Verbot des Schächtens, die Säuberung des Spielplans des Nationaltheaters von jüdischen Autoren und die Einführung einer Quote an der Universität Jena, welche die Zahl jüdischer Studenten und Professoren begrenzen soll. Das meiste bleibt bloße Landtagsrhetorik. Doch für Hitler, der Dinter 1925 zum Gauleiter von Großthüringen bestellt, ist dessen Erpressungsstrategie in Weimar ein erster Vorlauf, dem 1930 mit Wilhelm Frick dann der eigentliche Modellversuch folgen wird.

Um der Völkisch-Sozialen Fraktion entgegenzukommen, streichen die Ordnungsbündler Arnold Paulssen, den Chef der Deutschen Demokratischen Partei und erfahrensten Politiker der Bürgerlichen, von ihrer Liste der Ministrablen. Paulssen hat die erste thüringische Nachkriegskoalition mit der SPD angeführt und ist deshalb für die extreme Rechte nicht akzeptabel. Dinter verlangt Anfang April die Entlassung von Walter Loeb, dem Präsidenten der thüringischen Staatsbank, und stellt die Ernennung des Weimarer Oberstaatsanwalts Frieders in Frage, weil er Jude sei. Und er läßt keinen Zweifel daran, daß er das demokratische System für Unfug hält, weil ein Volk durch Mehrheitsbeschlüsse von Parteien nicht regiert werden könne. Parlamente müßten durch ständische Berufskammern abgelöst werden. Die Führung habe bei überragenden Köpfen zu liegen, bei Männern, die genau wissen, was sie wollen, einen klaren Sinn für das Wesentliche und Notwendige in allen Fragen des Volkslebens haben und mit den nötigen diktatorischen Vollmachten ausgerüstet sind.»Wir Völkischen ziehen daher nur notgedrungen in die Parlamente ein, um diese Parlamente, solange sie noch bestehen, wenigstens zu kontrollieren und nach Möglichkeit dem Mehrheitsunfuge zu steuern ...«

Wenn die extreme Rechte jetzt häufig aus ganz Deutschland nach Weimar pilgert, um in der Stadt Goethes und Schillers Heerschau zu halten, hat dies mit der Rücksichtnahme auf die Völkischen im Landtag zu tun, ohne die Richard Leutheußer mit seinem Ordnungsbund nicht regieren kann. Das Verbot der NSDAP und ihres norddeutschen Flügels, der Nationalsozialistischen Freiheitspartei, das nach dem Putsch vom 9. November 1923 im ganzen Reich erging, wird in Thüringen schon im März 1924, einen Monat nach der Landtagswahl, aufgehoben. Als Hitler aus Landsberg entlassen wird, ist Thüringen für ihn ein besseres Pflaster als selbst Bayern, denn der Innenminister der Ordnungsbund-Regierung hebt das Redeverbot, das fast im gesamten Reich über ihn verhängt ist, unter dem Druck der Völkischen auf. Gerüchtweise verlautet damals aus München sogar, Hitler erwäge, sein Hauptquartier von der Isar nach Thüringen zu verlegen.

Den Anfang der völkischen Paraden in Weimar macht 1924 die Nationalsozialistische Freiheitspartei (NSFP) unter Führung Ludendorffs und Gregor Straßers, die am 15. August zu ihrem »Deutschen Tag« aufmarschiert und ihren »Reichsparteitag« im Deutschen Nationaltheater hält. Mit Fahnen und Standarten marschieren dreitausend Hakenkreuzler vor dem Theater auf und bilden ein Karree, zwei Musikkapellen neben dem Goethe-Schiller-Denkmal spielen Marschmusik, bis der Generalquartiermeister des großen Krieges im schwarzen Gehrock vor roten Hakenkreuzfahnen auf dem Balkon erscheint, Rache an den »Novemberverbrechern« und die Aburteilung Stresemanns als Hochverräter verlangt. Blindlings, so der Schwur der angetretenen Sturmmannen, werden sie Ludendorff folgen.

Wohin die Reise gehen soll, hat der »Deutsche Aar«, das in Ilmenau erscheinende »Kampfblatt der Nationalsozialisten Deutschlands«, zur Begrüßung in seiner Nummer vom 15. August 1924 überaus präzise formuliert: »Für uns gilt heute nur eins, zusammen zu stehen in Not und Tod, in Einmütigkeit wieder gut zu machen, was vor fünf Jahren am deutschen Volk hier in Weimar verbrochen wurde.« Daß Weimar als Aufmarschort die ideale Plattform bietet, der Republik jede Inanspruchnahme des Geists von Weimar zu bestreiten, macht eine Rede Artur Dinters deutlich. Vor dem Dioskurendenkmal klagt er »diese Novemberrepublik« der Verlogenheit an, weil sie Schiller und Goethe zu den Ihren rechne und für den Internationalismus beanspruche: »Man weiß wirklich nicht, was größer ist, die Dummheit dieser Regierungsleute oder die Frechheit, mit der sie alle Werte unseres Volkstums ins Gegenteil verfälschen.«

Als der Feldherr des verlorenen Kriegs vor dem Kirchhof beim Ehrenmahl der Gefallenen das Defilee seines Gefolges abnimmt, ziehen unter den sieben- bis achttausend Vorbeimarschierenden recht viele alte Herren mit geschulterten Spazierstöcken und Regenschirmen mit. Wer kann sich damals schon vorstellen, daß aus solchen Aufmärschen, die wahrlich nicht frei von Komik sind, einmal rechtsextreme Wogen werden, deren Wucht die Demokratie hinwegspülen wird? Beobachter wie Harry Graf Kessler machen sich eher lustig über diesen »Deutschen Tag«. Vor dem Goethehaus entdeckt er einen »Corso deutschnationaler Säuglinge«, von denen jeder eine schwarz-weiß-rote Fahne in seinem Kinderwagen führt, »ein oder zwei dieser Säuglinge waren sogar Hakenkreuzler«. Und er fragt mit sanfter Ironie: »Wird es demnächst auch Stahlhelme für Säuglinge geben?« Ein Fiasko sei die ganze Sache gewesen, notiert der Rote Graf in seinem Tagebuch und zeigt sich beruhigt: »*Kein Geld und kein Geist*, damit macht man keine Volksbewegung, geschweige denn eine Revolution.«

Ein Jahr später, Adolf Hitler ist aus Landsberg entlassen und hat die NSDAP wiedergegründet, haben die Wellen schon an Kraft gewonnen. Thüringen wird jetzt zu einem der »wichtigsten Fluchträume« für die NSDAP, wie Gunther Mai die wachsende Bedeutung des Landes für die Nationalsozialisten unter der Ordnungsbund-Regierung treffend definiert. Zusammen mit Streicher und Röhm begibt sich der »Führer« 1925 erstmals nach Weimar und hält vier Versammlungen in geschlossenen Sälen ab. Er kommt im »Hartung«, wie »Der Nationalsozialist«, das Nachfolgeblatt des »Deutschen Aar«, den Monat März auf neugermanisch nennt, und wird von diesem als »Edelmensch« von »gewaltigem Ethos« begrüßt, der »keine Parteimission, sondern eine Volksmission, eine ihm von Gott auferlegte Mission am deutschen Volk zu erfüllen gewillt und befähigt ist«.

Im Jahr darauf beruft Hitler den ersten Reichsparteitag der NSDAP seit ihrer Wiederbegründung nach Weimar ein. Hier ruft er die Hitler-Jugend ins Leben; auf der Bühne des Nationaltheaters weiht er die ersten Standarten und übergibt die »Blutfahne« des 9. November 1923 an die neu geschaffene SS.

In sich über manches noch zerstritten, demonstriert die Partei nach außen Kampfkraft und Geschlossenheit, auch wenn die Heerschau nicht ohne Komplikationen verläuft. Kaum sind die ersten Nationalsozialisten eingetroffen, kommt es zu Zusammenstößen. Die Polizei muß das sozialdemokratische Volkshaus am Bahnhof vor anstürmenden SA-Männern schützen und beschlagnahmt Dolche und Totschläger. Liest man die Berichte der »Allgemeinen Thüringischen Landeszeitung«, dann sind Anrempeleien von Straßenpassanten an der Tagesordnung, bekannte Weimaraner werden »durch Schimpfworte beleidigt«, weil sie für Juden gehalten werden. Vor allem junge Frauen beschweren sich, weil man sie wegen ihres Bubikopfes beschimpft. Offensichtlich erwarten Nationalsozialisten entweder Dutt, Zöpfe oder Gretchenfrisur, Kurzhaarschnitt bei Frauen steht für Amerikanismus, Emanzipation, Moderne und ist von Übel. Und ein Oberwachtmeister wird in Ausübung seines Dienstes vor dem Hotel »Hohenzollern« nachts von einem Unbekannten, »mittelgroß, bekleidet mit grauer Hemdbluse und ebensolcher Mütze und Hakenkreuz am linken Oberarm, durch einen Schuß in die linke Brust schwer verletzt«. Doch im verklärenden Rückblick gilt dieser erste Reichsparteitag nach Hitlers Festungshaft bei Nationalsozialisten als politischer Durchbruch, denn er leitet den Wiederaufstieg als ernstzunehmende politische Kraft im Reichsmaßstab ein. Fritz Sauckel wird 1938 schreiben, von Hitlers Auftreten in Weimar 1926 datiere »die Befreiung des deutschen Volkes« und die »geistige Überwindung« dessen, was man das »System von Weimar« nennt.

Der da zum Generalappell in die Ilm-Stadt gekommen ist, wird auf der Titelseite des »Nationalsozialisten« in der ersten Nummer des »Heuer«, wie das Parteiblatt teutsch allewege den Monat Juli heißt, mit einem Sonett begrüßt, das weniger wegen seiner dichterischen Qualitäten als wegen seines Autors Beachtung verdient:

»Wir lieben Dich, weil Dich die Feigen hassen,
weil Du Verkörperung von unserem Willen:
die Freiheitssehnsucht unsres Volks zu stillen,
drum werden wir Dich bis zum Tod nicht lassen!«

Der Verfasser heißt Baldur von Schirach, zählt neunzehn Lenze und ist als Mitglied der völkischen Wehrjugendgruppe »Knappenschaft«, die in Weimar den Saalschutz für Hitlers Versammlungen stellt, schon 1924 vor Ludendorff auf dem Theaterplatz vorbeimarschiert – in grauer Windjacke, Kniebundhosen und Skimütze aus grauem Segeltuch, die man seit dem Marsch zur Feldherrnhalle am 9. November 1923 auch Hitlermütze nennt. Am Koppel trägt er den kurzen Feldspaten im Lederfutteral. Sein Weg zu Hitler, der ihn 1931 schließlich zum Reichsjugendführer und 1940 zum Gauleiter von Wien bestellt, mag in vieler Hinsicht exemplarisch sein für die Motive, die das konservative Weimarer Bildungsbürgertum gegen Ende der zwanziger Jahre zur extremen Rechten führt. Daß dabei gerade in Weimar nicht die sozialrevolutionäre Komponente, das Plebejertum der SA-Formationen eine Rolle spielt, versteht sich von selbst. Es ist vielmehr die konservativ sich gebende, antimoderne, ganz auf Bewahrung des deutschen Kulturerbes gerichtete Tendenz, ihr Kulturkampf für die »deutsche Seele« und gegen die Moderne, gegen den »Kulturbolschewismus« und gegen den »politischen und sexuellen Kommunismus«, mit dem die NSDAP in der Stadt Goethes und Schillers ihre erstaunlichen Erfolge erzielt. Das gilt vor allem für die ältere Generation, während sich die jüngere auch durch die Radikalität angezogen fühlt, mit der Hitler das ganze System in Frage stellt. Wenn dabei heftiger Antisemitismus eine Rolle spielt, dann nicht der blindwütige, aggressive, Pogromstimmungen schürende Antisemitismus eines Julius Streicher, sondern der auf den klassischen Kulturantisemitismus des Bürgertums gegründete, freilich radikale und in der Wirkung nicht minder gefährliche eines Adolf Bartels.

Schirach entstammt konservativ-nationalem Milieu, sein Vater, Carl Baily Norris von Schirach, preußischer Rittmeister der Gardekürassiere, hatte aus Liebe zum Theater seinen Abschied genommen, um bei dem berühmten Martersteig Regie zu lernen. 1908 zum letzten Großherzoglichen Theaterintendanten in Weimar berufen, arbeitet er mit Bartels das Programm der ersten Schillerfestspiele für die Deutsche Jugend aus. Im Wagnerschen Sinne, sagt er einmal von sich, fühle er sich als Deutscher, und so ist es kein Wunder, wenn die Moderne kaum vertreten ist und neben den Klassikern und Kleist, neben Wildenbruch und etlichen Kassenfüllern vor allem Wagner-Opern eine zentrale Stelle in allen seinen Spielplänen einnehmen.

Xenophobische Neigungen kann man den Schirachs schon wegen ihrer vielfältigen Verbindungen zu Amerika kaum nachsagen. Baldurs Großvater kämpfte als Major auf seiten der Nordstaaten im amerikanischen Bürgerkrieg, verlor in der Schlacht am Bull Run ein Bein und stand am Sarge Lincolns Ehrenwache. Baldurs Vater ist Halbamerikaner, seine Mutter Emma eine Amerikanerin, die darauf besteht, daß in ihrem Hause mit den Kindern ausschließlich Englisch gesprochen wird – eine Tatsache, die den Sohn bei Gleichaltrigen zum Außenseiter werden läßt. Erzogen wird der spätere Reichsjugendführer im Waldpädagogium auf dem Hexenberg im wenige Kilometer entfernten Bad Berka, einem Internat, das nach den Maximen des Reformpädagogen Hermann Lietz geleitet wird: spartanische Kost und Unterbringung, gleichgewichtige Ausbildung von Geist und Körper sowie strikte Ablehnung aller »Großstadt-Dekadenz«.

Schirach-Biograph Michael Wortmann bescheinigt den Lietzschen Ideen Affinität zur Heimatkunst eines Adolf Bartels, einen deutlichen antizivilisatorischen Affekt und radikalen Antisemitismus obendrein. Alles dies findet Baldur 1919 in Weimar wieder, wo er unter den Einfluß des Bartels-Schülers und späteren stellvertretenden Gauleiters Hans Severus Ziegler gerät, der an der Ilm bald die Rolle des bösartigsten, giftigsten Einpeitschers nationalsozialistischer Kuturpolitik spielen wird. Der junge Schirach liest Houston Stewart Chamberlain, Adolf Bartels und Henry Fords »Der internationale Jude«. Durch Ziegler, der die Knappenschaft ins Leben gerufen und den Namen Hitler-Jugend erfunden hatte, lernt er Hitler kennen, drückt ihm die Hand und kann seither dessen Bann nicht mehr entrinnen. Doch auch der vielseitig gebildete Vater fühlt sich von Hitler angezogen. Er lernt ihn bei einer »Walküre«-Aufführung im Nationaltheater kennen, staunt über dessen korrekten Smoking – »Immerhin, der Mann weiß, was sich gehört« –, spricht mit ihm über die Aufführung und findet Hitlers Kenntnisse von Bühnentechnik und Regie außerordentlich bemerkenswert. Am nächsten Tag wird Hitler bei den Schirachs zum Tee geladen, erscheint mit einem Blumenstrauß, küßt der Dame des Hauses formvollendet die Hand und zeigt sich als aufmerksamer Zuhörer. Man spricht fast nur über Kunst, und als der Besucher gegangen ist, sagt Carl von Schirach zu seinem Sohn: »In meinem ganzen Leben ist mir kein Laie begegnet, der soviel von Musik versteht, vor allem von Richard Wagner, wie dein Hitler.« Und die Mutter meint: »How well he [Hitler] behaves!«

Es ist nicht der vulgäre und brüllende Hitler, nicht der Teppichbeißer, sondern der sanfte, der werbende Hitler, der Bewunderer schöner Frauen, der Mann, der sich als Freund von Kunst und Architektur ausgibt, der im konservativen Bildungsbürgertum Proselyten macht. Carl von Schirach, obschon seit der Revolution seines Amtes enthoben und Beamter im Wartestand, ist in Weimar alles andere denn ein einflußloser Mann. Als Vorsitzender der Künstlervereinigung unterhält er enge Kontakte zu Malern, Dichtern und Schauspielern. Wenn er 1926 der NSDAP beitritt und diesen Schritt nicht verheimlicht, muß er zwar nicht gleich Schule machen. Aber sein Beispiel trägt dazu bei, in seinen Kreisen die Hemmschwelle gegenüber der extremen Rechten abzubauen. Übrigens weist Bernard Post darauf hin, daß auch Martin Bormann zu jenen engsten Vertrauten Hitlers zählt, die in Weimar aufwuchsen. Vom Faktotum in der thüringischen Gauleitung arbeitet er sich über den Kassierer und Buchhalter schließlich zum Privatsekretär Hitlers, Leiter der Parteikanzlei und Reichsminister hoch. Sein Bruder Albert, ebenfalls in Weimar groß geworden, bringt es bis zum persönlichen Adjutanten Hitlers.

Für den Weg vom National-Konservativen zur radikalen Rechten steht auch das Nietzsche-Archiv, welches Elisabeth Förster-Nietzsche mit ihren Neffen Max und Adalbert Oehler als eine Art Familienunternehmen betreibt. Ihre antirepublikanische Einstellung verhehlt sie schon im Winter 1918 nicht, als sie die Stiftung eines Nietzsche-Preises durch den Hamburger Großkaufmann Christian Lassen akzeptiert. Lassen ist ein wohlhabender Überseespediteur mit Niederlassungen in Skandinavien, Antwerpen und Rotterdam, er wähnt die Kultur Deutschlands nach dem Zusammenbruch in Gefahr, weil jetzt »ungebildete Schwätzer und pöbelhafte Emporkömmlinge« das Sagen hätten. Deshalb will er Werke ausgezeichnet sehen, die für das Problem der Rangordnung und ihre psychologischen Erkenntnisse Verständnis zeigen, auf der »alle Kultur, Sozialethik und Politik beruhen« – Werke, die »Verantwortung für die geistige Macht Deutschlands« bezeugen. Es gelte, sich dem Zeitgeist, vor allem dem »bedrückenden Zwang zur Massenphraserei« zu entziehen.

Der Preis wird verliehen, aber derlei Begründung in Zeiten revolutionärer Umwälzungen publik zu machen, darin sind Elisabeth und der Spender einig, erscheint doch reichlich inopportun. Unter den ersten Ausgezeichneten findet sich übrigens Thomas Mann mit seinem »Tagebuch eines Unpolitischen«, das er während des Krieges geschrieben und in dem er leidenschaftlich für die deutsche Sache, gegen den »oberflächlichen« Westen und gegen die Demokratie Partei ergriffen hat. Aus innerer Überzeugung rückt er von dem Werk bald ab, aber das Preisgeld in Höhe von eintausendfünfhundert Mark nimmt er dankend entgegen. Zu den späteren Preisträgern zählt Oswald Spengler mit seinem »Untergang des Abendlands«.

Seit die Schwester das Bild des Bruders ins Nationale, Preußische und Patriotisch-Heldenhafte verbog, gilt sie als nationale Priesterin am Heiligtum Zarathustras, Hindenburg setzt ihr nach der Inflation eine Ehrenpension aus, die Universität Jena verleiht ihr die Ehrendoktorwürde, eine Gruppe deutscher Professoren nominiert die

Die erste Aktion »Entartete Kunst«

Das Sterbehaus Friedrich Nietzsches in Weimar wird zum Nietzsche-Archiv, wo die Schwester des Philosophen dessen weitverstreute Manuskripte und Fragmente sammelt. Schon im Ersten Weltkrieg rückt das Archiv politisch nach rechts und pflegt nach 1923 enge Kontakte zu Mussolini und Hitler.

»Naumburger Tugend« gar für den Nobelpreis, und Kaiserin Hermine, die Frau Wilhelms II., trinkt bei ihr Tee. In Weimar hält sie Hof, als ob sie die heimlich regierende Fürstin des deutschen nationalen Lagers sei. Alle neu zur Weimarer Garnison abgestellten Offiziere machen einen offiziellen Antrittsbesuch in der Villa Silberblick – auch der General Hasse, als er mit seinem Stab von Kassel nach Weimar versetzt wird. Kessler sitzt mit Elisabeth gerade beim Tee, als der General erscheint und ihm die Schwester des Philosophen fast um den Hals fällt. »Sie hat ihr Backfischherz für das bunte Tuch bewahrt«, notiert der Graf und ärgert sich, daß sie beim Einzug des Generals, der tags zuvor unter großer Anteilnahme der Bevölkerung stattfand, ihren kleinen Großneffen Oehler auf dem Bock ihres Wagens »mit einem Stahlhelm auf dem Kopf und einer Trommel« hat mitfahren lassen. »Der widerwärtige Eindruck, den die Verbrüderung von ›Gartenlauben‹-Militarismus mit engstirnigem Generalstäblertum bei Frau Förster-Nietzsche heute nachmittag machte, dauert fort.«

Seit die Presse berichtet hat, daß Mussolini ein großer Verehrer Nietzsches sei, pflegt das Archiv einen regelrechten Mussolini-Kult. Elisabeth sendet Glückwünsche nach dem Marsch auf Rom, der Major a.D. Max Oehler, der praktisch die Leitung des Archivs übernommen hat, laut Kessler ein vierschrötiger, aber sympathischer und kultivierter Mann, sieht im faschistischen Staat die gesellschaftspolitischen Ideen Nietzsches verwirklicht. Mussolini, in der Tat ein beachtlicher Nietzschekenner, bedankt sich und wird zum »Trost ihres Alters«, wie sie einmal sagt. Zu ihrem fünfundachtzigsten Geburtstag 1931 schickt er ein Glückwunschtelegramm und stiftet zwanzigtausend Lire. Ende Juli 1933, als Mussolini seinen fünfzigsten Geburtstag feiert, revanchiert sie sich mit einem geradezu überschwenglichen Huldigungstelegramm: »Dem herrlichsten Jünger Zarathustras, den sich Nietzsche träumte, dem genialen Wiedererwecker aristokratischer Werte in Nietzsches Geiste sendet das Nietzsche-Archiv in tiefster Verehrung und Bewunderung die wärmsten Glückwünsche.«

Weil er damit Nietzsche in den Untergang des Faschismus hineingezogen sieht, der aus seiner Sicht unvermeidlich kommen muß, protestiert der Nietzsche-Verehrer Romain Rolland und tritt aus der Nietzsche-Gesellschaft aus. Denn für den Vorstand der Nietzsche-Gesellschaft hat das Telegramm, und dies steht für den Rechtsruck, der ganz Weimar erfaßt, neben Frau Förster-Nietzsche auch der Staatsminister a.d. Leutheußer unterzeichnet, ursprünglich ein Mann der Deutschen Volkspartei Gustav Stresemanns. Wenn auch grollend, hätte Rolland den Glückwunsch als persönliche Meinungsäußerung von Nietzsches Schwester wohl durchgehen lassen, doch als offizielle Gratulation einer Gesellschaft, der er selbst angehört, mag und kann er ihn nicht hinnehmen.

Auf den intensiven Flirt mit Mussolini folgt Liebe zu Hitler, die urplötzlich in der Silberblick-Herrin entbrennt, doch auch hier hat der Duce seine Hand im Spiel. Die Bekanntschaft mit dem Führer folgt im Februar 1932 nach der deutschen Uraufführung des Mussolini-Stücks »Campo di Maggio«, zu Deutsch: »Hundert Tage«. Wie schon der Titel suggeriert, handelt das Drama von dem großen Korsen, der von Elba nach Frankreich übersetzt. Mussolini schildert ihn als Helden ohne Fehl und Tadel, der nicht etwa an der gegnerischen Allianz bei Waterloo, sondern vielmehr an sich selber scheitert: Weil Napoleon den unverzeihlichen Fehler begeht, dem Volk eine Verfassung zu geben, entmachtet er sich selbst.

Eine »Verherrlichung des Führerprinzips«, kommentiert die »Frankfurter Zeitung«: »Mussolinis Idee: Die Masse ist nichts, und Alles ist die Tat. Sechshundert Deputierte sind nichts, und Alles ist das Land. Mehrheiten sind nichts, und Alles ist der Wille.« Hitler hat eigens den Wahlkampf um die Reichspräsidentschaft unterbrochen, um an der Premiere in Weimar teilzunehmen. Nach der Uraufführung, erzählt Elisabeth Förster-Nietzsche Kessler im August desselben Jahres, »während mehrere italienische Korrespondenten bei ihr saßen, habe er sich melden lassen mit einem riesigen Blumenstrauß«. Seither schreibt sie bewundernde, ja verzückte Briefe an Hitler, ihre Verehrung für den »Führer« übertrifft selbst die für Mussolini, was viel heißen will. »Wir leben eigentlich im Rausch der Begeisterung«, läßt Elisabeth im Mai 1933 ausgerechnet ihren jüdischen Sponsor Ernest Thiel in Stockholm wissen, »weil eine so wundervolle, geradezu phänomenale Persönlichkeit, unser herrlicher Reichskanzler Adolf Hitler, an der Spitze unserer Regierung steht.« Im Nietzsche-Archiv sei jetzt alles, vom Diener bis zum Major hinauf Nazi, notiert Kessler: »Man möchte weinen, wohin Nietzsche und das Nietzsche-Archiv gekommen sind.« In der Tat: Daß sein »Zarathustra« zusammen mit Hitlers »Mein Kampf« und Rosenbergs »Mythos des Zwanzigsten

Jahrhunderts« als prophetische Vorwegnahme des »Tausendjährigen Reichs« im Gewölbe des Tannenbergdenkmals deponiert wird, das hätte sich Nietzsche selbst im späten Wahn nie träumen lassen.

Im Herbst macht Elisabeth dem »Führer« zum Geschenk, was sie bislang wie eine Reliquie gehütet hat: des Bruders Degenstock. Dazu legt sie die antisemitische Petition, die ihr Mann Bernhard Förster 1880 Bismarck überreichte, eine Schrift, die nach ihrer Meinung alle Forderungen nationaler Kreise in der Judenfrage enthält, die vom Nationalsozialismus inzwischen weitgehend verwirklicht sind. Und als der Duce mit Hitler im Juni 1934 in Venedig konferiert, kabelt sie: »Die Manen Friedrich Nietzsches umschweben das Zwiegespräch der beiden größten Staatsmänner Europas.« Hitler kommt mehrfach zu Besuch ins Archiv, nach ihm Parteiprominenz wie Wilhelm Frick, Hans Frank, der spätere Generalgouverneur von Polen, oder Alfred Rosenberg. Paul Schultze-Naumburg erhält vom »Führer« den Auftrag, neben der Villa Silberblick eine Nietzsche-Gedenkstätte zu errichten, deren zentrale Halle die Büsten von sechzehn Denkern aufnehmen soll (sie wird heute vom MDR als Studio Weimar genutzt); einen Teil der Bausumme steuert Hitler aus eigener Tasche bei. Gemeinsam mit Speer geht er Schultze-Naumburgs Entwürfe durch, und der Duce stiftet eine griechische Dionysos-Statue, um deren Verladung sich der deutsche Oberbefehlshaber in Italien, Generalfeldmarschall Kesselring, höchstpersönlich kümmern muß. Ihr Kopf, so stellt sich nach der Ankunft in Weimar heraus, überragt die Halle von Schultze-Naumburg bei weitem, so daß ein Umbau der Apsis notwendig wird. Die pompöse Reichsfeier zu Nietzsches hundertstem Geburtstag am 15. Oktober 1944 findet deshalb nicht in der neuen Prunkhalle, sondern im Nationaltheater statt, wo Rosenberg einmal mehr Nietzsche als den Propheten des heroischen Realismus, als unerbittlichen und einsamen Kämpfer gegen eine Welt von Feinden beschwört.

Das Nietzsche-Archiv, so das Urteil Manfred Riedels, hat zusammen mit den ideologischen Gralshütern des »Dritten Reichs« nach Kräften dazu beigetragen, ausgerechnet Nietzsche, den erklärten Anti-Antisemiten und beharrlichen Verfechter jener »höchsten Intelligenz, die im Fanatismus ihren Todfeind hat«, zum Vordenker und Lehrmeister der von ihm verachteten »Rassenlüge« und des fanatisierten, gewalttätigen »Nationalitäten-Wahns« zu erheben. Daß selbst Nationalsozialisten bei solcher Indienststellung Nietzsches für das »Dritte Reich« einige Zweifel überkamen, zeigt ein Beitrag der »Thüringer Gauzeitung« vom 31. Oktober 1937, der ausgesprochen freundliche Urteile des Philosophen über Juden zurechtzurücken sucht. Zwar stimme es, heißt es da unter der Überschrift »Nietzsche und die Juden«, daß er ihre hohe Intelligenz gepriesen und der herrschenden Kaste in Deutschland sogar empfohlen habe, sich mit Juden zu kreuzen. Ihnen wohnten nun einmal Fähigkeiten inne, »die bei einer Rasse, die Weltpolitik treiben soll, unentbehrlich sind«. Aber darin stecke nur die maßlose Erbitterung eines Propheten, der in seinem Vaterland nichts gelte und mit den Juden das Schicksal des Außenseiters teile. Nach derlei Beschönigungen werden dann extrem judenkritische Sätze zitiert, die bei Nietzsche im Zweifel auch zu finden sind: »Eine parasitische Art Mensch, die nur auf Kosten aller gesunden Bildungen des Lebens gedeiht.«

Zum nationalsozialistischen Experimentier- und Paradefeld wird Thüringen mit den Landtagswahlen vom 8. Dezember 1929, als die NSDAP 11,3 Prozent aller Stimmen erhält und sich damit eine Schlüsselposition im Landtag erobert. Zwar erhält sie nur sechs von insgesamt dreiundfünfzig Mandaten, aber wieder fehlt es den bürgerlichen Parteien der Mitte und der Rechten an der Mehrheit. Mit bloßer Duldung will sich Hitler diesmal jedoch nicht begnügen, sondern er strebt den direkten Eintritt in eine Landesregierung an. Einerseits will er den Beweis erbringen, daß er mit seiner Partei fest auf dem Boden der Legalität steht, andererseits versucht er Signale zu setzen, an denen sich reichsweit ablesen läßt, welche politischen Kursänderungen seine Bewegung selbst in einer Koalitionsregierung bewirken kann. Wer das Erziehungs- und das Innenministerium in die Hand bekommt und rücksichtslos und beharrlich seine Macht nutzt, kann Außerordentliches bewirken, begründet er seinen Entschluß, reist nach Weimar und greift persönlich in die Regierungsbildung ein. Vor die Alternative gestellt, seinen »besten Mann«, den wegen Teilnahme am Feldherrnhallen-Marsch rechtskräftig wegen Hochverrats verurteilten Putschisten und Führer der Reichstagsfraktion Wilhelm Frick, zu akzeptieren oder Neuwahlen anzuberaumen, knicken die Bürgerlichen ein. Sie scheuen die Kosten und die Anstrengungen eines neuen Wahlkampfs, der kaum ein anderes Ergebnis bringen würde. So beginnt am

23. Januar 1930 mit der Wahl Fricks zum Innen- und Volksbildungsminister und der seines Parteifreundes Wilhelm Marschler zum Staatsrat ohne Portefeuille eine Art nationalsozialistischer Modellversuch für die spätere Politik im Reich.

Als Spät-Spätnachfolger des Wirklichen Geheimen Rates Goethe, der einst die Aufsicht über die Kulturpolitik im Herzogtum führte, setzt Frick durch, was Hitler von ihm erwartet: Ausgerechnet in Weimar beginnt er den Kampf gegen die Freiheit der Kultur. An Fanatismus ist der enge Gefolgsmann des »Führers« ohnehin nicht zu überbieten. Im Reichstag hatte er den »Verbrechern«, die Deutschland heute regierten, mit einem deutschen Staatsgerichtshof und dem Galgen gedroht. Gegen den von der Republik verfälschten Geist von Weimar will er im neuen Amt den »echten Geist von Weimar« setzen, der für ihn »Geist nationaler Erziehung und nationalen Widerstandes« ist. Deshalb gilt es, die »Verseuchung deutschen Volkstums durch fremdrassige Unkultur« mit polizeilichen Mitteln abzuwehren, wie es in seinem Erlaß »Wider die Negerkultur« heißt, den das »Amtsblatt des Thüringischen Ministeriums für Volksbildung« zwei Monate nach seinem Amtsantritt im April 1930 veröffentlicht. »Jazzband- und Schlagzeug-Musik, Negertänze, Negergesänge, Negerstücke« schlügen deutschem Kulturempfinden ins Gesicht. Als Legalist des Unrechts balanciert er auf schmalem Seil: Gegen Schauspielunternehmer, die derartige Darbietungen anböten, sei behördlich vorzugehen, weil sie »weder in sittlicher noch in artistischer Beziehung als zuverlässig« im Sinne der Gewerbeordnung gelten könnten. Und weil »art- und volksfremde Kräfte« seit langem versuchten, »das deutsche Volk zu entwurzeln und es so leichter beherrschen zu können«, empfiehlt er im gleichen Amtsblatt allen Schulen Thüringens »deutsche Schulgebete«, die den Schülern nationale Gesinnung eintrichtern sollen. »Vater im Himmel«, heißt es beispielsweise im dritten Gebet,

»Drum mach' uns frei von Betrug und Verrat,
Mache uns stark zu befreiender Tat,
Schenk uns des Heilandes heldischen Mut,
Ehre und Freiheit sei höchstes Gut!
Unser Gelübde und Losung stets sei:
Deutschland erwache! Herr mach uns frei!
Das walte Gott!«

Die erste Aktion »Entartete Kunst«

Man sage nicht, niemand habe 1933 wissen können, was die Nazis Böses im Schilde führten. Frick säubert, Frick verbietet, Frick zimmert ein Ermächtigungsgesetz, Frick inszeniert den ersten nationalsozialistischen Bildersturm. Aufführungen von Friedrich Wolfs Abtreibungsdrama »Cyankali« und Carl Credés »Frauen in Not«, von Erwin Piscators Berliner Ensemble als Gastspiele an Privattheatern in Jena und Gera geplant, werden von ihm untersagt. Stücke von Hasenclever und Ernst Toller läßt er aus den Repertoires der staatlichen Theater, für die er ja zuständig ist, kurzerhand streichen. Erich Maria Remarques Roman »Im Westen nichts Neues« wird aus öffentlichen Büchereien entfernt und als Schulstoff für untauglich erklärt. In Abgrenzung zu bisher existierenden Dichterpreisen unterstützt Frick 1932 den betont nationalkonservativen Wartburgpreis, die Silberne Dichterrose. Zu den Preisträgern gehören Erwin Guido Kolbenheyer, Hermann Stehr und Hans Friedrich Blunck. Paul Schultze-Naumburg hat, »würdig der hohen, unvergänglichen Tradition Weimars, entgegen dem Strom des modernen Kulturbolschewismus«, wieder echte deutsche Kunst zu pflegen und zu Ehren zu bringen. So jedenfalls umreißt Wilhelm Frick die Aufgabenstellung des neuen Direktors der vereinigten Lehranstalten für Baukunst, Bildende Kunst und Handwerk, als dieser im November 1930 sein Amt antritt, nachdem der Vertrag mit Bartning nicht verlängert worden ist. Fast das gesamte »geistige Weimar«, so das Lokalblatt »Deutschland«, Vertreter der Künstlerschaft, der Schillerstiftung und des Nietzsche-Archivs sind zugegen, als Schultze-Naumburg bei der feierlichen Eröffnung der neuen Hochschule verkündet, nun sei endlich Schluß mit der »Bildhaftmachung des Untermenschen«. Ab sofort werde wieder »Wert auf Darstellung des Heldischen gelegt und die rassenmäßige Bindung der Kunst beachtet ...« Erstmals wird bei diesem Anlaß an einer deutschen Hochschule die Hakenkreuzfahne gezeigt, links des Rednerpults ist eine Abordnung der NSDAP, rechts sind Chargierte mit ihren Fahnen aufmarschiert.

Um die Jahrhundertwende hat dieser Paul Schultze-Naumburg einmal zu den wichtigsten konservativen Architektur-Reformern gehört, als Denkmal- und Heimatschützer, der für die Erhaltung der natürlichen Umwelt kämpft, erwarb er sich zweifellos Verdienste, doch die Urkatastrophe des Ersten Weltkriegs und die Freundschaft mit Adolf Bartels haben ihn zu den Völkischen getrieben. Spätestens seit seinem

1928 erschienenen Pamphlet »Kunst und Rasse« gilt er als Vorkämpfer gegen die sogenannte ostisch und mongoloide »entartete Kunst«. Sein Haus unterhalb der Burgruine Saaleck bei Bad Kösen ist Treffpunkt der völkischen und rechtsextremen Szene, der Jenaer »Tat«-Verleger Eugen Diederichs, Adolf Bartels, der Rassekundler Hans F. K. Günther, Gauleiter Fritz Sauckel und sein Chefideologe Hans Severus Ziegler gehen hier ein und aus, auch Hitler und Goebbels finden sich gelegentlich unter den Gästen. Günter Neliba weist darauf hin, daß der Agrarexperte der Nationalsozialisten und spätere Reichsbauernführer Walther Darré sein Werk »Neuadel aus Blut und Boden« in Saaleck als Gast des Hausherrn niedergeschrieben hat. Als Architekt ein unerbittlicher Feind des Gropiusschen »orientalischen« Flachdachs, propagiert Schultze-Naumburg als Autor von »Kunst und Rasse« eine rein »arische Kunst« und streitet offen für die Euthanasie: Auch der Mensch habe einen Reineke nötig, der unerbittlich den Schlechten reißt und damit verhindere, daß mindere Erbmasse auf zahlreiche gleichmindere Nachkommen übertragen werde.

Demonstrativ macht Frick Weimar zum strategischen Drehkreuz, von wo aus er die Eroberung der konservativen deutsche Seele im Reich beginnt. Am Pfingstsonntag 1930 tagt erstmals der neugegründete »Kampfbund für deutsche Kultur« in der Klassikerstadt. In Anwesenheit von Göring, Goebbels und Darré beschwört Alfred Rosenberg die »Einheit von Potsdam und Weimar, von deutschem Macht- und Ehrgedanken mit seelisch-schöpferischer Gestaltungskraft«. Auf einer Anhöhe über dem Kirschbachtal hat Schirach am Abend zuvor im Schein der Fackeln vor HJ und bündischen Jugendgruppen ein Bekenntnis zu »Weimars Kulturboden« abgelegt und gelobt, gegen alle Zersetzungserscheinungen »für Rasse und Volkstum« zu kämpfen.

Diesem Ziel dient auch die Berufung Hans F. K. Günthers, des Autors einer »Rassenkunde Europas« und einer »Rassenkunde des jüdischen Volkes«, als Professor an die Universität Jena. Als sich Rektor Karl Heussi, ein anerkannter Kirchenhistoriker von politisch eher konservativer Einstellung, sich dem mannhaft widersetzen will, demonstrieren NS-Studenten und der von ihnen beherrschte AStA gegen die Leitung der Universität. Zwar protestieren die Liga für Menschenrechte und die Allgemeine Freie Lehrergewerkschaft Deutschlands gegen die geplante Berufung, aber nur drei Jenaer Professoren schließen sich diesen Protesten an, von denen einer in öffentlichen Vorlesungen der Rassekunde Günthers jede Wissenschaftlichkeit abspricht.

In dieser ersten Konfrontation zwischen einer deutschen Hochschule und einem nationalsozialistischen Kultusminister in Deutschland unterliegt die Universität, weil es ihr an der notwendigen inneren Abwehrkraft fehlt: Lehrkörper und Studentenschaft in Jena sind bereits 1930 weitgehend nationalsozialistisch unterwandert. Rektor und Senat beugen sich dem Gebot Wilhelm Fricks, nur beim Titel gelingt es ihnen, ein Zugeständnis zu erreichen. Ursprünglich hatte das neu geschaffene ordentliche Ordinariat »Lehrstuhl für menschliche Züchtungskunde« heißen sollen, schließlich einigt man sich auf den weniger provokativen Namen »Lehrstuhl für Sozialanthropologie«. Aber die NSDAP läßt keinen Zweifel, worum es ihr wirklich geht. Günthers Antrittsvorlesung in der Aula wird zum Spektakulum; Hitler, Göring und Darré kommen und nehmen auf der Kollegbank Platz. Angeführt von einer SA-Kapelle und Spielmannszügen, bringen Gauleiter Sauckel, Wilhelm Frick und der NS-Studentenbund am Abend dem frisch gebackenen Professor, der bis dahin aushilfsweise als Lehrer an einem Dresdner Gymnasium tätig war, einen Fackelzug. In einer Zeit, da »die Rassenschande in den Ländern haust«, so unverhüllt und ohne jede Scham verspritzt Hans Severus Ziegler sein Gift auf einer Kundgebung vor dem Hause Günthers, müsse der neue Lehrstuhlinhaber »den Rassegedanken plastisch vor die Augen des deutschen Volkes rücken«. Und feiert den Rasse-Professor, diese »wundervolle Verbindung eines nordischen Wissenschaftlers und eines Trägers nordischer Gesinnung«, mit dreifach donnerndem Heil. In seiner Dankesrede fordert der also Gefeierte die »Aufartung« der Deutschen: »Die erblich Tüchtigsten aller Stände sollen zugleich führend und kinderreich werden, den erblich Minderwertigen aller Stände aber soll ein Recht auf Kinderlosigkeit zugesprochen werden.« So nachzulesen in der Gauzeitung »Der Nationalsozialist« (6. Novemberfolge 1930). Wenn Günther euphemistisch und verschleiernd von einem »Recht« auf Kinderlosigkeit spricht, hält er es 1930 offenbar noch nicht für opportun, die Grausamkeiten eines »Aufartungs«-Programms beim Namen zu nennen, das nur zu bald Zwangssterilisation und die Zwangs-Euthanasie bedeuten wird. Als Frick mit dem Versuch scheitert, auch Adolf Bartels auf einen Lehrstuhl für Literaturwissenschaft nach Jena zu berufen, schanzt er ihm einen Lehrauftrag an der Staatlichen Bauhochschule in Weimar zu.

Auf den Rat Schultze-Naumburgs nimmt Frick sogar die Aktion »Entartete Kunst« des Jahres 1937 vorweg, als er Anfang November siebzig Werke moderner Künstler aus dem Weimarer Schloßmuseum entfernen läßt. Bilder, Aquarelle und Graphiken von Lyonel Feininger und Wassily Kandinsky, Paul Klee, Gerhard Marcks und Johannes Molzahn verschwinden in den Depots oder werden – da Leihgaben – zurückgeschickt.

»Banausisch« wirke der völkische Geist im Weimarer Schloßmuseum, meint die »Frankfurter Zeitung« vom 30. November 1930 völlig zu Recht, am selben Tag bezeichnet das »Berliner Tageblatt« die Tätigkeit Fricks gar als »Skandal in einem Kulturstaat«. Wer Kunst nicht anerkennen wolle, nur weil sie einmal unter marxistischem Protektorat gestanden habe, werde »die Schönheit einer Rose nicht sehen, wenn sie rot ist«. Die »Vossische Zeitung« vom 2. Dezember 1930 fühlt sich angesichts des Weimarer Kunstskandals an die reaktionären Kunstanschauungen aus der Kaiserzeit erinnert. Doch kühl benennt der »Nationalsozialist« am 29. November 1930 in Weimar die Gründe, die Frick zu seinem Bildersturm bewogen haben: Die Werke dieser Künstler hätten mit »nordisch-deutschem Wesen nichts gemein«, sie bedeuteten die »Verewigung und Verherrlichung des ostischen oder sonstwie minderrassigen Untermenschentums«.

Nun haben Anfang der dreißiger Jahre noch nicht alle Kontrollmechanismen der parlamentarischen Demokratie und des Verfassungsstaates versagt. Es ist vor allem das Verdienst Hermann Brills, des Landtagsabgeordneten und Chefideologen der thüringischen Sozialdemokraten, wenn viele Maßnahmen Fricks angefochten und schließlich von den zuständigen Gerichten außer Kraft gesetzt werden. Als Jurist erstreitet er vor dem Thüringer Oberverwaltungsgericht die Aufhebung einer Polizeiverfügung, mit der Frick das Theaterstück »Frauen in Not« von Karl Credé verboten hat. Er geht gegen die vielen Filmverbote an, die Fricks Filmprüfstelle erläßt, und hat meistens Erfolg damit. Auf seine Empfehlung wird beim Staatsgerichtshof für das Deutsche Reich in Leipzig gegen die Thüringer Schulgebete geklagt, und Frick erleidet auch hier eine Niederlage. Weil sie die Empfindungen Andersdenkender verletzen und damit gegen Artikel 148 Absatz 2 der Reichsverfassung verstoßen, verwirft das

Gericht am 11. Juli 1930 drei Gebete und empfiehlt, die restlichen zwei zurückzuziehen. In einem Gutachten hatte die evangelische Landeskirche festgestellt, die Gebete gehörten zur Tagespolitik und hätten keinerlei Gebetseigenschaft. Und daß Frick, von Brill schon im Mai im Landtag gestellt, seine durch und durch parteipolitische Motivation bekannte und offen erklärte, die Gebete sollten zur »Abwehr des Betruges« dienen, der »durch den Marxismus und die Juden am deutschen Volk begangen wird«, hat zum Sieg der Kläger zweifellos beigetragen.

Brill, Sohn eines Schneidermeisters, der ursprünglich den Lehrberuf wählte und sich dann zum Juristen weiterbildete, hatte die republikanische Sache 1921 schon gegen Walter Ulbricht verteidigt, als dieser Leiter der KPD- Bezirksparteiorganisation in Erfurt war. Gegen das mögliche Übergreifen des Hitlerputsches nach Thüringen wollte Ulbricht damals die proletarischen Hundertschaften mobilisieren und damit eine revolutionäre Situation schaffen, welche die KPD für ihre antirepublikanischen Ziele nutzen konnte. Gegen Ulbricht setzte Brill jedoch durch, daß die Kompetenz für die Verteidigung Thüringens und das Waffenmonopol bei der Polizei verblieben. Anfang der dreißiger Jahre, als nach seinen Worten in Thüringen »eines der wichtigsten Vorpostengefechte in der großen Schlacht zwischen Demokratie und Diktatur ausgefochten« wird, erweist er sich erneut als zuverlässiger Wachhund von Parlamentarismus und Demokratie. Nachdem Fricks »Köpenickiade von Schildburghausen« in der Presse ruchbar geworden ist, überträgt der Landtag Hermann Brill den Vorsitz eines Untersuchungsausschusses, welcher den Vorgang aufklären soll.

Brill lädt Hitler und Frick als Zeugen, und was er zutage fördert, gleicht einer personalpolitischen Groteske mit sehr realem Hintergrund. Vor 1933 war es nämlich möglich, die deutsche Staatsbürgerschaft durch Einbürgerung in einem Land oder durch Ernennung zum Beamten zu erhalten. Weil er eine Ausweisung als Ausländer befürchtete, hat sich Hitler schon 1924 in Thüringen um die Einbürgerung bemüht. Ort und Zeitpunkt schienen ihm günstig, weil die Ordnungsbund-Regierung auf die Duldung der Völkischen angewiesen ist. Der Versuch von 1924 verläuft jedoch im Sande. Aber wie wäre es jetzt, seit Frick das Innenministerium führt, mit einem Professor Hitler an der Weimarer Kunsthochschule? Kaum im Amt, sucht Wilhelm Frick seinen Regierungschef und Koalitionspartner Erwin Baum, Mitglied des Thüringer Landbundes und des »Stahlhelms«, für diese Idee zu gewinnen. Der Welt wäre sicher viel erspart geblieben, meint Brill ironisch in »Gegen den Strom«, wenn Hitler in der Ilm-Stadt »entsprechend seinen künstlerischen Neigungen Tapetenmuster entworfen oder Porzellanvasen gedreht hätte«. Doch Baum lehnt ab, und Frick versucht, ihn wenige Monate später zu überspielen. Als der Regierungschef in Urlaub ist und er dessen Finanzressort mitverwaltet, ernennt er Hitler zum Gendarmeriekommissar in Hildburghausen, stellt ihn gleichzeitig von der Verpflichtung frei, den Dienst anzutreten, und streicht dafür das Gehalt. Er hält den Vorgang geheim und verpflichtet die zuständigen Ministerialräte auf ein »Schweigegebot gegen jedermann«. Am Abend des 12. Juni 1930, auf dem Gautag der NSDAP in Gera, überreicht er die Urkunde. Hitler quittiert ihren Empfang, wenn auch mit dem Vorbehalt des Widerrufs, denn ihn plagen Zweifel, ob er die Ernennung annehmen soll. Zwar ist er nun Beamter der Besoldungsstufe 4e ohne Verpflichtung zum Dienst und damit deutscher Staatsbürger, den man nicht mehr einfach des Landes verweisen kann. Aber gibt ihn, den Herrn über eine machtvolle Bewegung, der Titel eines Gendarmeriekommissars, der bestenfalls sieben Wachtmeister zu kommandieren hätte, nicht allgemeiner Lächerlichkeit preis, zumal Hildburghausen wegen des nahe gelegenen Krankenhauses für geistig Behinderte im Volksmund »Rappelsdorf« heißt? Zurück in München, zerreißt Hitler schließlich die Urkunde. Doch die Nachrichten vom Thüringer Untersuchungsausschuß alarmieren Hitlers Gefolgsleute in Braunschweig, dem einzigen Land, wo die Nationalsozialisten nach ihrem Ausscheiden in Thüringen an der Regierung beteiligt sind. Innenminister Dietrich Klagges stellt Hitler als braunschweigischen Regierungsrat an, verschafft ihm damit die automatische Einbürgerung und ebnet ihm den Weg zur Kandidatur für das Amt des Reichspräsidenten.

Als die Köpenickiade um den Gendarmeriekommissar bekannt wird, befindet sich Frick längst nicht mehr im Amt. Es ist nicht der Einbürgerungsversuch Hitlers, der ihn stürzt, und schon gar nicht seine abenteuerliche Kulturpolitik, die von breiten Kreisen der Koalitionsparteien Zustimmung erfährt. Er wird zur Belastung für die Thüringer Koalition, weil seine Politik immer wieder Konflikte mit dem Reich heraufbeschwört. So streicht Reichsinnenminister Carl Severing den Polizeikostenzuschuß, der immerhin neunzig Prozent aller Polizeikosten Thüringens deckt, weil Frick einen Gymnasialdirektor des Amts enthoben hat, der gegen verfassungsfeindliche Betätigungen von Schülern eingeschritten ist. Frick habe damit, argumentiert Severing, selbst gegen die Reichsverfassung verstoßen.

Daß Frick mit seinem »Ermächtigungsgesetz« sich die Vollmacht schafft, Beamte früher in den Ruhestand zu schicken, um dafür Nationalsozialisten in den Staatsdienst, etwa bei der Weimarer Polizei, einzuschleusen, wird zum weiteren Streitpunkt zwischen Weimar und Berlin. Zwar werden beide Fälle durch Vergleich beigelegt, aber der Unruhestifter Frick gilt zunehmend als Belastung der Koalition. Als die NS-Presse in Thüringen die bürgerlichen Koalitionspartner unflätig angreift, platzt einigen Bürgerlichen der Geduldsfaden. Der DVP-Fraktionsvorsitzende Georg Witzmann verbittet sich diesen »Sauherdenton« und stimmt mit seiner Fraktion am 1. April 1931 für einen sozialdemokratisch-kommunistischen Mißtrauensantrag gegen Frick und Marschler. Die nationalsozialistischen Modellversuche in Thüringen finden damit erst einmal ihr Ende. Aber es ist eine trügerische Ruhe vor dem Sturm, die nun in Weimar herrscht, denn schon im Sommer 1932 wird die NSDAP als stärkste Partei in den Landtag einziehen und eine rein nationalsozialistische Regierung bilden.

So gleicht die Reichsgedächtnisfeier am 22. März 1932 einem letzten Aufbäumen des republikanischen Deutschland vor dem Todeskampf. Was Rang und Namen hat, ist zum hundertsten Todestag Goethes aus Berlin an die Ilm gereist: Reichstagspräsident Löbe, Reichskanzler Brüning, Reichsinnenminister Groener, die Botschafter Frankreichs, Großbritanniens, Italiens, der USA und der UdSSR, die Regierungschefs der meisten deutschen Länder, der Rektor der Universität Paris, einstmals gekrönte Häupter und Vertreter der internationalen Gelehrtenwelt.

Pünktlich um halb zwölf mittags, an Goethes Sterbestunde, läuten alle Glocken der Stadt. Vor Goethes Sarg in der Fürstengruft stapeln sich die Kränze mit den riesigen Seidenschleifen, selbst die deutsche Volksgruppe in Eupen-Malmedy und der König von Ägypten haben des Dichters gedacht. Der Weg zum Fürstenmausoleum ist mit frischem Kies aufgeschüttet und von zwölf brennenden Pechfackeln gesäumt; Löbe, Brüning und Gröner tragen Zylinder, als sie zur Kranzniederlegung gehen. Überall in den Schaufenstern Goethe-Andenken, das Gartenhaus als Bonbonniere und die verschiedensten Goethebüsten, sei es aus Porzellan, Gips oder Marzipan. Eine Delikateßhandlung zeigt einen gedeckten Tisch mit Speisen, die Goethe, der Genießer, seinem Riemer kredenzte: kalten Braten, grüne Sauce, Obst und Wein. Im Nationaltheater gastiert das Staatliche Schauspielhaus Berlin mit dem »Urgötz« in Starbesetzung: Heinrich George spielt den Ritter mit der eisernen Hand, Regie führt Ernst Legal, unter den Mitgliedern des Ensembles finden sich Bernhard Minetti und Veit Harlan. Anderntags gastiert das Burgtheater mit einer nicht weniger glanzvollen »Egmont«-Aufführung. Der Reichspräsident hat eigens eine Goethe-Medaille für Kunst und Wissenschaft gestiftet, die in Weimar u.a. an Thomas Mann verliehen wird. Nie zuvor, meint Karl Robert Mandelkow, sei so viel und so ausführlich zu Goethe gesprochen und geschrieben worden wie im März 1932, zehn Monate vor der Machtübertragung an Hitler. Es habe »den Anschein, als sei das Bekenntnis zu Goethe ein willkommener Anlaß, sich angesichts der augenfällig gewordenen Agonie der Weimarer Republik in die rettenden Gefilde einer Dichterfeier flüchten zu können«. Mit Mendelssohns »Alles geben die Götter, die unendlichen« eröffnet der Thomanerchor die festliche Veranstaltung in der neuerbauten Weimarhalle, danach hält der Präsident der Goethegesellschaft, der Berliner Germanist Professor Julius Petersen, die Festansprache. An Pathos ist sie schwerlich zu überbieten, vergleicht er doch, Ostern ist nahe, Weimar mit Bethlehem und Jerusalem: »Ziehe Deine Schuhe aus, denn der Boden, auf dem Du stehst, ist heiliges Land.«

Einem Wunsch der Veranstalter nachkommend, haben nur die öffentlichen Gebäude geflaggt – wahrscheinlich, um die Nationalsozialisten daran zu hindern, mit einem Meer von Hakenkreuzfahnen ihre starke Präsenz in Weimar zu demonstrieren. Für kritische Beobachter wie Thomas Mann ist sie dennoch nicht zu übersehen. Das »Nest« habe zwar durch den ungeheuren Fremdenzudrang förmlich eine Injektion bekommen, berichtet er später Rotariern über seine Goethereise, aber ganz eigenartig habe ihn »die Vermischung von Hitlerismus und Goethe« berührt: »Weimar ist ja eine Zentrale des Hitlertums ... Der Typus des jungen Menschen, der unbestimmt entschlossen durch die Stadt schritt und sich mit dem römischen Gruß begrüßte, beherrscht die Stadt.«

Thomas Mann hält seinen Vortrag über »Goethe als Repräsentant des bürgerlichen Zeitalters«, den der NSDAP-offizielle »Völkische

Beobachter« als »kulturbolschewistischen Schmus« bezeichnet, weil er sich mutig zur Demokratie bekennt und vor jener Mischung von Deutschem und Konservativem warnt, die sich bei Wagner und seinen geistigen Zöglingen zum Nationalismus politisiere. Ausdrücklich lobt er den deutschen Weltbürger Goethe, weil dieser sich gegen solche Versuchungen »kalt bis zur Verachtung« verhalten habe.

Ganz anders im Tenor, blumig-verschwommen, national und dem aufkommenden Zeitgeist angepaßt, dagegen Julius Petersen, der offizielle Festredner der Reichsgedächtnisfeier: Goethe sei »von der Sendung des deutschen Volkstums« überzeugt gewesen, auch wenn seine Zeitgenossen sein wahrhaft vaterländisches Fühlen oft mißverstanden hätten. Die Klassik habe der deutschen Einheit den Weg geebnet, und das »erniedrigte, gedemütigte große deutsche Volk« sei endlich um sein Heiligtum geschart. Weimar heute, das sei »ein werbendes Sinnbild« für das Einheitsbewußtsein der politisch getrennten Kulturnation: »Im Anblick Goethes kann uns niemand verwehren, uns als *sein* Volk und damit als *ein* Volk zu fühlen.«

Max Hecker, Professor der Germanistik und Archivar des Goethe- und Schiller-Archivs, rückt noch weiter nach rechts, als er in der Goethe-Gedächtnis-Nummer der Allgemeinen Thüringischen Landeszeitung »Deutschland« Goethe als den »Deutschesten der Deutschen« feiert, dem die Kraft seines Dichtens aus den »unergründlichen Tiefen seines Volkstums« zugeströmt sei. Die konservative und nationale Elite der deutschen Bildungsbürger, der Petersen wie Hecker zweifellos zuzurechnen sind, ist im Endstadium der Republik gegen den Virus völkischen Wahns längst nicht mehr gefeit. Wer heute ihre Reden liest, fragt sich, warum es damals überhaupt einer »Stunde der Deutschen Volksgemeinschaft« bedurft hat, einer rechten Parallelveranstaltung zur Reichsgedächtnisfeier, die übrigens Brüning, Gröner und auch Thomas Mann besuchen und auf der Erwin Guido Kolbenheyer Goethes Weltbürgertum so definiert: »Aus dem Volke leben, für das Volk schaffen, in die Menschheit wirken – das ist in Wahrheit Goethisches Weltbürgertum.« Damit sprach Kolbenheyer eigentlich »gegen Goethes Weltbürgertum«, urteilt Thomas Mann erstaunlich milde gestimmt, ja er, Kolbenheyer, »bestritt es und kennzeichnete die Iphigenie als ein durch und durch völkisches Stück. In Goethes Umfänglichkeit findet jeder das Seine. Aber diese wunderliche Stilisierung seines Wesens erschien doch ein wenig weitgehend.«

Das Endstadium der Republik ist die Zeit des fließenden Übergangs. Wenn es eines Beweises bedurft hätte, wie die Konturen des Konservativ-Nationalen, vom Völkischen längst zersetzt, sich wie von selbst auflösen und der konservative Bildungsbürger nationalsozialistischen Kulturparolen erliegt, in Weimar und im Goethejahr 1932 wird er erbracht. Ein kleiner Schritt noch, und der Goethe- und Schiller-Archivar Max Hecker begrüßt im Vorwort des Goethejahrbuchs 1933 explizit das »Dritte Reich«. »In der Gewißheit des erneuerten Deutschland, dessen wir uns freuen, blicken wir ungeschreckt hinaus in die Zukunft«, schreibt er da.

Und Julius Petersen, der schwülstige Festredner der letzten Goethefeier der Republik? Für ihn legitimiert Goethe den Anschluß des Elsaß, weil der Verehrer der Friederike von Seesenheim dort für Herder deutsche Volkslieder gesammelt und das Straßburger Münster als Sinnbild deutschen Glaubens erkannt habe. Den deutschen Sieg bezeichnet er als »Gralswunder mit der Waffe«, seit dem Hissen der deutschen Fahne auf dem Münster, heißt es in seinem Beitrag »Goethes Elsaß« im Jahrbuch 1940, verbreite sich »die religiöse Weihe eines Dankgebets über ganz Deutschland«. Das durch Adolf Hitler geeinte Großdeutschland trete an als »Vollstrecker seines im ewigen Volkstum begründeten Rechts«. Im Jahrbuch 1941 feiert er Schiller, weil dessen Dichtung in anderthalb Jahrhunderten das Schwert schärfen half, mit dem Deutschland jetzt sein »Lebensrecht gegenüber allen anderen Völkern« durchsetze. Schillers »Reiterlied« aus dem »Wallenstein« – »Der dem Tod ins Angesicht schauen kann, / Der Soldat allein ist der freie Mann« – sei der »Kehrreim aller Erkenntnisse zum Krieg«. O Deutschland, deine Professoren!

Wenige Monate nach der Goethegedächtnisfeier, der letzten großen Selbstdarstellung der Republik in Weimar, gelingt den Nationalsozialisten bei den Landtagswahlen vom 31. Juli 1932 der Griff nach der Macht: Mit 42,5 Prozent aller Stimmen werden sie stärkste Partei und bilden, gestützt auf den konservativen Thüringer Landbund, ein rein nationalsozialistisches Kabinett unter Führung von Gauleiter Fritz Sauckel. Sein Volksbildungsminister, der Lehrer Fritz Wächtler, wandelt auf den Spuren Wilhelm Fricks und verpflichtet alle Schulen, im Geschichtsunterricht den Kampf gegen den Versailler Vertrag und die Kriegsschuldlüge ins Zentrum zu rücken. Zusätzlich ordnet er einen Wechselspruch gegen die Kriegsschuldlüge an, der vom siebten Jahrgang aufwärts regelmäßig die letzte Wochenstunde beschließen soll:

»Ein Schüler oder Lehrer hat zu sagen: ›Hört den Artikel, den Deutschlands Feinde ersannen, um uns auf ewig zu schänden.‹
  Danach folgt die Verlesung von Artikel 231 des Versailler Vertrages, der Deutschland zum Urheber des Kriegs und Verantwortlichen für alle Schäden erklärt.
  Empört und entschlossen hat die Klasse darauf im Chor zu antworten: ›Die deutsche Schande soll brennen in unseren Seelen bis zu dem Tag der Ehre und der Freiheit.‹«

Um die Erwachsenen von solcher vaterländischer Indoktrination nicht auszunehmen, werden auf Beschluß der Regierung Sauckel alle Briefe, die Thüringer Ministerien an Empfänger innerhalb der Reichsgrenzen verschicken, mit dem Stempel versehen: »Wer behauptet, Deutschland sei am Kriege schuld, lügt! Diese Lüge ist die Wurzel unserer Not.«

Wenn die Nationalsozialisten Thüringen lange vor der Machtübertragung an Hitler zum Paradefeld für dessen künftige Politik machen können, hat dies auch mit dem Schulterschluß von Politik und Religion zu tun. Nirgendwo in Deutschland ist die Kirchenbewegung Deutsche Christen (KDC) mächtiger als in Thüringen, wo sie Ende der zwanziger Jahre im Wieratal bei Altenburg geboren wurde. Als Symbol hat sie sich ein Hakenkreuz gewählt, das wie ein Sonnenrad um das Kreuz gewunden ist. »In der Person des Führers sehen wir den Gottgesandten, der Deutschland vor den Herrn der Geschichte stellt«, schreibt Siegfried Leffler, evangelischer Pfarrer von Oberwiera, begeisterter Nationalsozialist und Mitbegründer jener Kirchenbewegung Deutsche Christen (KDC), die Kurt Meier eine unerhörte »schwärmerische Vermischung von Zeitlichem und Ewigem« nennt. Daß Hitler, der Messias der Deutschen, »vom Gottesdienst der Worte, vom Gottesdienst der Pharisäer und Leviten ... zum heiligen Dienst des Samariters« rufe, dieser Satz Lefflers findet sich in seiner Broschüre »Christus im Dritten Reich«, erschienen im Verlag »Deutsche Christen«, der seinen Sitz am Carl-August-Platz 1 in Weimar hat. Auch die Zeitung »Christenkreuz und Hakenkreuz« erscheint hier, die später den Titel »Deutsche Frömmigkeit« erhält.

Schon Wilhelm Frick steht ja mit seinen Schulgebeten für eine gewisse Nähe von NSDAP und konservativ-völkischem Christentum, die erst nach 1933, mit wachsendem Einfluß der SS und ihres Neuheidentums, aber auch mit Beginn des innerkirchlichen Kampfs zwischen Deutschen Christen und Bekennender Kirche an Bedeutung verliert. Nach ihrer ganzen Tradition auf eine konservative Obrigkeit hin orientiert, hält die protestantische Kirche wenn nicht feindliche, dann doch betont kritische Distanz zur Republik. Und nicht wenige Pastoren ersetzen die mit der Revolution beseitigte Ehe von Thron und Altar durch eine Ehe von Volk, Volkstum oder Nation mit dem Altar. Als das Deutsche Nationaltheater Anfang der zwanziger Jahre Schnitzlers »Reigen« aufführt, sammelt Pfarrer Ernst Alberti in Oberweimar, der örtliche Vertreter des »Deutschvölkischen Schutz- und Trutzbundes«, Unterschriften, um das angeblich unsittliche Spektakel, das zudem von einem Juden stammt, zu verhindern. Schon Paul Anton de Lagarde, renommierter Orientalist, Antisemit und völkischer Prophet der »Deutschheit«, hatte während des Bismarckschen Kulturkampfs die Kluft zwischen Katholiken und Protestanten durch eine nationale Religion überwinden wollen, in der die Interessen von Vaterland und Religion gleichberechtigt miteinander harmonieren sollten. Auf Paul de Lagarde beruft sich Arthur Dinter, der erste Gauleiter der NSDAP in Thüringen, der mit seinen religiösen Sektierer-Ideen freilich Hitler so sehr auf die Nerven geht, daß er 1927 den völkischen Dichter und Ideologen durch den Ingenieur und Organisator Fritz Sauckel ersetzt. Der gebürtige Elsässer Dinter, von Hause aus Studienrat und Regisseur, zweifach zum Doktor der Philosophie und der Naturwissenschaften promoviert, ist überaus gebildet und unsäglich borniert zugleich.

Bekanntgeworden durch seinen antisemitischen Roman »Die Sünde wider das Blut«, der in kürzester Zeit eine Auflage von fünfzigtausend Exemplaren erzielt, fordert er die »Wiederherstellung der reinen Heilandslehre«, was für ihn soviel heißt wie: die Axt an die jüdische Wurzel des Christentums zu legen und das Alte Testament, aber auch den Apostel Paulus einfach zu verwerfen. Galiläa bedeute Heidengau, woraus zu ersehen sei, daß Christus, der Galiläer, kein Rassejude, sondern Arier gewesen sei. Wenn er die »Vollendung der Reformation«

verlangt, bedeutet dies Befreiung von einem »artfremden« Christentum, das »für das mittelmeerische Rassenchaos« zurechtgemacht, den Deutschen aufgezwungen wurde und folglich in ihren Herzen nicht habe Wurzeln fassen können. Als Dinter zur Verwirklichung seiner Lehre »am 8. Nebelung [November] 1927« eigens eine »Geistchristliche Religionsgemeinschaft« in Nürnberg gründet und Protestanten wie Katholiken im Reichstagswahlkampf 1928 gleichermaßen angreift, wird er schließlich als Störenfried aus der NSDAP ausgeschlossen.

Gemessen an Dinters christlich-ariosophischen Spintisiereien wirkt die Kirchenbewegung Deutsche Christen (KDC) in Thüringen beinahe nüchtern, obschon auch sie eine »völkisch-christliche Lebensgemeinschaft«, eine überkonfessionelle Nationalkirche und eine neue Einheit von Volkstum, Rasse und christlicher Religion verlangt. Zumindest am Anfang seiner Kirchenbewegung will ein Mann wie Leffler die Einheit der Bibel bewahren – und damit auch das Alte Testament, das er einmal ein »Beispiel göttlicher Volkserziehung« nennt. Aber natürlich sind er und sein Pfarrerkollege Julius Leutheuser, welche die ersten KDC-Gruppen in der Nähe von Altenburg organisieren, überzeugte Antisemiten und Nationalsozialisten, die gleichzeitig für die Partei wie für ihre kirchliche Bewegung missionieren und dabei aufs engste mit Volksschullehrern zusammenarbeiten. Für einen Pfarrer wie Julius Leutheuser wird Hitler zum »Vollstrecker göttlichen Geschichtswirkens«, meint Gabriele Lautenschläger, der KDC-Pfarrer habe diesen welthistorischen Segensbogen »von Jesus über Karl den Großen, Luther und Bismarck bis hin zu Hitler« gespannt. Der Nationalsozialismus galt den Deutschen Christen des Wieratals als Vollendung der Reformation und Hitler als die deutsche Inkarnation des »ewigen Christus«. Bald hat die Bewegung Lefflers und Leutheusers innerhalb der thüringischen Kirche soviel Stoßkraft erlangt, daß sie bei den Landeskirchenwahlen in Thüringen am 22. Januar 1933, also noch vor Hitlers Regierungsantritt, fast ein Drittel aller Stimmen erhält und im Bunde mit konservativen Gruppen den Ausschluß der religiösen Sozialisten durchsetzt: »Wer die marxistische oder eine andere materialistische Weltanschauung vertritt oder den Klassenkampf schürt, kann nicht Mitglied der Thüringer Evangelischen Kirche sein«, heißt es in einem Antrag der Deutschen Christen, der vom landeskirchlichen Gesetzgebungsausschuß angenommen

wird. Als im ganzen Reich zum 23. Juli neue Kirchenwahlen anberaumt werden, erringt die KDC in Thüringen mit sechsundvierzig zu fünf Abgeordneten eine überwältigende Mehrheit im Landeskirchentag.
Neben Eisenach zählt Weimar zu den Hochburgen der KDC im Thüringer Land. Siegfried Leffler wechselt im Juni 1933 ins Thüringer Volksbildungsministerium über, dessen Chef Fritz Wächtler ebenfalls Deutscher Christ und Mitglied des Landeskirchentages ist. Kaum im neuen Amt, konzipiert der Pfarrer aus Oberwiera, jetzt als Leiter der Abteilung Jugend- und Volkserziehung, nach Frickschem Vorbild ein neues Schulgebet:

»Schütze, Herr, mit starker Hand
unser Volk und Vaterland!
Laß' auf unsres Führers Pfade
leuchten Deine Huld und Gnade!
Weck' in unserem Herz aufs neue
deutscher Ahnen Kraft und Treue!
Und so laß' uns stark und rein
Deine deutschen Kinder sein!«

Auch als Oberregierungsrat behält Leffler alle wichtigen Fäden der von ihm gegründeten Bewegung in der Hand und arbeitet aufs engste mit dem neuen Landesbischof zusammen. »Der neue Staat steht als der neue Tempel Gottes unterm Volk«, heißt es im August 1933 in einem Bericht der »Allgemeinen Thüringischen Landeszeitung« über eine Feierstunde der Deutschen Christen Weimars im Horst-Wessel-Haus, auf der Leffler und sein Kollege Leutheuser referierten.
Friedrich Lienhards alter »Weimar-Wartburg-Lebensbegriff« wird mit völlig neuem Inhalt gefüllt, als Martin Sasse, Pfarrer aus Oberlauscha, 1934 sein Kirchenregiment hoch droben über der Stadt Eisenach beginnt. Von den sieben Mitgliedern des Thüringer Landeskirchenrats, auf den er sich stützen kann, sind sechs Mitglieder der KDC, von den sieben Kirchenregierungsräten, denen die Verwaltung der Landeskirche obliegt, gehört nur einer nicht der Leffler-Bewegung an. Indes die in manchem moderatere Berliner Spielart der Deutschen Christen zusammenbricht, weil Hitler seine Reichskirchenpläne nach der Gründung der Bekenntnisgemeinschaft aufgeben muß, werden

von der Wartburg aus viele Landeskirchen Mittel- und Norddeutschlands für die radikaleren Ideen der Thüringer KDC gewonnen.
Feierlich wird am 6. Mai 1939 auf der Wartburg, dem Symbol des deutschen Protestantismus, ein »Institut zur Erforschung und Beseitigung jüdischen Einflusses auf das deutsche kirchliche Leben« eingeweiht, das zur Neuaufnahme des »unverfälschten Evangeliums« durch den Menschen des »Dritten Reichs« beitragen soll, wie Friedrich Werner erklärt. Werner ist Nationalsozialist, Deutscher Christ und Präsident der Kirchenkanzlei der Deutschen Evangelischen Kirche und des preußischen Evangelischen Oberkirchenrats. Die Leitung des Instituts obliegt dem Oberregierungsrat Siegfried Leffler aus Weimar, dem Spiritus rector des Unternehmens, der in Hitler den Messias eines deutschen Tatchristentums sieht.

»Im Kampf gegen den Weltfeind Nr. 1, das Judentum, begrüßen wir Gauleiter Streicher!« lautet ein Telegramm, das die Mitglieder der Gründungsversammlung von der Wartburg an den Herausgeber des übelriechenden, psychopathologischen Hetzblattes »Der Stürmer« schicken. Nach dem Pogrom vom 9. November 1938, praktisch zur Rechtfertigung der Zerstörung der Synagogen, veröffentlicht der Thüringer Landesbischof Martin Sasse eine aus Zitaten Luthers zusammengestellte Broschüre, als Handreichung zum Judenhaß und Argumentationshilfe für seine Pfarrer gedacht. Ihr Titel: »Martin Luther über die Juden: Fort mit ihnen.« Synagogen sind Teufelsnester, erfährt der Leser, die schon Luther zu zerstören und mit Feuer anzustecken empfahl. Und im Vorwort, diktiert in der Wartburg-Stadt Eisenach am 23. November 1938, schreibt Sasse: »Am 10. November 1938, an Luthers Geburtstag, brennen in Deutschland die Synagogen. Vom deutschen Volk wird zur Sühne für die Ermordung des Gesandtschaftsrates vom Rath durch Judenhand die Macht der Juden auf wirtschaftlichem Gebiete im neuen Deutschland endgültig gebrochen und damit der gottgesegnete Kampf des Führers zur völligen Befreiung unseres Volkes gekrönt ... In dieser Stunde muß die Stimme des Mannes gehört werden, der als erster deutscher Prophet im 16. Jahrhundert aus Unkenntnis einst als Freund der Juden begann, der, getrieben von seinem Gewissen, getrieben von den Erfahrungen der Wirklichkeit, der größte Antisemit seiner Zeit geworden ist, der Warner seines Volkes wider die Juden.« Und als seinem Kirchenbruder, dem Köstritzer Bekenntnis-Pfarrer und »Halbjuden« Werner

Sylten, einem früheren Freikorpskämpfer und Weltkriegsteilnehmer, eine Ehrenurkunde des Kyffhäuserbundes zuerkannt wird, denunziert er ihn beim Gothaer Wehrbezirkskommandanten wegen seiner »nichtarischen« Abstammung. Interessanterweise, schreiben Eberhard Röhm und Jörg Thierfelder in ihrer Reihe »Juden – Christen – Deutsche«, stellte sich das Wehrbezirkskommando vor den Bekenntnis-Pfarrer und belehrte den Landeskirchenrat in Eisenach, daß nach der Verordnung über das militärische Erfassungswesen in Verbindung mit den Ausführungsbestimmungen zu den »Nürnberger Gesetzen« Sylten »keineswegs als ›Jude‹ gelte«. Eine wahrlich verkehrte Welt: Der Bischof wird zum eifernden Exekutor nationalsozialistischer Ideologie, indes der Militär Gerechtigkeit walten läßt. Christus predigte Liebe, sein deutschchristlicher Hirte verkündigt den Rassenhaß.

Hier fühlt man sich groß und frei

Das KZ auf dem Ettersberg als Weimars Zwillingsort

Schiller als Kampfgenosse Hitlers, Goethe als Sportsmann und Verklärer der Uniform – Weimar unter dem Nationalsozialismus ist eines der finstersten Kapitel deutscher Geschichte, nahezu gnadenlos wird der Mythos Weimar für die nationale und totalitäre Idee ausgebeutet und instrumentalisiert. Der schöne Schein der Klassik dient nationalsozialistischer Kulturpolitik als Legitimation und Feigenblatt. Weimar wird für die geistige Wehrerziehung des »Dritten Reichs«, als Veranstaltungsort für Kulturlager der Hitler-Jugend, NS-Studententage, großdeutsche Dichtertreffen oder Reichsbuchwochen miß-braucht.

Den Beginn solcher Indienstnahme markiert der 175. Geburtstag Schillers, den Hans Severus Ziegler 1934 im früheren NS-Blatt, das nun »Thüringische Staatszeitung« heißt, als Schöpfer eines deutschen Idealismus feiert, »dessen Kristallisation das herrliche Gebilde unseres Reichs geworden ist«. In Schiller erspürt der Nationalsozialismus das Nordisch-Heroische, das er dem Volk so gern anerziehen will, den »geistigen Führer«, den Kämpfer und den Dichter der »männlichsten Männlichkeit«. Im Frack nimmt Hitler am feierlichen Staatsakt teil, um ihn geschart Würdenträger des »Dritten Reichs« in Uniform, seine Mittelloge im Nationaltheater ist mit einer großen Hakenkreuzflagge drapiert.

Es sei ein armseliges und kleinliches Ideal, hat Schiller einmal gesagt, nur »für *eine* Nation zu schreiben«. Aber weil kein Toter, auch der größte Dichter nicht, sich gegen falsche Freunde wehren kann, reklamiert Festredner Joseph Goebbels den »bewundernswerten Gestalter deutscher Kraft und dichterischer Gnade« schamlos für die nationalsozialistische Bewegung: »Er war einer der Unseren, Blut von unserem Blut und Fleisch von unserem Fleisch.« Hätte Schiller nur in die-

Das KZ auf dem Ettersberg als Weimars Zwillingsort

Die Hakenkreuzfahne hängt an der Mittelloge des Nationaltheaters, als Hitler 1934 im Frack am Staatsakt zum 175. Geburtstag Friedrich Schillers teilnimmt. Neben Hitler Fritz Sauckel, Reichsstatthalter in Thüringen, und Reichsinnenminister Wilhelm Frick.

ser Zeit gelebt, daran läßt der Minister für Agitation keinen Zweifel, wäre er »der große dichterische Vorkämpfer unserer Revolution«, eben der nationalsozialistischen geworden. Das ist nicht so weit vom NS-Schwulst eines Hans Fabricius entfernt, jenes Reichstagsabgeordneten der NSDAP und Hofbiographen Wilhelm Fricks, der 1932 geschrieben hatte: »Schiller als Nationalsozialist! Mit Stolz dürfen wir ihn als solchen begrüßen.« Nach Fabricius schöpfte der Dichter Schiller sein Urteil aus den Urkräften des Blutes: »Gott, Volk, Vaterland, Familie, – Blut und Boden – Ehre, Heldensinn und wahre Freiheit, – das waren die Werte, die seine deutsche Seele ihm als unveräußerlich kündete.«

Goethe nimmt die Nationalsozialistischen Erziehungsanstalten der NSDAP vorweg, wenn er in den »Wahlverwandtschaften« schreibt, Männer sollten von Jugend auf Uniform tragen, »weil sie sich gewöhnen müssen, zusammen zu handeln«. Das meint jedenfalls Baldur von Schirach und zitiert *seinen* Goethe 1937 in Weimar, als er die Schillerbund-Festspiele für die HJ okkupiert, um sie als Weimarfestspiele der deutschen Jugend fortzuführen: »Man erziehe die Knaben zu Dienern am Staate und die Mädchen zu Müttern, und so wird es überall wohl stehen.« In seiner Rede »Goethe an uns« lobt er den Dichter als Sportsmann, der noch als Greis im Garten seines Hauses mit Pfeil und Bogen schoß, der frische Luft und freies Feld schätzte und Reiter, Schwimmer, Fechter und Bergsteiger in einem war – *mens sana in corpore sano*. Daß der Geheimrat schon in seinen mittleren Jahren beträchtlich korpulent gewesen ist, daß Carl August ihm eine besonders brave Mähre hat geben lassen, damit sie den ungeübten Reiter nicht abwerfe, stört ihn nicht oder ist ihm unbekannt. Als Anwalt von Turnübungen für die studierende Jugend wird Goethe schon von Ernst Volkmann im Goethejahrbuch 1936 vorgestellt. Walther Linden macht ihn da gar zum Verfechter der olympischen Erziehung: »Lebendige Einschmelzung der Leibesübungen in das Erziehungsganze« sei Goethes pädagogisches Ideal. Der Autor von »Wilhelm Meisters Wanderjahren« habe gewußt, daß die Entwicklung des Körpers der Stählung des Willens diene.

Heroischer natürlich Schiller, der sich mit seinen Werken für nationalistische und nationalsozialistische Agitation allemal leichter und ohne Zuhilfenahme abstruser Umwege wie bei Goethe mißbrauchen läßt: »In Schillers soldatischer Natur«, so Linden 1934 in der Zeitschrift »Deutschkunde«, »lebt jener echte Ordensgeist, der auf Unterwerfung und Gehorsam heldischer Kriegsnaturen gerichtet ist.« Offenbarung des echten Weimargeistes nennen die Nationalsozialisten derlei groteske Interpretationen. Wilhelm Fehse spricht gar von »Goethes deutschem Prophetentum«. Wie ein reinigendes Gewitter habe der Nationalsozialismus jene verblendete und wahnwitzige Deutung Goethes hinweggespült, die ihn zum »segnenden Propheten einer liberalistischen Wahnbeglückung« machte, eine Deutung, der »Blut und Rasse Wahngebilde waren« und die, versteht sich, »aus jüdischem Geiste« erfolgte.

Er liebe Weimar, ja er brauche Weimar, wie er Bayreuth brauche, hat Hitler schon 1928 Hans Severus Ziegler, dem Chefredakteur der Thüringer Parteizeitung erklärt. Kaum an der Macht, gibt der Tyrann sich als Mäzen und bewilligt im Handumdrehen, wofür die Republik kein Geld geben wollte: einen Anbau zum Goethe-Nationalmuseum. Weil eine Lotterie die Mittel nicht im nötigen Umfang aufbringen konnte, klebte an der Bauplanke der Ackerwand gut ein Jahr das böse Pasquill: »Hier horstet still der Pleitegeier,/ Finanzministers Goethefeier.« Daß er diesem Zustand ein Ende macht, sichert Hitler den Applaus des ganzen gebildeten Weimar: »In der letzten Stunde des Tages, an dem Friedrich Schiller vor einhundertfünfzig Jahren geboren wurde, vernichtete Adolf Hitler mit einem Federstrich Trauer und Schmach«, jubelt Wolfgang Goetz in der Schrift »50 Jahre Goethegesellschaft«. Und als diese Goethegesellschaft, der Museumsanbau ist inzwischen vollendet, sich zur Feier ihres fünfzigjährigen Bestehens in der mit Goethebüste und Reichsadler samt Hakenkreuz dekorierten Weimarhalle versammelt, schickt Julius Petersen als ihr Präsident dem Reichskanzler eine Dank- und Ergebenheitsadresse mit dem Goethezitat: »Manches Herrliche der Welt/ Ist im Krieg und Streit zerronnen./ Wer beschützet und erhält,/ Hat das schönste Los gewonnen.« Der Berliner Germanist macht den Namensgeber seiner Gesellschaft gar zum Mitläufer, als er vor den Versammelten erklärt, Goethe hätte ohne jeden Zweifel »das im Werden begriffene Deutschland« begrüßt.

Doch sind die grausamen Wunden, die Hitlers Liebe dem Stadtbild Weimars geschlagen hat, bis heute nicht zu übersehen. Das protzigbrutale Gauforum mit seinen monumentalen Werksteinbauten, welches sich Fritz Sauckel, der Gauleiter des Schutz- und Trutzgaus

Thüringen, errichten ließ und das ein Prometheus aus Bronze von Arno Breker schmücken sollte, wirkt als Fremdkörper imperialer Blut- und-Boden-Architektur, das sich der Klassikerstadt einfach nicht einfügen will. Es durchschneidet den alten Grüngürtel Weimars und verdeckt mit seiner Überbauung den natürlichen Lauf des Asbachtals. Für eine Anlage, die als Regionalresidenz der Partei und riesiger Aufmarschplatz geplant ist, mußten 139 Häuser abgerissen werden. Altes und Morsches habe nun einmal zu weichen und Schönerem Platz zu machen, meinte der »Völkische Beobachter«.

Schöneres? Zerstörerisches für das Stadtbild ist kaum vorstellbar. Am Glockenturm, den Hitler dem Architekten Hermann Giesler aufzwang, hängen ab Sommer 1945 Stalinplakate, denn die massiven Gebäude dienen der sowjetischen Militäradministration als Unterkunft. Daß diese gern dort residiert, nimmt nicht Wunder, vom Stil her haben nationalsozialistische und stalinistische Architektur viele Gemeinsamkeiten. Giesler, nach Speer und Troost einer der führenden Baumeister des »Dritten Reiches«, hat sich Hitlers Aufmerksamkeit durch den Bau der Ordensburg Sonthofen gesichert und soll das Donau-Ufer von Linz umgestalten, das sich der »Führer« als Alterssitz erkor. Er entwirft auch den Neubau des Hotels »Elephant« in Weimar, das sich, anders als sein Gauforum, dem Stadtbild und den Fassaden am Marktplatz einfügt. Stammgast Hitler geht mit ihm die Pläne durch, korrigiert, regt an und äußert Wünsche, die selbstverständlich umgesetzt werden. Seit 1925 bis zum Kriegsausbruch vergeht kein Jahr, in dem er nicht mehrmals nach Weimar kommt, mit seiner Entourage im »Elephant« absteigt und ihn als Parteizentrale oder provisorische Regierungskanzlei nutzt. Alte Kämpfer in Thüringen betrachten das Hotel als Hitlers Weimarer Wohn- und Amtssitz, eine Art Führerpfalz in der Mitte Deutschlands, geographisch ideal gelegen und für Gauleiter aus allen Teilen des Reichs schnell zu erreichen. Zum Gautag 1938 schmückt eine Hakenkreuzstandarte den Führerbalkon des Neubaus im ersten Stock, und eine jubelnde Menschenmasse auf dem Weimarer Markt skandiert: »Lieber Führer, bitte, bitte – lenk auf den Balkon die Schritte.« – »Lieber Führer, komm heraus, aus dem Elephantenhaus.«

»Das Buch – ein Schwert des Geistes« heißt das Plakat zur Buchwoche 1935, »Bücher in Reihe und Glied« titelt die Thüringische Landes-

Das KZ auf dem Ettersberg als Weimars Zwillingsort

Seit 1925 steigt Adolf Hitler mehrmals im Jahr im
Hotel »Elephant« ab und nutzt es als eine Art mitteldeutscher Parteizentrale
und provisorische Regierungskanzlei.

zeitung »Deutschland«; 1940 lautet das Motto dann »Buch und Schwert«. Nicht in eines der traditionellen Buch- und Verlagszentren, sondern in die Klassikerstadt legt Joseph Goebbels die nationalsozialistische Jahres- und Leistungsschau deutschen Schrifttums, weil er den Mythos Weimar für massenwirksame Kulturpropaganda nutzen will. Weimar gilt als »unversiegbare Schöpfstelle erhabenen Geistes«, Feder, Schwert und Pflug werden hier als »der deutsche Dreiklang« gefeiert. Völkische Dichtertage, seit Anfang der dreißiger Jahre von einem Kreis um Börries von Münchhausen, dem Gegenspieler der von Alfred Döblin geleiteten Sektion Dichtung der Preußischen Akademie der Künste auf der Wartburg veranstaltet, werden als Ergänzung zu den Buchwochen nach Weimar verlegt und von Goebbels zu Großdeutschen, später sogar Europäischen Dichtertreffen geweitet. Als die Dichter und Schriftsteller sich 1940 versammeln, tragen viele Feldgrau. Oberstleutnant Universitätsprofessor Dr. Kurt Hesse referiert über den »Beitrag des deutschen Schrifttums zur soldatisch-kämpferischen Leistung des Krieges«.

Ein Jahr später, im Zeichen jener nationalsozialistischen Agitprop-Fiktion von der »Nation Europa«, die einig gegen den Bolschewismus kämpft, kommen Dichter aus fünfzehn Nationen an die Ilm, darunter der Flame Felix Timmermanns, Verfasser des »Jesuskind in Flandern«, der Schweizer Bestsellerautor John Knittel, Magda Gräfin Bergquist von Mirbach aus Schweden und der Franzose Drieu la Rochelle. Hans Carossa, zum Präsidenten der neu gegründeten Europäischen Schriftstellervereinigung berufen, spricht von der Veranstaltung als einem »Kongreß unfreier Schatten« und läßt sich schon bei der zweiten Tagung im Jahr darauf entschuldigen. Edwin Erich Dwinger referiert im Oktober 1942 über den »Bolschewismus als Bedrohung der Weltkultur«, der alles auf der »tiefsten Ebene« stabilisiert habe. Die sowjetische Bevölkerung nennt er ein ausgemergeltes, mickriges Volksgemisch und vergleicht sie einem »Haufen böser Termiten«. Gleichzeitig macht er gegen den Amerikanismus Front, weil dieser Flachheit, Äußerlichkeit und Betriebsamkeit verkörpere. Und Wilhelm Schäfer, Verfasser der »Dreizehn Bücher der deutschen Seele«, feiert in seiner Festrede im Weimarer Nationaltheater den Krieg als den großen Gestalter, weil ein Volk »Kraft des Befehls aus innerer Tiefe« sein Schicksal vollziehe.

Goethe würde »das höchste Glück seines Daseins genießen«, wenn er eine Festspielaufführung für die Hitler-Jugend sähe, denn ihr Jubel nach einer »Iphigenie«-Aufführung habe sage und schreibe fünfundzwanzig Vorhänge erzwungen. Das schreibt Hans Severus Ziegler in einem Programmheft des Deutschen Nationaltheaters, dessen Dramaturg und Schauspielleiter er 1933 wird, um dann 1935 die Generalintendanz zu übernehmen. Der einstige Bartels-Sekretär gibt immer wieder Sondervorstellungen für Organisationen von Partei und Staat – aus Anlaß der HJ-Verpflichtungsfeier Mozarts »Zauberflöte« oder, was heute wahrhaft komisch wirkt, für Pimpfe »Das tapfere Schneiderlein«. In geschlossenen Vorstellungen bietet er der SS-Wachmannschaft des Konzentrationslagers Buchenwald neben unterhaltsamen Operetten wie Lortzings »Zar und Zimmermann« und »Wiener Blut« von Johann Strauß betont nationale oder völkische Stücke, die verdientermaßen längst auf dem Müllhaufen der Literaturgeschichte gelandet sind – etwa das nationalistisch indoktrinierende Schauspiel »Blücher« von Max Geysenheyner oder das Blut- und-Boden-Drama »Thors Gast« von Otto Erler, bei dem er selbst Regie führt. Ziegler sucht nach Werken, die aus der »Zeitatmosphäre unseres gewaltigen völkischen Umbruchs und unserer Schicksalswende heraus die elementaren Probleme« darstellen. Elementar an Erlers Stück ist offenbar, daß der Held, ein junger germanischer Mönch namens Thysker, den es auf eine Insel der Nordmänner verschlagen hat, der »Stimme von Blut und Sippe« folgt. Er entscheidet sich für die blonde Thurid, für ihren heidnischen Donnergott und gegen den christlichen Glauben.

In der Spielzeit 1941/42 fahren die Schauspieler des Nationaltheaters samt Dekorationen sogar zur SS nach Buchenwald hinauf, um eine Oper und ein Schauspiel aufzuführen. Auch bei der Inszenierung der Bartels-Tragödie »Catilina« führt Ziegler selbst Regie. Zum achtzigsten Geburtstag seines Lehrmeisters im November 1942 opfert das Nationaltheater sogar den besten Spieltag der Woche, den Samstag, für eine »Festliche Kundgebung zu Ehren des völkischen Vorkämpfers« mit der Ouvertüre des »Freischütz«, Reden von Gauleiter Sauckel und Ziegler sowie Gedichten des Jubilars. Ebenfalls an einem Abend im November 1942 spricht Alfred Rosenberg, zuständig für die ideologische Erziehung der Partei, auf der weltanschaulichen Feierstunde »Stirb und Werde«.

Ziegler personifiziert den bösen Geist des rechtsgewendeten Weimar vor und in der Nazizeit. Während des Kapp-Putschs marschierte er als Zeitfreiwilliger gegen die Republik; als Bartels-Sekretär organisierte er die völkische Knappenschaft, der sein Ziehkind Baldur von Schirach angehörte; als Chefredakteur des »Nationalsozialist«, der nach dem »Völkischen Beobachter« zweiten Zeitungsgründung der NSDAP im Reich, schrieb er giftige »Abrechnungen« mit jüdischen Theaterkritikern des Konkurrenzblatts »Deutschland«; als stellvertretender Gauleiter organisierte er den Reichsparteitag von 1926 in Weimar; als kulturpolitischer Berater Wilhelm Fricks entwarf er den berüchtigten »Neger-Erlaß« und riet zur Berufung Schultze-Naumburgs an die neue Kunstlehranstalt. Erklärt sich sein und Baldur von Schirachs ideologischer Übereifer damit, daß beide amerikanische Mütter haben und deshalb meinen, sich völkisch besonders bewähren zu müssen?

In seiner Kindheit lernte Ziegler in Eisenach Klavier und Orgel spielen und fühlt sich seither in musikalischen Fragen als halber Experte. Auf Wunsch von Goebbels stellt er für die Düsseldorfer Reichsmusiktage im Mai 1938 eine Ausstellung »Entartete Musik« zusammen, die er selbst als »Abbild eines wahren Hexensabbath des frivolsten, geistig-künstlerischen Kulturbolschewismus« bezeichnet. Von Düsseldorf aus geht sie dann nach Weimar, wo sie als Ergänzung zur Ausstellung »Entartete Kunst« gezeigt wird, die auf ihrer Rundreise durch das Reich 1939 auch in die thüringische Gauhauptstadt kommt. Auf dem Titelblatt der Broschüre, die durch die Ausstellung führen soll, prangt ein schwarzer Saxophonist mit wulstigen Lippen und negroiden Zügen, im Knopfloch des Fracks ein Davidstern. Juden, heißt es in Zieglers »Abrechnung«, seien schon seit den Zeiten Heines und Börnes ein Ferment der Dekomposition gewesen: »Wer die Grenzen der Klangkombination dauernd verschieben will, löst unsere arische Tonordnung auf.« Der »Aufstieg und Fall der Stadt Mahagonny« von Kurt Weill, die Jazz-Oper »Jonny spielt auf« von Ernst Krenek und Arnold Schönbergs »Von Heute auf Morgen« werden verworfen, weil »Atonalität als Zerstörung der Tonalität Entartung und Kunstbolschewismus bedeutet«. Atonalität ist jüdisch und anarchisch, international und entdeutscht, der Dreiklang und die Tonalität dagegen sind gemütstief, germanisch und deutsch. Wer in die Schule Beethovens gegangen sei, könne unmöglich über die Schwelle der Werkstatt Schönbergs gehen, schreibt Ziegler, »wer sich aber länger in dieser

Werkstatt aufgehalten hat, verliert notwendigerweise das Gefühl für die Reinheit des deutschen Genies Beethoven«. Ausgerechnet im Verlag des Großvaters, des amerikanischen Musikverlegers Gustav Schirmer, erscheinen jedoch die Werke Schönbergs, den abzulehnen für den Schwiegersohn »eine völkische Ehrenfrage« ist. Zu den Wunderlichkeiten der westdeutschen Nachkriegsentwicklung gehört, daß Ziegler, der nicht nur als Schreibtischtäter, sondern als »Reichsredner«, Redakteur, Generalintendant und Gaukulturwart einer der fanatischsten nationalsozialistischen Propagandisten, ja einer der übelsten Verseucher der Volksseele gewesen ist, in Essen unbehelligt als Privatlehrer, ab 1954 als künstlerischer Leiter des privaten »Kammerspiels« und danach als Lehrer und Erzieher an einem Internat in Norddeutschland tätig sein kann.

Hans Severus Ziegler indoktriniert, Gauleiter Ernst Friedrich (Fritz) Christoph Sauckel kommandiert. Nach der vorgezogenen NSDAP-Machtübernahme in Thüringen praktiziert er, was Hitler für das restliche Reich erst ein dreiviertel Jahr später anordnen kann, und fühlt sich als Schrittmacher auf dem Gebiet der Rassepolitik. Schon im Dezember 1932 ruft Sauckel in einer Rundfunkansprache zum Boykott jüdischer Geschäfte auf und befiehlt die Wiederholung am 1. April 1933, um sich der jetzt reichsweiten Aktion anzuschließen. Als erster deutscher Ministerpräsident schafft er in Weimar ein Landesamt für Rassewesen und bestellt Professor Karl Astel, den Erfinder der nationalsozialistischen Ahnentafel, zu seinem Leiter.

Weimar unter dem Nationalsozialismus heißt, nach dem Schicksal der Juden zu fragen, die in der Stadt Goethes und Herders lebten. Die auf Luther zurückgehende, von Carl August ausdrücklich bestätigte restriktive Zuzugspolitik im früheren Großherzogtum hat ihre Zahl geringgehalten. So bestimmte die »Judenordnung« von 1823, die bis zur Mitte des 19. Jahrhunderts galt, daß »weder Juden-Familien noch einzelne Juden und Jüdinnen« im Großherzogtum aufgenommen werden durften. Zu den wenigen Juden, die kulturell führende Positionen in Weimar einnahmen, gehören Julius Wahle, lange Zeit Direktor des Goethe- und Schiller-Archivs, sowie Eduard Lassen, Hofkapellmeister und Komponist zur Zeit Carl Alexanders.

Eine Synagoge, welche Sauckels Sturmtruppen hätten anstecken, einen Betsaal, dessen Inventar sie hätten zertrümmern können, gibt es in Weimar nicht, denn die jüdische Gemeinde zählt nicht einmal fünfzig Köpfe. So demolieren SA und SS, als der von Staat und Partei befohlene Novemberpogrom 1938 anhebt, mangels anderer, lohnenderer Objekte, das letzte »nichtarische« Handelsgeschäft in Weimar, das Spielzeug und vor allem Puppen anbietet. Die Besitzerin Hedwig Hetemann, stadtbekannt als die »Puppenfrau« von der Teichgasse, wird im September 1942 nach Theresienstadt deportiert. Von den zwölf Weimarer Juden, die man im November 1938 verhaftet und nach Buchenwald verschleppt, wird einer im Konzentrationslager ermordet, ein zweiter bringt sich um, ein dritter stirbt nach der Entlassung an den Folgen der Lagerhaft. Harry Stein und Erika Müller haben an das Schicksal des in Weimar fast völlig vergessenen weltberühmten Cellisten Eduard Rosé erinnert, der von 1900 bis 1926 als Konzertmeister der Weimarer Staatskapelle wirkte. In einer Petition bittet er den Polizeipräsidenten, ihn vom Tragen des gelben Sterns zu dispensieren, weil er sich als getaufter Jude damit »eines Meineids der Kirche gegenüber« schuldig machen würde. Da er seine Eingabe nur mit Rosé unterschrieben und nicht, wie die NS-Vorschrift bestimmt, den Zwangsvornamen Israel davorgesetzt hat, wird der Dreiundachtzigjährige verhaftet. Als eine Haussuchung eine Lebensmittelkarte zutage fördert, auf der das Kennzeichen »J« ausradiert ist, stellt man ihn wegen Urkundenfälschung und Verstoß gegen die Verordnung über jüdische Vornamen vor Gericht. Bis zur Deportation nach Theresienstadt im September 1942 lebt er in der Belvederer Allee 6, einem der zwei Ghettohäuser, welche die Stadt Weimar eingerichtet hat. Die Hausbesitzerin, die in Weimar früher gefeierte Sängerin Jenny Fleischmann, nimmt sich mit ihrer Nichte das Leben, als sie von ihrer bevorstehenden Deportation ins Generalgouvernement erfährt.

Was ist schon ein Mustergau, zu dem er Thüringen ausbauen will, ohne dort stationierte starke SS-Verbände, fragt sich Fritz Sauckel und bewirbt sich bei Himmler um die Errichtung eines Konzentrationslagers für Mitteldeutschland. Folgt man Peter W. Becker, dann hat sich Sauckel in Nürnberg zugute gehalten, daß er nie ein Buch gelesen hat, was ihn als Gauleiter für Weimar natürlich besonders qualifiziert. Albert Speer hielt ihn für geistig überfordert, als Hitler ihn zum Generalbevollmächtigten für den Arbeitseinsatz bestellte und Sauckel fortan Millionen von Zwangsarbeitern im besetzten Ost- und Westeuropa für deutsche Rüstungsfabriken requiriert – eine Tatsache, die ihn in Nürnberg an den Strang gebracht hat.

Das KZ auf dem Ettersberg als Weimars Zwillingsort

Im Jahr 1937 erfüllt Himmler seinen Wunsch: Ein dreizehntausend Mann starker SS-Totenkopf-Verband wird nach Weimar verlegt und bewacht ein KZ mit Folterkellern, Genickschußanlage und Krematorium, das zunächst für achttausend Häftlinge ausgelegt ist, doch sich während des Krieges zu einem eigenen Terror-Imperium mit Zehntausenden Häftlingen entwickelt, das sich mit achtzig Außenlagern für ober- und unterirdische Rüstungsfabriken über ganz Mitteldeutschland verbreitet. Bis Kriegsende gehen zweihundertvierzigtausend Häftlinge durch die Hölle von Buchenwald, vierzigtausend von ihnen werden erschossen, zu Tode gequält oder verhungern.

Das Böse kann Formen annehmen, daß sich die Feder sträubt, sie zu Papier zu bringen, meint der Buchenwaldhäftling Eugen Kogon. Hinter den Gitterstäben einer terroristischen Disziplin herrschte »ein Dschungel der Verwilderung, in den von außen hineingeschossen, aus dem zum Erhängen herausgeholt, in dem vergiftet, vergast, erschlagen, zu Tode gequält, um Leben, Einfluß und Macht intrigiert, um materielle Besserstellung gekämpft, geschwindelt und betrogen wurde, neue Klassen und Schichten sich bildeten, Prominente, Parvenüs und Parias innerhalb der Reihen der Sklaven, wo die Bewußtseinsinhalte sich wandelten, die sittlichen Wertmaßstäbe bis zum Zerbrechen sich bogen, Orgien begangen und Messen gefeiert, Treue gehalten, Liebe erwiesen und Haß gegeifert, kurzum die tragoedia humana in absonderlichster Weise exemplifiziert wurde«.

Weimar unter dem Nationalsozialismus, das heißt nach Buchenwald fragen, nach dem Nebeneinander von deutschem Parnaß und brutalem Terror, auch nach dem Wissen, das die Bürger der Klassikerstadt über die Vorgänge auf dem Ettersberg hatten. Als Zieglers Deutsches Nationaltheater Franz Lehárs »Land des Lächelns« spielt, sitzt der Verfasser des Librettos, der Österreicher Fritz Löhner-Beda, im Lager oben über der Stadt hinter elektrischem Stacheldraht. Und als die deutschen Dichter sich 1938 in Weimar versammeln, erscheint einer von ihnen, physisch gebrochen, mit kahlgeschorenem Kopf: Ernst Wiechert, der Sympathien für die Bekennende Kirche äußerte und deshalb einige Monate in Buchenwald saß. Nach seiner Entlassung von Goebbels zu einem persönlichen Verhör nach Berlin bestellt, wird er, mit einer »letzten Warnung« versehen, demonstrativ zum Dichtertreffen nach Weimar beordert – zwecks Abschreckung. »Über eine solche ›Behandlung‹ von Schriftstellern«, schreibt Burkhard Stenzel, »fiel öffentlich in Weimar kein Wort, auch nicht darüber, wie die ›geistigen Waffen‹ unter Verwendung der Namen Goethes und Schillers zur Propagierung einer Volksgemeinschaft radikal gegen Regimegegner eingesetzt wurden.« Nicht gegen die Existenz eines Konzentrationslagers protestiert die NS-Kulturgemeinde bei der SS, nur gegen die Namensgebung. »Die angeordnete Bezeichnung ›K.L. Ettersberg‹«, meldet Theodor Eicke, der Führer der SS-Totenkopfverbände im Juli 1937 seinem Reichsführer SS, »kann nicht angewandt werden, da die N.S.-Kulturgemeinde in Weimar hiergegen Einspruch erhebt, weil Ettersberg mit dem Leben des Dichters Goethe im Zusammenhang steht.« Das Lager nach dem nahe gelegenen Hottelstedt zu benennen, komme ebenfalls nicht in Frage, weil der Wohngeldzuschuß für die SS-Angehörigen dann nach diesem kleinen Dorf zu bemessen wäre, ihre Lebenshaltung aber derjenigen der »teuren Stadt Weimar« entspreche. Wahrscheinlich deshalb entscheidet Himmler sich für die amtliche Bezeichnung »Konzentrationslager Buchenwald/ Post Weimar«, ein Beschluß, mit dem er Barbarei und Humanität, SS-Staat und die Stadt der deutschen Klassik enger miteinander verknüpft, als wenn er den Namen Ettersberg beibehalten hätte. Wenn der Protest der N.S.-Kulturgemeinde darauf zielte, Goethe und damit auch Weimar von der Befleckung durch ein Konzentrationslager rein zu halten, ist er völlig ins Leere gelaufen.

»Hier fühlt man sich groß und frei«, sagt Goethe am 26. September 1827 zu Eckermann, als er mit ihm auf dem Ettersberg Picknick hält, ziemlich genau da, wo später das Lager stehen wird: auf der westlichen Höhe am Hottelstedter Eck. Die beiden Ausflügler speisen gebratene Rebhühner mit frischem Weißbrot und trinken dazu eine Flasche sehr guten Weines – »und zwar aus einer biegsamen feinen goldenen Schale, die Goethe in einem Lederfutteral bei solchen Ausflügen gewöhnlich mit sich führt«. Über den Ettersberg reitet Goethe, als er 1777 seine erste Harzreise beginnt, am Hang des Ettersbergs schreibt er sein berühmtes Gedicht »Wanderers Nachtlied«:

»Der Du von dem Himmel bist,
Alles Leid und Schmerzen stillest,
Den, der doppelt elend ist,
Doppelt mit Erquickung füllest ...«

Eine uralte Eiche, vom Naturschutzgesetz vor der Rodung für das KZ bewahrt, steht als einziger Baum weit und breit zwischen Lagerküche und -wäscherei. Weil eine Fama sagt, ihren Schatten hätten einst Goethe und seine Charlotte gesucht, eine andere, Goethe und Eckermann hätten vor hundertzwanzig Jahren ihre Initialen in die Borke geritzt, nennt man sie Goethe-Eiche. Erst 1944 wird sie, nach einem Bombenangriff halb verkohlt, von Häftlingen gefällt.

Von dieser Goethe-Eiche, deren mächtiger Stumpf noch heute zu sehen ist, handelt Joseph Roths letzter Artikel, vor seinem Tode verfaßt am 22. Mai 1939 im Pariser Exil. Heutzutage Glossen schreiben? fragt er und antwortet voll bitterem Zorn: Ein Kinderspiel, heutzutage liefert die Weltgeschichte Glossen gratis und franco ins Haus, in die Feder und in die Schreibmaschine: »Fürwahr! Man verbreitet falsche Nachrichten über das Konzentrationslager Buchenwald; man möchte sagen: Greuelmärchen. Es ist, scheint mir, an der Zeit, diese auf das rechte Maß zu reduzieren: An der Eiche, unter der Goethe mit Frau v. Stein gesessen ist und die dank dem Naturschutzgesetz noch wächst, ist bisjetzt, meines Wissens, noch kein einziger der Insassen des K-lagers angebunden worden; vielmehr an den anderen Eichen, an denen es in diesem Wald nicht mangelt.«

Zwischen uns und Weimar steht Buchenwald, sagt der Germanist Richard Alewyn nach seiner Rückkehr aus dem Exil. Zwingt Jorge Semprun, Buchenwald-Häftling mit der Nummer 44904, in seinem Roman-Essay »Was für ein schöner Sonntag« etwa zusammen, was nicht zusammengehört? Im Traum läßt er Goethe, den Gegner der Demokratie und Verteidiger der herrschenden Ordnung, mit seinem »distinguierten Trottel« Eckermann auf alten Ettersbergpfaden durch das Lager wandeln – ein perverses intellektuelles Vergnügen, wie Semprun selbst gesteht. Als Goethe das KZ-Tor mit der schmiedeeisernen Inschrift »Jedem das Seine« sieht, legt Semprun ihm den Kommentar in den Mund: »Ist das nicht eine ausgezeichnete Definition einer Gesellschaft, die dazu gebildet worden ist, die Freiheit aller, die Freiheit der Allgemeinheit, wenn es sein muß, sogar auf Kosten einer übertriebenen und unseligen individuellen Freiheit zu verteidigen?« Darauf äußert sich Goethe zur Einschränkung der Pressefreiheit, Bemerkungen, die er nach Eckermanns Notizen vom 9. Juli 1827 wirklich getan hat: »Das einschränkende Gesetz wird nur wohltätig wirken, zumal die Einschränkungen nichts Wesentliches betreffen, sondern nur gegen Persönlichkeiten gehen.« Worauf der brave Eckermann beflissen nickt und auf Aufzeichnungen vom 18. Januar 1827 verweist, worin Goethe über die notwendige Beschränkung aller Freiheit philosophiert: »Und dann sind wir alle nur frei unter gewissen Bedingungen, die wir erfüllen müssen. Der Bürger ist so frei wie der Adlige, sobald er sich in den Grenzen hält, die ihm von Gott durch seinen Stand, worin er geboren, angewiesen.« Am Ende dieses geträumten Zwiegesprächs läßt Semprun den KZ-Besucher Goethe vermuten, der Verfasser des Spruchs am Eingang zur Buchenwald-Hölle habe sich von ihm anregen lassen: »Wer auch immer der Verfasser dieser Inschrift am Tor des Umerziehungslagers, *Jedem das Seine,* sein mag, ich kann mich des Gedankens nicht erwehren, daß ich darin für etwas gut bin, daß sich darin der Atem meiner Inspiration wiederfindet.«

Schon die Weimar-Besucherin Madame de Staël, die Deutschland als Vaterland des Denkens rühmte, hat den deutschen Pferdefuß entdeckt: »Die Freiheitsliebe ist bei den Deutschen nicht entwickelt; sie haben weder durch Genuß noch Entbehrungen den Wert kennengelernt, den man in diesem höchsten Gute finden kann.«

Als Truppen der III. amerikanischen Armee nach Buchenwald vorstoßen und das Lager befreien, ist General George S. Patton, der alte Haudegen und Marschall Vorwärts der amerikanischen Panzerarmeen, entsetzt von dem, was er sieht. Um die Deutschen zu zwingen, sich mit eigenen Augen von den furchtbaren Verbrechen zu überzeugen, die ihre Führer begangen haben, befiehlt er der Militärpolizei, tausend bis zweitausend Weimarer Bürger zusammenzustellen und ins Lager zu führen.

Am 16. April 1945 vormittags zieht die Kolonne vom Bahnhof nach Buchenwald. Kameras amerikanischer Kriegsberichter haben die Szenen festgehalten: Auf dem Weg nach oben geht es zu wie auf einem Frühlingsspaziergang bei strahlendem Sonnenschein; es herrscht heitere Stimmung, Frauen und Mädchen sind in der Überzahl, sie plaudern fröhlich und lachen viel. Oben angekommen, versteinern die Gesichter, aus den Blicken spricht jetzt das blanke Entsetzen. Ausgemergelte Gestalten von Haut und Knochen, halb verkohlte Leichen in den Öfen des Krematoriums, Berge nackter Toter, die in ihrem Beisein wachsen, weil die Militärärzte in vielen Fällen gegen die zu weit vorangeschrittene Erschöpfung machtlos sind und dem Tod nicht

Das KZ auf dem Ettersberg als Weimars Zwillingsort

mehr Einhalt gebieten können. »Frauen fielen in Ohnmacht oder weinten. Männer bedeckten ihr Gesicht und drehten die Köpfe weg«, schreibt Margaret Bourke-White, Reporterin für »TIME/LIFE« und Augenzeugin der Szene. Die befreiten Insassen des Lagers in ihren blauweißgestreiften Häftlingskleidern klettern auf die Zäune, um mitanzusehen, wie amerikanische Offiziere die Deutschen mit diesen unfaßbaren Greueln konfrontieren. Als die Weimaraner immer wieder beteuern, sie hätten nichts gewußt, geraten die Ex-Häftlinge außer sich vor Wut und rufen: »Ihr habt es gewußt ... Wir haben neben euch in den Fabriken gearbeitet. Wir haben es euch gesagt und dabei unser Leben riskiert. Aber ihr habt nichts getan.«

Buchenwaldhäftling Imre Kertész schildert die Szene aus der Sicht des Befreiten: »Durch den Drahtzaun des Krankenreviers beobachtete ich, wie die Damen und Herren, von Entsetzen gepackt, vor einem Massengrab standen, in dem sich die mit Löschkalk überstreuten Leichen wie Holzscheite türmten. Mit Händen und Füßen bedeuteten sie den amerikanischen Offizieren, daß sie von alledem nichts gewußt hätten.«

Nun hat man unten in Weimar vielleicht nichts von dem tödlichen Chaos geahnt, das bei Kriegsende in dem hoffnungslos überbelegten Lager droben herrschte, nichts vom Zusammenbruch der Infrastruktur des Lagers, nichts von den Hungerepidemien und Infektionskrankheiten, denen Hunderte Häftlinge allein in der letzten Kriegswoche zum Opfer fielen. Konzentrationslager waren Hauptstützen des Terrorsystems, und die heillose Angst vor ihnen wurde gezielt zur Einschüchterung genutzt. Es gab Schweigegebote für jene, die ein KZ betreten durften, und harte Strafen für jeden, der es verletzte oder wagte, mit Empörung offen über Buchenwald zu sprechen. Aber gewußt hat der Durchschnittsbürger sehr wohl, was auf dem Ettersberg über der Stadt vor sich ging. »Kein Lager konnte existieren ohne ein dichtes Netz von infrastrukturellen, verwaltungstechnischen und wirtschaftlichen Beziehungen zu seiner Umwelt«, urteilt Jens Schley in seiner gründlichen und verdienstvollen Untersuchung über das Nebeneinander von Weimar und Buchenwald. Was er mit Akribie zutage gefördert hat, belegt eine enge, vielfältige Verflechtung von Lager und Stadt. Bis zur Errichtung des »Sonderstandesamts/Weimar II« in Buchenwald im April 1939 registriert das Standesamt der Stadt die Toten des Lagers, bis zum Bau des Lagerkrematoriums 1940 werden die Leichen in Holzkisten zum Weimarer Krematorium gefahren und dort eingeäschert. Augenzeugen berichten, daß in einer Kurve am Wielandsplatz einmal vier Kisten vom Lastkraftwagen fielen und aufplatzten, so daß die nackten Leichen auf dem Pflaster lagen. Im Auftrag des Lagers und nach Beschluß eines Erbgesundheitsgerichts nimmt das Krankenhaus Weimar die Sterilisation von Häftlingen sogenannten »minderen Erbguts« vor. Die Lagerleitung wickelt ihre Geldgeschäfte über die Girokonten Weimarer Banken ab, für die Geschäftswelt ist sie ein vortrefflicher Kunde. Der Schlachthof und private Metzger liefern Wurst, Fleisch und Freibankware, Groß- und Einzelhändler Bier, Kleiderbügel oder Gummistempel. Als der Bombenkrieg näher rückt, bestellen die Klassischen Gedenkstätten bei der Lagerleitung Spezialkisten für die Auslagerung der Schätze aus dem Schillerhaus und Nachbildungen der Möbel aus Schillers Arbeitszimmer, die in der Tischlerei Buchenwalds gefertigt werden.

Juden, nach den Novemberpogromen 1938 zu Tausenden per Bahn nach Weimar gekarrt, sammeln sich bei vollem Tageslicht auf dem Bahnhofsplatz und ziehen in Kolonnen nach Buchenwald, bewacht von SS mit Knüppeln und Ochsenziemern. In den Gustloffwerken, die vor den Toren des KZ errichtet worden sind, stellen Häftlinge unter Anleitung deutscher Vorarbeiter und Meister Karabiner, Sturmgewehre und Geschützteile her. Zwölf Häftlingskommandos arbeiten 1941 in der Stadt, 1942 sind es zweiunddreißig, 1945 gar sechsundneunzig, alle KZ-Insassen sind mühelos an ihrer Sträflingskleidung zu erkennen. Privatfirmen zahlen pro Häftling, je nach Qualifikation, eine spottbillige »Tagesmiete« zwischen vier und sechs Mark, Russenkommandos werden sogar schon für zwei Mark pro Tag und Kopf angeboten. Täglich verkehrt eine Buslinie vom Gauforum zum Lager und zurück, und viele Weimaraner nutzen sie, um an Sonntagnachmittagen das Wildgehege der SS im Falkenhof vor dem Lagertor zu besichtigen. Erwachsene zahlen fünfzig, Kinder zwanzig Pfennige Eintritt und dürfen Damhirsche, Rehe, Wildschweine, Falken, Fasanen und einen Mufflon bestaunen. Aufgrund seiner Recherchen nimmt Schley eine »hohe Dichte von privaten Kontakten« zwischen SS und Weimarer Bürgern an.

Kein Zweifel: Das Böse, das auf dem Ettersberg nistet, ist im Alltag der Kulturstadt, die voller Stolz auf ihre große Vergangenheit blickt, ständig präsent. Wegsehen und Nicht-zur-Kenntnis-nehmen-

Wollen sind die Regel, doch gibt es auch Berichte, die Mitleid und Hilfsbereitschaft belegen: Einzelne Bürger stecken Häftlingen während der Arbeit in der Stadt ein belegtes Brot oder Tabak zu und schmuggeln Briefe an die Angehörigen.

Hat der von den Nationalsozialisten offiziell vermittelte Zweck des Lagers, nämlich die Inhaftierung von »Volksschädlingen aller Art«, überwiegend Zustimmung beim Weimarer Bürgertum gefunden, wie Schley vermutet? Es entspricht nun einmal dessen konservativen Wertvorstellungen, daß abweichendes Verhalten geahndet werden muß. Das Musterlager Buchenwald wäre demnach ein Ort, der lange Jahre für Sicherheit steht und erst als fremd und bedrohlich empfunden wird, als immer mehr Häftlinge in das Lager gepfercht werden und der Krieg als verloren gilt. Am Ende der nahezu reibungslosen und gerade deshalb so makabren Koexistenz von Konzentrationslager und klassikgeweihtem Ort beherrschen Angst vor einem Ausbruch der Häftlinge, Furcht vor Rache und Plünderung die Stadt. Daß dabei schlechtes Gewissen über das eigene Verhalten mitspielen könnte, ist kaum anzunehmen. In einem Brief an den amerikanischen Stadtkommandanten William Brown, den der Oberbürgermeister, Geistliche der beiden Konfessionen und der Direktor des Goethe-Nationalmuseums, Hans Wahl, gemeinsam unterzeichnen, weisen sie am 1. Mai 1945 den Vorwurf zurück, die Bürger von Weimar und Umgebung hätten von den Greueln von Buchenwald Kenntnis gehabt und geschwiegen: »Dieser harte Vorwurf trifft die Einwohnerschaft der alten Kulturstadt auf das schwerste; um so schwerer, als er zu Unrecht erhoben wird.«

Für den Buchenwaldhäftling Imre Kertész, der nach seiner Befreiung Ungarn unter stalinistischer Diktatur erlebte, hat die Frage nach Wissen oder Nichtwissen der Weimarer Bürger inzwischen eine universale Dimension erreicht: »Ich denke, sie haben nicht gelogen. In den acht Jahren, während das Lager bestand, haben sie die Häftlinge täglich auf dem Weg zur Zwangsarbeit sehen müssen, haben ihr Elend sehen können; so haben sie alles gewußt; andererseits aber hatten sie dieses Wissen einfach nicht zur Kenntnis genommen – und so dennoch nichts gewußt. Wer in totalitären Regimen gelebt hat, wird wissen, wovon ich spreche.«

Russischer Salut an Goethes Grab

Klassik als Waffe und Faust als Nationalepos der DDR

Der 5. August 1945 ist ein heißer Sommertag, erstmals seit Beendigung der Kampfhandlungen hat Generaloberst Wassili Tschuikow, Kommandeur der 8. Gardearmee und zweifacher Held der Sowjetunion, seine weiße Sommeruniform angelegt. An der Ruhestätte Goethes und Schillers ehrt er die großen deutschen Dichter, »die mit ihrem flammenden Wort gegen die schwarzen Mächte des Mittelalters kämpften, welche die Hitlerbanditen auferwecken wollten«. Ein Blasorchester der Roten Armee spielt Chopins »Trauermarsch«, der General läßt zwei riesige Kränze an den Sarkophagen aus Eichenholz niederlegen und verharrt einige Minuten in Schweigen. Zum Abschluß der Zeremonie legen Rotarmisten die Gewehre an und schießen Salut. Offiziere und Mannschaften, Weimarer Künstler, der neue Thüringer Landespräsident Dr. Rudolf Paul und Funktionäre der Thüringer KPD, die in Weimar zu einer Konferenz versammelt sind, nehmen an der kurzen Kundgebung teil. Gut dreißig Jahre später, am 5. Juli 1975, wird der Kulturminister der DDR, Hans-Joachim Hoffmann, in einem Interview mit dem Thüringer SED-Parteiorgan »Das Volk« dann behaupten, der Geist von Weimar sei mit diesen »Salutschüssen der Rotarmisten am Grab Goethes und Schillers« unwiderruflich an die Ilm zurückgekehrt. Es geht unserem durch die Geschichte vagabundierenden Geist eben nicht viel anders als dem Faust, von dem Richard Friedenthal, dieser große Ketzer in den Augen der deutschen Goethe-Philologen, einmal meint, die Figur sei von Goethe so ambivalent angelegt, daß sie eine Vielfalt der Deutungen erlaubt: »Der ›Faust‹ hat den Sinn, den der Betrachter ihm verleiht.«

Welcher Geist von Weimar kehrt zurück? Mit Kränzen hatte vor Tschuikow auch schon der amerikanische Stadtkommandant Major William M. Brown die beiden Dichter bedacht, und Herder und Wieland gleich dazu. Fotos zeigen ihn, barhäuptig neben der Grabplatte Herders in der Stadtkirche St. Peter und Paul, deren Dach nach dem amerikanischen Bombenangriff im Februar 1945 zerstört ist und, mit Stahlhelm auf dem Kopf, an der Grabstätte Wielands in Oßmannstedt. Im Zivilberuf ist Brown Pädagoge und Germanist, hat über ein »Faust«-Thema eine Examensarbeit geschrieben und lehrt als Professor an der Columbia-University in New York. Auf den Fotos neben ihm stets der hochaufgeschossene, schlanke Hans Wahl, der wie Heinrich Lilienfein die Seßhaftigkeit und Anpassungsfähigkeit der geistigen Elite in Weimar personifiziert: Seit 1918 Leiter des Goethe-Nationalmuseums, seit 1928 zugleich Chef des Goethe- und Schiller-Archivs, später auch Vizepräsident der Goethegesellschaft und Herausgeber des Goethejahrbuchs. Nach dem Abzug der Amerikaner begibt sich Wahl auf die wahrlich schwierige Suche nach besonderen freundschaftlichen Beziehungen des großen Klassikers zum russischen Sieger- und Brudervolk und schreibt im Jahrbuch 1947 über den Anstoß zur Ikonenforschung, den Goethe angeblich gegeben hat. Lilienfein, seit 1920 Generalsekretär der Deutschen Schillerstiftung, ein Freund von Adolf Bartels und Träger nationalsozialistischer Literaturpreise, wird 1952, im vierten Jahr der DDR, sogar Ehrenbürger Weimars.

Daß es der amerikanische Kommandant gewesen ist, der die abenteuerliche Odyssee der Dichtersärge beendet hat, vor denen der Gardeoberst dann Salut schießen läßt, rekonstruiert der Leiter des Thüringer Hauptstaatsarchivs, Volker Wahl (mit Hans Wahl nicht verwandt), nach der Wende im Detail. Begonnen hatte die letzte Irrfahrt Goethes und Schillers mit einem Befehl des Gauleiters, die eichenen Sarkophage zum Schutz vor Luftangriffen in einen Sanitätsluftschutzbunker in Jena zu transportieren. Das geschah als geheime Kommandosache und gegen den Willen der Goethegesellschaft. Die Weimarer Polizei übernahm die Überführung aus der Fürstengruft in die Saale-Stadt, und der verantwortliche Polizeipräsident mußte tiefstes Stillschweigen über den Verbleib der Särge geloben. Getreu Hitlers Befehl der verbrannten Erde, gab Sauckel beim Anrücken der Amerikaner dann die Weisung, sie zu zerstören. Zwei Deutsche, der Chefarzt des Lazaretts und ein Jurist, beide übrigens Nationalsozialisten, die im Bunker zufällig auf zwei Riesenkisten gestoßen sind und sie identifiziert haben, hören von dem Sauckel-Befehl, verhüllen die

Särge, lassen sie in einen anderen Raum bringen und verstecken sie hinter Verbandsschränken und Röntgengeräten. Den entscheidenden Schritt zur Rückführung aber macht Emil Ludwig, Autor der meistgelesenen, von Goethe-Philologen heftig befehdeten Goethe-Biographie der zwanziger Jahre, der Ende April von Bamberg nach Weimar kommt. Der jüdische Autor, 1932 erst in die Schweiz, 1940 nach Amerika emigriert, berichtet als Korrespondent für amerikanische Zeitungen und will seine Deutschlandreise am Wallfahrtsort der deutschen Bildungsbürger mit der Niederlegung eines Kranzes auf Goethes Sarg beenden. Doch er findet seinen klassischen Schrein leer. Als ihm der Kastellan sagt, die Reliquien seien an irgendeinem bombensicheren Ort, begibt sich Ludwig auf die Suche nach Jena, der Stadt mit den sichersten Bunkern weit und breit. Bei seinen Recherchen stößt er auf einen der Deutschen, die die Särge vor der Zerstörung bewahrt haben und der ihm das Versteck zeigt. Umgehend gibt Ludwig Major Brown Bescheid, der sie durch einen Militärkonvoi nach Weimar holen läßt. »So hatte ein Nazi die Särge Goethes und Schillers verschleppt«, schreibt Ludwig im Juli 1945 im deutschsprachigen New Yorker »Aufbau«, »ein zweiter wollte sie vernichten, ein dritter hatte sie gerettet, ein aus Deutschland Verbannter hatte geholfen, sie wiederzufinden, und eine alliierte Behörde wird mit einer Zeremonie die Heiligtümer dem deutschen Volke wiedergeben.« Am 12. Mai 1945 abends um sechs Uhr kommt es zur feierlichen zweiten Beisetzung Goethes und Schillers in der Fürstengruft, und es geht bei dieser kleinen Zeremonie sehr viel ziviler zu als bei der späteren Kundgebung der Sowjets an Goethes Grab. Hans Wahl spricht und beginnt mit Goethes Versen über Schillers Schädel, den der Geheimrat so lange auf seinem Schreibtisch aufbewahrt hat und der höchstwahrscheinlich gar nicht der seines Dichter-Freundes gewesen ist:

»Geheim Gefäß! Orakelsprüche spendend,
Wie bin ich wert, dich in der Hand zu halten,
Dich höchsten Schatz aus Moder fromm entwendend,
Und in die freie Luft zu freiem Sinnen,
Zum Sonnenlicht andächtig hin mich wendend.«

Als eine der größten Stunden seines Lebens bezeichnet der Major, der den Transport von Jena nach Weimar persönlich überwacht hat, die

Heimkehr der Särge. Er spricht übrigens deutsch, zitiert Goethes »Über allen Gipfeln ist Ruh« und gibt dem einzigen Soldaten, der ihn begleitet, das Kommando: »Präsentiert das Gewehr!« »Es folgt eine Minute tiefsten Schweigens«, berichtet ein Augenzeuge. »Die Teilnehmer dieser Feier verlassen still die Halle und treten hinaus in den Frühlingstag ... Goethe und Schiller sind heimgekehrt, sie sind noch und wieder da!«

Daß Amerikaner etwas für deutsche Kulturgüter in Weimar tun, paßt so wenig in das spätere DDR-Propagandakonzept wie die Tatsache, daß die SS-Bewacher in Buchenwald, Weimars Zwillingsort, vor den anrollenden Panzertruppen der III. Armee Pattons panisch die Flucht ergreifen und das Lager sich selbst überlassen. Deshalb entsteht die Legende von der Selbstbefreiung der Buchenwald-Häftlinge, einer heroischen antifaschistischen Saga, die immer weiter ausgeschmückt wird, bis sie schließlich zu jenem verlogenen Mythos gerinnt, nach dem die DDR beinahe nahtlos aus dem innerdeutschen Widerstand gegen Hitler hervorgegangen sei und das politische Vermächtnis der eingekerkerten Häftlinge in die Tat umsetze. »Die Vernichtung des Nazismus mit seinen Wurzeln ist unsere Losung. Der Aufbau einer neuen Welt des Friedens und der Freiheit ist unser Ziel«, heißt es im Schwur von Buchenwald, der kommunistisch inspiriert ist, denn die anvisierte Ausrottung der Wurzeln zielt klar auf die Umwandlung der Gesellschaftsordnung nach sowjetischem Vorbild. So wird dieser Schwur zur Bibel des staatlich verordneten Antifaschismus in der DDR, nicht aber das Buchenwalder Manifest der demokratischen Sozialisten, das zwar ebenfalls die Vernichtung des Nationalsozialismus samt seiner Ursachen fordert, aber sich nicht zum Nationalkomitee Freies Deutschland bekennt und nicht Partei für Moskau und Stalin nimmt wie das führende kommunistische Häftlingsaktiv – im Gegenteil. Was der österreichische Sozialist Benedikt Kautsky, was die deutschen Sozialdemokraten Ernst Thape und Hermann Brill, was drei Kommunisten und der Zentrumspolitiker Werner Hilpert unterzeichnen, dieses Programm der Buchenwalder Volksfront, will die Einbettung der künftigen deutschen Republik in eine europäische Staatengemeinschaft; es strebt zwar ein gutes, enges Einvernehmen mit Moskau, aber zugleich die deutsch-französische Versöhnung und den Eintritt Deutschlands in den angelsächsischen Kulturkreis an.

Hermann Brill, der einst Hitler als Gendarmeriekommissar von Hildburghausen vor dem Ausschuß des Thüringer Landtags vernahm, der als Widerstandskämpfer vom Volksgerichtshof zu zwölf Jahren Zuchthaus verurteilt wurde und seine Strafe gegen Kriegsende in Buchenwald verbüßt, tritt für einen unabhängigen, nicht von einer Besatzungsmacht vorgeschriebenen deutschen Weg für den Aufbau eines antifaschistischen Nachkriegsdeutschland ein. Major William Brown ernennt ihn zum Chefberater, zum Attaché of the Military Government für den Stadt- und Landkreis Weimar; wenig später avanciert er zum ersten Regierungspräsidenten der Provinz Thüringen. Grund genug für die Sowjets, ihm nach Übernahme der Besatzungsgewalt zu mißtrauen, zumal Brill mit seiner Gründung eines »Bundes Demokratischer Sozialisten« sich nicht in das von der Sowjetischen Militär Administration (SMA) in Berlin verfügte Konzept der Parteiengründung einfügen will. Denn die Kommunisten bestehen zunächst auf der Neugründung einer eigenen Partei, um ihre Kader neu zu formieren. Erst wenn sie sich stark genug fühlen, wünschen sie den Zusammenschluß und werden in der kommenden Einheitspartei dann die Führung übernehmen.

Ganz anders der Buchenwald-Häftling Brill: Er fordert eine einige Arbeiterpartei von Anfang an, allerdings keine des kommunistischen Kaderprinzips, sondern eine mit demokratischer Struktur und freier Diskussion, nicht unähnlich der britischen Labourparty. Mit solchen Vorstellungen stellt er sich zunächst gegen die neu gegründete SPD in Berlin, vor allem aber gegen Walter Ulbricht, der schon einen Tag nach dem Abzug der amerikanischen Besatzung mit dem politischen Berater der SMA, Wladimir Semjonow, nach Weimar kommt und im Hotel »Elephant« mit der Bezirksleitung der KPD konferiert. Als Ulbricht und Brill einander in Weimar begegnen, treffen zwei Welten, zwei Konzepte und zwei alte Gegner aufeinander. Als KP-Bezirksleiter hatte Ulbricht im Krisenjahr 1923 mit seinen proletarischen Hundertschaften die kommunistische Machtübernahme angestrebt; der Sozialdemokrat Brill hatte seine Pläne jedoch durchkreuzt, die Polizei mit der Aufrechterhaltung der Ordnung beauftragt und die Kommunisten damit überspielt. Jetzt steht der Moskau-Emigrant Ulbricht für das im Kreml entworfene deutschlandpolitische Nachkriegskonzept der Sowjets und der im Lande gebliebene Brill für ein antifaschistisches Aufbauprogramm, das im Widerstand und im Konzentrationslager entstanden ist. Zwar wird aus dem Brillschen Bund Demokratischer Sozialisten unter dem Druck der Sowjets schließlich doch ein thüringischer Landesverband der SPD, aber ihr Vorsitzender Brill, unstreitig Anhänger einer *demokratischen* Einheit, macht gegen die Zwangseinheit Front, als die Sowjets sie im Winter 1945/46 gegen wachsenden Widerstand in den Reihen der Sozialdemokraten in der Ostzone durchpeitschen. Zweimal vom NKWD verhaftet, bleibt ihm schließlich keine andere Wahl, als im Herbst 1946 in den Westen zu gehen. In Wiesbaden wird er Staatssekretär in der Hessischen Staatskanzlei.

Kaum ist der Krieg beendet, wird der vielgeschundene Mythos Weimar von dem anderen Totalitarismus des Jahrhunderts heimgesucht, instrumentalisiert und mißbraucht. War Schiller einst »Kampfgenosse Hitlers«, wird sein Erbe nun zum »mächtigen Bundesgenossen des revolutionären Rußland«; warb Goethe einst für körperliche Ertüchtigung, Uniformen und olympische Spiele, marschiert er nun als »fortschrittlicher Bürger und Kämpfer für die deutsche Einheit« in den Reihen der kommunistisch gelenkten Nationalen Front; hieß die weltanschauliche Schulungsfeier der NSDAP im Deutschen Nationaltheater einst »Stirb und Werde«, lädt die SED im Januar 1949 dort zur Lenin-Gedächtnisfeier. Wenn Ulbricht und Semjonow schon am 4. Juli 1945 nach Weimar kommen, noch ehe das Gros der sowjetischen Besatzung Quartier bezogen hat, steht dies für die zentrale Bedeutung, welche der Mythos Weimar und die Klassik in den strategischen Plänen von SMA und SED einnehmen sollen. »Hier in Weimar haben wir 1945 mit unserer Kulturpolitik begonnen, von hier hat sie ihren Ausgang genommen«, wird Ulbricht in der Ausstellung »Arbeiterbewegung und Klassik« 1964 in Weimar zitiert. Tatsächlich drängen Semjonow und Ulbricht schon im Juli 1945 auf die Beseitigung der Schäden, welche die klassischen Stätten durch Bombenangriffe erlitten haben – darunter das Goethe- und Schillerhaus und die Stadtkirche, in der Luther und Herder predigten.

Auf einem Empfang nach der Schillerehrung in Weimar 1959 erinnert Ulbricht an seinen ersten Besuch nach dem Krieg: »Der Bürgermeister und auch andere Persönlichkeiten der Stadt waren sehr erstaunt, daß noch vor dem Einzug der sowjetischen Besatzungstruppen in Weimar die Aufgabe gestellt wurde, als erstes die Gedenkstätten unserer großen Nationaldichter wiederherzustellen und der Bevölkerung zugänglich zu machen.« In östlichen Chroniken ist stets die Tatsache vermerkt, daß angloamerikanische Bomber das Werk der Zerstörung verrichteten, die Sowjets erscheinen dagegen stets als Initiatoren des Aufbaus. Rotarmisten greifen zu Hacke und Schaufel und legen das Goethe-Schiller-Denkmal vor dem Nationaltheater frei, das Gauleiter Fritz Sauckel zum Schutz gegen Bomben einmauern ließ. »Die Rote Armee vernichtet die Kulturwerte nicht«, hat Generaloberst Tschuikow an den Särgen Goethes und Schillers mit deutlich antiamerikanischer Spitze gesagt, »sie schützt sie, weil die Rote Armee die Armee des führenden, des *kulturellsten* Volkes ist« [Hervorhebung von P. M.].

Kein Zweifel, daß sich sowjetische Kulturoffiziere energisch um die Wiederbelebung des Kulturbetriebs bemühen und dabei an Tempo ihre westlichen Alliierten übertreffen. Kein Zweifel aber auch, daß aus den sowjetischen Befreiern schon Ende 1945 stalinistische Unterdrücker geworden sind. Als der Chef der sowjetischen Militär-Administration, Marschall Wassili Danilowitsch Sokolowski am 11. Februar 1949 befiehlt, der zweihundertste Geburtstag Goethes müsse das »größte Ereignis im kulturellen Leben Deutschlands werden«, ist die Zwangsvereinigung längst vollzogen und der Grundstein zu einer neuen deutschen Diktatur gelegt. Oberst Tulpanow, der Einpeitscher der neuen SED, auf Fotos und Wochenschaubildern jener Zeit mühelos als der Mann mit der phänomenalen Glatze, den breiten Schultern und dem brutalen Charme auszumachen, überwacht seit Herbst 1948 ihre Bolschewisierung, damit sie sich zur Partei neuen Typs mausert. Im Auftrag Sokolowskis organisiert und kontrolliert er die Vorbereitung der Goethe-Feiern.

Der Kalte Krieg ist ausgebrochen, und unter Tulpanows Aufsicht und Anleitung wird die Sagengestalt des Geheimrats 1949 gegen den Westen in Stellung gebracht: Es sei grundfalsch, schreibt der Sowjetoberst im August 1949 in Heft 15 der Halbmonatsschrift »Neue Welt«, die im sowjetischen Verlag »Tägliche Rundschau« in Berlin erscheint, den größten deutschen Dichter den Anhängern des westlichen Separatstaates und seines »antinationalen, reaktionären Lagers« zu überlassen, das ihn zum Kronzeugen für die Föderalisierung und Internationalisierung Deutschlands mache. Um den Autor des »Faust« »für die politischen Ziele des nationalen-demokratischen Lagers« im Osten in Dienst zu nehmen, stellt er die These von Goe-

Klassik als Waffe und Faust als Nationalepos der DDR

*Im Sommer 1945 legen Soldaten der Roten Armee
das Goethe-Schiller-Denkmal wieder frei,
das NS-Reichsstatthalter Sauckel zum Schutz gegen Bomben
hatte einmauern lassen (Foto aus dem Jahr 1942).*

the als »Erzieher des deutschen Volkes zu nationalem Selbstbewußtsein«, vom großen Patrioten und »Vermittler der fortschrittlichsten Ideen seiner Zeit« gegen die im Westen gängige Interpretation vom Weimarer Weltbürger und Kosmopoliten, der seinen Frieden mit den in Deutschland herrschenden feudalen Verhältnissen machte.

Verständlich wird dieser unwahrscheinlich grobschlächtige Griff der kommunistischen Propaganda nach der deutschen Klassik und vor allem Goethe im Rückblick nur dem, der den vorherrschenden Zeitgeist nach der deutschen Katastrophe in Rechnung stellt. Nichts hat »die Epoche des Faschismus und die Grauen des Krieges so ungebrochen überlebt ... wie die Klassiker, allen voran Goethe«, schreibt Robert Mandelkow über die west-östlichen Goethe-Bilder nach 1945. Für den Westen gelte eine »fast süchtige Hinwendung zu Goethe als dem höchsten Repräsentanten eines besseren und humanen Deutschland«. Als Beleg zitiert er Frank Thiess, der in seinem Aufsatz »Heimkehr zu Goethe« schrieb: »Ich behaupte und stehe unbedingt zu dieser Behauptung, daß es allein Goethes Geist gewesen ist, der die totale Vergiftung und Selbstzerstörung des deutschen Volkes verhinderte. Aus seinem Geiste heraus erfolgte nicht nur der Kampf der besten Emigranten, sondern auch jener Männer und Frauen, die ich der inneren Emigration zuzähle ... Es ist, wie mir von unzähligen Seiten bestätigt wurde, nie soviel Goethe gelesen worden wie in den letzten zwölf Jahren. An die Tiefe und Menschlichkeit seiner Weisheit klammerten wir uns in der Not unserer schamerfüllten Tage. Aus der kristallenen Reinheit seiner Sprache schöpften wir Mut, wenn die hemmungslosen Flutmassen ungezügelter Sprachverwilderung über uns hinströmten. Aus der Ruhe und Güte seines Wesens glaubten wir des deutschen Volkes besseres Selbst zu erkennen. Aus der unsterblichen Schönheit seiner Verse tranken unsere durstigen Kehlen wieder wie aus reinem Quell die Hoffnung, daß er stärker sein werde, stärker sein müsse als die Riesenmaschine, deren Donnern und Rattern den Schlag des deutschen Herzens übertönte.«

Kein Zweifel: Trost und Zuflucht suchen die Deutschen der frühen Nachkriegszeit bei Goethe, sein Werk verschafft die Gewißheit, daß es ein unzerstörbares deutsches Erbe gibt, an das man sich nach dem Sturz aus den schwindelnden Höhen nationalistischer Hybris, rassistischen Herrenmenschentums und Großdeutschlandwahns in tiefste Tiefen klammert wie an einen Rettungsring. »Schreiben Sie einen

Goethe für Ertrinkende«, hatte Ortega y Gasset 1932 in seinem Aufsatz »Um einen Goethe von innen bittend« gefordert. Als er 1949 über einen »zweihundertjährigen Goethe« in Hamburg spricht, kommt er gerade von einer internationalen Goethe-Tagung in Colorado, an der als einzige Deutsche Ernst Robert Curtius und Karl Reinhardt teilgenommen haben. »Sie kamen wie Schiffbrüchige«, berichtet Ortega, aber nach den Debatten über Goethe seien sie wie verjüngt gewesen: die Falten entwichen ihren Gesichtern, »sie waren wieder sie selbst«.

Hinzu kommt nach 1945 die vermessene Hoffnung, die Rückkehr zu Goethe möge helfen, die Deutschen in den Augen der Welt zu rehabilitieren. Wenn Karl Jaspers, der Frankfurter Goethepreisträger 1947, die unbedingte Vorbildfunktion Goethes bestreitet und in seinem Vortrag »Unsere Zukunft und Goethe« sagt, es dürfe »keine Rechtfertigung durch Berufung auf Goethe geben«, stellt er damals die Ausnahme dar. Trotz Jaspers, der Goethes Ambivalenz in ethischen und metaphysischen Fragen, ja seine Standpunktlosigkeit beklagt, treibt der Goethe-Kult im Nachkriegsdeutschland die seltsamsten Blüten. Der Historiker Friedrich Meinecke ruft zur Gründung von »Goethegemeinden« auf, die Lesungen aus den Werken geradezu zelebrieren sollen, und der Philosoph Fritz Joachim von Rintelen ernennt den Klassiker gar zum Modell des typisch abendländischen Menschen.

Der größte deutsche Dichter als Verfechter jenes Kampfbegriffs »Abendland«, in dessen Zeichen sich der Westen kulturpolitisch und propagandistisch gegen den Stalinismus formiert – es bedarf nicht erst dieses Stichworts, damit der Osten das Goethejahr zu einer machtvollen Demonstration seiner politischen Ziele nutzt. Die sowjetische Zone und die daraus erwachsende DDR begreifen sich als Pflegestätte der nationalen humanistischen Kultur, wie Walter Ulbricht einmal sagt; das klassische Weimar wird in den Nachkriegsjahren zur wichtigsten kulturpolitischen »Kampfposition« der SED in ganz Deutschland. Die DDR nutzt die Rückbesinnung auf die Klassik als Waffe im ideologischen Kampf »gegen die Versuche der amerikanischen Überfremdung in dem westdeutschen Staat«, wie es in einer späteren Programmerklärung zur Verteidigung der deutschen Kultur heißen wird.

Gleich drei Großveranstaltungen in Weimar dienen dem neuen Regime in Ostdeutschland, um im Goethejahr 1949 seinen Alleinvertretungsanspruch auf das »wahre« klassische Erbe im geteilten Deutschland zu unterstreichen und die Klassik zum Zentrum eines neuen Nationalbewußtseins zu machen. Dreimal werden Kränze an den Dichter-Sarkophagen niedergelegt, dreimal werden den Weimarer Großen Fackelzüge gebracht, dreimal blickt die Marmorbüste Goethes aus grünen Lorbeerzweigen auf die Feiernden. Es beginnt am 21. März mit den Goethetagen der Jugend, als FDJ-Chef Erich Honecker im festlich geschmückten Nationaltheater Vertreter sowjetischer Komsomolzen begrüßt und vollmundig behauptet, die SED werde das Vermächtnis Goethes vollstrecken. Andertags hält Grotewohl in der Weimarhalle seine Hammer- oder Amboß-Rede, die als eine seiner besten gilt und unverkennbar die Handschrift des Leipziger Germanisten Hans Mayer trägt, der bei ihrer Ausarbeitung die Feder führte und nach dem Bau der Mauer in den Westen gehen wird. Vom tragischen Zwiespalt, der das Leben des größten nationalen Dichters durchzieht, spricht der SED-Vorsitzende, jenem Zwiespalt zwischen der »Prosa seines Lebens und dem Leben seiner Poesie«, in dem er die große Kluft zwischen Geist und Macht erkennt: »Die Macht war geistlos und der Geist war machtlos.« Um diesen Zustand zu überwinden, habe die Parteijugend die Macht in eigene Hände zu nehmen, statt sich von fremden Kräften lenken und mißbrauchen zu lassen. Das Motto dafür entnimmt er Goethes »Kophtischem Lied«:

»Du mußt herrschen und gewinnen
Oder dienen und verlieren,
Leiden oder triumphieren,
Hammer oder Amboß sein.«

Nach der selbstverschuldeten militärischen, politischen und geistigen Katastrophe, in der deutscher Nationalismus und »Drittes Reich« endeten, klingt so schlecht nicht, was Grotewohl da empfiehlt. Nur ist die Jugend, die er als geübter Redner so eindringlich beschwört, in die Rolle des historischen Hammers hineinzuwachsen, längst zum Amboß für eine auf sie einhämmernde totalitäre Ideologie geworden, auch wenn diese sich gern mit humanistischen Gewändern tarnt. Wenige Tage vor seiner Rede hatte die SED in einer Entschließung des Parteivorstands erklärt, daß »durch den realen Humanismus des Marxismus ... auch die Humanitätsidee der klassischen deutschen Dichter verwirklicht« werde. Nahezu alle Leitthesen, mit denen die SED sich über Jahrzehnte das klassische Erbe dienstbar zu machen sucht, werden in den zahllosen Reden und Artikeln zum Goethejahr 1949 vorweggenommen.

Bei ihrer Erbeaneignung Goethes schlägt die SED die merkwürdigsten Kapriolen. Es gehe heute darum, Goethe mit anderen, neuen Augen zu sehen, meint Johannes R. Becher in seiner Festrede zum Goethejahr. Goebbels hatte einst aus dem »West-östlichen Divan« zitiert, was der Dichter Suleiken in den Mund gelegt: »Höchstes Glück der Erdenkinder/ sei nur die Persönlichkeit« – ohne freilich hinzuzufügen, daß Goethe dies sofort relativiert, wenn er den angebeteten Hatem sagen läßt: »Kann wohl sein! so wird gemeinet;/ Doch ich bin auf anderer Spur.« Goethes Erkenntnis, daß »der einzelne nichts ist ohne das Ganze«, wird jetzt für den realen Sozialismus bemüht, auch wenn diese Devise zuvor das Prinzip der nationalsozialistischen Volksgemeinschaft hatte stützen müssen.

Weil er alles, was er sah, hörte und beobachtete, fleißig gesammelt und verarbeitet hat, wird Goethe in der roten Diktatur zum Vorreiter des Kollektivismus gemacht. Zum Beweis zitiert man Eckermann, der am 17. Februar 1832, wenige Wochen vor Goethes Tod folgende Sätze seines Meisters notierte: »Im Grunde sind wir alle kollektive Wesen, wir mögen uns stellen, wie wir wollen ... Wir müssen alle empfangen und lernen, sowohl von denen, die vor uns waren, als von denen, die mit uns sind. Selbst das größte Genie würde nicht weit kommen, wenn es alles seinem Innern verdanken wollte.« Sind, so besehen, nicht die meisten großen Schriftsteller und Dichter kollektive Wesen? Doch mit diesem Bekenntnis, meint Anton Ackermann, in frühester Nachkriegszeit einmal der Verfechter eines besonderen, doch schnell vergessenen deutschen Wegs zum Sozialismus, im August 1949 in der »Neuen Welt«, ragt Goethe »weit über die größten seiner Zeitgenossen hinaus mit der Einsicht, daß sein Werk nicht die isolierte Leistung eines einzelnen ist, sondern ein Produkt kollektiven Charakters«. Und Grotewohl folgert, daß Goethe sich »in schärfster Weise gegen jede Form des Individualismus ... gegen jeden Gegensatz des Genies zur Gesellschaft« ausgesprochen habe. Ist dieser Goethe wirklich volkstümlich, hat er sich nicht resignierend eingestanden, daß sein Werk, anders als das Schillers, nicht populär, nicht massenwirksam sei und nur von wenigen gewürdigt werde? Sei's drum. Im März steht in der Thüringer Parteizeitung auf einer Goethe-Sonderseite zu lesen, wie erstaunlich volksnah doch Goethe gewesen sei, denn er habe – zu wem wohl, wenn nicht wiederum zu Eckermann? – von der Notwendigkeit gesprochen, »mundgerecht für die arbeitende Klasse zu schreiben«. Und hat er nicht nach der Schlacht von Valmy jenen berühmten Satz gesagt, von hier und heute gehe eine neue Epoche der Weltgeschichte aus? »Das Valmy unserer Tage«, so das SED-Blatt, »wird geschlagen in den volkseigenen Betrieben unserer Zone, in jeder Mehrleistung unserer Hennecke-Aktivisten.«

Als tausend dieser Henneckes am 8. Juni zur »Weimarfahrt der Aktivisten« aufbrechen, der zweiten großen Veranstaltung des Goethejahrs, als in der Ilm-Stadt wiederum die »leuchtenden Fahnen flattern«, zitiert der FDGB-Vorstand im Begrüßungswort Goethe, als habe dieser gut hundertfünfzig Jahre vor der SED zur Sollerfüllung aufgerufen: »Das Muß ist hart, aber beim Muß kann der Mensch allein zeigen, wie's inwendig mit ihm steht. Willkürlich leben kann jeder.« Zwar hätte dieser Spruch ebensogut für den spartanisch-konservativen Geist der preußischen Erziehung herhalten können, doch im Weimar von 1949 gibt Goethe als »kämpfend tätiger und sich ständig entwickelnder Mensch« nun einmal den Aktivisten der Ostzone das Motto vor: »Sich rastlos zu betätigen, und als Pflicht zu erkennen, die Forderungen des Tages zu erfüllen.« Und in vielem sind preußisches oder nationalsozialistisches und das neue stalinistisch-sozialistische Vokabular so fern ja nicht. Gerd Dietrich spricht in seiner Studie über »Politik und Kultur in der SBZ 1945 – 1949« davon, daß die geschickte Nutzung »demagogischer Schemata wie gehabt« Anklang fand und Denkweisen und Charakterzüge aus der Nazizeit der neuen Gesellschaft sehr zupaß kamen – etwa ein großes ideologisches Gläubigkeitsbedürfnis und ein unbedingter Autoritätsglaube. »Das übersteigerte Konzept der [sozialistischen; P.M.] Umerziehung wurde so zur Erziehung für eine neue Diktatur«, schreibt Dietrich, »wenn das auch die Erzieher verleugneten und die Erzogenen nicht wahrhaben wollten.«

Auf das Fortleben alter Vorstellungen in neuem Gewand hatte vor ihm schon Franz Fühmann aufmerksam gemacht, der sich, von Schuldbewußtsein geplagt, vom gläubigen Nationalsozialisten zum treuen Anhänger des neuen Systems gewandelt hatte, bis ihn nach dem Einmarsch in die Tschechoslowakei 1968 tiefste Skepsis überfiel. In seinem Buch »Vor Feuerschlünden. Erfahrungen mit Georg Trakls Gedicht« spricht er vom »Wiedergewinnen politischer Werte durch den Dennoch-Gebrauch des bis ins Mißbrauchtsein Mißbrauchten im Namen revolutionärer Erneuerung: ›Volk‹; ›Vaterland‹; ›Zukunft‹; ›Sinn des Lebens‹; ›Gemeinnutz‹; ›Opfermut‹; ›Glauben‹; ›Einsatz‹; ›Kampf‹; ›Hingabe‹; ... Ihre Auferstehung geschah im Zeichen des Wahren ... ›wahr‹ – Es wurde das wichtigste Wort jener Zeit.«

Goethe, der große lebensbejahende Realist, wird für die SED zum Kronzeugen gegen die Moderne, ein Kampf, der der braunen und der roten Diktatur gemeinsam ist und der seit Anfang des Jahrhunderts in Weimar Tradition besitzt. Für die Kunst habe Goethe »die objektiven Gesetze des Maßes und Wertes« gefordert, schreibt Alexander Abusch im Thüringer »Volk« im Januar 1949, er sei für die »Vermenschlichung der Kunst und des Lebens« eingetreten und habe das Abstrakte als lebensfremd und kunstfeindlich abgelehnt. Goethe als früher Wegbereiter des sozialistischen Realismus und Bundesgenosse der neuen Diktatoren in der anhebenden Formalismusdebatte? Abusch, der einmal Kulturminister der DDR-Regierung sein wird, schreckt davor nicht zurück: Der Dichter sei Gegner eines »schrankenlosen Subjektivismus« gewesen, als er erklärte, daß »alle im Rückschreiten und in der Auflösung begriffenen Epochen subjektiv sind, dagegen alle fortschreitenden Epochen eine objektive Richtung haben«. Und Johannes R. Becher, einst ein wilder Expressionist, der sich im Moskauer Exil zum Neoklassizisten wandelte, preist Goethes Stil als großes Vorbild des Realismus an: »In der Vergegenständlichung liegt die Vermenschlichung, und in dem starken Betonen des Konkreten im Künstlerischen, wie es von Goethe geschieht, scheint auch uns sich der Weg zu einer neuen Dichtung zu eröffnen und nicht in einer sterilen Formsuche und Formpfuscherei.« Die Klassikrezeption der DDR, meint Robert Mandelkow, habe von Beginn an die Funktion gehabt, »... regulativ und normsetzend für eine Ästhetik des sozialistischen Realismus zu wirken«.

Die Rekrutierung Goethes für die Ziele der SED gipfelt in der Kampagne für die östliche Deutschlandpolitik und die deutsche Einheit, die bei den Geburtstagsfeiern in Weimar eine zentrale Rolle spielt. »Goethe als Künder der nationalen Einheit Deutschlands« überschreibt Alexander Dymschitz, wichtigster Kulturoffizier der Sowjetischen Militäradministration, seinen Artikel in Heft 16 der »Neuen

Welt«, in dem er den Klassiker gegen die »bösartige und verleumderische Legende« in Schutz nimmt, er habe stets nur vom Menschlichen gesprochen und sei kein Patriot gewesen. »Die Tradition kosmopolitischer Goetheverzerrung ist uralt und hoffnungslos veraltet«, liest man da, und: »Die pseudohumanistischen Redensarten der heutigen kosmopolitischen Deutschen amerikanischer Denkungsart lassen jede Spur von wirklicher Liebe zum Menschen vermissen ...« Wer weiß, welchen entscheidenden Einfluß die Sowjetische Militäradministration und ihre Kulturoffiziere damals auf den ostzonalen Kulturbund und die Kulturpolitik der im Entstehen begriffenen DDR nehmen, wird die Bedeutung solcher Worte schwerlich unterschätzen können. Dymschitz gibt im August 1949 nur die Losung wieder, die er schon im Frühjahr 1948 ausgegeben hatte, als sich die Kulturabteilung beim Zentral-Sekretariat der SED erstmals mit den Vorbereitungen zum Goethejahr beschäftigte. Hinter dem »kosmopolitischen Geschwätz« vom dem »Menschen überhaupt« sieht er die Ideologie des deutschen Kleinbürgers, »des Knechtes, der vor dem amerikanischen Boss gehorsam den Nacken beugt und bereit ist, für das Linsengericht seines persönlichen Wohlergehens sein Vaterland en gros und en détail zu verkaufen«.

Wie ein Leitmotiv zieht sich die grundfalsche These von Goethe, dem großen Nationalen, durch alle Ehrungen des Ostens in diesem Goethejahr. »Mir ist nicht bange, daß Deutschland nicht eins werde ...« – dieser Goethesatz, unter dem 23. Oktober 1828 von Eckermann notiert, wird immer neu zitiert und prangt als fette Unterzeile auf der Titelseite des Thüringer »Volks« vom 27. August 1949, dem zweiten Tag der »Goethe-Festtage der deutschen Nation«. Daß Goethe im selben Gespräch mit Eckermann die deutsche Kleinstaaterei und ihre vielen Residenzen verteidigte, weil sie die Kultur beförderten, wird unterschlagen. »Würden sie aber wohl bleiben, was sie sind, wenn sie ihre eigene Souveränität verlieren und irgendeinem großen deutschen Reich als Provinzialstädte einverleibt werden sollten? Ich habe Ursache, daran zu zweifeln.« Goethe hatte sich also über die Folgewirkungen einer möglichen Einheit eher besorgt gezeigt, aber das paßt der SED, die einen neutralen, zentralistischen Nationalstaat anstrebt, natürlich nicht ins Konzept. Dafür steht auf der nämlichen Titelseite oben rechts ein Kasten mit der Überschrift »Einheit ist allmächtig«. Es handelt sich um ein Zitat aus dem »Wilhelm Meister«, aber dort steht es in keinerlei politischem Kontext und lautet: »Einheit ist allmächtig, deshalb keine Spaltung, kein Widerstreit zwischen uns. Insofern wir Grundsätze haben, sind sie uns alle gemein.« Kein Zitat, keine Goethe-Äußerung zu Eckermann, Riemer, Soret, dem Erzieher Carl Alexanders, oder wem immer sonst bleiben ausgespart, wenn sie nur in die von Tulpanow und Dymschitz, Ackermann und Abusch vorgegebene Agitprop-Linie passen, auch wenn Kontext und genauer Wortlaut die propagandistische Nutzung nur zu oft der Lächerlichkeit preisgeben. Besteht die SED, deren Parteiblatt das »Volk« ja ist, etwa nicht auf heftigstem Widerstreit mit eben jenen »kosmopolitischen Deutschen amerikanischer Denkungsart« im Westen, einem Widerstreit, der nach den zitierten Worten Goethes nicht statthaben soll?

Thomas Mann, in der sowjetischen Zone wie ein Staatsbesucher empfangen und von der Bevölkerung begeistert gefeiert, wird von demselben Blatt als »Dichter des ganzen Deutschland« und »Freund des Humanismus und der Einheit« begrüßt. Zwar fordert er, daß eine Menschheit, die im Begriff sei, »sich auf eine neue Stufe ihrer sozialen Rechte zu erheben«, die »schwer erkämpften und unveräußerlichen Errungenschaften der Menschheit wie Freiheit, Recht und Würde des Individuums« dabei nicht preisgeben dürfe, was man als – freilich milde – Mahnung an die Adresse des neuen Regimes im Osten verstehen mag. Doch reiht er, der die Ostzone grundsätzlich die »sogenannte Ostzone« nennt, sich mit dem, was er in Weimar vorträgt, beinahe nahtlos in die östliche Einheitskampagne ein. »Ich kenne keine Zonen«, sagt der Autor der »Lotte in Weimar« in seiner Goethe-Rede, die er am 25. Juli 1949 in der Frankfurter Paulskirche vorgetragen hat und die er am 1. August im Deutschen Nationaltheater wiederholt. »Mein Besuch gilt Deutschland selbst, Deutschland als Ganzem und keinem Besatzungsgebiet. Wer sollte die Einheit Deutschlands gewährleisten und darstellen, wenn nicht ein unabhängiger Schriftsteller, dessen wahre Heimat ... die freie, von Besatzungen unberührte Sprache ist?« Nachdem er schon von der Stadt Frankfurt mit dem Goethepreis ausgezeichnet wurde, erhält er nun einen »Goethe-Nationalpreis« des Ostens, gestiftet vom »Deutschen Goetheausschuß«, der die Weimarer Feiern vorbereitet hat, gewidmet dem »Erben Goetheschen Geistes in unserer Zeit, dem großen humanistischen Dichter deutscher Sprache, dem mutigen Kämpfer für den Weltfrieden«. Die

Die SED bezieht in ihre Kampagne für die östliche Deutschlandpolitik und die deutsche Einheit selbst Goethe ein. Die Rede Thomas Manns zu dessen 200. Geburtstag im Sommer 1949 fügt sich gleichfalls in diese Tendenz. Auf dem Foto der Autor von »Lotte in Weimar« am 1. Juli 1949 vor Goethes Gartenhaus.

Preissumme, zwanzigtausend Ostmark, reicht er umgehend an die evangelische Kirche für den Wiederaufbau der Herderkirche weiter.

Daß die nationalen Goethe-Feiern eine Art symbolischen Auftakt für die Bildung der DDR darstellen, schreibt Kurt Schulmeister 1977 rückblickend in seiner »Geschichte des Kulturbundes«. Und wenn die Deutsche Wirtschaftskommission in Berlin, die auf wirtschaftspolitischem Gebiet die künftige DDR-Regierung vorwegnimmt, für diese Feiern sogenannte Nationalpreise stiftet, paßt dies trefflich zu seiner These. In einer bombastischen Feier werden sie am 25. August 1949 im Deutschen Nationaltheater durch Wilhelm Pieck, den künftigen Präsidenten des Arbeiter- und Bauernstaates, an Wissenschaftler und Künstler, darunter Johannes R. Becher, Heinrich Mann (in Abwesenheit), Friedrich Wolf und Helene Weigel vergeben, aber auch an Arbeitskollektive und natürlich an Adolf Hennecke, den Heros der Aktivisten-Bewegung.

Zum Höhepunkt des Goethejahrs hält Johannes R. Becher anderntags eine Festrede, die an nationalem Pathos schwerlich zu überbieten ist und zahlreiche Ungereimtheiten enthält. Ausgerechnet von Goethe, dem eingefleischten Gegner aller Unordnung und Revolution, der »die demokratischen Kräfte in ihrer Geburtsstunde bekämpfte« (Wilhelm Mommsen), behauptet er, es sei »der Geist der Französischen Revolution, der ihn ergriffen und in seinen wesentlichen Zügen geprägt hat, und dessen Verkörperung er geworden ist wie keiner unter allen Deutschen«. Dann wieder heißt es, getreu der Dymschitz-Losung vom großen Patrioten, Goethe habe »die Vereinigung der deutschen Stämme zu einer Nation« als die »geschichtliche Vollendung seines Lebenswerkes« betrachtet, ja als Verwirklichung eines Traumes, den er von »Jugend an durch sein ganzes Leben hindurch träumte«. Eine Goethe-Renaissance ist für Becher Voraussetzung der deutschen Wiedergeburt und eines neuen, stolzen Nationalbewußtseins, das er für erforderlich hält.

In nationalem Sack und deutscher Asche geht der Moskau-Emigrant Becher wahrlich nicht, diese Rolle bleibt dem deutschen Westen vorbehalten, der sich angeblich neofaschistisch formiert und nach Abusch der Gehirnwäsche der »geistigen Marshallisierung« unterzogen wurde. »So tief ist unsere Substanz«, behauptet Becher, »so unabdingbar ist das Beste, das wir Deutsche unser Eigen nennen, verwandt mit dem Wesen Goethes, daß, in diesem Einssein und Aufeinander-Angewiesensein, es undenkbar ist, daß ein freiheitliches, friedliches Deutschland erstehen kann, in dem nicht Goethe in allen deutschen Herzen beheimatet wäre.«

Die Verbiegung zum Vorkämpfer des Nationalen und der deutschen Einheit hatten schon wilhelminische Goethe-Interpreten versucht und behauptet, Goethe, der zum Kummer Alexander von Humboldts von Napoleon auch nach dessen Niederlagen stets als »meinem Kaiser« sprach, habe napoleonischer Fremdherrschaft bewußt ein »Reich deutschen Geistes« entgegensetzen wollen. Daß zeitgenössische marxistische Kritiker wie Walter Mehring solche Versuche damals als »Verrat an Goethe und der Klassik« denunzierten, stört die SED nicht im geringsten bei dem Vorhaben, welches Robert Mandelkow schlicht die »Restitution eines Goethebildes« nennt, das in vielen Zügen jenem des 19. Jahrhunderts nach der Reichsgründung gleicht.

Beispielhaft dafür ist auch die Vereinnahmung des »Faust«, dessen zweiter Teil geradezu zum Nationalepos der DDR avanciert. »Wenn ihr wissen wollt, wie der Weg vorwärts geht«, so Walter Ulbricht 1958 auf dem III. Kongreß des Nationalrats der Nationalen Front, »dann lest Goethes ›Faust‹ und Marx' ›Kommunistisches Manifest‹! Dann wißt ihr, wie es weitergeht.« Den »Faust« hatten schon Becher und Grotewohl als Legitimationsfaktor für die Politik der entstehenden DDR bemüht – der »freie Mensch und das freie Volk auf freiem Grund« sei die Forderung unserer Epoche geworden, proklamiert Becher. Grotewohl zitiert die Verse, die Ulbricht dann als Goethesches Leitmotiv für den sozialistischen Aufbau in der Stalin-Allee einmeißeln läßt, im Wortlaut:

»Solch ein Gewimmel möcht ich sehn,
Auf freiem Grund mit freiem Volke stehn!«

Armer, gemarterter, immerzu mißbrauchter Goethe! Es sind dies Verse, deren sich auch ein Goebbels gelegentlich bediente, die in keiner programmatischen Rede Honeckers fehlen durften und die schon im Wilhelminismus für die Außenpolitik des Reichs hatten herhalten müssen. Ulbricht träumt gar von einem »Faust III«, den Goethe nicht mehr hat verfassen können, aber den, so der Staatsratsvorsitzende 1962, die Werktätigen und Wissenschaftler der DDR begonnen hätten, mit »ihrem Kampf für Frieden und Sozialismus« Tag für Tag und Zeile für Zeile zu schreiben. Faust als das Ideal des arbeitenden schöpferischen Menschen; Faust der Kolonisator, der dem Meer kostbares Land durch Eindeichung abgewinnt und damit im marxistischen Sinne die Natur dem Menschen unterwirft, um sie zu gestalten; Faust schließlich als Utopist, der als Sterbender die Vision vom freien Volk auf freiem Grunde hat – die Neuaneignung der Faustdichtung für den realen Sozialismus geht so weit, daß Gerhard Scholz, der aus dem schwedischen Exil zurückgekehrte Germanist, Faust selbst für die Bodenreform in Anspruch nimmt. Goethe habe die Figur des Faust, heißt es in seinen »Faust-Gesprächen«, die in den Jahren 1964/65 von der Zeitschrift »Forum« veröffentlicht werden, als Exekutor dessen angelegt, was »von den kommenden Klassen vollzogen, konkrethistorisch wird«. Parallelen zum Wilhelminismus, der die Landgewinnungsszene als Eindeichung des Oderbruchs durch Friedrich II., oder zum Nationalsozialismus, der sie im Sinne der Lebensraum-Politik gedeutet hat und bei der Einweihung eines neuen Adolf-Hitler-Koogs stolz auf den »Faust« verwies, schrecken nicht.

Scholz, seit Mai 1949 Direktor des Goethe-Nationalmuseums und des Goethe- und Schiller-Archivs, ist auch der Begründer eines Goethezeit-Museums, das rechtzeitig zu den Feierlichkeiten zum Goethejahr im Weißen Saal des Schlosses in Weimar eröffnet wird. Nach seinen eigenen Worten versucht es, »die Bedeutung der Klassik in ihrem Ringen um die Einheit der Nation und um eine realistische Kunst museal anschaulich mehr und mehr Werktätigen« nahezubringen. Ein Besucher aus der anderen Welt des Kalten Krieges, Matthias Walden, der es 1958 als Redakteur der »Welt« besucht, findet darin einen »bösen Bogen« zwischen Goethe und Lenin gespannt. Doch Schüler der Käthe-Kollwitz-Schule I aus Weimar notieren nach einem Gang durch das Museum: »Ich kann mir jetzt die Umwelt Goethes vorstellen. Wie mußten die Bauern schuften und wie hat die Hofgesellschaft gepraßt.« Und: »Ich habe auf den Bildern viele Adlige gesehen, beim Tee, beim Spiel. Auf keinem Bild sah ich sie bei einer Arbeit!« Und als Krönung, weil ja auch dieses Museum im Dienst der SED-Einheitspropaganda steht: »Wie schmachvoll empfand Goethe die Grenzen durch Deutschland« (»Die neue Schule« Nr. 48/ 1951).

Natürlich fehlt neben dem realistischen und humanistischen der patriotische Goethe nicht, den man mit dem Satz zitiert: »Deutschland sei eins ... es sei eins in Liebe zueinander. Und immer eines gegen den auswärtigen Feind.«

Scholz will deutsche Literaturgeschichte der Goethezeit auf der Basis des dialektischen Materialismus zeigen und die klassischen Dichter in ihr zeitgenössisches Milieu stellen. Es geht ihm mit seinem Museum, und er sagt das voller Stolz, um die »Parteinahme für die ›Hütten‹ gegen die ›Paläste‹« und um den »Versuch einer realistischen Gestaltung von volksverbundenen Helden als Flügelmännern der Nation in den Kämpfen um ihre Einheit«. Der Kampf um die Einheit der Nation, das Ringen um eine realistische Kunst sind für ihn »politische und kulturelle Existenzfragen«, zu deren Lösung sein Museum beitragen soll – dadurch, daß Lehren aus der Vergangenheit nutzbringend für Gegenwart und Zukunft angewendet werden.

Auch die Bühne wird genutzt, das sozialistische Faust-Bild zu verbreiten. Während westdeutsche Theater den »Faust« als tragische, destruktive Figur zunehmend in Frage stellen und, vor allem mit der großartigen »Faust«-Aufführung von Gründgens in Hamburg, Mephisto als großer Antiheld in den Mittelpunkt rückt, pflegt der Osten den optimistischen Faust als positive Leitfigur. Beispielgebend dafür ist die Inszenierung von Fritz Bennewitz am Weimarer Nationaltheater, die Lothar Ehrlich, heute Leiter der Forschungsförderung der Stiftung Weimarer Klassik, damals als marxistische Theaterantwort auf die westliche Herausforderung vom »destruktiven« Faust bezeichnet: »Das Weimarer Theaterkollektiv stellte sich ihr als erste, indem es den Humanismus Goethes und das schöpferische gesellschaftlich-nützliche Wirken Fausts behauptete.« Daß Brecht und Egon Monk mit ihrer »Urfaust«-Inszenierung und Hanns Eisler mit seinem »Dr. Faustus«-Libretto den von der Partei zum sozialistischen Nationalheros erhobenen Faust eher entmythologisieren und problematisieren, daß sie wie Brecht auch jenen Faust zeigen, der sich zu Gretchen »schmutzig« verhält, führt zwar zu einer lebhaften »Faust«-Debatte unter Marxisten. Doch sie endet mit der Verfestigung des positiven Faustbilds, das weiter die offizielle Goetheinterpretation der DDR beherrscht. Eine Zurücknahme des Faust von links, schreibt Alexander Abusch 1953 in »Sinn und Form«, dürfe es nicht geben: Faust bleibe die große Figur des »einstigen bürgerlich-revolutionären Strebens zur Erkenntnis und zur Veränderung der Welt«. Später wird er, an Goethes erzieherischen Gedanken von der Pädagogischen Provinz anknüpfend, gar behaupten, in der DDR sei »das ganze Land, seine erneuerte Kultur und Volksbildung eine einzige Provinz des sozialistischen Humanismus« geworden.

So einfach hat sich offenbar Bechers Klage, daß auf die Klassik keine klassische Politik gefolgt sei, mit dem Machtantritt der SED erledigt. Zwar fehlt es auch nach Brecht und Eisler nicht an östlichen Problematisierungen des »Faust«, etwa mit der Aufführung von Wolfgang Heinz und Adolf Dresen 1968 am Deutschen Theater in Berlin. Aber das Aufmucken bleibt auf wenige Regisseure und Theater beschränkt. Erst spät, mit Ulrich Plenzdorfs »Die neuen Leiden jungen W.«, Bernd Leistners »Unruhe um einen Klassiker« und mit Wolfgang Harichs Aufwertung Jean Pauls beginnt auch in der DDR die kritische Auseinandersetzung mit der »Aneignung des klassischen Erbes« in der Ulbricht-Zeit. Allerdings bleibt Harich, der Herder und seinen jungen Adepten Jean Paul mit Recht für sehr viel progressiver hält als die aristokratischen Ästheten »des Weimar-Jenaer Typs«, in der DDR umstritten. Die kritische Haltung zur bisherigen Klassikinterpretation beschränkt sich auf Intellektuelle und Regisseure, im Parteijargon der großen Festtage wird die DDR weiterhin als die verwirklichte Vision des sterbenden Faust gefeiert. »Wer erfahren will, was ein freies Volk auf freiem Grund zu leisten vermag, der kann sich davon in unserer Deutschen Demokratischen Republik überzeugen« – so Erich Honekker vor der neugewählten Volkskammer im Juni 1986. Der Satz mag typisch sein für den Goethe-Mißbrauch durch die SED bis zur Implosion des realen Sozialismus, als dieser nicht länger auf das Eingreifen sowjetischen Militärs rechnen kann.

Nicht anders als Goethe ergeht es Schiller, der sich freilich wegen seines Freiheits- und Nationalpathos weitaus leichter für die Zwecke der jeweils Regierenden und der führenden Parteien ausschlachten läßt. Auf einem Empfang im Hotel »Elephant« bittet Walter Ulbricht die Anwesenden, das Glas zu erheben, »damit Schillers Traum vom neuen Staate in ganz Deutschland Wirklichkeit wird ...« In der DDR scheint er längst erfüllt. Habe der Dichter nicht gesagt, das Jahrhundert sei seinem Ideal nicht reif, er lebe, ein Bürger derer, welche kommen würden? Jetzt endlich, seit die Volksmassen »unter der Führung der Arbeiterklasse den Gesetzen des gesellschaftlichen Fortschritts zum Durchbruch« verholfen hätten, herrsche »die Einheit von Ideal und Wirklichkeit«, von der Schiller nur träumen konnte. In diesem neuen Deutschland nähmen Schillers »humanistische Ideale lebendige Gestalt an. Der große Siebenjahrplan schafft die Bedingungen für die Entwicklung neuer, wahrhaft menschlicher Beziehungen der Menschen in der Epoche des Sozialismus.« Die Szene spielt am 10. November 1959 anläßlich der Schiller-Ehrung zum zweihundertsten Geburtstag des Dichters. Vier Jahre zuvor, anläßlich des hundertfünfzigsten Todestages, hatte die SED ein Schillerjahr verkündet und es unter das Motto des Rütli-Schwurs gestellt: »Wir sind ein Volk und einig woll'n wir handeln« und es zugleich zum »Jahr des Ringens um die demokratische Einheit Deutschlands« erklärt.

Seit 1859, seinem hundertsten Geburtstag, bedienten sich alle aus Schillers überquellender Zitatentruhe: die demokratische Nationalbewegung der 48er-Revolution, der Wilhelminismus, der Nationalsozialismus – sie alle hatten die Verse vom »Tell« im Munde geführt und das »Er war unser!« aus Goethes berühmtem »Epilog zur Glocke« neu beschworen. Im kollektiven Unterbewußten der Deutschen, besonders jener, die bis zur Bewußtlosigkeit Schillers Balladen, Gedichte und Dramenverse auf den Oberschulen und Gymnasien pauken mußten, ist der Dichter der »Glocke«, des »Tell« und des »Wallenstein« eindeutig national besetzt. Gleicht es da nicht der Quadratur des Kreises, was die regierenden deutschen Kommunisten, die ja mit ihren Einheitsparolen beinahe nahtlos an frühere Schiller-Interpretationen anknüpfen, sich vorgenommen haben: Schiller gegen »seine Verfälschung durch die Ideologen des preußisch-deutschen Militarismus, des wilhelminischen Imperialismus und des Faschismus« zu verteidigen, sich von diesen Deutungen abzusetzen und zugleich Schillers Werk »mit seinen starken demokratisch-patriotischen Zügen unserem deutschen Volke nahezubringen«? So jedenfalls hatte es bei der Feier des hundertfünfzigsten Todestages in einer Stellungnahme des Zentralkomitees der SED geheißen. Dabei versäumen die marxistischen Schiller-Interpreten nicht den Hinweis, Schillers Dramen und Verse hätten die deutsche Jugend in den Befreiungskriegen gegen Frankreich 1813 angefeuert und begeistert. Gleichzeitig jedoch suchen sie die Abgrenzung des »nationalen Freiheitsdichters« zum Nationalismus und des Weltbürgers zum »gegenwärtigen Kosmopolitismus imperialistischer Prägung«. Sie sehen den Weltbürger Schiller, wie auch Goethe, zutiefst in der Nation verwurzelt; beider Streben sei auf gegenseitigen Respekt der Nationen voreinander, auf

Gleichberechtigung und Anerkennung der jeweils nationalen Leistungen in der Literatur gerichtet – nationaler Dichtungen, Romane und Dramen, die zusammen dann die Weltliteratur ausmachten, einen Begriff, den Goethe geprägt hatte.

Als Paradestück für den patriotisch-fortschrittlichen Schiller wird immer wieder auf die Kammerdiener-Szene in »Kabale und Liebe« verwiesen, dem nach Friedrich Engels »ersten deutschen Tendenzdrama«, in welchem der Verkauf deutscher Soldaten durch ihre Landesfürsten an England für den Kampf gegen die revolutionären Nordamerikaner angeprangert wurde. Wer kennt sie nicht, jene Szene, in welcher der alte Diener des Herzogs Lady Milford kostbare Juwelen überbringt, und die von ihr zurückgewiesen werden, als sie erfährt, daß der Preis dafür siebentausend als Soldaten an fremde Mächte verschacherte Landeskinder des Herzogs sind? »Erstmalig« sieht Abusch in diesem »deutschen Gegenwartsstoff die nationale mit der sozialen politischen Kritik« vereint.

Fürstliche Winkeltyrannei, die das Blut ihrer Untertanen »als Futter für Pulver verkaufen, um die Mittel für einen prahlerischen Luxus ... zu gewinnen«, hatte schon der sozialdemokratische Historiker Franz Mehring in »Kabale und Liebe« gegeißelt. Auch zur Zeit des Nationalsozialismus wertete man das Stück nicht viel anders. Herbert Cysarz beispielsweise, einer der bekanntesten und angesehensten deutschen Literaturhistoriker, welcher den Nationalsozialismus mit Beifall begrüßt hatte, schrieb 1934, in Deutschland hätten allein die Dichter Mut und Enthusiasmus, die Feudalgesellschaft dort anzuleuchten, wo sich ihre Brüchigkeit am deutlichsten enthülle: »Die Ungerechtigkeit in der Verteilung von reich und arm, die Niedertracht des Verschacherns von Landeskindern als Soldaten für fremde Kolonialkriege, die Mätressenwirtschaft, welche Länder aussaugt, um den Beischläferinnen der Fürsten Juwelen und Renten zu liefern, die Unzuverlässigkeit politischer Abenteurer, die sich selbst an die Spitze spielen wollen, und die Brutalität der von ihnen angegriffenen Mächte bilden Themata, die der junge Schiller auf die Bühne brachte.«

Das ganze Deutschland sei es, das Friedrich Schiller »in unseres Volkes Not und Elend, in unseres Volkes Auferstehungsdrang und Auferstehn repräsentiert«. So der vom Gedanken an die deutsche Nation besessene Johannes R. Becher 1955 aus Anlaß des hundertfünfzigsten Todestages. »Er ist unser«, hatte neunzehn Jahre zuvor im Nationaltheater Josef Goebbels von Schiller behauptet. Jetzt wird Schiller am gleichen Ort von Becher reklamiert: »Friedrich Schiller ist unser, weil er unsere Jugend, unsere Heimat ist; Friedrich Schiller bleibt unser, weil er unser Volk ist, weil er an das Beste rührt, was unser Volk hervorzubringen vermochte; Friedrich Schiller ist unser, weil er unser Deutschland, unsere freie, wiedervereinigte deutsche Nation ist ...« Nicht viel anders Otto Grotewohl 1959 in einem Geleitwort für den Sonderdruck »Für eine größere Welt«, die zu Schillers zweihundertstem Geburtstag in Weimar erscheint: »Unzerstörbar und unüberwindlich war des Dichters Glaube an Deutschland.« Und Alexander Abusch, der diesmal statt des inzwischen verstorbenen Becher die Festrede hält, erklärt: »Schiller ist und bleibt unser als ein humanistischer Vorkämpfer, dem das kühne ›Traumbild eines neuen Staates‹ vorschwebte und der eine humanistische Gesellschaft ohne Klassenspaltung ersehnte; Traumbilder, die im Weltbund der sozialistischen Staaten nun zur Wirklichkeit auf Erden wurden.« Abusch sieht die DDR als »Treuhänder des Schiller-Erbes für die ganze Nation« und attackiert westdeutsche Schiller-Interpreten, die sich um den Nachweis bemühten, »der Volkstribun Schiller mit humanem Patriotismus« habe nie existiert. Schon eine Woche zuvor wendete sich Hans Dose im Thüringer Parteiblatt gegen den renommierten Germanisten Benno von Wiese. Dieser hatte in der »Stuttgarter Zeitung« vom 21. Februar 1959 von einem »Verhängnis« gesprochen, das über Schillers Nachruhm walte: Die einen proklamierten ihn in offensichtlichem Widerspruch zu Schillers eigenen Aussagen als Freiheitsdichter der deutschen Nation, die anderen nähmen gerade dies zum Anlaß, ihm seinen Nachruhm streitig zu machen. Empört fragt Dose daraufhin: »Schiller soll also nicht mehr der Dichter der Freiheit unserer Nation sein?«

Die revolutionären Züge im ostdeutschen Schiller-Bild sind anfangs zurückgenommen, aber sie mehren sich, als im Zeichen der Abgrenzung zum Westen nach dem Bau der Mauer auf dem Boden der DDR eine neue »sozialistische deutsche Nation« entstehen soll. Der Rütlischwur bleibt in der späten DDR-Zeit unerwähnt, wie auch Bechers Nationalhymne vom »Einig Vaterland« nicht mehr gesungen werden darf.

»Kein Dichter des klassischen deutschen Erbes hat dem Proletariat so nahegestanden wie Schiller«, sagt DDR-Kulturminister Hans-Joachim Hoffmann auf der Festveranstaltung zum 225. Geburtstag

Schillers in Weimar. Kommt hier plötzlich Brecht mit seinem Aperçu zur Geltung, der Mensch könne nur Mensch bleiben, wenn er Räuber werde? Man schreibt inzwischen 1984, und Hoffmanns Rede enthält keines der früher so gängigen Zitate. Statt des nationalen Schiller preist Hoffmann nun den menschlichen, so als ob Schillers »Seid umschlungen Millionen« eine vage Vorahnung des Sozialismus beinhaltet hätte: »Nicht um Geschichte als solche ging es ihm, sondern um die Selbstbehauptung der Menschheit, um die moralische Integrität und um die Bloßstellung des Barbarischen in der Handlungsweise der selbstzerstörerischen und die Humanität bedrohenden Kräfte.« Kommt die DDR damit dem originalen Schiller wieder näher? Sie käme es, würde Hoffmann ihn nicht im selben Atemzug als Kronzeugen für die internationale kommunistische Friedenskampagne mißbrauchen: »Seine Maxime, daß alle Menschen Brüder werden, verbunden mit Ludwig Beethovens Musik, wird noch viele Menschen auf den Weg des Internationalismus, der Solidarität, der uneigennützigen humanistischen Tat begleiten oder sie zu ihm hinführen.« Die Bilder und Visionen Schillers riefen dazu auf, »für den Frieden für immer und in allen Teilen der Welt zu kämpfen. Jawohl, dafür zu kämpfen heißt auch die zu zeigen, die mit dem Krieg gegen die Sowjetunion auf der Erde und im Weltall als Mittel der Politik spielen. Schiller hat sie uns vorgeführt, die Beförderer, die Handlanger und die Opfer der Kriege in Böhmen, in Württemberg, im amerikanischen Unabhängigkeitskrieg, in Flandern und Brabant, im Dreißigjährigen Krieg, im Befreiungskampf der Niederländer, der Franzosen und der Schweizer ...«

Nun sind offizielle Reden von Politikern eines, seriöse wissenschaftliche Forschung, die in Weimar natürlich auch im realen Sozialismus betrieben wird und die dem offiziösen Klassikbild der DDR-Aufbau-Phase oft genug kritisch gegenübersteht, ist etwas völlig anderes. Aus den Giftschränken der Ulbricht-Zeit hat die DDR-Literaturwissenschaft nach und nach vieles hervorgeholt und wieder zu Ansehen gebracht, das entweder als reaktionär, formalistisch oder pervers-dekadent stigmatisiert und verworfen wurde – etwa die Romantik und schließlich, wenn auch mit erheblicher Verspätung gegenüber den Tschechen, sogar Kafka. Doch wann immer sie an die Öffentlichkeit geht, Tagungen oder Symposien abhält, bleibt ihr ein förmlicher Kotau vor der Parteilinie nicht erspart. Und gerade für Weimar, wo Helmut

Holtzhauer die 1954 gegründeten »Nationalen Forschungs- und Gedenkstätten der klassischen deutschen Literatur« neunzehn Jahre leitete, gilt nach Hans-Dietrich Dahnke, daß »die literarische Romantik über Jahrzehnte hinweg ein Gegenstand der Verneinung und Schmähung« blieb.

Holtzhauer, der Kommunist, Widerstandskämpfer und Zuchthäusler während der Nazizeit, kennt nur eine rigoros-undifferenzierte Traditionslinie, die von der Antike über die Renaissance zur deutschen Klassik führt und von dort direkt zur Arbeiterbewegung und der Verwirklichung des Kommunismus. Autoritär setzt er seine Konzeption durch, macht die Forschungs- und Gedenkstätten zwar zu einer Institution sui generis mit weltweiter Ausstrahlung, aber hält sie durch die Enge und Begrenztheit des Ansatzes zugleich »in provinzieller Zurückgebliebenheit und geschichtlicher Sterilität« (Dahnke).

Und Friedrich Nietzsche? Was mit ihm geschieht, erinnert an jene Fotos in sowjetischen Geschichtsbüchern, auf denen verurteilte und verfemte Kampfgenossen Stalins, etwa Trotzki, später Bucharin, einfach ausradiert wurden, obwohl sie an dem geschilderten Geschehen entscheidenden Anteil hatten. Nietzsches Spuren werden im Weimar der Nachkriegszeit getilgt. Nichts darf an ihn erinnern. Von Johannes R. Becher, dem einstigen Nietzscheaner, schon im Moskauer Exil zu einem der Hauptverantwortlichen an der deutschen Misere erklärt, gerät er als »Vordenker, ja geistiger Urheber der Untaten des Faschismus« ins Visier der stalinistischen Kulturoffiziere, wie Manfred Riedel schreibt. Die Sowjets schließen das Nietzsche-Archiv, lassen die Bestände in leerstehende Fabrikräume transportieren und vermachen die Villa Silberblick dem Weimarer Kulturbund, dessen Sekretär Franz Hammer Nietzsches Sterbezimmer als Küche nutzt. Der siebzigjährige Max Oehler, Leiter des Archivs, wird verhaftet und von einem Militärtribunal zu Zwangsarbeit in Sibirien verurteilt, er stirbt jedoch vor der Deportation in einem NKWD-Keller in Weimar. Zwar gelingt es Hans Wahl im Bund mit der Thüringer Regierung, die sowjetische Aktion rückgängig zu machen. Praktisch aber wird das Nietzsche-Archiv nun zu einem Bestandteil des Goethe- und Schiller-Archivs, und Helmut Holtzhauer läßt die längst ruhende Nietzsche-Stiftung Mitte der fünfziger Jahre schließlich auch juristisch auflösen. Manuskripte und Schriftverkehr werden dem Goethe- und Schiller-Archiv, die Bücher der Zentralbibliothek zugeschlagen, die Möbel gehen nach

Schloß Ettersburg und das Goethe-Museum erhält die Kunstgegenstände.

Wie der Realsozialismus mit Nietzsche verfährt, kommt einem späten Triumph Alfred Baeumlers und Alfred Rosenbergs gleich: Mit der Vernichtung seines Andenkens wird die »nationalsozialistische Nietzschebanalisierung«, ja die Verfälschung Nietzsches durch die Nationalsozialisten von den neuen marxistischen Herren nachträglich für wahr und sakrosankt erklärt. Jeder Versuch einer kritischen Aufarbeitung Nietzsches unterbleibt. Schuld daran tragen nicht nur Becher und die sowjetischen Kulturoffiziere, verantwortlich ist vor allem Georg Lukács, dessen Werk »Die Zerstörung der Vernunft« für die intellektuelle Nomenklatur der DDR zur Bibel neuen, realsozialistischen Denkens wird. Der deutschschreibende Ungar nimmt den »Willen zur Macht« als bare Münze, hält es für eines der Hauptwerke Nietzsches und geht damit den Märchen und Falsifizierungen der »Naumburger Tugend«, Nietzsches Schwester Elisabeth, auf den Leim.

Zu den Verteidigern Nietzsches hatte nach dem Krieg Albert Camus gehört, der sich weigerte, Nietzsche mit Rosenberg zu verwechseln, und erklärte: »Wir müssen die Verteidiger Nietzsches sein.« Riedel weist darauf hin, daß es in den siebziger Jahren dann französische, vor allem aber italienische Linke sind, die Nietzsche in der antifaschistischen Tradition von Bataille und Camus mit neuen Augen lesen und als Philosophen der Postmoderne entdecken. Ihnen, vor allem aber Mazzino Montinari, einem italienischen Kommunisten, der seit Mitte der siebziger Jahre in Weimar lebt und sich um eine historisch-kritische Werkausgabe müht, ist die Rettung Nietzsches vor dem Faschismusverdacht zu verdanken. Versuche Weimarer Goethe-Forscher, Nietzsche in die Erbepflege einer DDR einzubeziehen, die sich inzwischen längst Luther, Friedrich II. und Bismarck geöffnet hatte, werden von Stephan Hermlin unterstützt, scheitern nach der von Harich ausgelösten »Sinn-und-Form«-Debatte über eine östliche Nietzsche-Renaissance aber schließlich am Einspruch des Ministerrats der DDR: Eine Stätte für Nietzsche in Weimar, so der Beschluß, ließe sich mit der Nationalen Mahn- und Gedenkstätte Buchenwald und dem Andenken an die Widerstandskämpfer gegen den Faschismus nicht vereinbaren. Nietzsche bleibt bis zum Ende der DDR Staatsfeind und Unperson. Es gibt keine Nische für Nietzsche in Weimar, wie Riedel schreibt.

Auch das Erbe des Bauhauses hat es nach dem Kriege schwer in der Stadt an der Ilm, denn die neue Diktatur bekämpft die Moderne wie die vorangegangene. Zwar hält der erste Leiter der neuen Hochschule für Baukunst und bildende Künste, Hermann Henselmann, bei der Eröffnung im August 1946 eine beruhigende Rede. Offen spricht er die Angst vieler Studenten vor dem Diktat durch die Partei, die Furcht vor dem auferzwungenen Realismus an. »Es wäre ganz unmarxistisch«, versichert der neue Direktor, »durch Anordnungen, Diktate, einem Volk eine Kunstrichtung aufzwingen zu wollen. Realismus ist eine Haltung, kein Stil.« Macht er sich damit selber Mut?

Henselmann, Bauhausschüler, überzeugter Kommunist und als Chefarchitekt Großberlins bald der führende Architekt der DDR, sieht sich wenige Jahre nach dieser Antrittsrede von Walter Ulbricht widerlegt. Der Generalsekretär der SED liebt einen Verschnitt von Schinkel und stalinistischem Zuckerbäckerstil, was er gegen die Bauhaus-Schule vorbringt, erinnert fatal an jene deutschnationale Polemik der frühen zwanziger Jahre gegen das Flachdach, das angeblich dem Orient vorbehalten bleiben muß: Architekten sollten ja nicht meinen, man könne »in Berlin Häuser bauen, die ebensogut in die südafrikanische Landschaft passen«. So Ulbricht auf dem III. Parteitag der SED im Juli 1950. Vor der Volkskammer erneuert er am 31. Oktober 1951 seinen Angriff gegen die Moderne: »Der Bauhausstil leugnet die Notwendigkeit der schöpferischen Anwendung der fortschrittlichen Elemente des nationalen Architekturerbes.« Und im Dezember desselben Jahres polemisiert er gegen den Kommunisten und zeitweisen Moskau-Emigranten Hannes Meyer, Direktor des Dessauer Bauhauses Ende der zwanziger Jahre, der die Gestalt eines Gebäudes nur durch die Funktion bestimmt sehen wollte: »Die Baukunst wird von den Formalisten ersetzt durch den Glauben an Beton und Stahl und Glas.«

Obschon in Weimar geboren, in Dessau entwickelt und mithin ein urdeutsches Produkt, das die westliche Welt im Sturm erobert hat, ist dieser Bauhaus-Stil, den er gern als Formalismus und Konstruktivismus umschreibt, für Ulbricht ein Zeichen der Überfremdung durch »amerikanische Unkultur«. Er wünscht, daß die DDR-Architekten mit ihren Bauten am klassischen Erbe anknüpfen, und wertet seine Kampagne gegen die Moderne als wichtigen »Teil des nationalen Kampfes gegen die Versklavung Westdeutschlands durch das amerikanische Monopolkapital«. Henselmann selbst, der sich dann am Bau der Stalinallee beteiligt, übt in einem Artikel im »Neuen Deutschland« am 4. Dezember 1951 Selbstkritik: »Ich selbst habe die dringliche Aufgabe des Übernehmens des Kulturerbes und damit auch die Rolle der Sowjetarchitektur unterschätzt. Ich habe die klassenmäßige Betrachtung des Konstruktivismus nicht zu Ende geführt.« Erst der Zwang, billiger und schneller zu bauen, bringt dann ein Umdenken in der DDR. Jetzt entstehen jene billigen Plattenwohnsilos, die nun wahrlich Eigenschaften haben, welche die Ulbrichtsche Kritik gegen westliche Wohnblöcke der Bauhaus-Schule vorgebracht hat – »billigste Machwerke«, die in ihrer »schematischen, freudlosen und nüchternen Einförmigkeit mehr kapitalistischen Fabrikbauten als menschlichen Wohnungen« gleichen.

Von einem Wiederanknüpfen an die lebendigen Traditionen des Bauhauses, von der Henselmann noch 1946 bei Amtsantritt in Weimar ausgegangen war, kann schon 1951 keine Rede mehr sein. Hielt das Bauhaus einst auf die enge Verbindung aller werkkünstlerischen Disziplinen und hat die Einheit von Kunst und Architektur angestrebt, wird diese Verbindung mit der Ausgliederung der Abteilung bildende Kunst jetzt gekappt. Die »Staatliche Hochschule für Baukunst und bildende Künste« schrumpft auf eine reine Hochschule für Architektur und Bauwesen, die sich dem Ulbrichtschen Formdiktat widerspruchslos zu beugen hat. Erst in der Spätzeit der DDR beginnt mit der Restaurierung der Wandgemälde Oskar Schlemmers ein, freilich zaghaftes, Erinnern an die große Bauhaus-Tradition.

Blutspuren zweier Diktaturen

Mahnmal der deutschen Katastrophe und zwiespältiger Schicksalsort

Zufall, Symbol oder Ironie der Geschichte? Fritz Cremer, der renommierteste Bildhauer der DDR, übernimmt nach dem Krieg das Atelier Albert Speers in Berlin und entwirft hier jene Skulptur für das Mahnmal Buchenwald, die nach dem Willen seiner Erbauer zum Symbol für den Mythos vom ungebrochenen Widerstandswillen der antifaschistischen Kämpfer werden soll: Ausgemergelte Gestalten bilden ein siegreiches Kollektiv, das Jahre des Hungers, der Folter und brutalen Terrors mit eiserner Disziplin, unbeugsamem Willen und ungebrochener Solidarität überstand; Waffen deuten auf die Legende der Selbstbefreiung, die zum Schwur erhobene Hand auf das »Gelöbnis von Buchenwald«, den Faschismus mit seinen Wurzeln auszurotten und eine neue, sozialistische Gesellschaft zu gestalten.

Christa Cremer, die Witwe des Bildhauers, läßt Volkhard Knigge, den Leiter der Gedenkstätte, 1997 wissen, ihr Mann habe später diese Plastik nicht mehr bejahen können, weil die Denkmalsanlage Buchenwald in der Architektur des Nationalsozialismus errichtet worden sei. Das gilt insbesondere, aber nicht nur für den »Turm der Freiheit«, vor dem die überlebensgroße Cremer-Gruppe steht und für dessen Bau die SED Steine aus bayrischem Muschelkalk, die für die Vollendung des Saukkelschen Gauforums nicht mehr verwendet werden konnten, auf den Ettersberg bringen läßt. Wie ein mahnender Zeigefinger ragt er weithin sichtbar über die Thüringer Landschaft und erinnert an die Opfer der Hitlerherrschaft. Bei näherem Hinsehen zeigt er indes eine fatale Ähnlichkeit zu jenem Turm im Zentrum Weimars, den Hitler einst persönlich dem Architekten des Gauforums, Hermann Giesler, aufzwang. Cremer hätte freilich, um seine spätere Abwendung von der eigenen Schöpfung zu begründen, besser von stalinistischer Architektur gesprochen, die in entscheidenden Grundzügen dem monumentalen Stil der Nationalsozialisten gleicht. Die weitläufige Anlage, die da auf dem Abhang des Ettersbergs entstand, zeigt mit ihren Pylonen, Stelen und ihrer Straße der Nationen Anklänge an die Opfer- und Weihestätten archaischer Hochkulturen, mit ihren massigen Pfeilern und Torbögen auch an Mykene oder die Pläne für nationalsozialistische Totenburgen. Reliefs schmücken die Stelen und künden von der Widerstandssaga des Lagers, ähnlich antiken Friesen oder den Wandmalereien in ägyptischen Totenkammern, in denen das Leben des Pharaos festgehalten ist. Übrigens gehört zum Makarenko-Kollektiv der Architekten, die am Bau des Mahnmals wesentlichen Anteil haben, auch Hans Grotewohl, der Sohn des DDR-Ministerpräsidenten, und es ist gewiß kein Zufall, daß ausgerechnet die Kolossalanlage des sowjetischen Ehrenhains für die bei der Eroberung Berlins gefallenen Sowjetsoldaten in Treptow den Planern für die Großzügigkeit der Anlage auf dem Ettersberg Modell gestanden hat.

Ob freilich jene alternativen Mahn- und Erinnerungsbauten, die Cremer zusammen mit Bertolt Brecht befürwortete, weniger kolossal ausgefallen wären, steht dahin. Beide reichten zusammen mit einem Garten- und Landschaftsarchitekten einen Entwurf ein, der am Hang jenseits des alten Lagers ein steinernes Amphitheater mit dreizehntausend Sitzplätzen vorsah, das eine Gruppe zwölf Meter hoher Figuren überblicken sollte – befreite Häftlinge, auf deren Sockel, einem fünfzehn Meter hohen Block aus dunkel grünlichem Diabas der Besucher gelesen hätte: »HIER FING DIE FREIHEIT AN. WANN WIRD FREI SEIN JEDERMANN?« Natürlich hätten alle Häftlinge besorgt nach Westen blicken müssen, wo nach offizieller DDR-Lesart der Neofaschismus ja sein Haupt erhob. Im Inneren des Denkmalsockels waren zwölf mit großen Kränzen geschmückte Sarkophage vorgesehen, um an die aktiv am Widerstand beteiligten Nationen zu erinnern; am Eingang der Halle natürlich, in großen Lettern in Stein gehauen, der Schwur von Buchenwald. Weil das ehrende Gedenken der Opfer des Faschismus ausschließlich »mit stehenden Menschen verbunden« und mit einem Amphitheater deshalb nicht zu vereinbaren sei, lehnt das Preisgericht unter Otto Grotewohl und Helmut Holtzhauer den Brecht-Cremer-Plan ab, übernimmt jedoch die Idee der Figurengruppe.

Weimar dient der zweiten deutschen Diktatur eben gleich doppelt zur Legitimation ihrer Herrschaft: Neben der Klassik und ihrem

Humanitätsideal, in deren Zeichen die SED vorgeblich regiert, ist es Buchenwald mit seinem Vermächtnis des antifaschistischen Widerstands, das sie beim Aufbau der realsozialistischen Gesellschaft vollstreckt. Wenn die SED-Führung sich für den Abriß des originalen Lagers entscheidet und nur symbolische Relikte stehenläßt, etwa das Tor mit den anschließenden Gebäuden, einige Wachtürme samt Stacheldraht, das Krematorium oder die Effektenkammer, bezeugt dies nicht etwa Sinn für künstlerisch-minimalistische Konzepte. Es geht der SED nicht um die reale Geschichte des Lagers, nicht um die Verbrechen der Täter, das Martyrium, aber auch die Versuchungen und Gefährdungen der Opfer, es gilt vielmehr, den Mythos vom antifaschistischen Standhalten zu demonstrieren, den der internationalen Solidarität und des innerdeutschen Widerstands, der schließlich über den nationalsozialistischen Terror triumphiert. Der Anblick heruntergekommener, elender Baracken wäre viel zu konkret und würde das Gedenken an den ins Übermenschliche erhöhten Heroismus womöglich stören. Die Verse Bechers auf der siebten Stele dagegen, welche die Vorbereitungen zum Aufstand zeigt, sind da schon besser geeignet, das mythische Konstrukt dem Besucher nahezubringen: »Was Thälmann sah / sich eines Tags begab. / Sie gruben aus die Waffen, die versteckt, / Die Todgeweihten stiegen aus dem Grab. / Seht ihre Arme weithin ausgestreckt.« So wird das Mahnmal Buchenwald weniger ein Ort des realen Gedenkens als zum Symbol einer fast schon heiligen Legende, eine Art politischer Freilichtdom, die Thing- und Weihestätte einer säkularen Religion, der er für all ihre pseudosakralen Akte dient: als Aufmarschplatz für Gelöbnisse und Jugendweihen, Befreiungsfeiern und Kampfmeetings, vor allem als Pilgerstätte für ganze Busladungen voller Schulklassen und Betriebskollektive, die ihre Freizeitausflüge mit gesellschaftlich nützlicher Schulung garnieren und nach dem Pflichtbesuch sich prompt auf Bratwurststände und Bierbuden stürzen.

Nach einem Wort Volkhard Knigges steht die Mahn- und Gedenkstätte Buchenwald »für Golgatha, Ostern und Pfingsten der deutschen kommunistischen Arbeiterbewegung zugleich«. Ihre Einweihung erfolgt spät, erst am 14. September 1958, aber dann in Form eines Staatsakts. Ministerpräsident Grotewohl spricht und preist den Bau als »ein Werk unseres Volkes«, denn die Mittel, die dafür erforderlich waren, haben »unsere arbeitenden Menschen, hat unser Volk

Mahnmal der deutschen Katastrophe und zwiespältiger Schicksalsort

Die DDR weiht 1958 auf dem Ettersberg bei Weimar, unweit der früheren Lager von SS und später NKWD, ein kolossales Buchenwald-Denkmal mit einem 50 m hohen Glockenturm ein. Der renommierteste Bildhauer der DDR, Fritz Cremer, entwirft dafür im ehemaligen Atelier Albert Speers in Berlin eine überlebensgroße Skulptur.

zusammengetragen«. In der Tat stammt das Geld zum großen Teil von Betriebskollektiven der gesamten DDR, die teils freiwillig, teils unter dem Druck der allmächtigen Partei für das Mahnmal gestiftet haben. Der Schauspieler und Regisseur Wolfgang Langhoff, einst selbst KZ-Häftling, rezitiert den Schwur von Buchenwald, ehemalige Insassen aus den verschiedenen Ländern sind in Häftlingskleidung aufmarschiert und singen die alten Lieder der Arbeiterbewegung. Im Deutschen Nationaltheater gibt man Brechts »Furcht und Elend des Dritten Reichs«. Das »Zentrale Ensemble der Gruppe der Sowjetischen Streitkräfte in Deutschland« spielt auf, und die Stadt Weimar hat festlich geflaggt – selbst die Schaufenster sind mit Schwarz-Rot-Gold, Hammer, Zirkel und Ährenkranz geschmückt. Der Kontrast zum ersten Jahrestag der Befreiung am 13. April 1946 konnte nicht größer sein.

Denn der Parole »Flaggen heraus!«, den die in Gotha soeben gegründete thüringische SED zum Buchenwaldgedenktag am 10. und 11. April 1946 ausgegeben hat, folgen damals in Weimar die wenigsten. Nur die Gebäude der Verwaltung, die Partei- und Gewerkschaftshäuser sowie die Wohnungen einer verschwindenden Handvoll aktiver Antifaschisten werden mit Fahnen dekoriert. Hat die überwiegende Mehrheit der Bevölkerung, die in den Jahren des Nationalsozialismus um die Greuel in Buchenwald wußte, auch diesmal auf jedes Zeichen der Solidarität verzichtet? Das Parteiblatt stellt diese Frage, aber spricht damit wohl kaum das Hauptmotiv für die Verweigerung der Bürger in Weimar an: Die Fortführung des Lagers unter sowjetischer Regie, über die offiziell zu sprechen verboten ist, weshalb heimlich darüber um so mehr geflüstert wird, zumal Angehörige und Freunde zu den neuen Häftlingen gehören. Statt SS-Wachen stehen nun Soldaten des NKWD auf den Lagertürmen, statt Marxisten, Juden oder Zeugen Jehovas fristen seit Mitte August 1945 ehemalige Nationalsozialisten oder solche, welche die Willkür der sowjetischen Besatzungsoffiziere einfach dazu deklarierte, in den elenden Baracken ihr Leben. Die Präsenz sowjetischer Einheiten des NKWD auf dem Ettersberg, jener Terrororganisation, die dem sowjetischen Innenminister Berija untersteht und die Lager des Gulag in Stalins Reich unterhält, verhindert eine Befreiungsfeier da, wo sie Rechtens hätte stattfinden müssen. Statt dessen versammeln sich die aus Deutschland, Frankreich und der Tschechoslowakei angereisten sechshundert Häftlinge vor dem »Blitz« für die Märzgefallenen, jenem Gropius-Denkmal für die Opfer des Kapp-Putsches auf dem Weimarer Friedhof, das die Nationalsozialisten 1935 zerstörten und die SED nach dem Krieg in Windeseile wieder aufbauen ließ. Einer Abordnung vorwiegend tschechoslowakischer Häftlinge in Begleitung von Rosa Thälmann wird zwar erlaubt, das nicht mehr benutzte Krematorium aufzusuchen und an jener Stelle, an der Ernst Thälmann ermordet wurde, einen Kranz niederzulegen. Doch vermittelt die sowjetische Lagerführung, so zu lesen in einer von Bodo Ritscher herausgegebenen Geschichte des sowjetischen Speziallagers, »der ausländischen Abordnung ein völlig falsches Bild von den Lebensbedingungen der Internierten«.

Eugen Kogon, Häftling des nationalsozialistischen Lagers in Buchenwald, spricht von »beängstigenden« Ähnlichkeiten zwischen dem früheren KZ und dem Speziallager Nr. 2. Ende 1947 fragt er Kommunisten, mit denen er jahrelang in Buchenwald zusammen gewesen war, was sie von den neuen Lagern dächten: »Einige meinten, gefährliche politische Gegner müsse man eben einsperren und unschädlich machen; sie gaben offen zu, daß ihre Methode in diesem Punkt sich von der des Nationalsozialismus nicht unterschied.« Zwar gehe es in den Lagern des NKWD in vielem nicht so entsetzlich zu, wie in denen der SS: »... es wird zum Beispiel nicht vergast, nicht erwürgt, gehängt und reihenweise erschossen. Aber es ist in jeder Hinsicht schlimm genug.« Schlimm genug – das heißt: Unter den neuen Herren auf dem Ettersberg herrschen Hunger, Auszehrung und Infektionskrankheiten; nach offiziellen Berechnungen der Gedenkstätte Buchenwald sterben von insgesamt 28 494 Häftlingen im Lauf von fünf Jahren ein Viertel, genau 7113 an Hunger, Ruhr oder Tuberkulose. Viele werden Opfer der Dystrophie, eines medizinischen Begriffs, den sowjetische Ärzte geschaffen haben und der einen totalen Mangel an physischer wie psychischer Abwehrkräfte gegen Infektionen umschreibt. Die Folge, meint Günther Birkenfeld in einem ersten gründlichen Report, der sich auf die Aussagen Überlebender der sowjetischen KZ auf deutschem Boden stützt, sind absolute Lethargie, nicht selten Gedächtnisschwund bis zur Verblödung und der vollkommene moralische Verfall der Persönlichkeit. Die nackten, meist bis aufs Skelett abgezehrten Toten werden von Begräbniskommandos nachts vor dem Lagerzaun in hastig aufgeworfenen Gruben würdelos verscharrt, die Massengräber anschließend durch Anpflanzung von Büschen und Bäumen unkenntlich gemacht. Häftlinge dieses Begräbniskommandos läßt der NKWD-Kommandeur, wahrscheinlich um Zeugen dieses barbarischen Umgangs mit den Toten zu beseitigen, bei der Auflösung des Lagers 1950 in die Sowjetunion deportieren. Angehörige werden über Todesfälle im Lager nicht unterrichtet, wie denn dieses sowjetische Konzentrationslager, analog den Bedingungen für politische Häftlinge in Stalins heimischer Diktatur, strikt von der Außenwelt isoliert bleibt. Jeder Postverkehr ist untersagt. Im Unterschied zum Gulag-System und den KZ der SS gibt es allerdings keine Zwangsarbeit, sondern erzwungene Beschäftigungslosigkeit, die entscheidend zur psychischen Zermürbung der Inhaftierten beiträgt, zumal Lesen und der Besitz von Papier oder Bleistift strikt untersagt sind. Eine leichte Besserung der Lage tritt erst ein, als die Sowjets die Entnazifizierung mit Befehl 35 der SMA im Frühjahr 1948 für beendet erklären und ehemalige Nationalsozialisten durch die Gründung der National-Demokratischen Partei für die Mitarbeit in der kommunistisch gelenkten Nationalen Front gewinnen wollen. Zwar wird jetzt die Zeitung dieser neuen Partei den Häftlingen im Lager vorgelesen, aber der Grundwiderspruch bleibt: Die meisten in Buchenwald Einsitzenden wären nach dem SMA-Befehl berechtigt, unbehelligt in der sowjetischen Zone zu leben und am politischen Aufbau der sozialistischen Gesellschaft teilzunehmen – aber sie bleiben bis zur Auflösung der Lager im Januar 1950 hinter Stacheldraht, Verfemte ohne Ankläger, ohne Prozeß und ohne Richter, Opfer reiner Willkür eines stalinistischen Terrors, der schwerlich nur als Rache an den besiegten Deutschen zu deuten ist. Wütet er in ähnlicher Form nicht gegen die Bürger der Sowjetunion?

Es handelt sich bei denen, die jetzt auf dem Ettersberg unter unsäglichen Bedingungen eingesperrt sind, in der Mehrzahl um kleine und mittlere NS-Funktionäre, nominelle PGs, darunter Lehrer, Juristen und Beamte, Ortsbauernführer, Blockleiter und Blockhelfer, NS-Frauenschaftsführerinnen, Funkmädels der Luftwaffe, Hitlerjugendführer und des »Werwolfs« Verdächtigte, oft erst vierzehn oder fünfzehn Jahre alt. Einige Angehörige von SS, Waffen-SS und Stabsoffiziere der Wehrmacht sind darunter, die aber bald in andere Lager überführt werden. In der Mehrzahl also kleine Fische; die wichtigen und ranghohen NS-Funktionäre in Sachsen und Thüringen hatten bereits die

Amerikaner verhaftet und vor ihrem Abzug in die westlichen Internierungslager eingewiesen. Auch Gegner der KPD, von deutschen Kommunisten den russischen Besatzungsoffizieren als Spione, Amerikanerfreunde oder kapitalistische Ausbeuter denunziert, finden sich darunter, Bürgermeister, welche die Amerikaner in ihre Ämter eingesetzt haben und die der KPD nicht genehm sind, vereinzelt auch Sozialdemokraten, welche gegen die Zwangseinheit Front machten. Der ehemalige Sozialdemokrat Hermann Kreutzer verweist auf die Zusammenarbeit von Kommunisten und NKWD in seiner Heimatstadt Saalfeld, die zur Verhaftung von Fabrikdirektoren, Ingenieuren und Sportfunktionären geführt habe, die nicht der NSDAP angehörten. Die wahllose, oft jeder politischen Logik entbehrende Verhaftungspraxis des NKWD führt im Herbst 1945 zu Protesten des damaligen thüringischen SPD-Chefs Hermann Ludwig Brill, der sich freilich wenig später selbst der drohenden Festnahme durch Flucht in den Westen entziehen muß.

Wenn der später in der DDR so oft hervorgehobene Kontext Weimar/Buchenwald bei den Goethe-Feiern 1949 noch keine Rolle spielt, wenn das Wort Buchenwald sogar peinlichst gemieden wird, hat dies zweifellos mit der Existenz des NKWD-Lagers in nur acht Kilometer Entfernung von jenem Ort zu tun, an dem Becher von Goethe dem Befreier und der Renaissance Deutschlands im humanistischen Geiste der Klassik spricht. Als die DDR nämlich 1965 zum Internationalen Schriftstellertreffen nach Berlin und Weimar ruft, begründet Anna Seghers die Wahl der Ilm-Stadt damit, daß Weimar zugleich der »Höhepunkt und Tiefpunkt unseres nationalen Lebens« sei: »Hier ist der Platz, wo Goethe arbeitete, hier waren die Folterbunker der SS von Buchenwald. Wir bemühen uns, aus dieser Vergangenheit Konsequenzen zu ziehen ...« Aber 1965 besteht die Mahn- und Gedenkstätte Buchenwald schon acht Jahre.

Als sechzehn Jahre zuvor Grotewohl und Becher an Goethes Grab Kränze niederlegen, stehen NKWD-Soldaten des Brudervolks auf den früheren Wachtürmen der SS und führen ihr eigenes Schreckensregiment. Damit verbietet sich jeder Hinweis auf die unheimliche Nähe von Goethes Gartenhaus und KZ-Krematorium, Klassik und Barbarei, zumal die westliche Presse nicht müde wird, die unmenschlichen Zustände in den sowjetischen Konzentrationslagern anzuprangern. Wenn die deutschen Kommunisten auf die neuerliche Verletzung von

Humanität und Menschenrechten nicht hinzuweisen wagen und vor allem es nicht wollen, warum ergreift dann der aus Kalifornien angereiste, hochgeachtete und gefeierte Thomas Mann nicht die Initiative? Einen Besuch der zwölftausend Gefangenen Buchenwalds, zu dem ihn die Kampfgruppe gegen Unmenschlichkeit aufgefordert hat, lehnt er mit dem Hinweis ab, es sei für einen Gast unmöglich, Forderungen zu stellen, die der Gastgeber nicht erfüllen könne. Gemeint war: Für Buchenwald sind nicht die einladenden deutschen, sondern die sowjetischen Kommunisten zuständig. Darauf erinnert ihn Eugen Kogon daran, daß er dem Genius Goethe in Weimar ohnehin nur mit Erlaubnis der Sowjets huldigen könne. Es gehe nicht an, in abstracta über Goethes Humanität und arme leidende Menschen zu meditieren und die konkreten Forderungen der Humanität, die sich gerade in Weimar/Buchenwald stellten, nicht einmal anzusprechen. »Schon einmal«, schreibt Kogon in seinem offenen Brief, »es muß im Herbst 1941 oder Frühjahr 1942 gewesen sein, haben deutsche Dichter und Schriftsteller in Weimar, dem Geiste Goethes huldigend, gegen die Unmenschlichkeit gesprochen – natürlich nicht etwa gegen die nationalsozialistische, sondern gegen die sowjetische – , und ihre Kollegen in Buchenwald, wo die Schergen eine mächtige sogenannte Goethe-Eiche verehrungsvoll am Leben gelassen hatten, mußten auf dem blutgetränkten Boden, auf dem sie wurzelte, mit Entsetzen, Abscheu und damals ohnmächtiger Wut das glorreiche Gerede zur Kenntnis nehmen.«

Thomas Mann schweigt gegenüber Kogon, er schweigt auch in Weimar. In seinem Tagebuch spricht er von »spuckenden Briefen und Artikeln«, denen zum Trotz der Aufenthalt in Weimar ein Erfolg gewesen sei. Nach der Auflösung der sowjetischen Lager und der Überstellung von dreitausendvierhundert Internierten an die DDR-Justiz bittet er dann im Juni oder Juli 1951 Walter Ulbricht in einem Brief um Milde und Gnade für Häftlinge, die in den berüchtigten Waldheimer Prozessen in Schnellverfahren abgeurteilt wurden, welche jedem rechtsstaatlichen Verfahren Hohn gesprochen hatten. Ob es einen Sinn habe, fragt er den stellvertretenden Ministerpräsidenten der DDR, arme, schwache Durchschnittsmenschen, die es nicht anders wüßten, als ihren Mantel nach dem Wind zu hängen, »ganz im wilden Stil des Nazismus und seiner ›Volksgerichte‹, ganz im Stil jenes zur Hölle gefahrenen Roland Freisler, der genauso seine Zuchthaus-

und Todessprüche verhängte, aburteilen zu lassen und damit der nichtkommunistischen Welt ein Blutschauspiel zu geben, das ein Ansporn ist allem Haß, aller Furcht, aller Propaganda für die ›Unvermeidlichkeit‹ des Krieges ...?« Sein Brief soll dazu beigetragen haben, daß eintausendsechshundert in Waldheim Verurteilte im Oktober 1952 begnadigt wurden.

Jahrzehntelang feiert die SED die mythische Selbstbefreiung Buchenwalds als Aufbruch in eine humanere, freiere und gerechtere Gesellschaft, ohne die Existenz des NKWD-Lagers je zu erwähnen, ohne die Saga von der letzten Schlacht gegen die SS-Bewacher am Lagertor je kritisch zu hinterfragen und ohne die Legende von der unerschütterlichen Solidarität der Häftlinge und Widerstandskämpfer mit der wahren, komplizierten Situation und den oft ausweglosen Verstrickungen im Lager zu konfrontieren. Spätestens seit 1938 hatte die SS, zum Teil aus Bequemlichkeit, die innere Ordnung weitgehend einer Häftlingsverwaltung mit Lagerältestem und Kapos überantwortet, die für Disziplin sorgte, die nötigen Häftlinge für Arbeitseinsätze in Steinbrüchen, Außenkommandos und Rüstungswerken einteilte und die eindeutig von Kommunisten beherrscht war. »Etwas mehr als fünfzig zum Parteiaktiv der KPD zählende Häftlinge von knapp siebenhundert deutschen Kommunisten ... regierten das KL Buchenwald«, schreibt Manfred Overesch. Krankenrevier und Arbeitsstatistik waren die Zentralen einer illegalen Organisation, welche die Kommunisten im Untergrund aufbauten. Sie schmuggelten die Waffen aus den vor dem KZ liegenden Gustloff-Werken ein, in denen Häftlinge unter Anleitung deutscher Meister an den Werkbänken standen – Gewehrteile, die später zusammengesetzt und für den Tag X sorgfältig versteckt wurden. Die straffe Disziplin der kommunistisch geleiteten Lagerselbstverwaltung hat zweifellos dazu beigetragen, beim Heranrücken der Amerikaner einen Massenaufstand zu verhindern, der nichts anderes bewirkt hätte, als Tausende Häftlinge in das Maschinengewehrfeuer der SS zu jagen. Durch eine geschickte Verzögerungs- und Hinhaltetaktik gelang es, in der chaotischen Endzeit des Lagers Zehntausende Häftlinge vor der »Evakuierung« durch die SS zu retten – vor jenen gefürchteten Todesmärschen also, auf denen es keine Verpflegung gab, die durch die Landschaft irrten und oft Lager zum Ziele hatten, die sich längst in der Hand der Alliierten befanden. Doch was die Legende von der Selbstbefreiung angeht, so kommt Overesch nach gründlichem Studium von Zeugenaussagen und Dokumenten zu dem Schluß, Buchenwald sei kampflos von der SS am späten Vormittag des 11. April verlassen worden, bevor es die Amerikaner erreichten: »Kommandant Pister hat dem Häftlingsältesten Hans Eiden in Gegenwart des Häftlings Hans Eichhorn, des ihm besonders vertrauten Friseurkapos, gegen 10.00 Uhr das Lager förmlich übergeben. Die anschließenden Häftlingsaktionen bestanden darin, die von der SS nicht mehr besetzten Maschinengewehre auf dem verlassenen Torturm zu übernehmen, das verschlossene Haupttor mittels Knopfdruck von innen zu öffnen und die elektrische Spannung der Umzäunung auszuschalten. Danach wurden Waffen aus der Waffenkammer der SS entwendet, ein größerer Häftlingstrupp zog außerhalb des Lagers auf der Höhenstraße des Ettersberges, bewaffnet mit drei MG, fünfzig Gewehren und einigen Handgranaten, nach Osten, um zu ›kämpfen‹, nahm vereinzelte versprengte SS-Soldaten – amerikanische Quellen nennen 78 – gefangen, wurde aber noch am Nachmittag des 11. April von amerikanischen Truppen ins Lager zurückgeschickt. Schüsse fielen, aber sie werden eher Freuden- und auch Geltungsschüsse gewesen sein.« Es gibt keinen Zweifel daran, daß eine im Untergrund aufgebaute Lagerwehr die Kommandogewalt nach dem Abzug der SS anschließend übernahm. Aber Selbstbefreiung? Als zutreffend bezeichnet Overesch einen Bericht der kommunistischen »Volkszeitung Thüringens« vom 6. April 1946, in dem es heißt: »Am 11. April 1946 jährt sich der Tag der Befreiung des Konzentrationslagers Buchenwald durch Truppen der Alliierten Armeen.« Daß die Befreier amerikanische Soldaten waren, wollten die Kommunisten offenbar schon damals ungern zur Kenntnis nehmen. Doch wenn es eine Selbstbefreiung, von der später der Mythos Buchenwald ja lebt, je gegeben hätte, Stefan Heymann, der Verfasser des Zeitungsberichts, Kommunist und selbst einer der befreiten Häftlinge auf dem Ettersberg, hätte wohl kaum versäumt, auf die heroische Tat aufmerksam zu machen.

Bleibt die entscheidende Frage nach der Solidarität und der Internationalität, die so oft gerühmt, so viel besungen und als Grundstein für den Bau einer besseren Welt immer wieder beschworen werden. Schon im Buchenwaldprozeß der Amerikaner Anfang 1947 in Dachau taucht die Frage auf, ob Häftlinge, die sich das Vertrauen der SS erwarben, ihre Machtpositionen nicht mißbraucht hatten, ob ein Teil der Brutalitäten, die in Buchenwald begangen wurden, nicht vom kommunistischen Lagerschutz zu verantworten war. Die Amerikaner greifen zwar das Thema selbst nicht auf und beschränken sich darauf, den deutschen Verantwortlichen den Prozeß zu machen. Aber General Clay bietet das entsprechende Material Marschall Sokolowski an, der einen Prozeß jedoch nicht wünscht. Als die westliche Presse über einige der Anschuldigungen berichtet, leitet die SED im Frühherbst 1946 Recherchen über das Verhalten kommunistischer Häftlinge in Buchenwald ein und nimmt dabei vor allem zwei Genossen ins Visier: Ernst Busse, einst Blockältester und Kapo im Krankenbau, inzwischen erster Vizepräsident des Landes Thüringen, sowie Walter Bartel, einst als Häftling Schreiber in der Arbeitsstatistik und Vorsitzender des illegalen Lagerkomitees, jetzt Referent im Büro des SED-Vorsitzenden und späteren ersten DDR-Präsidenten Wilhelm Pieck.

Die Buchenwalder haben Nachkriegskarrieren gemacht und sind in wichtige Positionen aufgerückt, ihr Selbstbewußtsein gründet auf der Behauptung, im Lager die antifaschistische Elite gestellt zu haben, die das Schlimmste zu verhüten wußte und den Widerstand organisierte. Wer wagt es, über sie, die durch die Hölle von Terror, Folter und Chaos gegangen sind, zu Gericht zu sitzen? Busse, Bartel, aber auch Robert Siewert, Innenminister in Sachsen-Anhalt, verstehen die Welt nicht mehr. Was eine Untersuchungskommission der Partei unter Leitung des Moskau-Emigranten und Spanienkämpfers Georg Wolff 1946/47 herausfindet und eine weitere Untersuchung durch die Zentrale Parteikontrollkommission 1953 zutage fördert, bleibt strikt geheim, aber belastet Busse, Bartel und die meisten anderen Funktionshäftlinge. Dabei geht es nicht so sehr um Privilegien, die es selbstverständlich gegeben hat, wie bessere Ernährung oder warme Amtsstuben, Bordellbesuche oder persönliche Bereicherungen. Die Zusammenarbeit mit der SS schuf den kommunistischen Funktionshäftlingen vor allem Spielraum, kommunistische Kader für den Tag X zu retten, damit sie sofort nach dem Zusammenbruch des Nationalsozialismus die politische Arbeit aufnehmen konnten. Aber für diese Überlebensstrategie war ein hoher Preis zu zahlen. So fragen die Kommissionen: Haben Häftlinge des Krankenbaus nicht der SS beim »Abspritzen« geholfen, was soviel heißt wie: Liquidieren und zum Tode befördern? Und haben die Schreiber in der Arbeitsstatistik nicht

Herr über Leben und Tod gespielt, wenn sie Kommandos für besonders gesundheitsgefährdende Außeneinsätze, etwa im Mittelbau Dora, zusammenstellten? Haben sie dabei nicht die eigenen Genossen geschont und dafür andere Häftlinge auf die Liste gesetzt? Hat nicht der Lagerschutz einen sowjetischen Offizier gefaßt und der SS ausgeliefert, der vor der Hinrichtung geflohen war und sich versteckt hielt?

Den Offizier nicht auszuliefern, hätte natürlich das System des Lagerschutzes, wenn nicht der ganzen Häftlingsselbstverwaltung in Frage gestellt; ihn in die Hände der SS zu geben, hieß jedoch mit absoluter Gewißheit, ihn dem Galgen zu überantworten. Eine schlimmere Form des Terrors, soviel scheint gewiß, als die Häftlinge zu zwingen, an der Ausrottung der Opfer mitzuwirken und dadurch mitschuldig zu werden, ist kaum vorstellbar. Auch die Judenräte in den osteuropäischen Ghettos haben diese Erfahrung machen müssen, als sie versuchten, Deportationen in die Todesfabriken in Auschwitz und Birkenau hinauszuzögern und so viele Juden wie möglich durch Arbeit zu retten, welche die SS nützlich dünkte – eine Verzögerungstaktik, der in der Regel jeder Erfolg versagt geblieben ist. Erschreckend aber die Selbstgerechtigkeit, mit der die kommunistischen Kapos auf die Anschuldigungen reagieren, sie hätten sich der Mittäterschaft schuldig gemacht. Waren Kommunisten schon qua Ideologie und reiner Lehre nicht mehr wert als alle anderen? Befanden sie sich nicht im Recht, wenn sie die eigenen Genossen schonten? Ging es nicht darum, die »guten Elemente« für die Phase nach dem Sieg zu retten? Und mußten für diese Taktik nicht selbstverständlich die »schlechteren« Elemente geopfert werden? Oberstes Prinzip dieses Opfertauschs war ja stets die Erhaltung künftiger kommunistischer Kader und damit das Fortleben der Partei als allmächtiger, oberster Instanz, die nun einmal Opfer erforderte. Stundenlang sei darüber diskutiert worden, wer zu retten sei, führen die Funktionshäftlinge zu ihrer Verteidigung an. Wer Kommunist ist, ein überzeugter und junger dazu, wer sich als zuverlässiger Antifaschist zeigt und als potentieller Bundesgenosse für die politischen Kämpfe der Nachkriegszeit in Frage kommt, der erhält eben die guten Kommandos und hat bessere Chancen des Überlebens. Handelt es sich dagegen um einen Lauen, einen Gegner oder gar einen Verräter – einen Russen etwa, der sich zur Wlassow-Armee gemeldet hat oder einen deutschen Abweichler und Renegaten –, wird er den

Himmelfahrts- oder Todeskommandos zugeteilt oder »abgespritzt«. Ist dieses Vorgehen etwa nicht im Sinne der Partei, die in existentiellen Situationen von kampfgestählten Kommunisten absolute Härte verlangt?

Die erste SED-Untersuchungskommission unter Georg Wolff findet diese Überlebensstrategie, welche der Rettung kommunistischer Kader absoluten Vorrang einräumt und moralische Bedenken nicht gelten läßt, im großen und ganzen in Ordnung: »Unsere Genossen«, heißt es im Abschlußbericht, hätten versucht, »gute Elemente soweit als möglich zu retten«. Die Kommission sei überzeugt, »daß die Parteifunktionäre im Lager Buchenwald hervorragende Verdienste haben, indem sie für die Erhaltung antifaschistischer Kader aller Nationen unter großen eigenen Gefahren erfolgreich Sorge trugen, auf die Moral der Lagerinsassen einwirkten und die Verhältnisse des Lagerlebens im allgemeinen erleichterten«. Erst die Zentrale Parteikontrollkommission, welche die Vorwürfe ab 1950 erneuert und – im Zuge einer generellen stalinistischen Säuberung der Partei – zu prüfen hat, kommt zu anderen Ergebnissen. Offenbar haben sich die Beschwerden ausländischer Kommunisten gegen die gnadenlose Subherrschaft, die deutsche Kommunisten unter dem Schirm der SS ausübten, inzwischen bei den »Freunden« in Moskau gehäuft. Durch ihre Zusammenarbeit mit der SS hatten die deutschen Kommunisten in Buchenwald zweifellos einiges erreicht, waren aber selbst zum »erfolgreichsten Überlebenskollektiv« geworden – unter den sechsundfünfzigtausend Opfern, welche das Schreckensregime der Nationalsozialisten in Buchenwald forderte, befanden sich nur siebzig deutsche Kommunisten. Diese Tatsache weckt Skepsis auf sowjetischer Seite: Hat die internationalistische Gesinnung der deutschen Genossen in Buchenwald versagt?

Ernst Busse wird 1950 von der SMA vorgeladen und ist seitdem spurlos verschwunden. Später stellt sich heraus, daß ihn ein sowjetisches Militärgericht zu Zwangsarbeit verurteilte, weil er Russen an den Galgen gebracht und Todesspritzen ausgeliefert haben soll. Er stirbt eines elenden Todes in Schacht 1 des NKWD-Lagers Workuta. Auch der ehemalige Lagerälteste Erich Reschke, Buchenwaldhäftling Nr. 16, nach dem Krieg Polizeipräsident, dann Leiter des Zuchthauses Bautzen, wird von den Sowjets verhaftet und deportiert, kehrt 1956 jedoch aus der Sowjetunion zurück. Beide, Busse wie Reschke, werden von der SED 1956 rehabilitiert. Bei der zweiten Überprüfung des Genossen Walter Bartel durch die Zentrale Parteikontrollkommission 1953 bestreiten die SED-Funktionäre schlechthin, worauf sich der Stolz der vermeintlichen kommunistischen Elite von Buchenwald gründet. Als Bartel entgegengehalten wird: »Aber das begreifst du nicht, daß ihr euch zum Werkzeug der SS gemacht habt?«, antwortet er trotzig: »Wir haben Genossen gerettet.« Die Kommission entgegnet: »Dafür habt ihr jemanden anders geschickt, [Kameraden,] die ihr nicht kanntet. Vielleicht waren das doch Genossen.« Bartel darauf ebenso uneinsichtig wie bestimmt: »Wenn ich die Möglichkeit habe, zehn antifaschistische Kämpfer zu retten, dann tue ich das auch.« Kommission: »Aber dafür mußten zehn andere gehen. Du verteidigst das also?« Bartel: »Ja, das hielt und halte ich für richtig. Damit wirfst du [gemeint: der Sprecher der Kommission; P.M.] die ganze Politik im Lager um, die in allen Lagern so war.« Kommission: »Das ist die Politik, die die Freunde [die Sowjetunion; P.M.] uns jeden Tag vorwerfen und du verteidigst das.«

Die Akten dieser Untersuchung bleiben unter Verschluß, Walter Bartel fällt vorübergehend in Ungnade, wird aus dem Parteiapparat entfernt und als Dozent an die Universität Leipzig abgestellt. An ihrer offiziellen, wenn auch grundverlogenen Legende vom heroischen Widerstand in Buchenwald ändert die SED indessen nichts. Sie benötigt den Mythos, macht den Antifaschismus der Kämpfer auf dem Ettersberg zur Staatsräson und behauptet weiter, sie baue an einer besseren Welt.

So bleibt der Ettersberg ein Mahnmal für die deutsche Katastrophe in diesem Jahrhundert und für Deutschlands doppelte Vergangenheit. Er zeigt die blutigen Spuren zweier Diktaturen, des Nationalsozialismus und des Stalinismus, er ist Ort der Schrecken zweier Terror-Organisationen, der SS, des NKWD und beider Helfershelfer, er mahnt an zwei totalitäre Erfahrungen, die Deutschland im Lauf seiner jüngsten Geschichte machen mußte und mit denen die Deutschen sich auseinanderzusetzen haben. Die Thingstätte der roten Diktatur in ihrem monumental-archaisierenden Stil zu erhalten, trägt ebenso zu dieser Auseinandersetzung bei wie die Pflege der Relikte eines KZ mit all seinen Schrecken, das der Nationalsozialismus errichtete und der Stalinismus fünf Jahre weiterbetrieb. Erst nach der Wende wurde die Erinnerung an das NKWD-Lager erlaubt, schmale Edelstahlstelen markieren die Lage der Massengräber in dem vor dem Lagerzaun

Mahnmal der deutschen Katastrophe und zwiespältiger Schicksalsort

angepflanzten Wald. Eine flaches Dokumentenhaus, vom Lager her kaum zu entdecken, beherbergt eine Ausstellung mit den wenigen Zeugnissen des NKWD-Lagers, die sich finden ließen: Löffel, Kämme, Kochgeschirre, dazu viele Schautafeln mit Erklärungen. Den Angehörigen der Opfer ist dies zu wenig, den Überlebenden des SS-Lagers und ihren Kindern, welche die Häftlinge des NKWD schlicht als Täter klassifizieren, schon zuviel.

Man tut sich schwer mit der doppelten Vergangenheit auf dem Ettersberg. Was zum vollen Verständnis fehlt, wäre in den Ausstellungen der Gedenkstätte erst noch herauszuarbeiten: der Hinweis auf die verhängnisvolle Rolle, welche die deutschen Kommunisten bei der Zerstörung jener Republik spielten, die ihnen die bürgerlichen Freiheiten garantierte und die sie nicht zu schätzen wußten, bis Hitler sie ihnen nahm. Nur weil die Kommunisten Täter waren, weil sie zusammen mit den Nationalsozialisten und dem deutschnationalen Bürgertum an der Vernichtung der ersten deutschen Demokratie mitwirkten, die den Namen der Stadt zu Füßen des Ettersbergs trug, konnten sie zu Hitlers ersten Opfern werden. Hier muß der antitotalitäre Konsens ansetzen, der den Ettersberg zur deutschen Gedenkstätte zweier Diktaturen und zweier totalitärer Systeme machen kann. Mehr als ein halbes Jahrhundert ist seit dem Ende des Krieges vergangen – ist die Zeit immer noch nicht reif dazu?

Und die Kulturkapitale Weimar? Die beklemmende, beängstigende Nähe von Humanitätsideal und Barbarei, bürgerlicher Wohlanständigkeit und Massenmord, »Über allen Gipfeln ist Ruh« und den Kampfgesängen totalitärer Massenaufmärsche bleibt Grund, die eigene Geschichte kritisch zu hinterfragen. Weimar ist ein zwiespältiger deutscher Schicksalsort, Sitz vieler großer Geister und Gipfel des deutschen Parnaß, aber es steht auch für die deutsche Tradition des Obrigkeitsstaats, nach der alles Gute nur von oben kommen kann. Goethe war ein leidenschaftlicher Verfechter der bestehenden feudalen Ordnung, wenn auch einer aufgeklärten, humanen und maßvollen; Schiller ein Mann der Freiheit zwar, aber einer, die er in unerreichbare Fernen eines ästhetisch allseits gebildeten und erzogenen künftigen Menschengeschlechts verlegte: »... weil es die Schönheit ist, durch welche man zur Freiheit wandert.« Bildung wurde zur neuen Religion und ersetzte Macht, blieb aber zugleich von Herrschaft und Politik säuberlich getrennt. Die reinliche Scheidung der zwei Welten, schon bei Martin Luther angelegt und vom protestantischen Bildungsbürgertum in säkularisierter Form fortgeführt, zeigt die deutsche Klassik und ihre Tradition politisch von ihrer problematischen Seite, und dies gilt ungleich mehr für den Mißbrauch, der anschließend mit ihr getrieben wurde.

Die Klassiker als unerschöpfliche Zitatentruhe für politische Bewegungen gleich welcher Couleur, für auf Freiheit gerichtete und auf Despotie, auf Patriotismus und Weltbürgertum, auf Humanität und Barbarei – nach hundertfünfzig Jahren des Mißbrauchs sollte dies Anlaß sein, jedem Politiker zu mißtrauen, der die Gräber der Weimarer Großen und ihre Denkmäler mit Blumen schmückt und ihre Worte für seine Ziele bemüht. Wie wäre es mit einer Bannmeile rund um die klassischen Stätten für jeden Politiker, der sich weihevoll mit Kränzen nähert? Frei nach Grillparzer gelte das Wort: Man nehme die Klassiker nicht zum Vorwand für weiß Gott was für politische Ideen, sondern gedenke ihrer als das, was sie wirklich gewesen: große Dichter und ausgezeichnete Schriftsteller.

Bibliographie

Adler, Emil: Herder und die deutsche Aufklärung. Wien 1968.
Appelbaum, Dirk (Hrsg.): Das Denkmal. Goethe und Schiller als Doppelstandbild in Weimar. Tübingen 1993.
Arbeiterbewegung und Klassik – Ausstellungskatalog, Weimar 1964.
Arnold, J. F. Kajetan: Erfurt in seinem höchsten Glanze während der Monate September und Oktober 1808. Erfurt 1808.
Aschheim, Steven E.: Nietzsche und die Deutschen. Karriere eines Kults. Stuttgart–Weimar 1996.
Authentischer Bericht über die Ermordung des russischen Staatsraths Herrn August von Kotzebue. Nebst vielen interessanten Notizen über ihn und über Carl Sand, den Meuchelmörder. Hrsg.: F.W.S und B.v.W. Mannheim 1819.

Baldur von Schirach: Goethe an uns. Rede zur Eröffnung der Weimar-Festspiele der deutschen Jugend vom 14. Juni 1937. München 1938.
Bartels, Adolf: Die ersten Weimarer Nationalfestspiele für die deutsche Jugend. Weimar 1909.
ders.: Goethe der Deutsche. Frankfurt/M 1932.
ders.: Heinrich Heine. Auch ein Denkmal. Dresden–Leipzig 1906.
ders.: Nietzsche und das Deutschtum. In: *Deutsche Monatsschrift für das gesamte Leben der Gegenwart*, Heft 2, April–September 1902.
ders.: Der völkische Gedanke. Ein Wegweiser. Weimar 1923.
ders.: Weimar und die deutsche Kunst. Weimar 1937.
Barth, Ilse-Marie: Literarisches Weimar. Kultur – Literatur – Sozialstruktur im 16.-20. Jahrhundert. Stuttgart 1971.
Bauch, Bruno. Der Geist von Potsdam und der Geist von Weimar. Jenaer akademische Reden. Jena 1926.
Bauer, Horst: Die Aktion »Entartete Kunst« 1937 und ihre Vorbereitung 1930 bei den Staatlichen Kunstsammlungen Weimar. In: Angriff auf die Kunst. Der faschistische Bildersturm vor 50 Jahren. Weimar 1980.
Bauer, Joachim: Reformation und ernestinischer Territorialstaat in Thürin-

gen. In: Jürgen John (Hrsg.): Kleinstaaten und Kultur in Thüringen vom 16. bis 20. Jahrhundert. Weimar–Köln–Wien 1994.
Becher, Johannes R.: Der Befreier. Rede zur 200. Wiederkehr von Goethes Geburtstag. Berlin 1949.
Becker, Peter. W.: Fritz Sauckel – Generalbevollmächtigter für den Arbeitseinsatz. In: R. Smelser/R. Zitelmann (Hrsg.): Die Braune Elite. 22 biographische Skizzen. Darmstadt 1989.
Behne, Adolf: Das Bauhaus in Weimar. In: *Die Weltbühne* vom 20. 9. 1923.
Das frühe Bauhaus und Johannes Itten. Katalogbuch anläßlich des 75. Gründungsjubiläums des Staatlichen Bauhauses in Weimar. Weimar 1994.
Bergemann, Fritz (Hrsg.): Eckermann. Gespräche mit Goethe in den letzten Jahren seines Lebens. Leipzig 1955.
Bertuch, Friedrich Justin: Journal des Luxus und der Moden. (Auswahlband) Leipzig 1968.
Birkenfeld, Günther: Der NKWD-Staat. In: *Der Monat*, 2. Jahrgang, Heft 18 (1950).
Blasberg, Cornelia/Schuster, Gerhard: Harry Graf Kessler. Künstler und Nationen. Aufsätze und Reden 1899-1933. Frankfurt/M. 1988.
Boblenz, Frank: Fruchtbringende Gesellschaft und ernestinische Höfe. In: Jürgen John (Hrsg.): Kleinstaaten und Kultur in Thüringen vom 16. bis 20. Jahrhundert. Weimar–Köln–Wien 1994.
Bode, Wilhelm: Die Erhaltung von Alt Weimar. In: *Der Kunstwart*, April bis September 1906. München 1906.
Bojanowski, Paul v.: Liszts Beziehungen zu Weimar. Weimar 1886.
Borchmeyer, Dieter: Höfische Gesellschaft und Französische Revolution. Kronberg 1977.
Borkenau, Franz: Luther – Ost oder West. In: Ders.: Drei Abhandlungen zur deutschen Geschichte. Frankfurt/M. 1947.
Borrmann, Norbert: Paul Schultze-Naumburg. Essen 1989.
Bourke-White, Margaret: Deutschland April 1945. Mosel 1979.
Braun, Paul: Die Franzosen in Weimar. *Thüringisch-Sächsische Zeitschrift*, Bd X.
Brecht, Martin: Martin Luther. Stuttgart 1987.
Brender, Irmela: Christoph Martin Wieland. Hamburg 1990.
Brill, Hermann: Gegen den Strom. Offenbach 1946.
Bruford, Walter H.: Kultur und Gesellschaft im klassischen Weimar 1775–1806. Göttingen 1966.
ders.: Die gesellschaftlichen Grundlagen der Goethezeit. Weimar 1936.
Bülow., Paul: Deutschlands Aufstieg – Worte für Neudeutschlands Jugend von Friedrich Lienhard. Eingeleitet von Dr. Paul Bülow. Stuttgart 1921.
Bürgin, Hans: Der Minister Goethe vor der römischen Reise. Weimar 1933.

Carossa, Hans: Ungleiche Welten. Lebensbericht. (Jubiläumsausgabe Bd. 3) Frankfurt/M. 1978.
Chamberlain, Houston Stwewart: Goethe. München 1932.
Châtelier, Hildegard: Friedrich Lienhard. In: Handbuch zur »Völkischen Bewegung« 1871–1918. Hrsg. von Uwe Puschner, Walter Schmitz und Justus H. Ulbricht. München 1996.
Conrads, Ulrich (Hrsg.): Die Bauhaus-Debatte. Dokumente einer verdrängten Kontroverse. Wiesbaden 1994.
Conrady, Carl Otto: Goethe. Leben und Werk in zwei Bänden. Frankfurt/M. 1988.
Craig, Gordon A.: Die Politik der Unpolitischen. München 1993.
Cysarz, Herbert: Schiller. Halle 1934.

Dahnke, Hans-Dietrich: Klassisches Erbe in der DDR in: Genius huius Loci Weimar: Kulturelle Entwürfe aus fünf Jahrhunderten. (Ausstellungskatalog) Weimar 1992.
Detlev von Liliencron: Briefe. Berlin 1967.
Dietrich, Gerd: Politik und Kultur in der SBZ 1945–1949. Bern 1993.
Diezmann, August: Goethe und die lustige Zeit in Weimar. Weimar 1900.
ders.: Aus Weimars Glanzzeit. Leipzig 1855.
Dinter, Arthur: *Das Geist-Christentum*. Monatsschrift zur Vollendung der Reformation durch Wiederherstellung der reinen Heilandslehre. Heft 1/2 Februar 1928.
ders.: Die Sünde wider den Geist. Leipzig 1921.
Düntzer, Heinrich: Goethes Maskenzüge. Leipzig 1886.

Ebert, Friedrich: Schriften, Aufzeichnungen, Reden. Dresden 1926.
Elias, Norbert: Studien über die Deutschen. Frankfurt/M. 1989.
Elster, Hanns Martin: Ernst von Wildenbruch. Leben-Werk-Persönlichkeit. Berlin 1934.
Endres, Franz Carl: Goethe und die Freimaurerei. Basel 1949.
Erzmann, Hubert/Wagner, Rainer: Weimar von unten berichtet: Bruchstücke einer Chronik zwischen 1806 und 1835. Aufgezeichnet von Franz David Gesky. Jena 1997.

Fabricius, Hans: Schiller als Kampfgenosse Hitlers. Nationalsozialismus in Schillers Dramen. Bayreuth 1932.
Facius, Friedrich: Carl Alexander von Weimar und die deutsche Kolonialpolitik von 1850-1901. In: *Koloniale Rundschau*, XXXII. Jahrgang, Heft 6 (1941).
ders.: Politische Geschichte in der Neuzeit. In: Patze, Hans/Schlesinger, Walter (Hrsg.): Geschichte Thüringens. Köln–Wien 1978.

Fallbacher, Karl-Heinz: Fichtes Entlassung. In: *Archiv für Kulturgeschichte*, 67. Bd., Köln–Wien 1985.
Fasel, Christoph: Herder und das klassische Weimar. Frankfurt/M. 1988.
Fehse, Wilhelm: Goethe im Licht des neuen Werdens. Braunschweig 1935.
Felix, Werner: Franz Liszt, Leipzig 1969.
Franke, Willebald (Hrsg.): Die Wallfahrt nach Weimar. Besuche bei Goethe in Schilderungen berühmter Männer. Leipzig 1925.
Fühmann, Franz: Vor Feuerschlünden. Erfahrungen mit Georg Trakls Gedicht. Rostock 1984.
Für eine größere Welt ... Weimar im Schillerjahr 1959.

Gänssler, Joachim: Evangelium und weltliches Schwert. Wiesbaden 1983.
Genast. Eduard: Aus Weimars klassischer und nachklassischer Zeit. Erinnerungen eines alten Schauspielers. Stuttgart 1905.
Giesler, Hermann: Ein anderer Hitler. Landsberg 1977.
Gleichen-Rußwurm, Alexander von: Schiller als politischer Erzieher. Berlin 1913.
Goetz, Wolfgang: 50 Jahre Goethegesellschaft. Weimar 1936.
Greiner-Mai, Herbert (Hrsg.): Weimar im Urteil der Welt. Berlin–Weimar 1977.
Grossert, Werner: Zur Geschichte der Emanzipation der Juden anhand der jüdischen Zeitschrift »Sulamith«. In: John, Jürgen (Hrsg.): Kleinstaaten und Kultur in Thüringen vom 16. bis 20. Jht. Weimar–Köln 1994.
Grupp, Peter: Harry Graf Kessler 1868–1937. Eine Biographie. München 1995.
Günther, Gitta/Wallraff, Lothar (Hrsg.): Geschichte der Stadt Weimar. Weimar 1975.

Hahn, Peter: Black Box Bauhaus. Ideen und Utopien der frühen Jahre. In: Das frühe Bauhaus und Johannes Itten. Katalogbuch 1994.
Hamacher, A. M.: Die Welt Henry van de Veldes. Köln 1967.
Handke, Peter: Ascher gegen Jahn. Berlin 1991.
Harich, Wolfgang: Jean Pauls Revolutionsdichtung. Berlin 1974.
Harpprecht, Klaus: Georg Forster oder die Liebe zur Welt. Hamburg 1987.
Härtl, Ursula/Stenzel, Burkhard/Ulbrich, Justus H.: Hier, hier ist Deutschland ... Von nationalen Konzepten zur nationalsozialistischen Kulturpolitik. Göttingen 1997.
Hartung, Fritz: Das Großherzogtum Sachsen unter der Regierung Carl Augusts 1775–1828. Weimar 1923.
ders.: Goethe als Staatsmann. In: *Jahrbuch der Goethegesellschaft*. Weimar 1922.
Haupt, Hermann: Goethe und die deutsche Burschenschaft. Quellen und

Darstellungen zur Geschichte der Burschenschaft und der deutschen Einigungsbewegung, Band 8. 1925.
Hecker, Max: Schillers Tod und Bestattung. Leipzig 1935.
Heer, Friedrich: Europa, Mutter der Revolutionen. Stuttgart 1964.
Heiden, Detlev/Mai, Gunther (Hrsg.): Thüringen auf dem Weg ins Dritte Reich. Erfurt o. J.
Helm, Everett: Liszt. Reinbek 1972.
Hermand, Jost: Von Mainz nach Weimar. Stuttgart 1969.
Hermann, Rudolf: Thüringische Kirchengeschichte. Jena 1940.
Hess, Ulrich: Geschichte Thüringens 1866–1914. Weimar 1991.
Heumann, Gerhard/Schnitzler, Günter (Hrsg.): Harry Graf Kessler. Ein Wegbereiter der Moderne. Freiburg 1997.
Hintzenstern, Herbert von: Lucas Cranach d.Ä. Altarbilder aus der Reformationszeit. Berlin 1972.
Hodann, Max/Koch, Walther: Urburschenschaft als Jugendbewegung. Jena 1917.
Hoffmann, David Marc: Rudolf Steiner und das Nietzsche-Archiv. Dornach 1993.
Holzmann, Michael: Aus dem Lager der Goethegegner. Mit einem Anhange: Ungedrucktes an und von Börne. Berlin 1904.
Holzwig, Angela: Die »Woche des Deutschen Buches«. Ein Beitrag zur Buchpolitik im Dritten Reich. Magisterarbeit an der Ludwig Maximilians Universität München 1990.
Huschke, Wolfram: Musik im klassischen und Nachklassischen Weimar 1765–1861. Weimar 1982.
Hüter, Karl-Heinz: Henry van de Velde. Berlin 1967.

Jacobs, Wilhelm G.: Johann Gottlieb Fichte. Reinbek 1984.
Jaspers, Karl: Unsere Zukunft und Goethe. Rede zur Verleihung des Goethepreises der Stadt Frankfurt am Main 1947. Zürich 1948.
Johann Sebastian Bach in Weimar: Festgabe zum Gedenkjahr 1950. Weimar 1950.
John, Jürgen (Hrsg.): Kleinstaaten und Kultur in Thüringen vom 16. bis 20. Jahrhundert. Weimar–Köln 1994.

Kaeding, Peter: August von Kotzebue. Auch ein deutsches Dichterleben. Berlin 1985.
Kaiser, Paul: Die Nationalversammlung 1919 und die Stadt Weimar. In: *Weimar – Tradition und Gegenwart*, Heft 16, Weimar 1969.
Kerbel, Harald: Weimar in der Zeit der Befreiungskriege 1806–1814. Weimar 1955.
Kertész, Imre: Der KZ-Mythos. In: *Die Woche* vom 7. April 1995.

Kessler, Harry Graf: Tagebücher 1918–1937. Frankfurt/M. 1961.
Kisch, Egon Erwin: Der Naturschutzpark der Geistigkeit. In: Gesammelte Werke. Berlin und Weimar 1964.
Klassiker in finsteren Zeiten 1933–1945. Ausstellungskatalog des Schiller-Nationalmuseums Marbach am Neckar 1983.
Knigge, Volkhard/Pietsch, Jürgen M./Seidel, Thomas A. (Hrsg.): Versteinertes Gedenken: Das Buchenwalder Mahnmal von 1958. Spröda 1997.
Kogon, Eugen: Der SS-Staat. Das System der deutschen Konzentrationslager. München 1974.
Körner, Fritz: Das Zeitungswesen in Weimar 1734–1848. Ein Beitrag zur Zeitungsgeschichte. Leipzig 1920.
Kostka, Alexandre: Der Dilettant und sein Künstler. Die Beziehung Harry Graf Kessler – Henry van de Velde. In: Sembach, Klaus Jürgen/Schulte, Birgit (Hrsg.): Henry van de Velde – ein europäischer Künstler seiner Zeit. Köln 1992.
Krehan, Arno (Hrsg.): Zu neuen Ufern lockt ein neuer Tag. Festschrift der Loge Anna Amalia zum 5. September 1926.
Krippendorf, Ekkehart: Wie die Großen mit den Menschen spielen. Frankfurt/M 1988.

Lahnstein, Peter: Schillers Leben. München 1981.
Laube, Heinrich: Reise durch das Biedermeier. Hamburg 1965.
Lautenschläger, Gabriele: Der Kirchenkampf in Thüringen. In: Heiden, Detlev/Mai, Gunther: Nationalsozialismus in Thüringen. Weimar–Köln–Wien 1995.
Leistner, Bernd: Unruhe um einen Klassiker. Halle–Leipzig 1978.
Lienhard, Friedrich: Das klassische Weimar. Leipzig 1926.
ders.: Der Meister der Menschheit. Beiträge zur Beseelung der Gegenwart. Stuttgart 1920. (Hier vor allem Band 3: Reichsbeseelung. 1. Wartburg und Weimar).
ders.: Wo liegt Weimar? Zur Einführung. In: *Wege nach Weimar*, Monatsblätter von Fritz Lienhard, Heft 1 (1905).
Litzmann, Bertold: Ernst von Wildenbruch. Berlin 1916.
Loos, Karina: Das »Gauforum« in Weimar. Vom bewußtlosen Umgang mit nationalsozialistischer Geschichte. In: Heiden, Detlev/Mai, Gunther (Hrsg.): Nationalsozialismus in Thüringen. Weimar–Köln–Wien 1995.
Lücke, Hans: Großherzog Carl Alexander – Ein deutscher Fürst zwischen Goethe und Wilhelm II. Limburg 1998.
Luther in Thüringen. Gabe der Thüringer Kirche an das Thüringer Volk. Berlin 1952.
Luys, Karin: Die Anfänge der deutschen Nationalbewegung von 1815 bis 1819. Dissertation Universität Münster 1991.

Lyncker, Carl Freiherr von: Weimar und sein Hof in den Jahren 1777–1783. In: *Velhagen und Clasings Monatshefte*, XXV. Jahrgang, 1910/11.

Macintyre, Ben: Vergessenes Vaterland. Die Spuren der Elisabeth Nietzsche. Leipzig 1994.

Mandelkow, Karl Robert: Goethe in Deutschland. Rezeptionsgeschichte eines Klassikers. Band II, München 1989.

Mann, Thomas: Goethe als Repräsentant des bürgerlichen Zeitalters. In: ders.: Ein Appell an die Vernunft. Essays 1926–1933. Frankfurt/M. 1994.

ders.: Meine Goethe-Reise. In: Gesammelte Werke, Bd. XIII (Nachträge)

Marcel, Luc-André: J. S. Bach. Reinbek 1963.

Margraf, Wolfgang: Franz Liszt in Weimar. In: *Weimarer Schriften*, Heft 18 (1985).

McGrath, Alister E.: Johann Calvin. Eine Biographie. Zürich 1991.

Meier, Kurt: Die Deutschen Christen. Das Bild einer Bewegung im Kirchenkampf des Dritten Reichs. Göttingen 1964.

Mommsen, Katharina: »Faust II« als politisches Vermächtnis des Staatsmannes Goethe. In: *Jahrbuch des Freien Deutschen Hochstifts*. Tübingen 1989.

Mommsen, Wilhelm: Die politischen Anschauungen Goethes. Stuttgart 1948.

Montinari, Mazzino: Friedrich Nietzsche. Eine Einführung. Berlin–New York 1991.

Müller, Friedrich von: Erinnerungen aus den Kriegszeiten 1806-1813, Hamburg 1906.

Müller-Krumbach, Renate: Das Neue Weimar. In: Genius huius Loci Weimar. Kulturelle Entwürfe aus fünf Jahrhunderten. (Ausstellungskatalog) Weimar 1992.

dies.: Harry Graf Kessler und die Cranach-Presse in Weimar. Hamburg 1969.

Naake, Erhard: Nietzsche in Weimar. In: John, Jürgen/Wahl, Volker (Hrsg.): Zwischen Konvention und Avantgarde. Weimar–Köln–Wien 1995.

Neliba, Günter: Wilhelm Frick und Thüringen als Experimentierfeld für die nationalsozialistische Machtergreifung. In: Heiden, Detlev/Mai, Gunter (Hrsg.): Nationalsozialismus in Thüringen. Weimar–Köln–Wien 1995.

Neumann, Thomas: Völkisch-nationale Hebbelrezeption. Adolf Bartels und die Weimarer Nationalfestspiele. Bielefeld 1997.

Nipperdey, Thomas: Reformation, Revolution, Utopie. Göttingen 1975.

Noltenius, Rainer: Dichterfeiern in Deutschland. München 1984.

Nostitz, Helene von: Aus dem alten Europa. Leipzig 1906.

Oehme, Walter: Die Weimarer Nationalversammlung 1919. Berlin 1962.

Oellers, Norbert (Hrsg.): Schiller. Zeitgenosse aller Epochen. Dokumente zur Wirkungsgeschichte Schillers, Bd. II (1860–1966). München 1976.
ders.: Schiller. Geschichte seiner Wirkung bis zu Goethes Tod 1805–1832. Bonn 1967.
Ortega y Gasset, José: Um einen Goethe von innen bittend. Stuttgart 1950.
Ortloff, Hermann: Die Verfassungsentwicklung im Großherzogtum Sachsen-Weimar-Eisenach. Weimar 1907.
Overesch, Manfred: Buchenwald und die DDR oder die Suche nach Selbstlegitimation. Göttingen 1995.
ders.: Hermann Brill. Ein Kämpfer gegen Hitler und Ulbricht. Bonn 1992.

Paret, Peter: Die Tschudi-Affäre. In: Manet bis van Gogh. Hugo von Tschudi und der Kampf um die Moderne. (Katalog) München–New York 1996.
ders.: The Berlin Secession. Modernism and its Enemies in Imperial Germany. Cambridge/Mass.–London 1980.
Paul, Ina Ulrike: Paul Anton de Lagarde. In: Handbuch zur »Völkischen Bewegung« 1871–1918. Hrsg. von Uwe Puschner, Walter Schmitz und Justus H. Ulbricht. München 1996.
Pese, Claus: »Wir halten die Welt in unserer Hand«. Henry van de Velde und Weimar. In: John, Jürgen/Wahl, Volker (Hrsg.): Zwischen Konvention und Avantgarde. Doppelstadt Jena Weimar. Weimar–Köln–Wien 1995.
Pfeiffer-Belli, Wolfgang (Hrsg.): Harry Graf Kessler. Tagebücher 1918–1937. Frankfurt/M. 1961.
Plessner, Helmut: Die verspätete Nation. Über die politische Verführbarkeit bürgerlichen Geistes. Frankfurt/M. 1974.
Pleticha, Heinrich (Hrsg.): Das klassische Weimar. Texte und Zeugnisse. München 1983.
Post, Bernhard: Vorgezogene Machtübernahme 1932. Die Regierung Sauckel. In: Heiden, Detlev/Mai, Gunther (Hrsg.): Thüringen auf dem Weg ins Dritte Reich. Erfurt 1996.
ders.: Thüringen unter nationalsozialistischer Herrschaft 1932–1945: Staat und Verwaltung in Thüringen 1933–1945. Erfurt 1997.
Pöthe, Angelika: Menschen, Literatur, Träume – das kulturelle Leben Weimars zur Zeit Carl Alexanders. In: John, Jürgen (Hrsg.): Kleinstaaten und Kultur in Thüringen vom 16. bis 20. Jahrhundert. Weimar 1994.
Puttkammer, Wanda von: Der Hof von Weimar unter Carl Alexander und Großherzogin Sophie. Erinnerungen aus den Jahren 1893–97. Berlin 1932.

Raabe, Peter: Großherzog Alexander und Liszt. Leipzig 1918.
Raschdau, Ludwig: In Weimar als preußischer Gesandter 1894–1897. Berlin 1939.

Bibliographie

Redslob, Edwin: Von Weimar nach Europa. Berlin 1962.
Reed, Terence J.: The Classical Centre. Goethe and Weimar 1775–1832. London–New York 1980.
Reinalter, Helmut (Hrsg.): Freimaurer und Geheimbünde im 18. Jahrhundert in Mitteleuropa. Frankfurt/M. 1968.
ders.: Die Rolle der Freimaurerei und Geheimgesellschaften im 18. Jahrhundert. Innsbruck 1995.
Riedel, Manfred: Nietzsche in Weimar. Ein deutsches Drama. Leipzig 1997.
Riederer, Jens: Aufgeklärte Sozietäten und absolutistischer Staat im Herzogtum Sachsen-Weimar-Eisenach. Zur politischen Kultur eines Kleinstaates. In: John, Jürgen (Hrsg.): Kleinstaaten und Kultur in Thüringen vom 16. bis 20. Jahrhundert. Weimar 1994.
Riess, Max (Hrsg.): J. Gottlieb Fichte. Ein Evangelium der Freiheit. Jena–Leipzig 1905.
Rinnen, Anja: Kirchenmann und Nationalsozialist. Siegfried Lefflers ideelle Verschmelzung von Kirche und Drittem Reich. Weinheim 1995.
Ritscher, Bodo: Speziallager Nr. 2 Buchenwald. Weimar–Buchenwald 1995.
Röhl, John H. G.: Wilhelm II. München 1993.
Röhm, Eberhard/Thierfelder, Jörg (Hrsg.): Juden, Christen, Deutsche 1933–1945. Band 3/II, Stuttgart 1990.
Rösner, Thomas: Adolf Bartels. In: Handbuch zur »Völkischen Bewegung« 1871–1918. Hrsg. von Uwe Puschner, Walter Schmitz und Justus H. Ulbricht. München u.a. 1996.
Ross, Hartmut: Die Kulturkreise Sachsen–Weimar–Eisenach und Anhalt–Dessau im Vergleich; in: John, Jürgen (Hrsg.): Kleinstaaten und Kultur in Thüringen vom 16. bis 20. Jahrhundert. Weimar–Köln 1994.
Rüstow, Alexander: Ortsbestimmung der Gegenwart. Zürich 1957.

Salentin, Ursula: Anna Amalia. Wegbereiterin der Weimarer Klassik. Köln–Weimar–Wien 1996.
Sasse, Martin (Hrsg.): Martin Luther über die Juden: Weg mit ihnen. Freiburg 1938.
Sauckel, Fritz (Hrsg.): Der Führer in Weimar 1925–1938. Weimar 1938.
Scheffler, Karl: Henry van de Velde. Vier Essays. Leipzig 1913.
Scheidig, Walter: Die Geschichte der Weimarer Malerschule. Weimar 1971.
Schirach, Baldur von: Ich glaubte an Hitler. Hamburg 1967.
Schlemmer, Tut (Hrsg.): Oskar Schlemmer. Briefe und Tagebücher. München 1958.
Schley, Jens: Die Stadt Weimar und das Konzentrationslager Buchenwald (1937–1945). Aspekte einer Nachbarschaft. (Magisterarbeit) Humboldt-Universität Berlin 1997.

ders.: Weimar und Buchenwald. Beziehungen zwischen der Stadt und dem Lager. In: *Dachauer Hefte*, 12. Jahrgang, Heft 12 (November 1996).
Schmidt, Eva: Jüdische Familien im Weimar der Klassik und Nachklassik. Weimar 1993.
Schopenhauer, Johanna: Ein Frauenleben aus der klassischen Zeit. Leipzig 1912.
Schorn, Adelheid von: Das nachklassische Weimar unter der Regierungszeit von Carl Alexander und Sophie. Weimar 1912.
dies.: Zwei Menschenalter. Erinnerungen und Briefe aus Weimar und Rom. Stuttgart 1920.
dies.: Das nachklassische Weimar unter der Regierungszeit Karl Friedrichs und Maria Paulownas. Weimar 1911.
Schrickel, Leonhard: Geschichte des Weimarer Theaters. Weimar 1928.
Schulze, Friedrich (Hrsg.): Weimarische Berichte und Briefe aus den Freiheitskriegen 1806–1815. Leipzig 1913.
Schwerte, Hans: Faust und das Faustische. Stuttgart 1962.
Sembach, Klaus Jürgen/Schulte, Birgit: Henry van de Velde. Ein europäischer Künstler seiner Zeit. (Ausstellungskatalog) Köln 1992.
Semprun, Jorge: Was für ein schöner Sonntag. Frankfurt/M. 1981.
Sengle, Friedrich: Wieland. Stuttgart 1949.
ders.: Das Genie und sein Fürst. Die Geschichte der Lebensgemeinschaft Goethes mit dem Herzog Carl August. Stuttgart–Weimar 1993.
Sichardt, Gisela: Die Weimarer Liebhaberbühne unter Goethes Leitung. Weimar 1972.
Siemon-Netto, Uwe: Luther als Wegbereiter Hitlers? Gütersloh 1993.
Simon, Hans-Ulrich (Hrsg.): Eberhard von Bodenhausen und Harry Graf Kessler. Ein Briefwechsel 1894 bis 1918. Marbach 1978.
Staël, Madame de: Über Deutschland. Frankfurt/M 1985.
Stapff, Ilse-Sibylle: Jagd im weimarischen Land. Weimar 1992.
Stegmann, Erich: Der Kirchenkampf in der Thüringer evangelischen Landeskriche 1933–1945. Berlin 1984.
Steiger, Günter: Urburschenschaft und Wartburgfest: Aufbruch nach Deutschland. Leipzig–Jena–Berlin 1967.
Stein, Harry: Der gelbe Stern in Weimar. In: *Weimarer Kulturjournal*, November 1997.
ders.: Die Juden in Weimar. Referat auf dem Symposium der Stiftung Weimarer Klassik im September 1997.
Steiner, Rudolf: Mein Lebensgang. Dornach 1932.
Stenzel, Burkhard: »Buch und Schwert«. Die »Woche des deutschen Buches« in Weimar (1934–1942). Anmerkungen zur NS-Literaturpolitik. In: Hier, hier ist Deutschland. Von nationalen Kulturkonzepten zur nationalsozialistischen Kulturpolitik. Göttingen 1997.

ders.: Harry Graf Kessler und die Weimarer Reformen von 1902 bis 1906. Ein Versuch der Moderne. In: John, Jürgen (Hrsg.): Kleinstaaten und Kultur in Thüringen vom 16. bis 20. Jahrhundert. Weimar 1994.
ders.: Harry Graf Kessler. Ein Leben zwischen Kultur und Politik. Weimar–Köln 1995.
ders.: Tradition, Volkstum, Heimat und Rasse – Grundzüge der regionalen Kultur- und Kunstpolitik im nationalsozialistischen Thüringen. In: Thüringen 1933–1945. Aspekte nationalsozialistischer Herrschaft. Erfurt 1997.
Stenographische Berichte über die Sitzungen des II. Landtags von Thüringen. Weimar 1923.
Stein, Harry: Der gelbe Stern in Weimar. In: *Weimarer Kultur Journal* Nr. 11/1997.
ders.: Die Geschichte der Juden von Weimar. Referat vor dem Symposium der Stiftung Weimarer Klassik im September 1997.
Stock, Fritjof: Kotzebue im literarischen Leben der Goethezeit. Polemik – Kritik – Publikum. Düsseldorf 1971.

Tracey, Donald R.: Der Aufstieg der NSDAP bis 1930. In: Heiden, Detlev/Mai, Gunther (Hrsg.): Nationalsozialismus in Thüringen. Weimar–Köln–Wien 1995.
Tümmler, Hans: Carl August von Weimar, Goethes Freund. Eine vorwiegend politische Biographie. Stuttgart 1978.
ders.: Das klassische Weimar und das große Zeitgeschehen. Historische Studien. Köln–Wien 1975.
ders.: Goethe in Staat und Politik. Köln–Graz 1964.

Ulbricht, Justus H.: Willkomm und Abschied des Bauhauses in Weimar. Eine Rekonstruktion. In: *Zeitschrift für Geschichtswissenschaft*, 46. Jahrgang, Heft 1 (1998).
ders.: Wo liegt Weimar? Klassische Entwürfe kultureller Identität. In: Hier, hier ist Deutschand ...Von nationalen Kulturkonzepten zur nationalsozialistischen Kulturpolitik. Göttingen 1997.
ders.: Das Personal des »geheimen Deutschland« in Weimar. Vortrag auf dem Symposium »Weimar 1930. Kulturelle Schattenlinien in der Provinz«, Weimar, Oktober 1996.
ders.: »Deutsche Renaissance«. Weimar und die Hoffnung auf die kulturelle Regeneration Deutschlands zwischen 1900 und 1933. In: John, Jürgen/Wahl, Volker (Hrsg.): Zwischen Konvention und Avantgarde. Weimar–Köln–Wien 1995.
ders.: Kulturrevolution von rechts. Das völkische Netzwerk in Thüringen 1900 bis 1930. In: Heiden, Detlef/Mai, Gunther (Hrsg.): Thüringen auf dem Weg ins »Dritte Reich«. Erfurt o.J.

ders.: Von der Reichsbeseelung zu »Goethes deutscher Sendung«. In: *Ettersburger Hefte* 4, Weimar 1996.
Van Eek, D.: Napoleon im Spiegel der Goetheschen und Heineschen Dichtungen. Amsterdam 1933.
van de Velde, Henry: Geschichte meines Lebens. München 1962.
Vehse, Carl Eduard: Der Hof zu Weimar. (Reprint) Leipzig–Weimar 1991.

Wahl, Hans: Geschichte des Teutschen Merkur. Ein Beitrag zur Geschichte des Journalismus im achtzehnten Jahrhundert. Berlin 1914.
Wahl, Volker: Die Rettung der Dichtersärge. *Weimarer Schriften*, Heft 45 (1991).
Werner, Charlotte Marlo: Goethes Herzogin Anna Amalia. Fürstin zwischen Rokoko und Revolution. Düsseldorf 1996.
Whitford, Frank (Hrsg.): Das Bauhaus. Selbstzeugnisse von Meistern und Studenten. Stuttgart 1993.
Wiedemann, Conrad: Deutsche Klassik und nationale Identität. In: Voßkamp, Wilhelm (Hrsg.): Klassik im Vergleich. Normativität und Historizität europäischer Klassiken. DFG-Symposium 1990. Stuttgart–Weimar 1990.
ders.: Zwischen Nationalgeist und Kosmopolitismus. Über die Schwierigkeiten der deutschen Klassiker, einen Nationalhelden zu finden. In: *Aufklärung*, 6. Jahrgang, Heft 1 (1991).
Wieland, Christoph Martin: Meine Antworten. Aufsätze über die Französische Revolution 1789–1793. Marbach 1983.
Wiese, Benno von: Friedrich Schiller. Stuttgart 1959.
Wildenbruch, Erst von: Das Hohelied von Weimar. Berlin 1907.
Willms, Bernard (Hrsg.): Johann Gottlieb Fichte. Schriften zur Revolution. Köln–Opladen 1967.
Wilson, Daniel W.: Geheimräte gegen Geheimbünde. Stuttgart 1991.
ders.: Tabuzonen um Goethe und seinen Herzog. Heutige Folgen nationalsozialistischer Absolutismuskonzeptionen. In: *Deutsche Vierteljahrsschrift für Literaturwissenschaft und Geistesgeschichte*, 70. Jahrgang, Heft 3 (1996).
Winckler, Lutz: Martin Luther als Bürger und Patriot. Das Reformationsjubiläum und der politische Protestantismus des Wartburgfests. Lübeck–Hamburg 1969.
Wortmann, Michael: Baldur von Schirach. Studentenführer, Hitlerjugendführer, Gauleiter in Wien. In: R. Smelser/Zitelmann, R. (Hrsg.): Die braune Elite. 22 biographische Skizzen. Darmstadt 1989.
ders.: Baldur von Schirach. Hitlers Jugendführer. Köln 1982.
Wulf, Joseph: Literatur und Dichtung im Dritten Reich. Eine Dokumentation. Gütersloh 1963.

Wustmann, Rudolf: Weimar und die Deutschen 1815–1915. Weimar 1915.

Ziegler, Hans Severus: Adolf Hitler aus dem Erleben dargestellt. Göttingen 1964.

ders.: Entartete Musik. Eine Abrechnung. Düsseldorf 1938.

Zum Dichten geboren, zum Spitzel bestellt. In: *Die Zeit* Nr. 1, 30. Dezember 1994

Dank

Der Autor dankt für bereitwillige Unterstützung und die Beschaffung von Material in Weimar Gitta Günther vom Stadtarchiv, Prof. Walter Steiner und Christa Graeve vom Stadtmuseum, Kathrin Lehmann und den unermüdlichen Bibliothekarinnen und Archivaren der Anna Amalia Bibliothek sowie Dr. Volker Wahl, Dr. Bernhard Post und Dieter Marek vom Thüringischen Hauptstaatsarchiv. Dank für wertvolle Anregungen und Informationen gilt auch Wulf Kirsten, Hans Lucke, Irina Kaminiarz, Ilse-Sibylle Stapff, Prof. Eberhard Haufe, Prof. Jürgen John (Jena), Dr. Volkhard Knigge und Dr. Harry Stein (beide Gedenkstätte Buchenwald). Justus H. Ulbricht und Burkhard Stenzel vom Forschungsprojekt über die völkische und nationalsozialistische Instrumentalisierung der Weimarer Tradition (von der VW-Stiftung finanziert) gaben besonders wichtige Hinweise, Jürgen Brühns (Hamburg) besorgte wissenschaftliche Literatur.
Besonderer Dank für Unterstützung und Rat gilt Klaus Harpprecht sowie den Stasi-Opfern »Mephisto I« und »Mephisto II«, Dieter Graßmann und Gerald Voigt, die für »Block« und »Tinte« Dach und Bett während langer Recherchen zur Verfügung stellten.

P. M.

Register

Abusch, Alexander 373, 375, 377, 380, 383f.
Ackermann, Anton 371, 375
Adler, Emil 104
Albers, Johannes 306
Alberti, Ernst 337
Alewyn, Richard 11, 355
Alexander I., Zar von Rußland 125, 134, 138, 141, 146, 164, 187
Alexander II., Zar von Rußland 186, 226
Andersen, Hans Christian 217
Andlaw, Freiherr von 166
Anhalt-Dessau, Franz von 35
Anna Amalia, Herzogin von Sachsen-Weimar-Eisenach 10, 18, 31, 35, 37, 39, 46–54, 56–59, 61f., 70–73, 75, 83f., 90, 124, 149, 161, 185, 187, 247
Annunzio, Gabriele d' 275, 278
Arndt, Ernst Moritz 140, 153f., 165, 179, 271
Arnim, Bettina von 209 f.
Ascher, Saul 154f., 159
Aschheim, Steven E. 274, 278
Astel, Karl 351
Augusta, Deutsche Kaiserin und Königin von Preußen 79, 226f.

Baader, Johannes 301
Bab, Julius 207
Bach, Johann Sebastian 32, 35f., 38–44, 51, 245
Bach, Johann Ernst 51
Bach, Maria Barbara 41
Baeumler, Alfred 387

Bahrdt, Carl Friedrich 95
Ballin, Albert 272
Bartel, Walter 401, 404
Bartels, Adolf 207, 242f., 252, 269–274, 283, 303, 311, 317f., 326–329, 350, 361
Barth, Karl 28
Bartning, Otto 308f.
Bataille, Georges 387
Bauch, Bruno 288
Baudert, August 291f.
Bauer, Joachim 26
Baum, Erwin 330f.
Becher, Johannes R. 271, 371, 373, 378, 381, 383f., 386f., 392, 397
Becke, Peter W. 352
Beethoven, Ludwig van 269, 350f., 385
Behmer, Hans 265
Behne, Adolf 303, 305
Bellermann, Constantin 41
Bennewitz, Fritz 380
Berendis, Hof- und Kammerrat 90
Berghahn, Klaus L. 235, 238
Berlioz, Hector 205, 209
Bernhard, Herzog von Sachsen-Weimar 35, 36, 141, 233
Bernhardi, Theodor von 185 f.
Bertuch, Friedrich Justin 63, 89, 113, 126, 130, 148f., 155, 167
Beust, Carl Friedrich 191
Bier, Justus 309
Bierbaum, Otto Julius 248
Biese, Alfred 160
Birkenfeld, Günther 395

Bismarck, Otto von 226–228, 232, 239, 276, 279f., 290, 311, 323, 387
Bloch, Ernst 111
Blockhorst, Bernhard 197
Blücher, Gebhard Leberecht Fürst 142
Blunck, Hans Friedrich 326
Böcklin, Arnold 220, 248
Bode, Wilhelm 66
Bodenhausen, Eberhard von 247–251, 262
Bodenstein, Andreas 24f.
Bojanowski, Paul von 229
Borchmeyer, Dieter 73, 83, 103
Borkenau, Franz 28f.
Bormann, Albert 319
Bormann, Martin 318f.
Bormann, Theodor Benedikt 43
Börne, Ludwig 100, 169, 350
Böttiger, Karl August 68, 177
Bourke-White, Margaret 357
Boxberg, Alfred von 231
Braun, Franz Abraham 66
Brecht, Bertolt 380f., 385, 391, 394
Breker, Arno 346
Breuer, Marcel 306
Brill, Hermann Ludwig 308, 329–331, 363–365, 397
Brion, Friederike 335
Brockdorf-Rantzau, Ulrich Graf 290
Bronsard, Hans 233
Brown, William M. 176, 359–364
Brück, Barbara 16
Brück, Christian 16
Bruford, Walter H. 63, 76, 106
Brühl, Heinrich Graf von 189
Brüning, Heinrich 332, 334
Bucharin, Nikolai 386
Büchner, Georg 32
Bülow, Hans von 209
Bülow, Heinrich von 206
Burke, Edmund 103
Busse, Ernst 401, 403

Calvin, Johannes (eig. Jean) 26, 28
Campe, Joachim Heinrich 107
Camus, Albert 387
Carl Alexander, Großherzog von Sachsen-Weimar-Eisenach 199f., 205–214, 216–221, 223–234, 246, 264, 351, 375
Carl August, Herzog von Sachsen-Weimar-Eisenach 33, 35, 46, 48, 52f., 56, 58–60, 63f., 66–68, 70–73, 76f., 79f., 81–84, 86, 89, 91–97, 99, 120–126, 128, 131–133, 135, 138–140, 142f., 144–149, 151, 153, 155, 160, 166–170, 174, 185, 212, 215, 224–226, 246, 289, 344, 351
Carl Friedrich, Herzog von Sachsen-Weimar-Eisenach 88, 145, 187, 189–191, 193–196, 198,
Carl I. von Braunschweig 50, 52
Carl Wilhelm Ferdinand von Braunschweig 48
Carnap-Quernheim, Ernst von 229
Caroline, Großherzogin von Sachsen-Weimar-Eisenach 255, 264
Carossa, Hans 348
Chamberlain, Houston Stewart 150, 318
Churchill, Winston 32
Clay, Lucius Dubignon 401
Conrady, Carl Otto 69, 100, 102, 139
Constantin, Prinz von Sachsen-Weimar-Eisenach 59, 70, 73
Cook, James 99
Cornelius, Peter 209, 211, 225
Cotta von Cottendorf, Johann Friedrich Freiherr 139
Coudray, Clemens Wenzeslaus 174
Craig, Gordon A. 180f.
Cranach, Anna 18
Cranach der Ältere, Lucas 13–18, 20, 36
Cranach der Jüngere, Lucas 16
Credé, Carl 326, 329
Cremer, Christa 390
Cremer, Fritz 390f., 393
Curtius, Ernst Robert 369
Cysarz, Herbert 383

Dahnke, Hans-Dietrich 386
Dahrendorf, Ralf 292
Danton, Georges Jaques 108f., 290
Darré, Walter 327f.
David, Jaques Louis 122
Dawe, Georg 173
Dazincourt, Theaterdirektor 138

Degas, Edgar 221
Dehmel, Richard 255, 277
Dehner, Gottlieb 38
Diederichs, Eugen 327
Dietrich, Gerd 372
Dietzmann, August 66, 96
Dingelstedt, Franz 200, 212, 214, 234
Dinter, Artur 312–324, 337f.
Döblin, Alfred 348
Doesburg, Theo van 298
Dose, Hans 384
Dostojewski, Fjodor Michailowitsch 29
Dresen, Adolf 381
Drese, Johann Samuel 41
Dumont, Louise 243
Dwinger, Edwin Erich 348
Dymschitz, Alexander 373, 375, 377

Ebert, Friedrich 10, 285, 287–290, 293
Eckermann, Johann Peter 104, 139, 181, 183–185, 217, 239, 354–356, 371f., 374f.
Egger-Lienz, Albin 282
Ehrlich, Lothar 380
Eichelmann, Johann Caspar 38
Eichhorn, Hans 400
Eicke, Theodor 354
Eiden, Hans 400
Einsiedel, Friedrich Hildebrand von 68
Eisler, Hanns 380f.
Elias, Norbert 310
Elisabeth die Heilige, Landgräfin von Thüringen 156, 223
Elkan, Israel Julius 149
Elkan, Jacob 149
Elster, Hanns Martin 233
Endres, Franz Carl 92
Engels, Friedrich 383
Erler, Otto 349
Ernst August, Herzog von Sachsen-Weimar (-Eisenach) 36, 38, 42–46, 50
Ernst August II. Constantin 47, 50f.
Ernst II., Herzog von Sachsen-Coburg und Gotha 94f., 194
Ernst Ludwig, Großherzog von Hessen 251
Ernst, Paul 277

Fabricius, Hans 344
Facius, Friedrich 196, 228, 247, 291
Fahrenkrog, Ludwig 270
Falk, Johannes Daniel 125, 127
Fallbacher, Karl-Heinz 119f.
Fasel, Christoph 106
Fehse, Wilhelm 345
Feininger, Lyonel 297, 299–300, 329
Felix, Werner 199
Ferdinand II., römisch-deutscher Kaiser, König von Böhmen und Ungarn 35
Fichte, Johann Gottlieb 10, 31, 82, 106, 112–114, 116–121, 224, 271
Fiore, Joachim von 23
Fleischmann, Jenny 352
Follen, Karl 164f.
Fontane, Theodor 232
Forberg, Karl Friedrich 118f.
Ford, Henry 318
Förster, Bernhard 279f., 323
Förster-Nietzsche, Elisabeth 11, 243, 249f., 270, 274–277, 279–282, 288, 319–323, 387
Forster, Georg 99f.
France, Anatole 278
Franck, Salomo 42
Frank, Hans 323
Freisler, Roland 398
Freund, Michael 165, 174
Freytag, Gustv 209
Frick, Wilhelm 301, 309, 313, 323–330, 332, 335, 337, 339, 343f., 350
Friedenthal, Richard 68, 92f., 241, 360
Frieders, Oberstaatsanwalt 313
Friedrich Christian von Schleswig-Holstein-Augustenburg 109, 110
Friedrich der Weise, Kurfürst von Sachsen 19–21, 225
Friedrich I., Großherzog von Baden 216
Friedrich II., der Große, König von Preußen 47f., 52, 62, 78, 83, 97, 125, 145, 160, 178, 262, 289, 311, 379, 387
Friedrich III., Deutscher Kaiser, König von Preußen 226
Friedrich III., Herzog von Sachsen-Gotha 47

Friedrich VI., Kurfürst von Brandenburg 231
Friedrich Wilhelm II., König von Preußen 78, 94
Friedrich Wilhelm III., König von Preußen 166
Friedrich Wilhelm IV., König von Preußen 193
Fries, Jakob Friedrich 158
Fritsch, Jakob Friedrich Freiherr von 52f., 71, 76, 82, 90f., 93f.
Frommann, Carl Friedrich Ernst 153
Frommann, Friedrich Johann 153
Froriep, August von 174, 175f.
Fühmann, Franz 372

Gagern, Heinrich von 152, 167
Gast, Peter 270, 280f.
Gauguin, Paul 255, 256
Genast, Eduard 194f., 201–203, 205, 209
Georg, Herzog 23
George, Heinrich 333
George, Stefan 277
Gerassimow, sowjetischer Wissenschaftler 175
Gervinus, Georg Gottfried 217
Gesky, David 75
Geysenheyner, Max 349
Gide, André 257, 259, 278
Giesler, Hermann 306, 346, 390
Gleichen-Rußwurm, Alexander Freiherr von 221
Gobineau, Joseph Arthur, Graf 269
Goebbels, Joseph 177, 327, 342f., 348, 350, 353, 371, 378, 384
Goethe, August von 129, 131, 145, 172
Goethe, Christiane von 89, 98, 127, 129, 131, 172f., 182, 209, 294
Goethe, Johann Wolfgang von 9–11, 13, 16, 27, 32f., 35, 39, 46, 48, 52, 55–57, 59f., 60, 63–76, 78f., 82–84, 86, 89, 91–95, 97–106, 108–118, 121, 123, 127–133, 135f., 138–140, 144–146, 148–151, 153, 160–164, 168–170, 172–174, 176–185, 188, 194f., 199f., 207, 209, 211, 213, 215–217, 225, 230, 235, 237–241, 259, 272f., 287–290, 293f.,
310f., 313f., 317, 325, 332–335, 342, 345, 348, 351, 354–356, 360–363, 365f., 368, 370–383, 397f., 405
Goethe, Walther Wolfgang von 235
Goetz, Wolfgang 345
Gogh, Vincent van 259
Goldsmith, Oliver 69
Göring, Hermann 327f.
Görtz, Graf *siehe* Schlitz, Graf
Götze, Paul 97
Gräf, Hans Gerhard 239
Graff, Anton 87
Grau, Johannes 21
Greil, Max 307f.
Grillparzer, Franz 209, 243, 406
Grimm, Herman 240
Groener, Wilhelm 293, 332, 334
Gropius, Walter 10, 255, 284, 295–298, 300–306, 308f., 327, 395
Grosse, Julius 270
Grossert, Werner 30
Grotewohl, Hans 391
Grotewohl, Otto 370f., 378, 384, 391f., 397
Gründgens, Gustav 380
Grupp, Peter 248f., 258, 266
Gryphius, Andreas 34
Günther, Hofprediger 128
Günther, Hans F. K. 327f.
Gutzkow, Karl 191, 209

Hacks, Peter 155, 159
Haeckel, Ernst 221
Hahn, Peter 298
Haller, Karl Ludwig von 159
Hamann, Johann Georg 77
Hamilton, Alexander 107
Hammer, Franz 386
Hardenberg, Karl August Freiherr von, Fürst 166
Harich, Wolfgang 111, 381, 387
Harlan, Veit 333
Hartung, Fritz 79f., 125, 142, 148, 151
Hasenclever, Walter 326
Haupt, Hermann 153
Hauptmann, Anton Georg 75
Hauptmann, Gerhart 255, 267, 272, 277

Hausmann, Raoul 301
Hebbel, Friedrich 208, 217, 234
Hecker, Max 172, 174, 334f.
Heer, Friedrich 121f.
Hegel, Georg Wilhelm Friedrich 10, 113
Heine, Heinrich 99, 169, 181, 191, 272, 350
Heinrich von Ofterdingen 223
Heinrich XIV., Fürst Reuß, jüngere Linie 258
Heinsius, Johann Ernst 81, 85
Heinz, Wolfgang 381
Hennecke, Adolf 372, 377
Henselmann, Hermann 388f.
Herbst, Ferdinand 152
Herder, Johann Gottfried 13, 16, 21, 59, 63f., 71f., 77, 80, 86, 103–105, 120, 133, 178, 180, 207, 335, 351, 360f., 365, 381
Herfurth, Emil 305f.
Hermann I., Landgraf von Thüringen 223
Hermann, Rudolf 22
Hermann-Neiße, Max 287
Hermine von Schönaich-Carolath, geb. Prinzessin Reuß 321
Hermlin, Stephan 387
Herricht, Stadtchirug 126
Herzlieb, Minchen 153
Hess, Ulrich 231, 246f.
Hesse, Kurt 348
Hetemann, Hedwig 352
Heuss, Theodor 295
Heussi, Karl 327f.
Heymann, Stefan 400
Heymel, Walter 252
Hilpert, Werner 363
Himmler, Heinrich 240, 352–354
Hindemith, Paul 304
Hindenburg, Paul von Benckendorff und von 11, 319
Hitler, Adolf 11, 28, 233, 239, 272, 312–320, 322–325, 327f., 330f., 333, 335–340, 342f., 345–347, 351f., 361, 363f., 390, 405
Hodler, Ferdinand 151
Hoffmann, David Marc 277
Hoffmann, Hans-Joachim 360, 384f.

Hoffmann, Wilhelm 63, 184
Hoffmann von Fallersleben, August Heinrich 180, 209f., 223
Hofmannsthal, Hugo von 255, 259, 272, 277f.
Holtzhauer, Helmut 385f., 391
Honecker, Erich 370, 378, 381
Hufeland, Christoph Wilhelm 237
Hufeland, Gottlieb 95, 117, 122
Humboldt, Alexander von 114f., 187, 209, 378
Humboldt, Wilhelm von 114f.
Hummel, Johann Friedrich 91, 170
Hummel, Johann Nepomuk 187
Humperdinck, Engelbert 272
Huschke, Wolfram 187

Immermann, Karl Leberecht 154, 159, 182, 185
Itten, Johannes 297f., 300

Jacobi, Friedrich Heinrich 63
Jäde, Heinrich 193
Jagemann, Caroline 72, 130, 132, 187
Jagemann, Ferdinand 72
Jahn, Friedrich Ludwig 154, 158f., 179, 271
Jaspers, Karl 369
Jean Paul (eigentlich Richter, Jean Paul Friedrich) 72, 381
Johann Ernst III., Herzog von Sachsen-Weimar 36
Johann Friedrich, Kurfürst von Sachsen 13, 14, 15f., 18, 20–22, 24–26, 28, 30, 35
Johann, König von Sachsen 199
John, Jürgen 33
Joseph II., römisch-deutscher Kaiser 62f., 83
Jung, Wilhelm 122

Kafka, Franz 385
Kalb, Charlotte von 64, 90, 131
Kalckreuth, Leopold, Graf von 223, 262
Kalckreuth, Stanislaus, Graf von 220
Kandinsky, Wassily 255, 256, 297, 300, 306, 329

Kant, Immanuel 10, 114
Kardorff., Wilhelm von 262
Karl I., der Große, römischer Kaiser 178
Karl V., römisch-deutscher Kaiser 13, 20
Karl Wilhelm Ferdinand von Braunschweig 97f.
Karl-Friedrich, Erbherzog 124
Karlstadt, eigtl. Andreas Bodenstein 18, 24f.
Katharina II., die Große, Russische Zarin 89
Kautsky, Benedikt 363
Kebbel, Harald 143
Kellner, Bernhard 232
Kerr, Alfred 232, 272, 306
Kertész, Imre 357, 359
Kesselring, Albert 323
Kessler, Adolf 258f.
Kessler, Alice 258f.
Kessler, Harry Graf 10, 221, 242f., 245, 247–252, 255–267, 273, 275, 278f., 285, 290, 294f., 298, 314f., 321f.
Kessler, Wilma 258
Keyserling, Hermann Graf 277
Kisch, Egon Erwin 182, 287
Klagges, Dietrich 331
Klee, Paul 297, 300, 329
Kleist, Heinrich von 178, 243, 317
Klinger, Max 248, 252, 255, 262, 272, 279
Klopstock, Friedrich Gottlieb 50, 67,107, 122, 160, 178
Knebel 59, 114, 133
Knigge, Volkhard 390, 392
Knittel, John 348
Kogon, Eugen 353, 395, 398
Kolbenheyer, Erwin Guido 326, 334
Körner, Theodor 54, 61, 72, 76, 86, 88, 107, 130f., 139, 153, 165, 178, 193
Kosegast, Ludwig Gotthard 159
Kostka, Alexandre 251
Kotzebue, Amalie 161
Kotzebue, August Friedrich 52, 132, 161, 163–165, 167
Kotzebue, Christina 161f.
Kotzebue, Levin Christian 52
Kraus, Georg Melchior 72, 74, 126

Krenek, Ernst 350
Kreutzer, Hermann 397
Krusenstern, Adam Johann von 186

La Roche, Sophie von 61, 63, 127
Lafaurie, Wilhelm Adolph 193
Lagarde, Paul Anton de 274, 337
Lamennais, Abbé Felicité de 198
Langhoff, Wolfgang 394
Lannes, Marschall 128
Lassen, Christian 319
Lassen, Eduard 351
Lauchert, R. 218
Lautenschläger, Gabriele 338
Lavater, Johann Kaspar 73
Leffler, Siegfried 336, 338–340
Legal, Ernst 333
Lehár, Franz 353
Leibniz, Gottfried Wilhelm Freiherr von 50
Leistner, Bernd 381
Lenbach, Franz 220
Lengefeld, Charlotte von 84
Leopold von Anhalt-Köthen 43f.
Lessing, Gotthold Ephraim 50, 56, 61
Leutheuser, Julius 338f.
Leutheußer, Richard 308f., 312f., 320
Levetzow, Ulrike von 153
Lichtenberg, Georg Christoph 76
Lichtwark, Alfred 257
Liebermann, Max 221f., 248f., 262, 272
Liebknecht, Karl 293
Lienhard, Friedrich 20, 242, 252, 267, 268, 270, 274, 339
Lietz, Hermann 317f.
Liliencron, Detlev von 219
Lilienfein, Heinrich 361
Lincoln, Abraham 317
Linden, Walter 344
Liszt, Franz 10, 180, 182, 197–205, 207–212, 217, 220, 225, 234
Liszt, Cosima 206
Löbe, Paul 332
Loder, Justus Christian 113
Loeb, Walter 313
Logau, Friedrich von 34, 39
Löhner-Beda, Fritz 353

Louis Ferdinand, Prinz von Preußen 231
Luden, Heinrich 155, 164, 167, 240
Ludendorff, Erich 314, 316
Lüderitz, Adolf 228
Ludwig I., König von Bayern 174, 216, 223
Ludwig XVI. 108
Ludwig, Emil 362
Ludwig, Fürst von Anhalt-Köthen 34
Lufendorff, Mathilde 177
Luise Dorothee von Sachsen-Gotha 47
Luise, Herzogin von Sachsen-Weimar-Eisenach 70, 80, 84f., 88, 90, 123–125, 132, 188
Lukács, Georg 387
Luther, Hans 18
Luther, Martin 10, 13, 15–31, 36, 42, 111, 151, 156, 160, 178, 223, 225, 340, 365, 387, 405
Luxemburg, Rosa 293

Mackensen, Fritz 282f.
Maerker, Georg 293
Mahler, Alma 297, 301
Mahler, Gustav 278
Mai, Gunther 315
Maillol, Aristide 259, 278
Maltitz, Appolonius Freiherr von 186
Mandelkow, Karl Robert 240, 333, 368, 373
Mann, Heinrich 272, 377
Mann, Thomas 27, 156, 207, 268, 272, 319, 333f., 375f., 398
Mannheim, Karl 103
Marcel, Luc-André 39, 42f.
Marcks, Erich 239
Marcks, Gerhard 297, 329
Maria Feodorowna, Zarin 89
Maria Paulowna, Großfürstin von Rußland, Großherzogin von Sachsen-Weimar-Eisenach 64, 86, 88, 89, 124, 144, 163, 182, 185–189, 190f., 196, 198, 200–203, 209, 216f., 219
Maria Theresia, römisch-deutsche Kaiserin, Erzherzogin von Österreich 178
Marie-Antoinette, Königin von Frankreich 83

Marquardt, Monica 208
Marschler, Wilhelm 325, 332
Martini, Weinhändler 89
Maßmann, Hans Ferdinand 158f.
Mayer, Hans 370
Mehring, Franz 232, 383
Mehring, Walter 378
Meier, Kurt 336
Meier-Graefe, Otto 248
Meinecke, Friedrich 239, 369
Melanchton, Philipp 22, 29
Menzel, Wolfgang 169
Merck, Johann Heinrich 63, 69f., 72
Metternich-Winneburg, Klemens Wenzel Graf, Fürst 164, 167f.
Meyer, Hannes 306, 388
Meyer, Hans 229
Meyer, Heinrich 128, 220
Meyerbeer, Giacomo 201
Mies van der Rohe, Ludwig 306
Minder, Robert 235, 238
Minetti, Bernhard 333
Mirbach, Magda Gräfin Bergquist von 348
Moholny-Nagy, László 297f., 306
Molzahn, Johannes 303, 329
Mommsen, Katharina 145 f,
Mommsen, Wilhelm 101, 168, 377
Monet, Claude 221, 255f.
Monk, Egon 380
Montgelas, Maximilian Joseph de Garnerin, Graf von 159
Montinari, Mazzino 275, 277, 387
Morris, William 254
Möser, Justus 103f., 178f.
Mozart, Wolfgang Amadeus 269
Muche, Georg 304
Müffling, Oberst von 141
Müller, Erika 352
Müller, Felix von 262, 264
Müller, Friedrich Theodor Adam Heinrich von 125, 143, 147, 150, 169, 180, 184
Munch, Edvard 259f., 275
Münchhausen, Börries Freiherr von 348
Müntzer, Thomas 18, 23–25
Murat, Joachim 124, 127

Musäus, Johann Karl August 161
Mussolini, Benito 11, 320–323
Myconius, Friedrich 19

Nachtigall, Gustav 228
Napoleon I., Kaiser der Franzosen 70, 85, 107, 112, 122–126, 132–144, 152, 155, 159, 164, 239, 322, 378
Napoleon III., Kaiser der Franzosen 215, 216
Neliba, Günter 327
Neumann, Thomas 270, 273
Neumark, Georg 34, 42
Ney, Michael, Herzog von Elchingen, Fürst von der Moskwa 124, 127, 142
Nietzsche, Friedrich 27, 139, 243–245, 248–250, 252, 257, 267, 269f., 273–282, 288, 319f., 322–324, 386f.
Nietzsche, Karl Ludwig 274
Nietzsche, Katharina 275, 280
Nikolaus I., Zar von Rußland 185f., 190, 209
Nolde, Emil 255f.
Noltenius, Rainer 213
Noske, Gustav 292
Nostitz, Helene von 259
Novalis 114

Oehler, Adalbert 319
Oehler, Max 319, 321, 386
Oehme, Walter 292
Oken, Lorenz 148, 155, 167
Olde, Hans 244
Opitz, Martin 34
Ortega y Gasset, José 69f., 369
Ortloff, Hermann 148
Otto, Christian 72
Overbeck, Franz 280
Overesch, Manfred 307, 399f.

Paine, Thomas 107
Palézieux-Falconnet, Aimée Charles Vincent de 264–266
Paret, Peter 261
Patton, George S. 356
Paul I., Zar von Rußland 80, 246
Paul, Rudolf 360

Pauline, Erbgroßherzogin von Sachsen-Weimar-Eisenach 254f., 277
Paulssen, Arnold 313
Pawel, Rudolf von 231
Peters, Carl 228f.
Petersen, Julius 333–335, 345
Peucer, Heinrich Carl Friedrich 149
Pfeil, Joachim Graf 228
Pieck, Wilhelm 377, 401
Piscator, Erwin 326
Pissaro, Camille 221
Pister, Hermann 400
Plenzdorf, Ulrich 381
Plessner, Helmut 28f.
Post, Bernard 318
Preller, Friedrich 209, 220
Preuß, Hugo 290
Pustkuchen, Johann Wilhelm Friedrich 169

Raabe, Wilhelm 213
Ranke, Leopold von 122
Rapp, Marschall 124
Raschdau, Ludwig 219, 230, 241
Rathenau, Walter 248, 278
Rauch, Christian Daniel 187, 215f.
Redslob, Edwin 306
Reed, Terence 101
Reinhardt, Karl 369
Reinhold, Carl Leonhard 106, 113, 118
Remarque, Erich Maria 326
Renan, Ernest 9
Renoir, Auguste 255f.
Reschke, Erich 403
Riedel, Manfred 280f., 323, 386f.
Riemann, Heinrich Hermann 153, 156
Riemer, Friedrich Wilhelm 129, 185, 333, 375
Rietschel, Ernst 209, 213, 214, 215, 216
Rilke, Rainer Maria 255, 259
Rintelen, Fritz Joachim von 369
Ritscher, Bodo 395
Röbel, Hermann 227
Robespierre, Maximilian de 122
Rochelle, Drieu la 348
Röder, Ludwig 158
Rodin, Auguste 255f., 259, 265
Roethe, Gustav 288

Register

Rohan, Kardinal 83
Röhl, John H. G. 248
Röhl, Karl Peter 303
Rohlfs, Christian 221
Rohlfs, Gerhard 228f.
Röhm, Eberhard 341
Röhm, Ernst 315
Rolland, Romain 321f.
Rosé, Eduard 352
Rosegger, Peter 239
Rosenberg, Alfred 322f., 327, 349, 387
Rösner, Thomas 271
Ross, Hartmut 34f.
Roth, Joseph 355
Rothe, Karl 251, 277, 283f., 291
Rothe, Richard 160
Ruskin, John 254
Rüstow, Alexander 28
Rysselsberg, Théo van 255

Saint-Simon, Claude Henri de Rouvroy, Graf von 198
Sand, Karl Ludwig 164–166, 168
Sasse, Martin 339–341
Sauckel, Fritz 316, 327f., 335–337, 343, 351f., 361, 366f., 390
Sayn-Wittgenstein, Fürstin Caroline von 199, 201, 208, 209, 211, 212
Schäfer, Wilhelm 271, 348
Schardt, Konstantin von 90
Scheer, Reinhard 312
Scheffel, Viktor von 217
Scheffler, Karl 282
Scheidig, Walter 220
Schelling, Friedrich Wilhelm Joseph von 113f., 121f,
Schickele, René 267
Schiller, Charlotte von 86, 108, 124, 131, 170
Schiller, Ernst von 172
Schiller, Friedrich von 10f., 16, 31, 52, 54, 59–63, 72, 76, 84, 86–89, 103, 107–110, 111, 113–115, 123, 130–132, 169, 170–178, 189, 207, 213–217, 225, 239, 269, 273, 287, 313f., 317, 335, 342–345, 354, 360–363, 365f., 371, 381–385, 405

Schinkel, Karl Friedrich 187, 388
Schirach, Baldur von 316f., 327, 344, 350
Schirach, Carl von 273, 317f.
Schirach, Emma von 317f.
Schirmer, Gustav 351
Schlegel, August Wilhelm 114
Schlegel, Caroline 114, 120
Schlegel, Dorothea 114
Schlegel, Friedrich 114
Schlemmer, Oskar 297, 299, 301, 304, 309, 389
Schley, Jens 357–359
Schlitz, Graf Johann Eustach von 56f.
Schmeller, J.J. 183
Schmidt, Eva 149
Schmidt, Gerhard 109
Schnitzler, Arthur 337
Scholz, Gerhard 379f.
Schönberg, Arnold 350f.
Schopenhauer, Arthur 126
Schopenhauer, Johannes 126
Schorn, Adelheid von 185f., 193, 219
Schrickel, Leonhard 303
Schröter, Corona 74f.
Schulmeister, Kurt 377
Schultz, Christoph 169
Schultze-Naumburg, Paul 233, 252, 282–284, 309, 323, 326f., 329, 350
Schumacher, E. F. 32
Schumann, Clara 209
Schumann, Robert 205
Schurzfleisch, Conrad Samuel 39
Schütz, Heinrich 36
Schütze, L. 237
Schwabe, Karl Leberecht 170–172, 174f.
Schwarzenberg Karl Philipp Fürst zu 168
Schweinfurth, Georg 228
Schweitzer, Carl Christian 192
Schweitzer, Christian Wilhelm 191, 196
Schwerdtgeburth, Karl August 190
Schwerte, Hans 240 (eigentlich Hans Schneider)
Schwind, Moritz von 209, 223
Seidel, Philipp 69, 162
Semjonow, Wladimir 364f.
Semper, Johann Gottfried 198
Semprun, Jorge 355f.

Seckendorf, Friedrich Sigismund von 73
Sengle, Friedrich 59, 69f.
Severing, Carl 331f.
Shakespeare, William 61, 234f., 243, 262, 269, 273
Sherlock, Martin 50
Sichard, Gisela 75
Siemon-Netto, Uwe 27
Siewert, Robert 401
Simson, Eduard Martin von 193
Sisley, Alfred 221
Smetana, Bedrich 209
Sokolowski, Wassili Danilowitsch 366, 401
Sophie, Großherzogin von Sachsen-Weimar-Eisenach 219, 230f., 235, 237, 246
Soret, Frédéric 217, 375
Speer, Albert 346, 352, 390, 393
Spengler, Oswald 319
St. Aignan, Baron von 136, 138
Staël, Anne Louise Germaine, Baronin von S.-Holstein 64, 86, 356
Stahl, Fritz 282
Stalin, Jossif Wissarionowitsch 363, 386, 396
Stapff, Ilse-Sibylle 138
Stehr, Hermann 326
Steiger, Günter 156
Stein, Charlotte von 22, 46, 70, 72f., 78, 91, 108, 126, 129, 182, 355
Stein, Fritz von 126
Stein, Harry 352
Stein, Wolfgang 20
Steiner, Rudolf 243f., 277, 279
Stenzel, Burkhard 257, 353f.
Stichling, Gottfried Theodor 191, 231f.
Stock, Fritjof 163
Stöcker, Adolph 279
Straßer, Gregor 314
Strauss, Richard 245
Strawinksy, Igor Feodorowitsch 304
Streicher, Julius 315, 317, 340
Streit, Feodor 224
Stresemann, Gustav 314, 322
Stuck, Franz 248
Suphan, Bernhard 238
Sylten, Werner 340f.

Talleyrand, Fürst von Benevent 125, 135
Tatz, Anton 193
Taut, Bruno 295, 309
Telemann, Philipp 43
Teutleben, Caspar von 34
Thackeray, William Makepeace 189
Thälmann, Ernst 392, 395
Thälmann, Rosa 395
Thape, Ernst 363
Thiel, Ernest 280, 322
Thierfelder, Jörg 341
Thiess, Frank 368
Tieck, Ludwig 114, 185, 234
Tietz, Johann 38
Tilly, Johann Tserclaes Graf von 35
Timmermanns, Felix 348
Tirpitz, Alfred 230
Tischbein, Friedrich August 190
Toller, Ernst 326
Treitschke, Heinrich von 32
Troeltsch, Ernst 28
Troost, Paul Ludwig 346
Trotzki, Leo Dawidowitsch 386
Tschudi, Hugo von 242, 278
Tschuikow, Wassili Iwanowitsch 360, 366
Tucholsky, Kurt 270, 278
Tulpanow, Sergei I. 366, 375
Tümmler, Hans 79

Uhland, Ludwig 180, 287
Ulbricht, Justus H. 269f., 289
Ulbricht, Walter 330, 364f., 369, 378, 381, 388f., 398
Ulmann, Gabriel 149
Unger-Sternberg, Ernst 186

Vehse, Carl Eduard 38, 44f., 54, 67, 80, 88, 191
Velde, Henry van de 10, 242f., 245, 249–255, 257, 259, 262–265, 275, 278, 282–284, 295f., 298, 304
Victoria, Königin von England 226
Vogel, Paul 97
Vogeler, Heinrich 301, 303
Voigt, Christian Gottlob 95–97, 108f., 112, 117f., 120f., 142, 145, 153
Voigt, Johann 19

Register

Volkmann, Ernst 344
Voltaire 47, 73, 132, 136, 160, 178,
Voß, Johann Heinrich 160
Vosskampf, Wilhelm 111
Vulpius, Christiane
 siehe Goethe, Christiane von

Wachler, Ernst 242f., 252, 269, 270, 274, 278
Wächtler, Fritz 335, 339
Wagner, Cosima 208, 250
Wagner, Richard 198–207, 230, 269, 317f., 334
Wahl, Hans 176, 359, 361f., 386
Wahl, Volker 361
Wahle, Julius 351
Walden, Matthias 379
Waldner, Adelaide von 124
Walther von der Vogelweide 223
Walther, Johann Gottfried 43f., 106
Washington, George 107, 198
Watzdorf, Christian Bernhard von 192, 196, 199
Weber, Max 28
Weigel, Helene 377
Weill, Kurt 350
Weishaupt, Adam 93, 95
Weldig, Adam Immanuel 41
Wells, Herbert George 278
Werner, Friedrich 340
Westheim, Paul 304
Wiechert, Ernst 353
Wiedemann, Conrad 178f.
Wieland, Anna Dorothea 61
Wieland, Christoph Martin 16, 18, 54, 57–63, 68, 70f., 82, 102f., 106f., 113, 127f., 131, 135f., 137, 139, 160, 167, 234, 360

Wieland, Ludwig 155, 164
Wiese, Benno von 384
Wildenbruch, Ernst von 225, 231–234, 245f., 267, 317
Wildenbruch, Maria von 232
Wilhelm der IV., Herzog von Sachsen-Weimar 34
Wilhelm Ernst, Großherzog von Sachsen-Weimar-Eisenach 79, 246f., 250f., 256, 263–266, 273, 275, 282–284, 291
Wilhelm Ernst, Herzog von Sachsen-Weimar-Eisenach 35–39, 41–44, 51
Wilhelm I. (der Eroberer), König von England 258
Wilhelm I., Deutscher Kaiser, König von Preußen 79, 225–227, 232, 258, 266
Wilhelm I., König von Württemberg 175
Wilhelm II., Deutscher Kaiser, König von Preußen 79, 221, 230f., 242, 247f., 258, 261–264, 266, 272, 283, 321
Wilson, Daniel 93f.
Winzler, Christian W. 90
Wissmann, Alfred 228
Witzmann, Georg 332
Wolf, Friedrich 326, 377
Wolff, Georg 401, 403
Wolzogen, Wilhelm von 89, 134
Wortmann, Michael 318
Wustmann, Rudolf 240, 282
Wydenbrugk, Oskar von 194–196, 198

Xeller, Chr. 87

Zelter, Carl Friedrich 160, 182
Ziegler, Hans Severus 318, 327f., 342, 345, 349–351, 353
Ziesenis, Johann Georg 49

Bildnachweis

Claus Bach: 2
Das Bauhaus. Selbstzeugnisse von Meistern und Studenten.
  Herausgegeben von Frank Whitford, Stuttgart 1993: 299
Bayerische Staatsbibliothek, München (Fotoarchiv
  Hoffmann): 347
Constantin Beyer, Weimar: 14, 17, 176
Bildarchiv Preußischer Kulturbesitz: 222
Fotoatelier Louis Held (Eberhard Renno), Weimar: 236 u.,
  253, 286 u., 296 (2), 302
Kunstsammlungen zu Weimar: 37, 256 (2), 260 re.
Stadtarchiv Weimar: 215, 286 o., 343, 367
Stadtmuseum Weimar: 204
Stiftung Weimarer Klassik: 40, 49, 55, 58, 65, 74, 81, 85,
  87, 105, 115, 137, 173, 183, 190, 197, 218, 236 o., 237,
  244, 260 li., 276, 320, 376
Ullstein Bilderdienst: 393
Wartburg-Stiftung Eisenach: 157